¿QUIÉN MATÓ AL OBISPO?

Maite Rico ■ **Bertrand de la Grange**

¿QUIÉN MA✝Ó AL OBISPO?

Autopsia de un crimen político

Planeta

Diseño de portada e ilustración: Marco Xolio

© 2003, Maite Rico y Bertrand de la Grange
Derechos reservados
© 2003, Editorial Planeta Mexicana, S.A. de C.V.
Avenida Insurgentes Sur núm. 1898, piso 11
Colonia Florida, 01030 México, D.F.

Primera edición: octubre del 2003
Cuarta reimpresión: junio del 2004
ISBN: 970-690-969-9

Impreso en los talleres de Irema, S.A. de C.V.
Oculistas núm. 43, colonia Sifón, México, D.F.
Impreso y hecho en México - *Printed and made in Mexico*

www.editorialplaneta.com.mx

Este libro es el resultado de una investigación de más de dos años sobre un caso que ha conmocionado a la opinión pública guatemalteca y a la comunidad internacional. Agradecemos a todos los que han contribuido a la realización de nuestro trabajo, cuyo objetivo ha sido la búsqueda de la verdad histórica sobre el atroz asesinato de monseñor Juan Gerardi, uno de los obispos latinoamericanos más destacados en la defensa de los derechos humanos. Damos también las gracias a los que no escatimaron sus esfuerzos para torpedear nuestra investigación: sus maniobras y sus intentos de intimidación nos han dado más ánimo para seguir y hurgar donde no se debía.

Con los cinco acusados del crimen (cuatro de ellos condenados), hemos tenido largas conversaciones durante el juicio y en la cárcel. La familia y los amigos de monseñor Gerardi han aportado datos poco conocidos sobre la personalidad del obispo. Hemos hablado con los fiscales, los forenses, los jueces y los miembros del gobierno, con los testigos genuinos y con los que fueron pagados para mentir, con los abogados del arzobispado y con varios sacerdotes, con la vieja guardia del ejército y con los oficiales progresistas, con la mafia eclesial y con los militares vinculados al crimen organizado; en suma, con todos los que podían aportar algún dato o indicio sobre la conspiración que acabó con la vida de Juan Gerardi.

Los hechos narrados en esta investigación periodística están rigurosamente documentados. Sin embargo, para reconstruir algunas situaciones hemos recurrido necesariamente a su recreación literaria.

Salvo al comienzo del libro, y en pocas ocasiones más, usaremos las siglas ODHA y EMP para designar las dos instituciones que desempeñaron un papel clave en el caso. Se trata, respectivamente, de la Organización de derechos humanos del arzobispado metropolitano de Guatemala, que fundó y dirigió Gerardi hasta su muerte, y del Estado mayor presidencial, el cuerpo militar encargado de la seguridad del jefe del gobierno y de su familia.

Finalmente, agradecemos la valiosa contribución de Clara Francia en la dura tarea de la edición.

"Cuando la verdad salga a la luz, si es que sale, ya nadie la va a creer."

Ramiro de León, ex procurador de derechos humanos

"Ésta es una historia de malos. Estamos rodeados de malos por todas partes."

Axel Romero, sobrino de monseñor Juan Gerardi

Quién es quién

AGUILAR, IVÁN (el Chino): indigente del parque de San Sebastián y testigo protegido.

AGUILAR MARTÍNEZ, JORGE: ex mesero del EMP y testigo protegido.

ARDÓN, OTTO: primer fiscal del caso.

ARZÚ, ÁLVARO: presidente de la república (1996-2000).

CHANAX, RUBÉN (el Colocho): indigente del parque de San Sebastián y testigo protegido.

CIFUENTES, ARLENA: sobrina del coronel Lima.

CONTE, ÁNGEL: jefe de la policía en tiempo de Arzú.

CONTRERAS, BLANCA LIDIA: ex cuñada de monseñor Efraín Hernández. Vive en Canadá.

ESCOBAR, ANA LUCÍA (la China): oficialmente, es sobrina de monseñor Hernández.

GALINDO, CELVIN: segundo fiscal del caso.

GARCÍA PONTAZA, LUIS CARLOS: ver Pontaza, Luis Carlos.

GÓMEZ LIMÓN, GILBERTO: condenado por asalto y testigo protegido.

GUERRA, MARIO: jefe del servicio forense del Organismo judicial.

GUTIÉRREZ, EDGAR: coordinador del Remhi, luego secretario de Análisis estratégico y canciller en el gobierno de Alfonso Portillo.

HERNÁNDEZ, EFRAÍN (monseñor): canciller de la curia y párroco del Calvario.

LIMA ESTRADA, BYRON: coronel retirado, condenado a 30 años de prisión.

LIMA OLIVA, BYRON: capitán del EMP, condenado a 30 años de prisión.

LÓPEZ, MARGARITA: cocinera de la parroquia de San Sebastián.

MELGAR, MYNOR: abogado de la ODHA.

MÉNDEZ PERUSSINA, JORGE DIEGO: taxista y testigo protegido.

MENDOZA, RODOLFO: ministro de Gobernación en tiempo de Arzú.

OCHAETA, RONALTH: director de la ODHA, luego embajador ante la Organización de estados americanos (OEA).

ORANTES, MARIO: sacerdote, condenado a 20 años de prisión.

PERDOMO, EDUARDO (el Chino Guayo): marero (pandillero) de la banda de los Satánicos.

PONTAZA, LUIS CARLOS: novio de Ana Lucía Escobar.

PORRAS, GUSTAVO (el Sholón): ex guerrillero, secretario privado de Arzú.

PORTILLO, ALFONSO: presidente de la república (2000-2004).

POZUELOS, RUDY: coronel, jefe del EMP de Álvaro Arzú.

RÍOS MONTT, EFRAÍN: ex general golpista y fundador del FRG.

RÍOS MONTT, MARIO (monseñor): hermano de Efraín y sucesor de Gerardi.

RODENAS, NERY: sucesor de Ochaeta en la dirección de la ODHA.

STEIN, EDUARDO: canciller en el gobierno de Arzú.

VILLANUEVA, OBDULIO: sargento del EMP, condenado a 30 años de prisión.

ZAPATA SANTANA, NÉSTOR DANIEL (el Colombiano): novio de Ana Lucía Escobar.

ZEISSIG, LEOPOLDO: tercer fiscal del caso.

PERSONAJES EN FUNCIÓN DE SU PAPEL EN EL CASO GERARDI

ACUSADOS:
Lima Estrada, Byron
Lima Oliva, Byron
López, Margarita
Orantes, Mario
Villanueva, Obdulio

FISCALES DEL CASO:
Ardón, Otto
Galindo, Celvin.
Zeissig, Leopoldo

GOBIERNO Y EJÉRCITO:
Arzú, Álvaro
Conte, Ángel
Mendoza, Rodolfo
Porras, Gustavo, el Sholón
Portillo, Alfonso
Pozuelos, Rudy
Stein, Eduardo

Organización de derechos humanos del arzobispado (ODHA):
Gutiérrez, Edgar
Melgar, Mynor
Ochaeta, Ronalth
Rodenas, Nery

TESTIGOS PROTEGIDOS:
Aguilar, Iván, el Chino

Aguilar Martínez, Jorge
Chanax, Rubén, el Colocho
Gómez Limón, Gilberto
Méndez Perussina, Jorge Diego

Testigos (otros):
Cifuentes, Arlena
Contreras, Blanca Lidia
Perdomo, Eduardo, el Chino Guayo

Valle del Sol (crimen organizado):
Escobar, Ana Lucía, la China
García Pontaza, Luis Carlos
Zapata Santana, Néstor Daniel, el Colombiano

Siglas y acrónimos

EMP: Estado mayor presidencial.
FBI: Federal Bureau of Investigation (Estados Unidos).
FRG: Frente republicano guatemalteco.
Minugua: Misión de verificación de las Naciones unidas en Guatemala.
ODHA: Organización de derechos humanos del arzobispado.
PAN: Partido de avanzada nacional.
PGT: Partido guatemalteco de los trabajadores.
Remhi: Proyecto de recuperación de la memoria histórica.
SAE: Secretaría de análisis estratégico (servicio de inteligencia de la presidencia).

Capítulo 1

El crimen

"¡Malditos! ¿Cómo se atreven?" El coronel Byron Lima Estrada supuraba indignación. "¿Qué autoridad moral tiene este obispo Gerardi para afirmar que el ejército fue el gran violador de los derechos humanos, que a los niños los hacíamos pedacitos con machete, que violábamos a las patojas antes de descuartizarlas, que éramos bestias, pues?" Reclinado sobre el mostrador de su tienda de comestibles, el viejo militar hojeaba con rabia los periódicos. Todos recogían la presentación, el día anterior, de un voluminoso informe de la iglesia católica sobre la violencia política en Guatemala. El acto se había celebrado con gran pompa en la catedral metropolitana. "Escuchen bien lo que escribe este columnista, que además fue parte de la subversión: 'Mientras el ejército hizo de la violación masiva y sistemática de los derechos humanos una política planificada, las violaciones cometidas por la guerrilla sólo fueron errores, excesos, medidas extremas resultado del acoso'. De modo que nosotros matábamos por gusto y ellos, pobres angelitos, cuando asesinaban gente indefensa y secuestraban, era porque no tenían otra opción. ¡Qué barbaridad!"

Las protestas del coronel no caían en saco roto. Sus interlocutores eran, como él, oficiales retirados que habían combatido en primera línea contra un movimiento revolucionario apoyado por Cuba desde los años sesenta hasta la firma de la paz, en los últimos días de 1996. El más veterano tomó la palabra: "Nosotros, en la montaña, muertos de hambre. Nuestras familias abandonadas. Y los curas, ahí tranquilos, escondidos detrás de la sotana, con sus catequistas metidos en la guerrilla. Este Gerardi, cuando fue obispo del Quiché, alentó la subversión. Él es responsable de la muerte de muchos indígenas que no sabían en qué se involucraban. Y ahora, este mismo señor y sus amigos comanches hacen un informe para 'recuperar la memoria histórica', nada menos. Es pura mierda. La iglesia habla de reconciliación, pero quiere continuar la guerra por otros medios".

La tertulia en la tienda del coronel Lima estaba más animada que de costumbre, ajena al flujo constante de vecinos que llegaban a comprar cigarrillos, gaseosas o alguna chuchería. El sábado era siempre el mejor día para las ventas. A esa hora, las nueve de la noche, su comercio era el único que aún permanecía abierto en la colonia Lourdes, un barrio construido por el ejército en la periferia de la capital guatemalteca. Recostados sobre un auto estacionado, varios jóvenes tomaban cerveza frente al negocio, indiferentes a la conversación de los veteranos. Ellos no habían conocido la guerra y el tema les aburría soberanamente.

Para redondear su magra pensión, Lima había instalado esa pequeña abarrotería en el garaje de su casa, ubicada en la calle principal de la colonia. Aunque el espacio era muy reducido, el coronel había acomodado cuatro sillas para recibir a sus vecinos jubilados del ejército. Él se sentaba al otro lado del mostrador, tras unas rejas negras que lo separaban del público, provisto de un cuaderno donde iba anotando metódicamente las ventas del día.

Además de sus antiguos compañeros, dos de sus clientes asiduos participaban esa noche en la conversación. El primero era un agrónomo barbudo, profesor de la Universidad de San Carlos. Mientras su esposa y su hija lo esperaban en el auto, se tomó seis cervezas y compró seis más "para el camino", como solía hacer varias veces por semana. El otro, un ingeniero en informática graduado en la universidad jesuita Rafael Landívar, siempre llegaba con un ordenador portátil y una pistola.

María Luisa, la esposa del anfitrión, entraba y salía por la puerta que comunicaba con la casa; traía mercancía y ordenaba los estantes. Conocía a todos. Eran los veteranos de una guerra que había costado mucha sangre y generado mucho odio. Estaban resentidos porque los políticos y la comunidad internacional, "en contubernio" con el alto mando del ejército, no les habían dejado acabar con los "delincuentes terroristas". Los militares habían ganado la guerra sobre el terreno, pero la política, la "sucia política", decían, y la presión extranjera, habían permitido que los guerrilleros no salieran totalmente derrotados y que incluso consolidaran su influencia gracias a unos acuerdos de paz "espurios". Los veteranos se sentían despojados de una victoria duramente ganada. Para colmo, se les acusaba de todos los excesos de un enfrentamiento fratricida, en el cual muchos de sus compañeros habían perdido la vida por defender a la patria contra una "conspiración comunista internacional". Envalentonados por la firma de la paz, esos "comanches", como los oficiales llamaban a los simpatizantes de la izquierda, se escondían ahora bajo el disfraz de defensores de los derechos humanos y se dedicaban a difamar al ejército. Ahí estaba, por ejemplo, el proyecto Recuperación de la memoria histórica (Remhi) y esos cuatro tomos que acababa de publicar la iglesia.

Auspiciado por monseñor Juan Gerardi, el informe, titulado *Guatemala, nunca más*, concluía que el 90% de los hechos de violencia ocurridos durante el conflicto (1960-1996) eran imputables a las fuerzas del estado, incluyendo a los campesinos enrolados en las Patrullas de autodefensa civil (PAC). A partir de los testimonios recopilados por los catequistas, los autores del Remhi habían documentado la muerte o la desaparición de casi 30 mil personas. Se trataba sólo de una muestra, insistían, y el número total de víctimas era en realidad mucho más elevado, como lo afirmaría un año después el informe de la Comisión para el esclarecimiento histórico (CEH), que hablaría de 150 mil muertos y 50 mil desaparecidos.

Los diarios habían recogido extractos del informe, que a lo largo de 1,400 páginas retrataba a los militares como unos genocidas desalmados. "Testigos anónimos" y "fuentes colectivas" contaban, por ejemplo, cómo los soldados solían arrancar los fetos de los vientres de las madres y los colgaban de los árboles, o incluso jugaban futbol con ellos, o bien se bebían la sangre de sus víctimas, o se comían sus sesos.

"¿Pero cómo pueden publicar semejantes tonterías?", tronaba el coronel Lima. "Es imposible que una unidad militar llegue a un lugar, agarre a las mujeres embarazadas y les saque el niño del vientre. Es im-po-si-ble que haya sucedido semejante cosa. Duele lo que dicen sobre el ejército. No hablan de los secuestros, las extorsiones ni las matanzas que hacía la guerrilla. Nosotros defendimos la Constitución contra un grupo subversivo. Cumplimos con nuestro deber." El agrónomo de la San Carlos ya se había retirado con su cargamento de cervezas, pero los demás seguían dándole palo "a los comanches y a los curas". "Todo eso me parece muy inflado. Este Remhi está lleno de mentiras", señalaba el ingeniero. A pesar de la desconfianza que le inspiraban los civiles, en especial los que habían estudiado con los jesuitas, Lima había hecho buenas migas con él. A raíz de esas conversaciones el coronel había matizado su opinión sobre la Universidad Landívar, al punto de que había decidido mandar a su hijo menor, Luis Alberto, a estudiar en esa institución jesuita, que le parecía finalmente bastante más inocua que "ese nido de marxistas y haraganes" que era la San Carlos.

El ingeniero no dudaba en darle la razón a los veteranos, que se lamentaban de que no se hubiera tomado en cuenta su versión de la guerra y de que se les pintara como unos degenerados sedientos de sangre. Seis años antes, en 1992, los noruegos habían otorgado el premio Nobel de la paz a la indígena Rigoberta Menchú a raíz de la publicación de su autobiografía, en la cual contaba cómo su familia había sido diezmada por el ejército. Eran entonces tiempos de guerra y el gobierno había sido claramente derrotado en el terreno de la propaganda. Pero el Remhi había sido publicado en época de paz y los oficiales estaban hartos de pagar solos la factura del conflicto armado.

Las Fuerzas armadas habían tenido un poder ilimitado durante décadas y los militares no entendían por qué, de un día para otro, los mismos sectores que antes los aplaudían ahora los vilipendiaban. Políticos, empresarios, editorialistas, todos, incluso Estados Unidos, el antiguo aliado, despreciaban al ejército y querían reducirlo a su mínima expresión, sin presupuesto, sin servicio militar obligatorio, sin poder. "Se perdió la autoridad", proclamaba el coronel Lima, golpeando el mostrador para reforzar cada una de sus palabras. "Los que mandan son los comunistas, los curas y los mafiosos. Ya no se respeta la patria, ni la familia, ni nada… ¿Qué creés, Maruca?" La esposa del coronel se sobresaltó y, sin contestar regresó a la casa, cerrando la puerta detrás de ella. "Es que mi Maruca es muy cachureca",* bromeó el coronel. "No le gusta cuando hablo mal de los curas." Lima no tenía ninguna simpatía por el clero, pero al mismo tiempo era un devoto de la Virgen.

Dos días antes, el coronel había acudido a una convocatoria de la Comisión para el esclarecimiento histórico (CEH), instalada por las Naciones unidas a solicitud del gobierno y la guerrilla. Esa comisión de la verdad, como se le llamaba, había empezado a investigar las violaciones de los derechos humanos ocurridas durante el conflicto. Los ex comandantes guerrilleros y decenas de militares, incluido Lima, habían recibido una invitación personal para que presentaran "su versión de los hechos". A cambio, se garantizaba la "secretividad (*sic*) de las fuentes, así como la seguridad de los testigos e informantes", según rezaba la carta firmada por el catedrático alemán Christian Tomuschat, designado por la ONU para dirigir la CEH.

Lima había criticado la cobardía de los compañeros que no habían querido presentarse ante la comisión. "Hay que tener los pantalones bien puestos", había dicho el coronel la víspera de su cita con los funcionarios internacionales. "No podemos tolerar que sigan enlodando nuestra institución. Yo quiero verle la cara a esa gente, quiero saber quiénes son los que nos están juzgando sin conocer la historia de nuestro país."

Había sido un encuentro ríspido. El coronel había denunciado los abusos de la guerrilla, que "reclutaba a la fuerza a los adolescentes en los pueblos indígenas y obligaba a los campesinos a darle alimentos". Había recordado también los numerosos secuestros y asesinatos cometidos por la "subversión". Y había regañado a los miembros de la comisión y esto no les había hecho mucha gracia. Así lo comentaría más adelante uno de ellos, que filtraría el contenido de la conversación, supuestamente confidencial, al principal colaborador de monseñor Gerardi, Edgar Gutiérrez.

"Hay que pararle los pies a esos hijoeputas de los derechos humanos", soltó uno de los contertulios. "Y si no hacemos nada, nos van a llevar a los tribunales y nos van a acusar de crímenes contra la humanidad, o de genocidio. Esto es el cuento de nunca acabar. Hay que darles un buen susto para que nos dejen en paz".

❖ ❖ ❖

Monseñor Juan Gerardi había alterado su apacible rutina dominical para acudir a mediodía a un almuerzo organizado por su amigo Julio Penados, hermano del arzobispo de Guatemala. Don Julito, pediatra afable y dicharachero, quería celebrar la presentación del Remhi, acaecida dos días antes. El 24 de abril de 1998, decía, era una fecha histórica. Para ello,

---

* En Guatemala, un cachureco es un beato.

había invitado a Gerardi y a sus colaboradores más cercanos a disfrutar un cocido de garbanzos con carne y unas botellas de vino chileno. La charla distendida y los enjundiosos chistes del obispo alargaron la sobremesa.

Aunque estaba algo cansado, Gerardi no quiso faltar a la cita en casa de su sobrino Javier y a eso de las siete de la tarde se dirigió a la Candelaria, donde se hundían las raíces de la familia. A pesar del deterioro que corroía el corazón de la ciudad, invadido por la basura, el ruido y las humaredas negras de los autobuses, el barrio de su infancia seguía conservando su dignidad y sabor pueblerino. El obispo irrumpió jovial en la sala, repartiendo carantoñas a su hermana Carmen y a Francisco Javier y Olguita, los hijos de Javier. Ya no era monseñor, era el tío Mocho y, como cada domingo, se sentó con sus sobrinos nietos a ver comedias mexicanas en televisión. No era un gran sacrificio: a sus 75 años Gerardi era un entusiasta de los dibujos animados que pasaban en el cable, y por la noche, en su dormitorio, Popeye y el Correcaminos le arrancaban unas carcajadas que rompían el silencio de la casa parroquial. Pero si había algún partido de beisbol o de futbol americano, a los sobrinos les tocaba transigir. La pasión del tío Mocho por los deportes estadunidenses era herencia de su estancia en Nueva Orleans, donde había estudiado teología en sus años mozos.

Mientras daban cuenta del frijol colado y los plátanos fritos, la familia pudo conocer más detalles de ese Remhi del que sólo habían oído hablar a su tío en una ocasión. Les contó lo bonita que había estado la presentación, con la catedral llena de gente, y les resumió el desolador balance de abusos cometidos durante el enfrentamiento entre la guerrilla y el ejército. Olga escuchaba muy atenta. A sus 20 años, la joven seguía siendo para Gerardi "la niña de sus ojos", siempre curiosa y risueña. "¡Pues sí que fue un trabajo delicado! ¿Y con todo eso qué van a hacer?" "Queremos poner en marcha un programa de salud mental en las zonas de conflicto. Es importante que la gente comparta su experiencia para salir del trauma." A las nueve y media de la noche, como dictaba la costumbre, el tío Mocho apuró la taza de café y anunció su retirada. "¡Vámonos, Carmencita!"

Monseñor ayudó a su hermana a subir al Golf blanco. Vivaz y bondadosa, Carmen se había dedicado a cuidar a su madre y, por temporadas, al propio obispo. Era la memoria histórica y gastronómica de la familia, que adoraba sus raviolis y sus lasañas. Vivía sola a unas cuadras de los sobrinos, en una casa de principios de siglo que compartía con el fantasma de la difunta Eladia, su fiel criada durante dos décadas.

Después de dejar a Carmencita, el obispo se dirigió a la parroquia de San Sebastián, adonde llegó poco antes de las diez. El silencio reinaba en el parque, oscuro y desierto como el resto del degradado centro histórico. Entró por la rampa de acceso al garaje. Las luces del vehículo iluminaron varios cuerpos envueltos en trapos y cartones, acostados junto al portón de la casa parroquial. Los vecinos se referían al atrio de la iglesia como el "hotel Gerardi", porque allí pernoctaba desde hacía años una docena de charamileros y bolos, como llamaban a los indigentes y a los borrachos. El obispo los toleraba con resignación. La suciedad, los malos olores y las constantes broncas, enardecidas por la *química* (alcohol de farmacia rebajado con agua), el crack y la marihuana, alteraban la vida de la parroquia. En varias ocasiones Gerardi había mandado a su ayudante, el sacerdote Mario Orantes, a la municipalidad, pero todas las gestiones para que trasladasen a aquella gente habían sido infructuosas.

El obispo detuvo la marcha. Vaya, curiosamente no estaban ni el Colocho ni el Chino Iván, que dormían delante de la puerta y a los que tenía que mover cada vez que llegaba de noche. Descendió del automóvil y abrió el ruidoso portón de metal negro. Tono, el sacristán, había dejado la luz encendida. Subió de nuevo al Golf y entró en el garaje.

❖ ❖ ❖

El timbrazo del teléfono estalló en la oscuridad del dormitorio. Axel Romero acertó a encender la luz de la mesilla de noche. El reloj marcaba las doce y cuarto. ¿Quién podría ser en un domingo a esas horas? Una voz entrecortada por la ansiedad brotó del auricular. Era Ligia, la hija de Juana Sanabria, la administradora de la iglesia de San Sebastián. "¡Mataron a monseñor! El padre Orantes nos acaba de avisar." Aturdido, Axel se puso sus lentes y marcó el número de la casa parroquial, deseando desesperadamente que todo fuera una broma de mal gusto. Le contestó el propio Orantes. "Es algo muy grave, venga inmediatamente."

Mientras él se adelantaba, su esposa y sus tres hijos fueron a avisar al primo Javier y a la tía Carmen. Cruzando la ciudad desierta a toda velocidad, Axel se sentía transportado a una pesadilla. ¿Qué podría haber pasado?

El obispo era el patriarca de la familia, o más bien, "la mamá de los pollitos", siempre pendiente de sus dos únicos sobrinos. Había ayudado en la crianza de Javier, hijo de su hermano Paco, y había apadrinado a Axel, el hijo de Teresa, que había quedado huérfano muy niño. Axel no recordaba un momento importante de su vida sin la presencia del tío Juan. Había estado a su lado en su graduación, en su boda, en los bautizos de sus hijos. Los dos compartían la pasión por el análisis político y podían pasarse horas discutiendo.

La presencia de una patrulla policial y de un vehículo de bomberos selló para Axel el preámbulo de la tragedia. Era la una de la madrugada cuando entró en la casa parroquial. Un Mario Orantes todo ceremonioso salió a su encuentro. El sacerdote era un hombre de 35 años, alto y corpulento, de cara mofletuda, piel muy blanca y ojos agrandados por los gruesos cristales de sus gafas doradas. "Venga, está en el garaje. Yo ya lo he visto, pero quiero que usted lo vea para estar bien seguros de que se trata de él."

Recorrieron el pasillo y llegaron a un zaguán rectangular ocupado por dos vehículos, estacionados uno detrás de otro. Al fondo, el Toyota beige de la parroquia. A continuación, muy pegado, el Golf blanco del obispo. Enormes charcos de sangre brillaban sobre las baldosas. Encajonado entre el Toyota y la pared, yacía un cadáver. Llevaba pantalones de lona, una camisa a cuadros azul y blanca, y una cazadora. Axel no necesitó ni dos segundos para reconocerlo. Era evidente que se trataba de él, a pesar de que su cara estaba destrozada. ¡Dios mío, pero qué le habían hecho! "Mire, Axel, lo mataron con esa piedra", le indicó Mario Orantes, señalando un trozo de cemento de forma triangular, a metro y medio del cuerpo.

Antes de abrir su bufete de abogado, Axel había trabajado en varios juzgados de paz y en el ministerio público. En esos años tuvo que levantar cientos de cadáveres. Esa misma experiencia le hacía ver que algo no cuadraba en aquella escena. Observaba a su tío entre las pozas de sangre. Estaba boca arriba, con las piernas estiradas, el pie derecho cruzado sobre el izquierdo. Los brazos, con los codos flexionados a la altura del tórax. Las manos, entreabiertas. No, ésa no era una posición de muerte violenta. Alguien había movido el cadáver. Algo más llamó su atención: unas huellas de pisadas ensangrentadas partían del cuerpo y se dirigían al interior de la casa.

"Yo no escuché absolutamente nada", le decía el padre Orantes. "Tampoco Margarita, la cocinera, oyó nada. Éramos los únicos que estábamos aquí. Yo me desperté, vi las luces prendidas y al salir a apagarlas descubrí el cuerpo. Pero fíjese que un indigente de los que duermen ahí fuera vio salir a una persona." Axel y el sacerdote se dirigieron a los bultos que yacían junto al muro de la casa parroquial. "Por favor, ¿alguno de ustedes ha visto algo de lo que pasó? Soy sobrino de monseñor." Un joven de baja estatura emergió de la oscuridad. "Poco antes de las diez de la noche un hombre salió por aquí", dijo señalando una portezuela peatonal insertada en el portón metálico del garaje. "No llevaba camisa." El padre Orantes intervino: "Este muchacho es muy serio, no toma alcohol, y está dispuesto a testificar ante la policía. Duerme delante del portón. Se llama Rubén Chanax, pero le dicen el Colocho".

Dentro de la casa, monseñor Efraín Hernández, párroco de la iglesia del Calvario y canciller de la curia metropolitana, se mantenía muy ocupado. Había sido la primera persona a la que avisó el padre Orantes y había llegado antes que nadie. Era un hombre bajito y sesentón. Lo acompañaba una pareja de jóvenes que presentó como sus sobrinos Ana Lucía y Eddie. Después de dar los santos óleos a su viejo amigo Gerardi, le explicó a Axel, se había puesto a llamar a varios miembros del clero.

Por toda autoridad presente, dos agentes de la policía inspeccionaban el garaje con gesto desconcertado. La llamada del padre Orantes había entrado a la central poco antes de la una de la madrugada y la patrulla se había presentado de inmediato. Al igual que ellos, un par de bomberos, alertados a la una menos cuarto, esperaban, camilla en mano, instrucciones de la superioridad. Axel no entendía nada. ¿Por qué habían avisado tan tarde a las autoridades? La llegada de la familia lo distrajo de sus pensamientos. La tía Carmen, vestida de negro, era la imagen misma de la serenidad. "¿Dónde está?", preguntó. Se acercó a ella y la abrazó. "Quédense en el comedor. Es mejor que no se acerquen."

❖ ❖ ❖

Dos jóvenes irrumpieron como una exhalación por el estrecho pasillo de la casa parroquial. Ronalth Ochaeta, abogado y activista de derechos humanos, y Fernando Penados, sobrino del arzobispo metropolitano, llegaban sin aliento. Ochaeta era de baja estatura, ojos achinados y rostro redondo, adornado con un bigotito ralo. Cuando Gerardi creó en 1989 la Oficina de derechos humanos del arzobispado (ODHA), lo nombró director. Le gustaba la astucia de ese muchacho. Desde entonces se había convertido en el achichincle del obispo, que lo defendía a capa y espada frente a las insinuaciones de aquellos suspicaces que, como su amigo Efraín Hernández, creían percibir en el abogado una desmedida ambición.

Ochaeta buscó a Mario Orantes. "¿Qué pasó?", le espetó. "Mataron a monseñor." "¿Dónde?" "En el garaje." "¿Pero cómo fue?" "No lo sé, yo estaba en mi habitación." En ese momento una mujer despeinada y en sandalias salió a su encuentro, sollozando. Era Margarita López, la cocinera de la parroquia. "¡Se nos fue monseñor, lo mataron!"

De regreso por el pasillo, Ronalth y Fernando toparon con Edgar Gutiérrez, que entraba con el rostro contraído. Gutiérrez, un economista dedicado a los estudios sociales, había ideado y coordinado el Remhi. Se abrazaron fuerte. Todo parecía un mal sueño. Apenas ese mediodía estaban juntos con Gerardi, celebrando la publicación del informe, y ahora se encontraban ahí, enmudecidos por el espanto, y Monse, como le llamaban, muerto en el garaje.

El padre Orantes pasó junto a ellos con su chamarra negra y su alzacuellos. A Ronalth le crispaba la serenidad del vicepárroco, atildado en extremo, actuando como un perfecto anfitrión. "¿Te has fijado en ése, qué tranquilo está?" Edgar lo siguió con la mirada. "Parece que está recién bañado. ¿Se habrá cambiado?" "No tendría por qué. Me dijo que ni siquiera tocó a Monse."

Una mujer de rasgos orientales se unió al grupo. Se llamaba Helen Mack. Experta en bienes raíces, miembro del Opus Dei, se había convertido en uno de los adalides en la lucha contra la impunidad en Guatemala, y no por deseo propio. El asesinato, en 1990, de su hermana Myrna le había cambiado la existencia. Myrna era antropóloga y acababa de presentar una investigación sobre las comunidades de población en resistencia, grupos de campesinos que se habían visto obligados a vivir escondidos, huyendo de la represión que el ejército había desatado contra las bases de apoyo de la guerrilla. Veintisiete puñaladas segaron su vida. En esos años de batallas para llegar al fondo del crimen había nacido la amistad de Helen y Gerardi.

Esa noche la activista ahogaba su desconsuelo en la hiperactividad. Veía un claro paralelismo entre la muerte de Monse y la de su hermana. "Tenemos que tener el control de este caso", le dijo a Ronalth. Consiguió un equipo de filmación y después salió a recoger a un médico de su confianza, para que estuviera presente en la autopsia del obispo. Alterada por el desorden que veía, Helen llamó además a su amiga Raquel Zelaya, colaboradora del presidente Álvaro Arzú. "Son las dos de la mañana y aquí no hay ninguna autoridad; por favor, avisa a alguien", le dijo. Sentada en la cama, a oscuras, Raquel se quedó bloqueada. El primer nombre que se cruzó por su cabeza fue el de Mariano Rayo. Por su cargo de gerente de la presidencia, él sabría a quién llamar.

Para entonces, el ministerio público ya estaba trabajando en la casa parroquial. Gustavo Soria, auxiliar fiscal de turno, miraba a su alrededor con desánimo. La policía había colocado una cinta de protección pegada a los vehículos, dejando fuera las huellas de pisadas, ya secas, que partían del cadáver. Una de ellas, perfecta, era de calzado deportivo. "¿Pero no vieron eso? ¡Amplíen el espacio, esto se está contaminando!" Los agentes cotejaron los zapatos de los presentes: ninguno coincidía con la huella.

Soria fue tomando notas de la escena. La puerta del Golf estaba entreabierta y al lado había un enorme charco de sangre. De él arrancaban dos rieles rojos, de dos a tres metros de longitud, que terminaban bajo el cadáver. Parecía que los asesinos habían golpeado al obispo y luego habían arrastrado el cuerpo hacia el interior del garaje hasta dejarlo caer junto al Toyota, cuyo neumático trasero derecho estaba salpicado por una explosión de sangre. Un poco más allá se hallaban las gafas metálicas de Gerardi, a las que faltaba un cristal. Y al fondo, junto al portón de entrada, había un viejo sudadero azul oscuro y unas hojas de periódico esparcidas en el suelo.

El padre Orantes explicó a Gustavo Soria que el asesino había dejado abierta la refrigeradora. Las pisadas ensangrentadas, en efecto, se iban diluyendo rumbo a la puerta de la cocina. ¿Quién podría haber tenido hambre después de una cosa así?, se preguntó el auxiliar fiscal. Un drogadicto, quizá. Los peritos recogieron huellas digitales y, en el compartimiento de la puerta del conductor del Golf, encontraron la lente perdida del obispo.

Hacia las dos y media de la madrugada Soria vio a su jefe, Otto Ardón, abriéndose paso entre los sacerdotes, activistas humanitarios y periodistas que colmaban la casa parroquial. Llegaba con el desconcierto pintado en su rostro. Mientras su auxiliar le ponía al corriente, observó la escena y musitó: "esto es obra de un loco".

Los investigadores estaban agobiados. Varias personas, incluidos funcionarios de Naciones unidas y miembros de la ODHA, se habían saltado el cordón de protección. El potente foco del equipo de filmación convocado por Helen Mack molestaba a los peritos. Ardón y Soria nunca habían vivido nada igual en un levantamiento de cadáver. Aquello parecía una romería, pero no se atrevían a quejarse. ¿Qué carajos podían hacer? Después de todo, su jefe máximo, el mismísimo fiscal general de la república, estaba allí presente, repartiendo condolencias y charlando con los colaboradores del obispo.

Los forenses realizaron el reconocimiento del cadáver en la escena del crimen, contraviniendo las normas básicas del protocolo científico, que recomienda que los cuerpos se manipulen sólo durante la autopsia, de forma que puedan recogerse hasta los mínimos rastros. Del bolsillo de la camisa del obispo los médicos extrajeron una cartera negra con su licencia de conducir, 51 dólares, una credencial de la nunciatura, otra de un videoclub y una tarjeta del comisariato militar, la tienda de descuento de las Fuerzas armadas. Después, le lavaron la cara y la cabeza. Los párpados estaban completamente hinchados y amoratados. La nariz, aplastada hacia la izquierda, y la mandíbula, hundida. A pesar de las fracturas internas, la piel del rostro no tenía heridas, salvo una excoriación en la barbilla. Sí había, en cambio, desgarros en la oreja izquierda. En ese mismo lado de la cabeza, cuatro heridas pequeñas, de alrededor de un centímetro cada una, formaban un semicírculo. Otras cuatro lesiones similares aparecían en la región posterior del cráneo. Las manos presentaban también heridas punzantes, como agujeros. A los médicos les llamó la atención un arañazo en el cuello, de cuatro líneas paralelas. A simple vista, diagnosticaron como causa de la muerte un traumatismo craneoencefálico de cuarto grado, provocado con la piedra allí encontrada, que pesaba casi cuatro kilos. El cuerpo estaba en una fase inicial de enfriamiento: según sus cálculos, el asesinato se había producido alrededor de las diez de la noche.

❖ ❖ ❖

A las tres de la mañana, cansado, Ronalth Ochaeta se sentó al final del pasillo. Un colaborador de la ODHA le sacó de su recogimiento. "¡Mirá quién está ahí!" Ochaeta levantó la vista y divisó entre el gentío la figura chaparra de Darío Morales, un fotógrafo que trabajaba en el Estado mayor presidencial (EMP), la institución militar encargada de dar protección al primer mandatario. Lo conocían bien. "¿Y éste, qué hace aquí?" Los activistas acudieron de inmediato a los funcionarios de la Misión de Naciones unidas (Minugua), encargada de verificar el cumplimiento de los acuerdos de paz, para que interrogaran al intruso.

Casi una hora más tarde, Ángel Conte, director de la policía, irrumpía enojado en la casa parroquial. Sus subordinados no le habían avisado y había sido el propio fiscal general el que lo había sacado de un sueño profundo para que enviara "más gente al lugar". "¿A qué lugar?" Después de dar instrucciones para reforzar el apoyo al ministerio público, Conte llegó a toda velocidad. "¿Usted trae un fotógrafo?", le preguntó el fiscal general. "No, ¿por qué?" "Es que los señores de Naciones unidas dicen que ahí afuera hay una persona que se ha identificado como fotógrafo de su equipo de avanzada." Intrigado, Conte se acercó a ese personaje, que llevaba una bolsa negra colgada del hombro. "Oiga, ¿por qué dice que viene conmigo? ¿Quién es usted?" "Soy del Estado mayor." "Pues no tiene nada que hacer aquí. Haga el favor de retirarse inmediatamente." Darío Morales dio la vuelta y se marchó.

El hecho de que el Estado mayor presidencial hubiera mandado a su gente para recabar información no extrañaba al jefe de la policía: su sede, situada en la casa presidencial, estaba a una cuadra de San Sebastián y la zona formaba parte de su perímetro de seguridad. Para los activistas humanitarios, sin embargo, aquella visita tenía otra lectura: era un indicio de la implicación de la guardia pretoriana del presidente Arzú en el asesinato. Después de todo, el EMP, convertido con los años en el poder detrás del trono, se había encargado de muchos trabajos sucios en el pasado. Sin ir más lejos, se le acusaba del asesinato de Myrna Mack.

La presencia del fotógrafo presidencial no fue la única sorpresa de la noche. Uno de los investigadores se fijó en la sobrina de monseñor Efraín Hernández, que hacía llamadas telefónicas en la oficina parroquial. La cara de Ana Lucía Escobar era muy conocida en los ambientes policiales. Apenas en noviembre había sido detenida por presunción de secuestro y tenencia ilegal de arma de fuego, pero al cabo de dos meses había salido libre por falta de pruebas. No era la primera vez que Ana Lucía, de 24 años, pisaba una comisaría: había inaugurado su ficha en 1994 por robo de vehículo. Según la policía, las influencias de su tío el monseñor lograban que la joven saliera siempre bien librada. En todo caso, las autoridades no se habían olvidado de ella ni de su novio, Luis Carlos García Pontaza, cabecilla de la peligrosa banda Valle del Sol, dedicada a secuestros y asaltos bancarios.

También Fernando Penados se extrañó al cruzarse con Ana Lucía en el pasillo de San Sebastián. Conocía bien las andanzas de aquella muchacha. Como encargado de investigación y documentación en el arzobispado, había dado seguimiento a la ejecución extrajudicial de tres ladrones de automóviles. Los hilos de esa banda se enredaban con el nombre de

Ana Lucía, que además, según pudo averiguar Penados, andaba metida en venta y consumo de cocaína y crack. Monseñor Hernández se molestó cuando el joven le fue con la historia. "Pues hable usted con ella, porque a mí no me hace caso". Así lo hizo. Y Fernando recordaba cómo Ana Lucía, locuaz y coqueta, le había "metido paja toda la entrevista". Vaya, vaya. Ahí estaba de nuevo esa joyita, con su primo.

❖ ❖ ❖

A las 4:20 horas, los bomberos colocaron el cadáver del obispo en una camilla de lona verde. Vinicio Gómez, del ministerio público, se acercó al padre Orantes, que conversaba con Axel y Carmen Gerardi. "Ya hemos recogido todas las pruebas. En cuanto retiren el cuerpo, pueden proceder a lavar." El sacerdote se venía quejando del olor de la sangre, pero Gómez no era la persona facultada para intervenir en ese asunto. "¿No van a sellar la escena?", preguntó Axel, extrañado. "No es necesario, por respeto a la iglesia." Un joven desgarbado interrumpió la conversación. Dijo llamarse Iván Aguilar y contó que él dormía junto al garaje, que había hablado con el asesino del obispo y le había vendido dos cigarrillos por el precio de un quetzal. "Este es", añadió, y entregó a Gómez un billete mugriento.

Empezaba a clarear cuando los últimos peritos se despidieron. Los visitantes se habían marchado y ya no quedaba ninguna autoridad en la casa parroquial. El padre Orantes ordenó a la cocinera que limpiara el garaje. Después, se dirigió a su dormitorio. Balou, un espléndido ejemplar de pastor alemán, estaba ya inquieto. Le puso la correa y le acarició el lomo. "¡Vamos, gordo, a ensuciar el parque!"

❖ ❖ ❖

Juanita Sanabria descendió con dificultad del auto y se dirigió temblando a la puerta de la oficina parroquial. La administradora de San Sebastián era una mujer rubia y oronda, de expresivos ojos azules, que rondaba los sesenta años. Su rostro estaba hinchado y ojeroso después de pasar la noche sumida en una crisis nerviosa. Había trabajado casi una década con Gerardi. Todos los sábados el obispo iba a cenar a su casa con ella y su hija Ligia, que se consideraban parte de su familia. Juanita ejercía de madre protectora y los colaboradores del prelado bromeaban con él cuando veían aparecer su tremenda figura acampanada: "Ahí viene su novia, Monse".

Ese domingo por la noche, la administradora había estado esperando en vano la llamada de Gerardi. Ella lo había acostumbrado a que le echara un telefonazo cuando regresaba tarde a la parroquia. A Juanita le angustiaba la entrada en San Sebastián, no tanto por los bolos, que aunque eran molestos respetaban al obispo, como por las maras, las pandillas de delincuentes que andaban por el parque.

Después de la cena Juanita se había puesto a ver televisión, aguijoneada por un presentimiento extraño. Ligia estaba en su cuarto y Alicia, la criada, terminaba de planchar. A las diez y media, ya intranquila, Juanita marcó el número privado del obispo, que timbraba en su despacho, en su dormitorio y en la oficina de la parroquia. Nadie contestó. Volvió a llamar a los quince minutos y dejó sonar el teléfono hasta que se desconectó. La angustia empezaba a hacerle mella. Otra llamada más a las once, otra a las once y cuarto, otra a las once y media. El mismo sonido sin respuesta. "Seguramente le surgió un compromiso", pensó. Cuando a las doce y diez sonó el teléfono, descolgó el auricular con alivio. La voz del padre Orantes llegó del otro lado. "¿Doña Juani? Mataron a monseñor, lo encontré en el garaje. Necesito el teléfono de su sobrino Javier." Juanita empezó a gritar, descompuesta. "¡No, no, no, padre, vaya a atenderlo, tal vez está herido!" El sacerdote se impacientó. "¡Le digo que está muerto, está muerto, está muerto! Hay que llamar a su familia, y usted véngase con las llaves, que no aparecen." Con los gritos de su madre, Ligia había descolgado el teléfono en su habitación y había escuchado la conversación. "Padre, nosotros tenemos el número de Axel, yo le voy a avisar", dijo. De inmediato, Juanita volvió a telefonear a San Sebastián. Contestó Mario Orantes. "Padre, ¿le dio los auxilios espirituales?" "Sí, ya lo hizo monseñor Hernández." La administradora estaba temblando. Todo le parecía irreal, empezando por la frialdad del sacerdote. ¿Cómo era posible que ni siquiera le hubiera dado la extremaunción?

La mujer se sintió incapaz de acercarse esa noche a la casa parroquial. Cuando se presentó a las nueve de la mañana, los empleados la esperaban atemorizados. La familia del obispo languidecía en el comedor. Con la ayuda del padre Orantes, Carmen Gerardi fue sacando del armario la ropa con la que vestirían a su hermano. Llevaría la sotana episcopal, negra y roja, y la estola y la casulla doradas que alguien le había regalado el año anterior. De entre todas sus cruces pectorales, Orantes sugirió una de oro, pero la familia prefirió la que monseñor siempre había usado. Carmen insistió en que le pusieran también zapatos. Eligieron unos negros, nuevos, los mejores que tenía.

Mientras su madre y su tía abuela iban colocando la ropa sobre el cubrecama floreado, Olga se sentó en la mecedora del tío Mocho, evocando su perfil de nariz prominente y su mirada pícara. ¡Cuántas horas había pasado jugando en esa habitación! Cada domingo, desde hacía años, llegaba con sus padres y su hermano a la misa de ocho, que el obispo oficiaba. Después del desayuno, invadían el dormitorio del religioso para jugar con un Nintendo que les había traído de Panamá o para ver televisión. Les encantaba recostarse en la cama, que tenía colchón de agua con termostato. "Es lo mejor para la columna", decía él, muy convencido. Esa era, quizá, la única excentricidad del tío Mocho, por lo demás sumamente austero. ¡Qué paciencia tenía con ellos! De niños les hacía cosquillas y los aupaba hasta el cielo, sobre su metro ochenta de estatura. Y nunca se enfadaba cuando los sorprendía curioseando por la sacristía. Ya de mayor, a Olga le gustaba arreglar su despacho, repleto de libros y papeles. "Yo en mi desorden tengo mi orden y así encuentro todo más rápido", solía decir él.

Mientras Miguelina, la lavandera, planchaba la sotana, Juana Sanabria se fue con Margarita al garaje, ya limpio. La cocinera le explicó que, al contrario de lo que sucedía normalmente, ese domingo ella no había ido a la casa de su hija porque quería estar bien descansada: ese mismo lunes cumplía 58 años y había previsto celebrarlo. "¡Ay!, Margarita, por Dios, ¿pero no oyeron nada ustedes?", casi imploró la administradora. "Yo sí oí, pero pensé que eran los bolos, ya sabe usted los ruidos que hacen." Le repitió la pregunta a un padre Mario afanado en preparar la maleta del obispo, que tenía que llevar a la funeraria. "¿Y Balou? ¿Cómo es posible que no sintiera nada, que no oliera la sangre?" Juanita también tenía perro y no podía entender cómo el pastor alemán de Orantes no había reaccionado ante una presencia extraña y una pelea brutal a una veintena de metros de distancia. "Pues no, no se oyó nada", respondió el sacerdote.

❖ ❖ ❖

María Luisa Oliva, esposa del coronel Lima, no había tenido una vida fácil. A los tres años, perdió a su madre y su padre se la llevó a vivir con su esposa legítima y sus hijos, que la trataban con cierto desprecio. De hecho, no recibió casi nada de la sólida herencia de la familia, propietaria de varias fincas de café. A los 17 años María Luisa quedó embarazada y enviudó poco después de dar a luz. Una pareja italiana la contrató para cuidar la casa y se encargó de la niña recién nacida, Fiorella, como si fuera su propia hija.

El segundo matrimonio de Maruca fue un fracaso, pero duró lo suficiente para que naciera otro hijo, Juan Carlos, abogado de profesión. A la tercera fue la vencida, cuando se casó con el entonces subteniente Byron Disrael Lima Estrada. Su nuevo compañero le traía un niño de una relación anterior, César Atagualpa, y le daría tres hijos más. Con otros dos vástagos procreados fuera del matrimonio por el futuro coronel, la prole aumentaría a ocho hijos, pero sólo cinco vivirían bajo el techo de la familia Lima Oliva.

El tercer marido pasó más tiempo en la guerra que en el hogar. El coronel había sido pieza clave en el conflicto, un hombre duro, un combatiente audaz, pero también un excéntrico, lo que le había valido el sobrenombre de *Loco* Lima. Condecorado en múltiples ocasiones, el coronel había ocupado todos los cargos importantes en el ejército, incluida la jefatura de los servicios de inteligencia, la temible G-2, que dirigió con gran eficiencia. Iba a ser general y, quizá, ministro de Defensa. Su carrera, sin embargo, se vio truncada con la llegada de los civiles al poder a partir de 1986. Su participación en un intento de golpe de estado en mayo de 1988 lo condenó al destierro en Perú y Nicaragua, donde fue enviado como agregado militar. A su regreso a Guatemala, en 1991, pasó a retiro "con los honores correspondientes" y una pensión miserable. Acababa de cumplir cincuenta años. Tenía casa propia en la colonia Lourdes y las ganancias de la tienda le permitían vivir de manera decente, pero sin lujo.

Los hijos eran el orgullo de Maruca. Fiorella, destacada violonchelista, había formado parte de la Orquesta sinfónica de México y vivía en Brasil, dedicada a organizar conciertos en América del Sur. Betty era cirujana y jefa del servicio de anestesiología del San Juan de Dios, el principal hospital público del país. Luis Alberto, el menor, se disponía a iniciar la carrera de ciencias políticas en la universidad jesuita. Y Byron, el mediano, había seguido los pasos de su padre en el ejército y en la guerra. Consumado deportista, ya era capitán y encaraba una carrera militar prometedora.

Después de la jubilación de su marido, la vida empezaba a ser más sosegada para Maruca. El coronel siempre había sido un hombre despótico, tanto en la casa como en el trabajo. Hacía temblar a sus subordinados, que se acordaban de él con una mezcla de respeto y terror. Maruca le tenía pavor. Los años, sin embargo, lo habían ido serenando. Ahora, decía, quería disfrutar de una vejez tranquila.

Con la muerte de Gerardi, el destino de la familia daría un vuelco. El 27 de abril, como cada lunes, la tienda de los Lima permaneció cerrada toda la mañana. El coronel y su mujer dedicaban ese día a hacer las compras en el depósito de mayoreo. Al regresar, una vecina abordó a Maruca. "¿Ya escuchó lo del asesinato del obispo Gerardi? En la radio andan diciendo que fue el ejército, por lo del Remhi". La esposa del coronel se estremeció. "¡Qué horror! ¿Ya se está diciendo eso?"

❖ ❖ ❖

Desde que la voz áspera del director de la policía lo sacara de la cama a las cuatro de la mañana, Rodolfo Mendoza, ministro de Gobernación, no se había despegado del teléfono. Las primeras noticias habían sido casi telegráficas. Ángel Conte acababa de llegar a San Sebastián.

—¿Pero, cómo fue, le dispararon?

—No, ha sido muy violento. Lo mataron a golpes. Aquí ya están el fiscal general y el equipo del ministerio público.

—Por favor, vaya con mucho cuidado. Me llama cuando tenga más detalles para informar al presidente.

25

Nunca antes el cargo le había pesado tanto. Sus amigos le habían advertido que se iba a quemar, pero él lo había asumido como un reto. Los acuerdos de paz abrían un momento crucial para el país y no se arrepentía de haber dejado de lado su trabajo de publicista. Esa madrugada, sin embargo, Mendoza, católico ferviente y cercano a la jerarquía eclesial, se sentía apesadumbrado.

Los telefonazos iban sobresaltando a otros funcionarios. Arrancado del sueño por su amiga Raquel Zelaya, Mariano Rayo, factótum de Álvaro Arzú, había encargado al EMP que verificara la información. Enviar a los oficiales de confianza del mandatario, que estaban al lado de San Sebastián, pensó Rayo, era la vía más rápida y fiable para saber lo que estaba pasando. En cuanto el coronel Rudy Pozuelos, jefe de la dependencia, le confirmó la noticia, el gerente presidencial avisó a los colaboradores más cercanos de Arzú. Después marcó el número privado del presidente. "Álvaro, lamento despertarte, pero tengo una mala noticia. Esta noche han asesinado a monseñor Gerardi". Silencio al otro lado de la línea. "¿Álvaro? ¿Estás ahí?" El exabrupto casi le rompe los tímpanos. "¡A la gran puta! ¿Qué es lo que pasó?" "Encontraron su cadáver en el garaje de San Sebastián. Lo mataron a golpes. Raquel me avisó a las dos de la mañana y Pozuelos verificó la información. Rodolfo Mendoza ya está coordinándolo todo." "Anula la agenda de hoy y me convocas a todos aquí en mi casa."

A diferencia de sus antecesores, Álvaro Arzú había rehusado mudarse a la casa presidencial. Allí mantenía sus oficinas, pero seguía viviendo en su residencia de siempre, ubicada en la colonia donde se concentraban la clase alta y el cuerpo diplomático. Al franquear la puerta del jardín, alrededor de las siete de la mañana, Mendoza se topó con el coronel Pozuelos. En la entrada, Byron Lima, cuaderno en mano entre un montón de bultos, le saludó. El capitán había acompañado al mandatario en una gira por Perú y Argentina, como encargado de la logística, y había regresado apenas el día anterior desde Buenos Aires con el equipaje presidencial, que ahora revisaba con cuidado, inventariando los regalos y los desperfectos.

En el momento en que irrumpió en la pérgola, el ministro de Gobernación experimentó el secreto alivio de poder compartir la losa que se les había venido encima. Mariano Rayo lucía unas enormes ojeras y fumaba el enésimo cigarrillo. Arzú tenía el ceño fruncido, a juego con la expresión sombría de sus dos asesores más cercanos: Gustavo Porras, su secretario privado, y el canciller, Eduardo Stein. Los tres hombres eran amigos desde la infancia, pero la vida les había llevado por derroteros muy diferentes. Antes de fundar el Partido de avanzada nacional (PAN) para aglutinar a la "derecha modernizante", Arzú era un próspero empresario que se movía en círculos conservadores, mientras Porras combatía a la "oligarquía" como dirigente e ideólogo del Ejército guerrillero de los pobres. Entre tanto, Stein, ex seminarista jesuita, licenciado en filosofía y en ciencias de la comunicación, se movía en los círculos de la izquierda católica. El destino había entrelazado de nuevo esas trayectorias dispares, y el trabajo desarrollado por Porras y Stein en las negociaciones de paz había consolidado la amistad y la confianza.

El desayuno estaba listo, pero nadie probó bocado. Rodolfo Mendoza expuso con brevedad la información que el jefe de la policía le había transmitido hasta el momento. Les habló de la brutalidad del asesinato, del testimonio de un indigente y de la incapacidad del ministerio público para preservar la escena del crimen. "¿Pero cómo es posible?", inquirió Arzú. "Yo le pregunté al fiscal general y me respondió que cómo iba él a sacar de allí a los curas y a la gente de derechos humanos, que el tema con la iglesia es bien delicado." "¡Pues ahora sí que va a ser delicado, cuando no puedan reconstruir un carajo!", terció Eduardo Stein. "Mucho me temo que con una fiscalía tan precaria, a las investigaciones se las lleve la chingada. Deberíamos solicitar apoyo internacional. Si no se realiza un trabajo profesional, este asunto nos va a arrastrar con él." "¿Se sabe algo del móvil?" "No, nada todavía. Por supuesto que la ODHA ya dice que el asesinato está motivado por la publicación del Remhi."

"Eso no tiene sentido", sentenció Gustavo Porras, quien todavía arrastraba el sobrenombre de Sholón, o cabezón, en la jerga chapina. Bajito y enjuto como buen ciclista que era, el Sholón tenía una mirada vivaz, que destellaba una astucia a ratos inquietante. "En primer lugar, el informe estaba ya publicado, y dudo mucho que el ejército no conociera el contenido de antemano. Pero además, en el Remhi no hay nada que justifique el asesinato, no hay revelaciones espectaculares que puedan tener repercusiones legales."

"Especulaciones aparte, lo cierto es que las primeras pistas apuntan a un crimen común", comentó Mendoza, acariciándose su barba negra. "Digamos que matar a trompadas a un hombre fuerte, como era Gerardi, y con un montón de gente en las proximidades, no se corresponde exactamente con los patrones de un asesinato planificado: es demasiado arriesgado. Por cierto, Álvaro: el Estado mayor presidencial mandó un fotógrafo, a ese Darío Morales. El problema es que el tipo se hizo pasar por miembro del equipo de la policía y Ángel Conte tuvo que identificarlo y sacarlo de allá." La cara de Arzú estaba congestionada. "¡Pero cómo se les ocurre! ¡Sólo eso nos faltaba!", bramó. "¡Ahorita sí que estamos jodidos!"

❖ ❖ ❖

El desasosiego y la irritación se habían apoderado de Álvaro Arzú. De camino a la casa presidencial, ya entrada la mañana, rumiaba sus pensamientos en silencio. En su fuero interno temía que una sola noche pudiera echar por la borda tres años de esfuerzos por conducir al país hacia otro rumbo. Hasta entonces, los objetivos de este empresario criollo se habían ido cumpliendo sin grandes sobresaltos. La firma de la paz en diciembre de 1996, once meses después de haber asumido la presidencia, le había granjeado un sólido prestigio internacional y desatado las manos para estabilizar las finanzas nacionales, poner en marcha un extenso programa de obras públicas e iniciar el camino de la liberalización económica con una apretada agenda de privatizaciones.

Hacía apenas quince días que la Comisión de derechos humanos de la ONU había sacado a Guatemala de su lista negra, donde había estado en observación durante 19 años. La ayuda internacional fluía sin cortapisas, alentada por los buenos resultados de un gabinete por lo demás bastante abigarrado. Junto a Stein y Porras, que venían de la izquierda, Arzú había convocado a varios empresarios aperturistas y a profesionales de tendencia socialcristiana, como el vicepresidente Luis Flores o el propio Rodolfo Mendoza. Otros puntales eran la jurista Marta Altolaguirre, al frente de la Comisión presidencial de derechos humanos, y la economista Raquel Zelaya, responsable de dar seguimiento a los acuerdos de paz. Era un equipo diverso, pero calificado y leal al presidente.

Los compromisos adquiridos en los acuerdos, que exigían una profunda reforma fiscal, habían puesto en guardia al Cacif, la poderosa confederación patronal. Eso del contraste entre las enormes carencias del país y la raquítica recaudación tributaria era visto como un "discurso socializante" impuesto por la comunidad internacional. La perspectiva de tener que salir de su burbuja de privilegios incomodaba al empresariado tradicional, al que el presidente ignoraba olímpicamente.

El carácter taxativo de Arzú, su cabezonería legendaria, atribuida a sus raíces vasco-navarras, su falta de diplomacia y su lenguaje directo, que rompía con los cánones del habla perifrástica y llena de fórmulas de cortesía del guatemalteco, habían ido asentando su fama de prepotente. De elevada estatura, ojos azules, pelo rubio y piel rosada, su apariencia física también contrastaba con los rasgos indígenas de la mayoría de la población. Su intolerancia a las críticas lo había enfrentado con la prensa y algunos caricaturistas lo disfrazaban con un casco de conquistador. A pesar de ello, Arzú seguía siendo un presidente popular, y el alto nivel de aceptación del gobierno colocaba al PAN en una inmejorable posición para volver a ganar las elecciones generales, previstas para el siguiente año.

El asesinato de Gerardi no sólo rompía la buena dinámica de su gestión, sino que volvía a meter en la escena política a dos instituciones que él había querido mantener a distancia: la iglesia y el ejército. Para bregar con las Fuerzas armadas, que durante décadas habían sido el poder real en Guatemala, Arzú había seguido al pie de la letra las recomendaciones que, siendo candidato, le había hecho la guerrilla. Los militares "más progresistas y mejor formados", le habían dicho, estaban en la Aviación. Por eso, nada más asumir la presidencia había mandado a retiro a quince generales y había acudido a la Marina y a la Fuerza aérea en pos de oficiales con "currículum limpio", que pudieran impulsar las reformas estipuladas en los acuerdos de paz, entre ellas la reducción de un tercio de los efectivos castrenses y la adecuación de la doctrina militar a un régimen democrático.

Arzú escogió a una serie de mandos formados en el extranjero y sin participación directa en la guerra. El general Marco Tulio Espinosa, aviador e ingeniero, fue nombrado jefe del Estado mayor de la defensa nacional. Otro piloto, el coronel Rudy Pozuelos, encabezó el EMP. Un capitán de navío, Julio Yon Rivera, asumió la dirección de Inteligencia militar. La Infantería se quedó con un oficial al frente del ministerio de Defensa: el general Héctor Barrios, hombre muy institucional cuya sobrina, miembro de la guerrilla, engrosaba la lista de las víctimas de la guerra sucia.

El malestar era palpable entre los oficiales del terreno: ellos habían combatido, habían sacrificado su formación y habían puesto los muertos, mientras esos "señoritos" pilotos se dedicaban a estudiar cómodamente y ahora llegaban "vestidos de primera comunión" y dispuestos a relegarlos.

Consciente de ese clima de animadversión, Arzú se había aproximado aún más a los militares de su confianza, especialmente al siempre solícito general Espinosa, cuya capacidad de intriga despertaba el recelo de numerosos compañeros de armas. Pero además, con el tiempo, el presidente había tomado aprecio a los jóvenes oficiales de su escolta y mantenía una relación cordial con su jefe, el coronel Pozuelos, a quien conocía de años atrás. Pozuelos, primo político del general Espinosa, rompía el estereotipo del tosco militar guatemalteco: era un hombre joven, de familia acomodada y aficionado al deporte; un burguesito metido a piloto, formado en Estados Unidos y con varios títulos académicos, que incluían una licenciatura en relaciones internacionales, una graduación en la Escuela diplomática y una maestría en recursos humanos. Arzú congeniaba con él y le tenía confianza, pero el episodio del fotógrafo en la casa parroquial le había sacado de quicio.

❖ ❖ ❖

Al llegar a la casa presidencial, el mandatario se dirigió de inmediato al salón Chino, donde estaba reunido el gabinete de seguridad. El vicepresidente Luis Flores, los generales Barrios y Espinosa, el coronel Pozuelos y el director de la policía, además de Porras, Rayo, Stein y Mendoza, estaban ya sentados en torno a la enorme mesa redonda de madera maciza.

De pie, con las manos apoyadas en el respaldo de la silla, Arzú preguntó secamente a Pozuelos por el incidente de los miembros del EMP en San Sebastián.

—A instancias del licenciado Rayo, autoricé al mayor Juan Francisco Escobar Blas y al fotógrafo Darío Morales a que recabaran la información que pudieran, por la cercanía del suceso y por la relevancia del personaje...

—¡Pero cómo se le ocurre mandar a Morales, si lo conocía todo el mundo!

—Bueno, él era el que estaba de turno, por eso lo convocó el mayor Escobar Blas. Disculpe, presidente, pero yo consideré que era mi obligación enviar a nuestra gente a averiguar lo que había pasado. En cualquier lugar del mundo se haría lo mismo.

Arzú estalló.

—¡El problema no es haber ido allá, sino haber ido y haber mentido! ¿Por qué el fotógrafo tuvo que andar contando babosadas?

—Lo que pasó es que unos funcionarios de Naciones unidas le pidieron que se identificara, y eso es ilegal. Estaban usurpando funciones de la policía y ...

—¡Pues ya nos llevó la gran puta! ¡Eso es precisamente lo que necesitaban los grupos de derechos humanos! ¡Ahí va a ver que nos van a echar el muerto!

El coronel Pozuelos se puso colorado. Un silencio gélido se adueñó de la reunión. Recuperando la compostura, el presidente pidió al director de la policía un sumario de lo obtenido hasta ese momento. Con voz pausada, Ángel Conte describió en detalle la escena del crimen. Los accesos a la casa parroquial no habían sido forzados. El asesino pudo haber utilizado como arma la piedra hallada junto al cuerpo. Después, caminó por las habitaciones aledañas, encendió luces y entró en la cocina. A pesar de ello, la cocinera y el sacerdote ayudante de Gerardi aseguraban no haber escuchado nada. La fiscalía tenía ya un testigo, un indigente llamado Rubén Chanax, que en esos momentos estaba elaborando el retrato robot de un hombre que salió con el torso desnudo alrededor de las diez de la noche, hora en que debió de producirse el asesinato. Por la descripción, podría tratarse de un pandillero. Otro indigente, un tal Chino Iván, le había vendido dos cigarrillos. La policía ya lo andaba buscando para recabar su testimonio.

"¿Y tienen ya alguna conclusión?" "Conclusión no, pero la impresión inicial es que se trata de un crimen común. Pensamos que el asesino quiso simular un asalto, pero lo único que le robaron a monseñor Gerardi fueron las llaves, una cadena y un reloj Casio de plástico. Lo mataron con una saña inusual. Esa brutalidad desmedida suele darse en crímenes de drogadictos o peleas pasionales, sobre todo entre homosexuales. Para tener todos los flancos cubiertos, hemos sugerido que al cadáver se le practique un análisis toxicológico y un hisopado anal." Arzú levantó las cejas. "¿Un qué?" "Se trata de una prueba para detectar presencia de esperma en el cuerpo. Ya lo hemos hablado con el fiscal y los forenses y creemos que es lo prudente. Como investigadores no podemos descartar nada."

Los presentes escuchaban con estupor. El general Espinosa intervino: "Sería bueno investigar el entorno de monseñor Gerardi, sobre todo al sacerdote que vivía con él. Posiblemente el descamisado estaba ya dentro, puesto que no se forzó la entrada". El presidente lo cortó de raíz: "El responsable de coordinar la investigación va a ser Rodolfo Mendoza". Y dirigiéndose al director de la policía, dijo: "Quiero que se metan de cabeza en esto, Ángel. Quiero un buen trabajo". Conte pensó que era la primera vez, en esos años, que al presidente, siempre terco y altanero, se le veía de verdad abatido.

❖ ❖ ❖

El doctor Mario Guerra, jefe del departamento médico forense del Organismo judicial, entró en la sala fría y desangelada de las autopsias. El cadáver de monseñor Gerardi yacía desnudo sobre el mármol blanco. Los forenses del ministerio público llevaban ya dos horas y media trabajando. Con ellos estaba Mario Iraheta, en representación de la ODHA.

Guerra escuchó las explicaciones de los médicos. No ordenó radiografías. Ni siquiera le tomó la temperatura al cuerpo, lo que hubiera ayudado a determinar la hora del asesinato. El resultado de la autopsia fue un desangelado informe de apenas dos páginas que envió el día siguiente al ministerio público. El dictamen consistía en una descripción desordenada y superficial de las lesiones, al extremo de que el análisis de las múltiples fracturas en el cráneo se despachaba en cinco líneas. La muerte, concluía, se debía a un "traumatismo cráneo facial de cuarto grado". Los resultados del laboratorio llegarían dos días después: negativos para la presencia de semen, alcohol, benzodiazepinas y barbitúricos.

Axel Romero esperaba en la morgue. Aquel lugar siniestro y regado de basura le oprimía aún más el corazón. Cuando Mario Guerra le entregó el certificado oficial de defunción, no pudo evitar la sorpresa. "Disculpe, doctor, aquí usted sitúa el momento del deceso el 27 de abril a las 04:20 horas, pero él murió el día 26, antes de la medianoche." "Mire, a mí eso no me consta, así que la base que tomo es la hora del levantamiento del cadáver. Es mi costumbre."

Resignado, Axel se dirigió al Registro civil. A la conmoción que le había provocado la muerte atroz de su tío se sumaba una inquietud imprecisa. Eran las "cosas raras" que había visto esa larga noche. Le incomodaba la poca lógica del padre Orantes y de monseñor Efraín Hernández. ¡Mira que ponerse a llamar a curas y a obispos antes de avisar a la policía! Le incomodaba que ni el sacerdote ni la cocinera hubieran oído nada. Le incomodaba aquella escena extraña, en la que el cuerpo había sido manipulado. Le incomodaba que no se hubiera sellado la casa parroquial. Le incomodaba ese certificado de defunción con la fecha errónea... Las cosas iban demasiado rápido y sin control. ¿Qué saldría de todo aquello?

❖ ❖ ❖

Sentado en un sillón de Funerales Reforma, el padre Orantes esperaba a que los dos técnicos de la empresa Egipcia S.A. terminaran de embalsamar el cuerpo de Gerardi. En la supervisión final, el rostro del obispo le pareció demasiado rosado y pidió que le bajaran el color. Después, acompañó el féretro hasta la catedral.

El altar mayor, el mismo escenario donde apenas el viernes Gerardi había presentado el Remhi, acogía ahora su ataúd, rodeado de candelabros y coronas de flores. Una ventana permitía ver su semblante, al que los arreglos en la funeraria habían devuelto la serenidad. Rodeado de periodistas, Orantes brindaba detalles: "lo atacaron cuando estaba bajando del vehículo. El cadáver estaba completamente desangrado, ya que lo habían jalado a otro lugar. El rostro lo tenía destrozado. Solamente lo reconocí por el anillo de obispo". "Se mantiene usted muy sereno, padre." "No sé por cuánto tiempo más. Él fue mi todo, mi maestro." Carmen y los sobrinos, agotados por el desvelo y las emociones, se sentían perdidos en medio del gentío. El ceremonial y el protocolo agudizaban su sensación de desamparo.

Entre las personas que empezaban a llegar a la catedral, cuatro indigentes llamaron la atención del público. Dormían en la puerta de la parroquia de San Sebastián y venían a dar el último adiós "al jefe". Ante las cámaras de la televisión y de todo el que lo quisiera oír, uno de ellos comenzó a gritar: "¡el Chino fue! ¡El Chino lo mató!"

❖ ❖ ❖

El país estaba conmocionado y los pronunciamientos de repudio emanaban de todos los sectores sociales. Se hablaba de "ataque a la iglesia", de "fuerzas oscurantistas", de "vuelta al pasado". Ronalth Ochaeta, director de la ODHA, sentenciaba que el crimen era "el tiro de gracia" al proceso de paz. Saliendo al paso de las proclamas agoreras, la dirigencia de la antigua guerrilla reclamaba mesura. "Este asesinato es un hecho aislado y no va a provocar ningún problema en el cumplimiento de los acuerdos", insistía el comandante Rolando Morán. En una entrevista en la CNN, Edgar Gutiérrez, coordinador del Remhi, adjudicó el crimen al ejército. Los programas de radio recibían iracundas llamadas contra los militares y el gobierno.

La casa presidencial registraba un inusitado ajetreo. Álvaro Arzú convocaba continuamente a sus ministros para saber qué había de nuevo, unificar criterios y, diría después Eduardo Stein, "tratar de entender lo que estaba sucediendo". "La cosa ya se pone brava", resopló Rodolfo Mendoza en una de las reuniones. "La ODHA proclama que es un asesinato político y nos da un plazo de 72 horas para resolverlo. ¿Qué es lo que pretenden?" "Rayarnos la cara. Ya nos traían ganas", musitó Arzú. "Pero hay buenas noticias", prosiguió Mendoza. "Tenemos un retrato robot del descamisado y Donald Planty (embajador estadunidense) considera que mañana podrían llegar los primeros expertos del FBI." Arzú suspiró. "¡Va a ser imposible plantear una investigación seria, con esos de la ODHA queriendo capitalizar el crimen!" "La única solución", terció Gustavo Porras, "es manejarlo todo de forma abierta con la iglesia, para que ellos mismos vean cómo se está actuando. Hay que buscar un mecanismo para disipar la desconfianza."

La empresa se antojaba sumamente complicada. Aunque varios de sus principales colaboradores, como Mendoza, Stein o Raquel Zelaya, eran muy cercanos a la jerarquía eclesiástica, las relaciones del presidente con la Conferencia episcopal no podían ser peores.

A pesar de haberse educado con los maristas, de ser creyente fervoroso y de contribuir de forma generosa a las obras sociales de la iglesia, Arzú sentía un vivo rechazo por la cúpula eclesial. Las negociaciones de paz le habían dado la munición. El presidente no podía ni quería olvidar que los obispos "habían tratado de entorpecer el proceso", como contaba cada vez que rememoraba aquellos momentos. Se refería a una reunión secreta sostenida en El Salvador entre representantes del episcopado y la guerrilla, en la que los prelados habían regañado a los comandantes por ir demasiado rápido en las conversaciones y les habían recomendado sosegar ese "ritmo dañino", puesto que un acuerdo "serio" debía llevar por lo menos dos o tres años más.

Después de aquel episodio, Arzú se reafirmó con más fuerza en su decisión de dejar a la iglesia y a las *oenegés* fuera de la jugada. Cuando Gustavo Porras, que llevaba la conducción de las negociaciones, le sugería discutir con la jerarquía eclesiástica y los activistas de la sociedad civil, Arzú reaccionaba indignado. "¡No, porque son unos mañosos y quieren estar en la política sin asumir sus costos. La iglesia que se meta en sus asuntos!" La misma negativa recibía Eduardo Stein cada vez que le recomendaba que invitara a los obispos a la casa presidencial, como siempre se había hecho. "Eso es lo que quieren, que los consulten, que los inviten, que los lisonjeen... Pues no. Si yo no invito a los comandantes de las zonas militares a tomar café, ¿por qué lo voy a hacer con los obispos?" Y remataba con una de sus frases favoritas: "Cada mico en su columpio".

La irritación de Arzú con la jerarquía católica tenía también un flanco personal. Su condición de divorciado y casado en segundas nupcias le había generado problemas diplomáticos ante la visita oficial a la Santa Sede, programada para septiembre de 1998. El Vaticano había dejado claro que el Papa no recibiría juntos a Arzú y a su mujer. Patricia, que era viuda y profundamente católica, se sentía muy dolida. El presidente no daba su brazo a torcer y exigía que se incluyera a su esposa en la audiencia. Hasta ese momento, los esfuerzos para revertir la decisión habían sido infructuosos.

Ese lunes 27 de abril, absorbido por los acontecimientos, Arzú había ido posponiendo el momento de ir a dar el pésame a los obispos. Sólo la insistencia de Raquel Zelaya y Eduardo Stein logró arrancarlo de su despacho y ponerlo rumbo a la sede de la Conferencia episcopal. El presidente iba de pésimo humor. Las acusaciones de la ODHA y su retórica del martirologio le enfermaban tanto como el cuestionamiento del proceso de paz. Zelaya recordaría que el encuentro, que duró unos quince minutos, fue "espantosamente tenso". "El condenado de Álvaro ni siquiera aceptó una tacita de café."

❖ ❖ ❖

El pleno del gabinete decretó tres días de duelo nacional. El presidente anunció a sus ministros la creación de una comisión de alto nivel para supervisar la investigación, a la que se invitaría a la iglesia. Los representantes gubernamentales serían Porras, Mendoza, Stein y Marta Altolaguirre, comisionada de derechos humanos. Arzú pidió discreción a sus colaboradores. "La línea está clara: no descartamos ninguna hipótesis y haremos lo posible por llegar al fondo. En cualquier caso", predijo contrariado, "nos lo van a echar a nosotros. Lo estoy viendo. Ya hablan de ejecución extrajudicial. ¿Qué es lo siguiente? Que fueron los militares ¿Y lo siguiente? La gran campaña contra el gobierno."

Al caer la tarde, el presidente, su esposa y todos los ministros acudieron a pie a la catedral. Tras dar el pésame al arzobispo Próspero Penados, montaron una guardia de honor junto al féretro. Cuando comenzó la misa, Arzú ordenó la retirada. En el arco de la puerta, Raquel Zelaya alcanzó a oír un susurro que le heló la sangre: "¡Cómo tienen la cara de venir!" Del fondo del templo emergía la voz del oficiante: "¡Debemos regocijarnos, porque tenemos un mártir que luchó por la verdad!"

❖ ❖ ❖

El miércoles 29 de abril, día del entierro, amaneció gris y desapacible. A las diez de la mañana comenzó la misa. La catedral, construida a finales del siglo XVIII, lucía majestuosa. Más de 500 sacerdotes llenaban el altar y los bancos. Los asistentes se agolpaban en los pasillos y desbordaban el atrio. El arzobispo metropolitano presidía la ceremonia en un estado de abatimiento. Gerardo Flores, obispo de La Verapaz, fue el encargado de la homilía. Tras recordar "los dos mil años de persecución de los cristianos", señaló a quienes consideraba autores del asesinato de monseñor Gerardi: "Su verdad hirió a los que sólo viven de la mentira y del engaño (...) a los que no les importa matar para mantener posiciones injustas y mal habidas". Una densa ovación coronó sus palabras.

La ausencia de Arzú no pasó inadvertida. Sí estaban presentes, en cambio, sus ministros, junto a numerosos líderes políticos y empresariales. Después de la lectura de una carta de Juan Pablo II, Axel Romero agradeció las muestras de cariño. Carmen estaba conmovida. Nunca había visto la catedral tan llena. Pasadas las doce, y tras un responso en medio de nubes de incienso, un toque de corneta anunció la salida del féretro. Javier y Axel lo cargaron a hombros. Los organizadores sólo les habían permitido llevarlo del altar al umbral del templo. De ahí hacia afuera quedaría en manos de la curia. Axel diría después: "Con mi tío, todo terminó como familia en la puerta de la catedral. Ahí lo perdimos. Ellos se apoderaron de él".

Cuando el ataúd apareció en el atrio, el tañido de las campanas y los aplausos del público rompieron el silencio. Seminaristas, sacerdotes y obispos se turnaron para llevarlo a hombros alrededor de la plaza de la Constitución, frente al Palacio nacional. La estampa era impresionante. Las autoridades de la iglesia, con sus mitras y estandartes, encabezaban el desfile. Lo cerraban agrupaciones religiosas y organizaciones sociales exigiendo con pancartas el esclarecimiento del crimen. En medio marchaban feligreses entonando cánticos y rezando el rosario. Miles de ciudadanos de toda condición se agolpaban en el parque y en las aceras. El cielo, narrarían las crónicas, lloró al paso del cortejo.

El padre Orantes no había perdido la compostura. Él también cargó el féretro una parte del recorrido. Gustavo Porras lo venía observando y se quedó impactado ante "su asombrosa placidez". En realidad el sacerdote estaba preocupado. Había acudido a ver a Próspero Penados para pedirle la parroquia de San Sebastián y no había obtenido la respuesta deseada, a pesar de sus argumentos contundentes. Después de todo, él llevaba ahí siete años de vicario y se había quedado al frente muchas veces, dados los constantes viajes de Gerardi. Estaba más que capacitado para convertirse en el párroco titular. Había, además, un entrañable vínculo familiar que lo unía a ese templo. El ilustre Mariano Rossell y Arellano, primo de su abuela, había sido párroco de San Sebastián en 1929, diez años antes de convertirse en arzobispo metropolitano. Rossell, además, fue mentor de Gerardi. ¿No era un conmovedor giro histórico que él, sobrino nieto de monseñor Rossell y discípulo del obispo Gerardi, se hiciera cargo de esa iglesia?

Mario Orantes estaba convencido de que su propuesta sería bien recibida porque, además, contaba con el respaldo de su protector, monseñor Efraín Hernández, buen amigo de Penados. Para su sorpresa, la reacción del arzobispo no había sido todo lo positiva que él esperaba. Le había dicho que lo iba a considerar, que era un poco temprano... Se le veía muy afectado, así que lo más prudente sería dejar pasar unos días antes de insistir. Próspero Penados, en efecto, estaba hundido. Y la visita del padre

Mario para pedirle "el hueso" en plenos funerales y con aires de suficiencia, le había provocado un enorme disgusto.

Cuando terminó de rodear el parque, el cortejo fúnebre se dirigió hacia las catacumbas, ubicadas en la parte trasera de la catedral. El féretro fue colocado en un nicho transversal. Mientras dos albañiles sellaban la bóveda con ladrillos rojos, los obispos cantaban en latín.

Capítulo 2

La investigación

Rubén Chanax, alias el Colocho, era un joven lampiño de mirada huidiza. Una melena fosca y rizada daba pie a su sobrenombre. Los investigadores soportaban su pestilencia con estoicismo, animados por el sorprendente espíritu de colaboración del indigente. La madrugada del crimen, siempre sereno y bien dispuesto, prestó declaración ante el ministerio público.

El Colocho se presentó a sí mismo como agricultor, originario de San Cristóbal Totonicapán. Tenía 24 años y llevaba cuatro viviendo en el parque de San Sebastián, donde se dedicaba a lavar vehículos. La tarde del domingo 26 de abril había estado viendo televisión en la abarrotería de don Mike. Con él estaba su amigo el Chino Iván, que dormía también junto al portón de la casa parroquial. A las diez de la noche, cuando acabó la película, regresaron a la iglesia, a una cuadra de distancia. Entonces Iván se dio cuenta de que había olvidado unos paquetes de cigarrillos en la tienda y regresó por ellos. Chanax, mientras, colocó sus cartones junto al garaje, listo para acostarse. En ese momento la puerta se abrió y surgió un joven de unos 20 años, desnudo de cintura para arriba. Chanax le preguntó si iba a salir algún vehículo. "Simón, ése", le respondió, lo que quiere decir sí en la jerga de las maras. El descamisado cerró la puerta y salió corriendo por la 2ª Calle, hacia el oriente. Regresó al cabo de unos minutos, abotonándose una camisa blanca. Bordeó el parque y desapareció por la esquina opuesta, por la 6ª Avenida.

Pasada la medianoche, a eso de las 0:30 horas, prosiguió Chanax, se asomó el padre Orantes y preguntó si alguien había visto u oído algo. Eran varios los indigentes que estaban durmiendo allá: el Árabe, el Chalupa, Luis, el Pity, Jorge el Monstruo, Tulio, Héctor, Amílcar... Él le habló del muchacho sin camisa y el padre se retiró.

Chanax ofreció a los fiscales una descripción detallada del descamisado: era alto, de tez morena, cara redonda, con bigote y perilla en forma de candado. Tenía el pelo negro y colocho. "Y recortado estilo militar", añadió. "¿Cómo es eso? ¿No era colocho?" "Sí, pero lo tenía bastante recortado." Él había hecho el servicio militar durante 30 meses, por eso lo decía. Vestía un pantalón de lona azul, sucio y desteñido, y calzaba botas marca Caterpillar negras con suela de color amarillo. No, no tenía ningún tatuaje en el pecho ni en los brazos, como suelen llevar los mareros. ¿Podía elaborar un retrato robot? "Esa cara no se me olvida", contestó rotundo. El Colocho recordó también que unos 10 días antes un individuo le había preguntado a qué hora regresaba el obispo, a lo que él había respondido: "A saber, mano".

Sorprendidos por la retentiva del testigo, los expertos de la fiscalía dibujaron un retrato del presunto asesino de Gerardi. Después, le enseñaron los álbumes fotográficos de la policía. No encontró al descamisado, pero reconoció al sujeto que le había preguntado por los horarios del obispo. Se le veía a menudo por el parque, aunque no se quedaba a dormir. La ficha policial lo registraba como Eduardo Perdomo, alias el Chino Guayo, estudiante, de 20 años, con antecedentes por consumo y tráfico de droga, ebriedad y escándalo público. Eran las 6:30 y como comienzo no estaba nada mal: el joven Chanax era realmente providencial. El fiscal Otto Ardón le compró comida y le dio ropa limpia.

Acompañado por su auxiliar Gustavo Soria, Ardón decidió regresar a San Sebastián pasadas las nueve de la mañana para entrevistar al sacerdote Orantes y echar otra ojeada, ya sin la marabunta de la noche anterior. Tras la limpieza del garaje, la casa parroquial había recuperado su aspecto anodino, tan alejado de los aires macabros que la inundaban horas antes.

Orantes aportó más detalles. El domingo, explicó, había permanecido en la casa parroquial y había oficiado tres misas, la última a las seis de la tarde. Después había sacado a pasear al perro y al regresar había ido a la cocina a tomar las pastillas para sus migrañas. Allí encontró a Margarita, que le dijo que no había salido porque estaba enferma. Se retiró a su habitación y se durmió a eso de las 22:30 o 22:45 horas. Y a medianoche, o a las 0:15, quizá, lo despertó la luz del pasillo. Cuando salió a apagarla, descubrió el cadáver. Lo primero que pensó es que se trataba de alguno de los bolitos. Como se peleaban a menudo... Se puso su bata y salió a preguntarles si habían visto algo. Le dijeron que monseñor "había entrado hacía rato". "¡Eso fue lo que me mató, señor fiscal!" A pesar de todo, la luz del garaje no le parecía suficiente para reconocer al obispo, así que regresó a su cuarto a buscar su linterna. "Le *lucié* la cara, hasta que me di cuenta de que era él." Entonces despertó a Margarita y llamó a monseñor Hernández, que le dijo: "ahorita voy, no tenga pena". Luego telefoneó a los bomberos y a la policía. Monseñor Hernández había llegado con dos jóvenes que él nunca había visto antes.

Hablaron también de la personalidad de Gerardi. "Monseñor a todo le sacaba chiste. ¡Si usted lo hubiera conocido! Así como era, se veía como muy imponente, inspiraba respeto... ¡Qué lástima!, ¿verdad? Llegamos a tener una gran amistad, a pesar de la diferencia de edades, porque me llevaba 40 años. Todo lo platicábamos. Incluso estaba muy contento porque el jueves se iba de viaje a México por cuestiones pastorales, y después en junio se iba a pasar todo el mes en Europa. Yo le dije: no tenga pena, que yo me encargo de todo. ¡Dichoso él, que todavía a sus 75 años iba y venía, tranquilo!"

El sacerdote se esforzaba en mostrarse simpático y en más de una ocasión hizo bromas. A Gustavo Soria le desagradó tanto que prefirió salir a entrevistar a la cocinera. El fiscal Ardón y el director de la policía siguieron con el interrogatorio. "¿Y usted no escuchó nada, padre?" "Yo tengo un sueño profundo. Tengo mi perro pastor alemán, está entrenado y duerme en mi cuarto. Por eso estoy seguro, o casi seguro, de que este señor, el asesino, únicamente llegó a la cocina, porque si algún desconocido pasa a aquel lado, hacia los dormitorios, el perro empieza a ladrar. Incluso a la cocinera y al sacristán les ladra."

Terminada la entrevista, los investigadores inspeccionaron la casa. Orantes los condujo al dormitorio y al despacho del obispo. Todo parecía en orden. A pesar de la limpieza, el recorrido reveló el inusitado movimiento del asesino esa noche: unas pisadas ensangrentadas entraban en la sala de planchar, próxima al garaje, y ya no salían. Había un rastro de sangre en la puerta de madera que daba acceso al área de los dormitorios e, incluso, una mancha en forma de gota en la entrada de la habitación del padre Orantes. "Pues parece que después de todo el intruso sí llegó hasta aquí", comentó uno de los policías.

Ya en la calle, Gustavo Soria se dirigió a su jefe con un gesto de disgusto. "¿Has visto a Orantes? ¡Puta! ¡Has vivido con una persona tantos años, es tu obispo, y él estaba como si hubieran matado a un perro! ¡Contando chistes!" "Será por su fe, que cree en el más allá", respondió irónico el fiscal Ardón. "Obviamente hay cosas que no cuadran en su relato, empezando por las horas. Dice que se despertó a las 0:00 horas o 0:15, pero anoche a la policía le dijo que fue a las 0:30. Está mintiendo en cualquiera de los dos casos: a las 0:15 el sobrino de monseñor habló con él y se oían voces de fondo, que por cierto no eran policías ni bomberos: a ellos los llamó cerca de la una. Me temo que es aquí dentro donde vamos a tener que empezar a desenredar la madeja."

❖ ❖ ❖

La época dorada del barrio de San Sebastián había terminado allá por los años setenta, cuando la burguesía que lo habitaba empezó a emigrar a las nuevas zonas residenciales de la periferia. Muchas casonas tradicionales se fueron compartimentando y poblando de inquilinos de pocos recursos. Otras se convirtieron en pensiones baratas. Abarroterías, carpinterías y comedores populares estropearon las fachadas. El tráfico y el ruido acabaron por disipar los aires amigables y provincianos.

El deterioro también se cernió sobre el pequeño parque de San Sebastián, el eterno referente del barrio, donde unos desolados manchones de césped descolorido luchan tenazmente por sobrevivir. Los puestos ambulantes de comida llenan el aire de olor a fritanga. Un ejército de treinta lavacarros se ha adueñado de las aceras, mientras las bancas de cemento sirven de alacenas a los mendigos, que acumulan allí sus botellas vacías y sus bolsas de despojos. La frontera entre los lavacarros y los indigentes es sumamente permeable: una racha de estabilidad les permite trabajar, pero a veces "agarran furia", es decir, caen en tremendas crisis etílicas y pueden pasarse semanas mendigando los centavos, desviviéndose por el alcohol puro de la droguería José Gil y macerando sus agonías en el atrio de la iglesia.

A dos cuadras del templo de San Sebastián emerge, imponente y ·sombrío, el edificio verduzco del Palacio nacional. Entre ambos está la sede del EMP y de su tropa, la Guardia presidencial. Los soldados pasan corriendo, en sus ejercicios matutinos, y de vez en cuando organizan partidos de futbol en la minicancha de cemento del parque, que comparten con los vecinos del barrio.

El parque es también territorio de la mara de los Rockeros o los Satánicos, como se autodenominan con orgullo de casta. Vestidos de negro, con cruces gamadas y botas con punteras plateadas, se pasan la tarde bebiendo, fumando marihuana y escuchando *heavy-metal*. Les encanta atemorizar al vecindario y consagraron su fama de antisociales irrumpiendo en las misas de San Sebastián para pegar alaridos o lanzar bolsas con excrementos. Era el grupo de Eduardo Perdomo, el individuo que había llegado a preguntar por Gerardi días antes de su asesinato.

Toda la algarabía del parque cesa en cuanto oscurece, salvo los miércoles, día del tradicional culto al Padre Eterno, que congrega a cientos de feligreses. Las misas se celebran en una capilla adosada a la iglesia. Los puestos de vendedores de velas y dulces invaden ese día el callejón de acceso, que el resto de la semana es utilizado como retrete por indigentes y lavacarros: apenas una verja negra separa el inmaculado jardincito de la capilla, con su fuente y sus rosas, de ese espectáculo hediondo coronado de moscas y papeles de periódicos.

Dos tiendas de abarrotes se reparten la clientela del parque. Con doña Martina llegan lavacarros, rockeros y estudiantes. Don Mike, un ladino manco de aspecto patibulario, prefiere una concurrencia más selecta: mecánicos del EMP, vecinos del barrio y empleados de Radio Mundial suelen echarse sus cervezas, a pesar de que el establecimiento, pequeño y sucio, no invita a quedarse. Los únicos asientos son dos cajas incrustadas en el estrecho espacio que queda junto al escaparate. Del techo cuelga una tira pegajosa a la que están adheridos decenas de cadáveres de moscas. Al otro lado del mostrador, entre pilas desordenadas de mercancía, un televisor ofrece sin descanso películas y peleas de lucha libre que don Mike sigue con fervor, mientras se atusa unos jirones de barba negra, larga y desaseada.

Para su disgusto, hasta él llegaron los agentes de la sección de homicidios, a preguntarle por sus actividades el domingo en que asesinaron a monseñor Gerardi. Les respondió que a las 21:30 horas había echado la persiana y había terminado de ver la película del Canal 3 con un cliente amigo suyo. Negó que hubiera estado el tal Chanax, al que no conocía. Los únicos indigentes que se habían quedado un rato fueron Jorge el Monstruo y Pablo el Loquito, y se marcharon mucho antes.

Los policías entrevistaron después a varios charamileros. Uno de ellos, Arni Mendoza, el *Pity*, había gritado ante las cámaras de televisión que el Chino había matado al obispo. Y lo sostuvo. "Chanax y el Chino son los únicos que se quedan en la entrada, y cuando llegaba monseñor Gerardi tenían que levantarse. El Chino no trabaja, roba cosas de los autos y drogado es agresivo". Añadió que alguien, esa tarde, les había llevado tres litros de cerveza. Otros indigentes aseguraban que el Chino sabía algo, porque desde el asesinato no había vuelto por allá. Esa noche, sin embargo, ninguno había escuchado nada, porque andaban, para variar, "bien bolos" y se habían quedado dormidos.

Dos días después, Iván Aguilar, alias el Chino Iván, se presentó a la policía escoltado por funcionarios de las Naciones unidas, a los que había solicitado su protección. Era un joven de 22 años, de ojos rasgados y aspecto aseado. Vivía en El Gallito, una colonia que se había convertido en el mayor centro de distribución de droga de la ciudad. Las broncas con su padre lo empujaban a dormir de vez en cuando en la calle. Ayudaba en un taller mecánico y confesó que había tenido problemas por consumo de marihuana y cocaína.

El Chino Iván contradijo a don Mike al contar que había estado en la tienda con Rubén Chanax, pero también señaló que su amigo se había marchado antes de que terminara la película. Él salió después y al llegar a la iglesia lo vio hablando con un descamisado. Se regresó a la tienda por sus cigarros y al volver, cruzando el parque, se topó con el mismo individuo, que venía abotonándose una camisa. "Compadre, ¿no tienes un cigarro que me vendas?", le preguntó, extendiéndole un billete de un quetzal. El Chino le entregó dos cigarrillos. "Buena onda, gracias". Después el individuo desapareció por la 6ª Avenida.

Iván agregó un episodio que Chanax había omitido: a las 22:30 cenaron una comida excepcional que alguien le había dado a Tulio, uno de los indigentes: queso, pan, frijol y naranjas. Después él agarró sus cartones y echó a dormir, hasta que empezó a llegar mucha gente. El Colocho le contó lo sucedido y él se retiró de la puerta. Por la mañana le entregó el billete de quetzal a la policía. ¡Ah! Esa noche había un desconocido durmiendo con ellos. También le llamaron la atención un hombre y una mujer sentados en un banco del parque.

Varios elementos diferían de la versión de Chanax. El descamisado, en efecto, era alto, llevaba pantalón azul y hablaba como un marero, pero no tenía el pelo corto: es más, lo tenía "alborotado y muy sucio, como grasiento". Tampoco rodeó el parque, sino que lo cruzó, porque él le vendió los cigarros casi en el atrio de la iglesia. Y no llevaba una camisa blanca, sino beige con cuadros marrones. "Ese muchacho no estaba normal, no estaba en sus cabales. Tal vez andaba tomado", insistió.

Iván dictó el retrato robot del joven. El resultado desconcertó a los investigadores: su descamisado, de pelo castaño, rostro ovalado, nariz recta y labios finos, no se parecía en nada al de Chanax. Lo que vino después, sin embargo, dejó aún más perplejos a los agentes. Ante un álbum de los delincuentes fichados, Iván reconoció al individuo número 3115-98. Sometido a la misma prueba en otra habitación, en presencia de fiscales y observadores internacionales, Chanax señaló exactamente la misma fotografía. El jueves 30 de abril, al día siguiente del entierro del obispo, la policía detuvo en el mercado de la Terminal a Carlos Vielman, un zapatero de 23 años. Sus antecedentes: intento de violación, ebriedad y escándalo en la vía pública.

❖ ❖ ❖

Cuando la policía se presentó con Carlos Vielman en la dirección general, todos se quedaron estupefactos. Era un hombrecillo de poco más de metro y medio de estatura, completamente borracho y con la cara hinchada como un balón por efecto de unas caries. Tenía una mujer desnuda tatuada en el hombro, lo que contradecía la descripción de Chanax. Para colmo, movía su brazo derecho con dificultad, a consecuencia de una vieja fractura.

La decepción cundió entre los investigadores. ¿Cómo ese individuo esmirriado podría haber matado a golpes, con una piedra pesada, a un hombre corpulento? Las miradas se volvieron entonces hacia los dos indigentes. ¿Y si se habían inventado un cuento? De inmediato, Chanax fue sometido al polígrafo y pasó la prueba "satisfactoriamente" al narrar la historia del descamisado. Con Iván, que dudaba más, el técnico decidió esperar a que reconociera en persona al acusado.

Los resultados del detector de mentiras obligaron a la fiscalía a seguir la pista de Vielman. A medida en que indagaban al sujeto, su escepticismo iba en aumento. El testimonio de Josefina Camposeco, dueña de la sórdida cantina La Huehueteca, en el mercado de la Terminal, fue contundente: Vielman se había pasado todo el fin de semana bebiendo en su local. En concreto, el domingo 26 había llegado a las seis de la mañana y había estado lavando y sacando basura, tareas por las que le pagó "con un su traguito y un su quetzal". Para las once de la noche, dijo, estaba tirado en la puerta, durmiendo con otros tres bolos.

Una semana después, el detenido fue sometido a una rueda de reconocimiento. Antes de realizar la prueba, el fiscal Ardón se dirigió a Chanax: "Si no es él, no lo vas a señalar, porque no quiero inocentes en la cárcel, ¿oíste?" Chanax no lo reconoció. El Chino Iván no estaba seguro. La línea de Vielman había tocado fondo.

Simultáneamente, la policía indagaba también a Eduardo Perdomo, alias el Chino Guayo, el marero que había preguntado por Gerardi días antes del crimen. Perdomo se presentaba como estudiante de periodismo de la Universidad de San Carlos, pero sus antecedentes lo mostraban como un traficante de poca monta y camorrista violento, aficionado a dar palizas a los indigentes de San Sebastián y a pelear a "botellazos y patadas" contra alumnos de los colegios cercanos. El allanamiento de su casa aportó una cadena y un reloj de plástico, pero la familia Gerardi indicó que no eran del obispo. La fiscalía consideró que no había elementos para detenerlo.

❖ ❖ ❖

Si las pistas de los indigentes habían llevado a un callejón sin salida, las inspecciones en la parroquia de San Sebastián, efectuadas con los seis agentes del FBI que llegaron en los días posteriores al crimen, habían dado más frutos de lo esperado. El oficial puertorriqueño Fred Rivero y sus colegas recomendaron de inmediato la aplicación de luminol, un reactivo de alta sensibilidad que permite detectar manchas de sangre aun cuando hayan sido lavadas. Al contacto con la hemoglobina, este compuesto produce una luminiscencia violácea, apreciable en la oscuridad.

Después de cubrir puertas y ventanas con vinilo, los peritos rociaron el líquido en el área del garaje y el pasillo de la casa. De inmediato, unas manchas violeta fueron revelando rastros de sangre imperceptibles a simple vista: había pisadas de zapatos que entraban en todas las habitaciones aledañas al garaje. Eran huellas diferentes a las de los tenis que se encontraron al lado del cadáver. Había también rastros de una mano en la puerta de acceso al área privada, junto al despacho de Gerardi, y más pisadas en el pasillo que conducía al dormitorio de Orantes. Junto a su puerta, el luminol dibujó algo más que una simple gota: las huellas ensangrentadas de unos zapatos.

La prueba también dio positivo en el Golf del obispo, sobre todo en el asiento del conductor. Pero donde la luz violeta brilló más intensamente fue en la pared del garaje, a más de un metro de altura de donde yacía el cadáver. Ahí la sangre se esparcía en forma de surcos circulares, como si hubiera sido extendida con un trapo. Los investigadores se miraban con asombro: alguien se había tomado la molestia de limpiar la casa y el vehículo antes de avisar a las autoridades.

Los estadunidenses midieron distancias, calcularon tiempos de ataque e hicieron pruebas de sonoridad. El portón del garaje se cerraba y abría con estrépito y la portezuela peatonal por donde había salido el descamisado se trababa, y para encajarla había que empujarla con fuerza. El eco retumbaba en toda la casa.

Antes de marcharse, Fred Rivero y un forense del FBI comentaron sus impresiones con el ministro de Gobernación, Rodolfo Mendoza. A pesar del mal manejo de la escena del crimen, sí se había podido recabar información útil. En el asesinato, dijeron, habían participado por lo menos dos personas, como lo indicaban las huellas de las pisadas y la manipulación del cuerpo.

El perfil del crimen no encajaba con un asesinato planificado. La muerte a golpes y la sangre por toda la casa hacían pensar en un acontecimiento imprevisto. Los expertos confirmaron las observaciones del jefe de la policía: esa violencia extrema concentrada en el rostro, hasta su desfiguramiento, estaba asociada, según las estadísticas criminológicas de Estados Unidos, a motivaciones pasionales o al uso de drogas. "Un patrón de brutalidad tan desproporcionada suele corresponderse con el consumo de crack", dijo el forense.

En aquella casa hubo pelea, añadió, y hubo gritos. Y todo eso sucedió a 21 metros del dormitorio de Orantes y a 14 metros del cuarto de Margarita López. "Dadas las condiciones acústicas del lugar, es imposible que el sacerdote y la cocinera no se hayan percatado de lo que estaba sucediendo. Hay que tomar en cuenta, además, la presencia del perro: aun si el pastor alemán hubiera sido sordo, el olfato lo hubiera alertado, porque esos animales son especialmente sensibles al olor de la sangre". Y no sólo eso: el luminol había puesto al descubierto una operación de limpieza de la escena, que si bien había sido un tanto precipitada, había llevado su tiempo. Los habitantes de la casa parroquial estaban mintiendo.

❖ ❖ ❖

"La muerte de Gerardi demuestra que nuestro trabajo valió la pena", declaraba, tres días después del crimen, Edgar Gutiérrez, coordinador del Remhi. "Todo estaba planificado. Lo mataron a sangre fría." ¿A sangre fría y con una piedra? Gutiérrez desarrollaba una explicación: la piedra la habían encontrado probablemente en el parque, pero encerraba un mensaje simbólico: "Le destruyeron el cerebro que tanta sabiduría acumuló, los ojos que tanto vieron, los oídos que escucharon y la boca que denunció". Esta alegoría del martirio fue incorporada de inmediato a homilías y columnas de opinión.

Sus modales suaves, su sagacidad y su personalidad escurridiza le habían valido a Edgar Gutiérrez el apodo de Gato. Rozaba los 40 años y tenía unas facciones agradables, enmarcadas por una cuidada melena de rizos. Fuera de su breve militancia en el Partido guatemalteco del trabajo, el antiguo partido comunista, la trayectoria de este economista había transcurrido por los cauces académicos: posgrado en México, investigaciones sociales y "análisis de coyuntura". Ronalth Ochaeta, director de la ODHA, le había ayudado a convencer a Gerardi para que auspiciara su ambicioso proyecto de una "comisión de la verdad" alternativa a la estipulada en los acuerdos de paz.

De la noche a la mañana Edgar se convirtió en "el heredero del obispo", como lo bautizó *El Periódico*, matutino en el que colaboraba como columnista. Fue, también, la voz de la ODHA en los meses que siguieron al asesinato y el encargado, junto a Ochaeta, del manejo político del caso y de la relación con medios de comunicación, organismos internacionales y cuerpo diplomático, esferas en las que se movía como pez en el agua.

De entrada, el coordinador del Remhi anunció la ampliación del tiraje del informe, de los tres mil ejemplares iniciales a 20 mil. Se quería atender la demanda que, según explicaba, se había multiplicado después del crimen, y "demostrar que el obispo murió para algo". Comenzarían además las traducciones a cuatro idiomas y una gira internacional para su presentación.

El otro frente de trabajo sería el seguimiento del caso. La ODHA había constituido su propio equipo de investigación, encabezado por Fernando Penados, sobrino del arzobispo. La decisión del juez de aceptar a la entidad humanitaria como "querellante adhesivo" (acusación particular), les permitiría tener acceso directo al expediente. Tres abogados se encargarían simultáneamente de la parte jurídica.

A petición del fiscal Ardón, la ODHA mantuvo al indigente Chanax bajo su custodia en los días posteriores al asesinato. Lo llevaron a una casa de retiro religioso y lo interrogaron con la esperanza de obtener nuevos elementos. "Lo entrevistamos a diario, pero nos dijo lo mismo que al principio", contaría Fernando Penados. Nada que pudiera conducir a los investigadores del arzobispado adonde querían llegar: el EMP. La presencia del fotógrafo Darío Morales en la casa parroquial era un punto de partida, aunque un tanto endeble. Pronto, sin embargo, una serie de testigos providenciales les iluminaría el camino.

❖ ❖ ❖

El miércoles 29 de abril, día del sepelio del obispo, una llamada entró en la planta telefónica del arzobispado. Vicky, la operadora, oyó la voz de una mujer de unos 40 años. No deseaba hablar con nadie en particular y no quiso dar su nombre. Sólo quería informar que "el coronel Lima, del Estado mayor, estaba involucrado en el asesinato de monseñor Gerardi". "Me dijo que había oído esto y que lo había averiguado, pero que no podía decir más. No parecía asustada", recuerda Vicky. "Yo le dije que mejor se comunicara directamente con la ODHA. Supe que llamó al número que le di."

Arlena Cifuentes tenía 40 años, ojos inexpresivos de perro maltratado, tres hijas y un marido alcohólico, del que se había separado. Vivía con su madre, Mercedes Oliva, en la colonia Lourdes. Residir en un barrio de militares era un contratiempo que sobrellevaba con resignación. Lo que no podía soportar era que uno de esos "mulas" formara parte de su propia familia. Que su tía Maruca, hermana de su madre, se hubiera casado con el coronel Byron Lima era un lastre que procuraba ocultar para que no empañara su imagen en los círculos progresistas en los que se movía.

A finales de los ochenta, Arlena había conseguido fondos canadienses para crear una de esas fundaciones que habían brotado como hongos en Centroamérica, con vistas a la apertura de negociaciones de paz. Su agrupación había perdido vigencia, pero ella seguía incrustada en el mundillo de las *oenegés* con financiación internacional. Y el coronel Lima seguía siendo un enemigo ideológico. "Arlena es una roja", decía su tío, pero, eso sí, lo suficientemente prudente para no meterse en líos en la época de la guerra, cuando bastaba una simple sospecha o una denuncia malintencionada para que algún escuadrón de la muerte se encargara de agregar un nombre a la lista de desaparecidos.

Dos días después del crimen de Gerardi, Arlena había sorprendido a su madre con una revelación inusitada. "Me ha llegado que hubo una reunión en la casa de los Lima el sábado para planificar el asesinato del obispo", le dijo. Al parecer, varios oficiales retirados habían estado ahí y habían criticado duramente a la iglesia. Lo más sorprendente había sido la despedida, cuando uno de los invitados había dicho al coronel Lima: "No te vayás a rajar". Otro había agregado: "Cuidado te ahuevás". Además, el lunes, día siguiente al del crimen, el coronel no había abierto la tienda.

Doña Meches escuchaba el relato de su hija con ojos desorbitados. A pesar de sus 70 años y de sus achaques, era una mujer imponente, dura y fría, una sargentona de pocas palabras. Tampoco ella simpatizaba con el coronel, pero por otras razones. Doña Meches, que en su día le había reprochado a su hermana que se casara con un simple subteniente, no aguantaba el mal carácter de su cuñado. A pesar de los roces, procuraban sin embargo llevarse bien. Mercedes era la madrina de Luis Alberto, el hijo menor de Maruca. Y la esposa del coronel mantenía una buena relación con su sobrina y le cuidaba a las niñas cuando se lo pedía. Lo que Arlena contaba afligía a su madre.

Después de darle vueltas doña Meches decidió confiarse a su médico de cabecera, Carlos Pérez Avendaño. Por su proximidad a la iglesia, Pérez Avendaño se había convertido en el "médico oficial" de varios obispos y de la nunciatura. El propio Gerardi había pasado por su consultorio, aunque en los últimos años había puesto su salud en manos de un naturista salvadoreño de origen palestino, el doctor José Hasbun, que le recetaba vitaminas y berenjenas para "ahuyentar el cáncer".

Pérez Avendaño era un hombre elegante, de abundante pelo blanco y piel bronceada. Tenía 72 años y se mantenía en forma jugando *squash*. Además de sus actividades profesionales, publicaba dos veces por semana una columna decimonónica en el vespertino *La Hora*. Extremadamente conservador (sus colegas lo ubicaban "a la derecha del Opus Dei"), aprovechaba para despotricar contra todo lo que se salía de los dictados de Roma en materia de moral y buenas costumbres. Sus ataques a los condones, sus comentarios escabrosos sobre pacientes suyos operados de hemorroides o su propuesta de "castrar" a los choferes irresponsables provocaban espanto entre la clase ilustrada, que lo consideraba un lunático.

En la primera semana de mayo, Meches, acompañada por Arlena, se presentó en la clínica número 13 del hospital privado Herrera Llerandi, uno de los más selectos del país. Pérez Avendaño las recibió cordialmente. La salud de doña Meches se había deteriorado últimamente y tenía problemas de corazón. Esta vez, sin embargo, la señora no venía a hacerse un reconocimiento, sino a confiarle, llena de angustia, que su cuñado el coronel Byron Lima podría estar implicado en el asesinato de Gerardi.

¿De dónde sacaban semejante cosa? "De mi tía Maruca", se apresuró a responder Arlena. Doña Meches explicó que había hablado con su hermana el martes 28 de abril, dos días después del crimen, y Maruca le había contado que el sábado un grupo de militares se había reunido en la casa. Ella no escuchó de qué hablaban, pero algo debían de andar tramando, porque al despedirse oyó que le decían a su marido: "no te vayás a rajar", "cuidado te ahuevás". Y el lunes, el coronel no había abierto la tienda porque no se sentía bien. En retrospectiva, se podía pensar que esos militares estaban conspirando para matar al obispo. Doña Meches quería que la información llegara a las personas adecuadas, pero en el más estricto secreto. Ni Maruca ni nadie debía saber de esa entrevista. Era una cuestión de vida o muerte. Meches era una mujer de armas tomar (de hecho, siempre llevaba una pistola consigo), pero enfrentarse con el coronel y sus amigos era algo serio.

Esa fue la versión que Pérez Avendaño transmitió el domingo 10 de mayo a Sergio Búcaro. Anonadado, el arquitecto Búcaro, buen amigo del presidente Arzú, iba tomando notas en su agenda. Conocía al doctor de toda la vida, por las estrechas relaciones que lo unían con su familia. "El presidente debe conocer esta información, y tú eres la persona idónea para hacérsela llegar. Pero con la condición de que no des jamás mi nombre."

Búcaro llamó de inmediato a Álvaro Arzú. El presidente estaba fuera de la ciudad, pero venía de regreso y le pidió que lo esperara en su casa.

El arquitecto sólo tuvo que caminar unos metros: el médico y el presidente vivían en la misma calle. Cuando Arzú ingresó al salón, se encontró a su amigo tratando de serenarse con un whisky. Con gesto preocupado, escuchó su relato. "¿Quién te contó eso?" "Te ruego que no me lo preguntes. Es alguien cercano y no puedo revelar su nombre. He dado mi palabra."

❖ ❖ ❖

Arzú no salía de su asombro. Las investigaciones, hasta ese momento, apuntaban a un crimen común, y temía que el relato de Búcaro formara parte de la campaña de rumores para involucrar al ejército. No le preocupaba tanto la posible participación de un coronel de la vieja guardia, pero sí le disgustaba que el sospechoso fuera, precisamente, el padre del capitán Byron Lima, miembro de su escolta. El presidente sentía mucho aprecio por este joven oficial que se había jugado la vida para salvar a la primera dama dos años antes.

El incidente había marcado fatalmente el comienzo de su gobierno. Ocurrió el 4 de febrero de 1996, durante un paseo a caballo que el matrimonio Arzú y un amigo daban a mediodía en la periferia de Antigua, la vieja ciudad colonial cercada por tres volcanes espectaculares. Un joven lechero llamado Aroldo Sas Rompich, arremetió con su *pick-up* contra la comitiva presidencial y desencadenó la tragedia.

Los vecinos y los empleados de la finca Carmona, donde trabajaba Sas Rompich, sospechan que el lechero confundió al presidente Arzú con un británico que desde hacía años organizaba excursiones ecuestres para turistas por los cafetales del volcán de Agua. Los dos hombres ya habían tenido roces anteriormente. A Sas Rompich le caía mal ese *gringo* prepotente con sus aires de marqués y, cuando se topaba con él en ese camino de tierra, hacía maniobras intimidantes con su camioneta para asustar a los jinetes y cubrirlos de polvo.

Pero ese aciago día se equivocó. El parecido entre el británico y el presidente de la república era indudable. De lejos, y por la similitud de la situación, los dos canches (rubios) eran igualitos. Y aún más para el lechero, que llevaba unos buenos tragos entre pecho y espalda.

Como siempre, Sas Rompich acelera para asustar a esa bola de gringos. El capitán Lima, el único oficial que marcha con ellos a caballo, se adelanta para proteger a la comitiva y le hace señas. El lechero enfila directo hacia la esposa del presidente. Lima interpone su montura entre ella y el pick-up, y Sas Rompich se lo lleva por delante. Jinete y caballo se estrellan contra el parabrisas. El capitán tiene un brazo fracturado, y el caballo, una pata rota. La cabalgadura de la primera dama se desboca y sale disparada por los cafetales. El lechero intenta huir. La seguridad presidencial, que venía escondida detrás, entra en acción. En pánico, y haciendo caso omiso a las órdenes de detenerse, Sas Rompich choca con varios vehículos que se han atravesado en la carretera para pararlo. El sargento Obdulio Villanueva se abalanza sobre la camioneta, pistola en mano. Dos balazos alcanzan al lechero, que muere al instante.

El sargento Villanueva fue encarcelado el mismo día, pero el juicio se retrasó casi dos años. La Oficina de derechos humanos del arzobispado decidió involucrarse en el caso y ofreció gratuitamente sus servicios jurídicos al padre de Sas Rompich: aquella era una oportunidad de oro para saltar a la palestra como defensores de los humildes frente a la prepotencia del estado y del presidente Arzú. En contra del criterio de varios jerarcas de la iglesia, los abogados del arzobispado se constituyeron como parte acusadora, hicieron del incidente un caso político y se volcaron en el proceso con una vehemencia inusitada. No en vano, el litigio les garantizaría una alta rentabilidad publicitaria, muy oportuna en previsión de la publicación del Remhi.

El ministerio público y la ODHA alegaron que la muerte del lechero era una ejecución extrajudicial y por tanto, aseguraba el fiscal Mario Leal, cabía imponer la pena capital al sargento Villanueva, aunque se conformarían con una condena de 30 años de cárcel. La comisionada presidencial para los derechos humanos, Marta Altolaguirre, estaba escandalizada. "¡Esto es una barbaridad! Tú sabes que en una situación así al tipo lo hubieran matado en cualquier país del mundo. ¡No friegues, hombre!", le decía a Ronalth Ochaeta. En el otro extremo, el gobierno denunciaba un intento de magnicidio, lo que era igualmente descabellado. Los tres jueces del tribunal de Antigua resolvieron que "hubo una agresión ilegítima" de parte del lechero, pero que Obdulio Villanueva "se excedió en defensa de la comitiva presidencial". Se trataba, por tanto, de un "homicidio culposo" y no de una ejecución extrajudicial. El sargento fue condenado a cinco años de prisión. La ODHA apeló, pero la corte modificó la sentencia en favor del encartado y le conmutó la cárcel por el pago de una multa.

Para los abogados del arzobispado, que acudieron a la Corte suprema y perdieron otra vez en casación, fue una derrota humillante. Estaban mortificados y no dudaron en anunciar públicamente que cobrarían la factura, tarde o temprano, a los "supuestos héroes" que habían matado a un sencillo lechero por haber molestado al presidente en su paseo dominical. No tendrían que esperar mucho.

❖ ❖ ❖

La inusitada revelación de Arlena Cifuentes llegó pronto a oídos de la ODHA. El doctor Pérez Avendaño se apresuró a comentársela a su yerno, Óscar Clemente Marroquín, director del diario *La Hora*. Ninguno de los dos conocía al coronel Byron Lima, pero sí habían oído hablar de su padre,

Santos Lima, que había dirigido la policía en los años cincuenta y había sido asesinado por la guerrilla en 1970. Incluso, el abuelo de Óscar Clemente, que llegó a ser vicepresidente de la república, había escrito una necrología cariñosa sobre el coronel Santos Lima, al que le unía un lejano parentesco.

Simultáneamente a las gestiones de su suegro, Óscar Clemente se encargó de trasladar la información a la ODHA. Para garantizar la confidencialidad, citó a Ronalth Ochaeta en su sede política: el director de *La Hora* había decidido presentarse como candidato a las elecciones presidenciales y había alquilado una oficina a unas cuadras del periódico para preparar su campaña, cuya "directora ejecutiva", por cierto, sería la propia Arlena Cifuentes. No era la primera vez que el periodista se aventuraba en política. Ya en dos ocasiones había competido por la alcaldía de la capital y había sido derrotado por Álvaro Arzú, al que detestaba.

Fernando Penados acudió también a la reunión. Óscar Clemente les repitió lo que su suegro le había contado, pero disfrazando la situación para no delatar al médico. Dijo que "un psiquiatra", pariente suyo, había recibido la confidencia de una paciente que era familiar de los Lima. "Después de insistir para que nos diera el nombre de esa mujer, Arlena nos contactó", recuerda Penados. "Nos dijo que la esposa del coronel Lima había hablado de 'varias reuniones' antes del asesinato y de que la tienda había estado cerrada. Por lo visto había tensiones en la familia. Para entonces ya habíamos recibido dos llamadas en el arzobispado acusando al coronel, y esa información daba más sustancia a las denuncias anónimas."

Otro testigo misterioso vendría a apuntalar la versión. Un párroco de la capital recibió la visita de un hombre que aseguraba haber visto, la noche del crimen, un vehículo con la placa P-3201 estacionado a un costado de la iglesia de San Sebastián. Del informante, el sacerdote sólo pudo decir que conducía un taxi blanco. Pero el seguimiento de la placa en el ministerio de Finanzas dio un resultado sorprendente: se trataba de una matrícula asignada a la zona militar de Chiquimula, cerca de la frontera con Honduras, en el oriente del país. Esa instalación había sido desmantelada el año anterior. La información cobraba más relevancia si se le agregaba otro dato: el coronel Lima había sido comandante de esa base diez años antes.

La ODHA ya podía iniciar la ofensiva contra la investigación oficial, que iba por unos derroteros poco convenientes. Además, el fiscal les parecía un auténtico inútil.

❖ ❖ ❖

Otto Ardón empezaba a superar la crisis que el caso Gerardi le había provocado. Sin más ayuda que tres auxiliares, y con una sobrecarga de expedientes acumulados, el fiscal había sentido que se le venía el mundo encima. Fumador empedernido, de aspecto descuidado y modales toscos, Ardón no despertaba simpatía en sus interlocutores. Con su brusquedad lograba esconder una timidez intensa y una emotividad a flor de piel que lo mantenían siempre a la defensiva. Provenía de una familia humilde y para costearse sus estudios había trabajado como técnico de rayos X. Tener en sus manos, a los 38 años, el caso de mayor impacto del país, era un reto que lo llenaba de congoja. Su naturaleza desconfiada lo había puesto en guardia contra todo el mundo. Por eso, cuando la misión de las Naciones unidas le propuso el apoyo de dos expertos, el fiscal aceptó con suspicacia.

La misma reserva sentía Nubia Serrano, antigua juez en España y directora de un proyecto de asesoría al ministerio público guatemalteco. Lo poco que conocía de Ardón no le alegraba el espíritu; de hecho, se le hacía cuesta arriba la idea de colaborar con un "grosero impresentable". A ella se uniría Pablo Cuello, un guardia civil español que había trabajado 15 años en la policía judicial de su país.

Serrano había visto el video filmado por la fiscalía la noche del asesinato. El manejo de la escena del crimen había sido, como de costumbre, una auténtica chapuza de la que habría que rescatar las pistas que se pudiera. "El señor Cuello y yo estamos aquí para prestar asesoría técnica, no para suplantarles a ustedes en la investigación", advirtió la experta en la primera reunión con el fiscal. "Yo sólo soy una abogada", apostilló. "Y yo un guardia civil", añadió Pablo. "Y yo un fiscal bruto y guatemalteco", respondió Ardón. La química de tres personalidades muy directas empezó a funcionar.

La regla número uno sería no descartar ninguna hipótesis, pero había que establecer un abanico de prioridades. El fiscal les puso al corriente de su trabajo. Había comenzado por indagar el entorno del obispo. No había rencillas familiares ni testamento. Gerardi sólo había tenido problemas con un inquilino que le debía 40 meses de alquiler por un solar colindante con la casa de su sobrino Javier. El individuo era un estafador, pero ningún elemento lo vinculaba al crimen.

Ardón no se fiaba de los testigos y prefería trabajar a partir de las pruebas recogidas en la escena y el análisis del cadáver. Al revisar la autopsia, Nubia Serrano se quedó de una pieza. "¡Pero es terrible lo mal hecha que está! Parece un resumen. Hay que pedir una ampliación al doctor Mario Guerra, con términos claros y exactos. ¡No es posible trabajar con esto!" Antes de acudir al jefe forense del Organismo judicial, convocaron a Erick Suntecún, el patólogo del ministerio público que había presenciado la autopsia, y revisaron con él las fotografías y el video tomados en la morgue.

Al despedirse, Suntecún se dirigió a Ardón. "Una pregunta: ¿hay animales en la casa parroquial?" "Sí, el padre Orantes tiene un pastor alemán,

¿por qué?", preguntó el fiscal. "Es que en la chumpa del obispo había pelos gruesos y unas huellas como de patas. Y por lo que veo, eso no consta en el informe."

Los miembros de la fiscalía visitaron al doctor Guerra. El forense empezó a explicarles cómo, a su criterio, habían golpeado a la víctima con la piedra para provocarle las diferentes lesiones. Nubia intervino: "Doctor, ¿y los pelitos? Porque había pelos en la chumpa de monseñor, ¿verdad?" "Sí, por ahí estarán, en las ropas", respondió Guerra, incómodo.

La cazadora del obispo, de color beige, estaba teñida con el rojo de su sangre. Sobre los hombros se acumulaban unos pelos gruesos, color marrón. La huella terrosa de una pezuña se marcaba en el muslo derecho del pantalón. Los fiscales tomaron fotografías y recolectaron unas muestras.

En los días siguientes, el equipo de Ardón se dedicó a analizar la naturaleza de las heridas. Consultaron a varios especialistas. Algunas fracturas estaban hechas con un objeto romo. Otras, con algo punzante. A todos les llamó la atención los desgarros de la oreja izquierda. La piedra no parecía encajar en ningún lado.

Una tarde, mientras escrutaba por enésima vez las fotos del rostro de Gerardi con una lupa, la auxiliar fiscal Noemí Caballeros dio un respingo. "Mira esto", le dijo a Ardón, señalándole los cuatro agujeros en forma de semicírculo cerca de la sien izquierda. "¿No se parece a una mordedura?" La mañana siguiente el fiscal mostró la foto a Erick Suntecún. "Sí, parece una mordida. Y se nos pasó a todos." Manuel Meneses, odontólogo forense del ministerio público, fue el siguiente convocado. Al ver la foto, sonrió. "Parece estúpido, pero es una mordida de perro… una arcada de mandíbula superior." "¿Y la inferior?" "Puede ser esta fractura en la base de la oreja izquierda."

Si el perro Balou había atacado a Gerardi, la historia de Mario Orantes, que aseguraba haber estado en su dormitorio, ajeno al drama que se desarrollaba en el garaje, se venía abajo. Para confirmarlo, el fiscal necesitaba un molde de la dentadura del pastor alemán. El problema era cómo obtenerlo sin despertar las sospechas del sacerdote.

La oportunidad de oro se presentó cuando Arni Mendoza, uno de los indigentes que dormían junto a la casa parroquial, mencionó a la policía que, la víspera del asesinato, el sacerdote le había "echado encima a su perro para que [lo] mordiera". Mendoza mostró su pantalón rasgado y proporcionó a los investigadores una excusa convincente para solicitar un molde de los dientes del animal. Orantes accedió a la petición, pero negó con vehemencia la acusación del mendigo. "En ningún momento he ordenado yo nada semejante", le dijo al detective Grijalva, y añadió una frase que quedaría cuidadosamente registrada en el expediente: "Este perro ataca directamente al cuello".

Cuando los doctores Suntecún y Meneses tuvieron en sus manos la dentadura de Balou en yeso color de rosa, no pudieron evitar una exclamación. La morfología de los dos incisivos y los dos caninos se correspondía con las cuatro lesiones que formaban una herradura en la cabeza del obispo. Incluso, la forma peculiar de uno de los colmillos, más desgastado que el otro, coincidía con una marca específica, menos redonda y penetrante.

El fiscal ya tenía los elementos para solicitar un dictamen definitivo a expertos forenses de solvencia reconocida. Mientras llegaba ese momento, Ardón pidió a su equipo que mantuviera los hallazgos en total reserva. No se fiaba ni de su sombra, y menos de la ODHA, que además andaba reclamando su cabeza.

❖ ❖ ❖

Los abogados del arzobispado recelaban, y no sin motivo, del ministerio público. Más allá de la precariedad de medios y de la escasa preparación de los fiscales, era ese un terreno en el cual las estructuras de seguridad, y en especial el ejército, habían campado tradicionalmente por sus respetos. La ODHA quería tener a alguien "de los suyos", y Otto Ardón no lo era. Con un fiscal fuera de su control y unos expertos del FBI que apuntaban a un crimen común, el caso se les escapaba de las manos. Decidieron recurrir, entonces, a la estrategia de acoso y derribo. No habían pasado doce días del asesinato cuando Edgar Gutiérrez exigió la destitución de Otto Ardón por "actuar de forma incapaz y negligente" y "no avanzar en sus pesquisas".

El fiscal rompió su silencio. "Estoy haciendo mis mejores esfuerzos, pero yo no ando proporcionando declaraciones a los medios porque, como el señor Gutiérrez debería saber, eso puede perjudicar la investigación, y además porque no busco obtener protagonismo de un hecho tan lamentable." La guerra estaba declarada.

La arremetida de la ODHA continuó sin tregua. Edgar Gutiérrez encontraba razones para pedir a diario la remoción de Ardón. El momento era clave: el mandato del fiscal general llegaba a su fin y los abogados del arzobispado esperaban que su beligerancia obligara a su sucesor a buscar un sustituto de su conveniencia para el caso Gerardi.

Cuando el nuevo jefe del ministerio público lo convocó en su despacho, Ardón acudió convencido de que lo iba a echar. "Soy un abogado joven, antes de que me despida yo le presento mi renuncia." "Le llamo sólo para que me cuente", respondió Adolfo González Rodas, un anciano jurista de tupé engominado que llegaba precedido por su prestigio académico. "Todo está ahí dentro, en la casa parroquial. Ahí es donde hay que empezar a buscar las respuestas." Ardón fue confirmado en su puesto y la ODHA lanzó un nuevo ultimátum: si en tres meses el caso no estaba resuelto, iniciarían una campaña de denuncia internacional.

❖ ❖ ❖

El presidente Arzú y sus asesores vivían inmersos en la vorágine desencadenada por el asesinato del obispo. La pretensión del gobierno de crear "un espacio de comunicación directa" con la jerarquía católica, para dar seguimiento a la investigación, había fracasado. La Conferencia episcopal rechazó la invitación para incorporarse a la comisión de alto nivel, que fue aceptada en cambio por la ODHA. De esta forma, la iglesia contaría con la información sin necesidad de comprometerse.

De hecho, Edgar Gutiérrez, Ronalth Ochaeta y Fernando Penados venían sosteniendo encuentros informales, desde los funerales de Gerardi, con tres colaboradores de Arzú: el secretario privado, Gustavo Porras; el canciller, Eduardo Stein; y la comisionada de Derechos humanos, Marta Altolaguirre. A las citas más formales acudían el ministro de Gobernación, Rodolfo Mendoza, y el jefe de la policía, Ángel Conte.

Pronto, sin embargo, los colaboradores de Arzú empezarían a sentirse en medio de lo que Stein llamaba "un torbellino de fantasmas", entre una cúpula militar hermética y a la defensiva, y unos representantes del arzobispado que parecían "administrar" el asesinato del obispo, sobre todo por la forma en que dosificaban la información. Todo, recordaría Marta Altolaguirre, se movía en el ámbito de la vaguedad.

Edgar Gutiérrez y Ronalth Ochaeta hablaron inicialmente de dos llamadas anónimas que acusaban a un oficial del ejército. En un encuentro posterior, indicaron que un psiquiatra les había confiado que una de sus pacientes, esposa de un militar, sospechaba que su marido estaba implicado en el crimen de Gerardi. Luego, mencionaron a otro testigo que había visto un vehículo con placas militares en el parque de San Sebastián a la hora del crimen.

"Les pedimos los nombres de estas personas, pero no quisieron darlos", recuerda Rodolfo Mendoza. "Entonces les sugerimos que la esposa del militar o el psiquiatra fueran a declarar al ministerio público bajo reserva de nombre. Tampoco quisieron. No entendíamos por qué, si el médico había roto el secreto profesional y lo había contado a la ODHA, no podía hacerlo también ante el fiscal."

Bajo un pacto de confidencialidad, los representantes del arzobispado aceptaron dar, por lo menos, el nombre del oficial al que apuntaban todas las pistas: el coronel retirado Byron Lima Estrada. Y añadieron otro: el de su hijo, el capitán Byron Lima Oliva. Los asesores de Arzú se quedaron de una pieza: parte de esta información ya les había llegado por medio de Sergio Búcaro, que sólo mencionaba al coronel Lima. ¿De dónde salía el nombre del hijo? De otra llamada anónima.

"El golpe nos viene directo, ¡nada menos que un edecán del presidente!", comentó Porras a sus colegas después de aquella reunión. "Todo es muy extraño", dijo Mendoza. "¡Qué casualidad que el nombre de Lima Estrada sale en unas denuncias telefónicas, sale en una confidencia médica y sale en una placa, y siempre a partir de testigos bien raros que le llegan a la ODHA: unas llamadas anónimas, un psiquiatra misterioso que se esconde detrás de un secreto profesional y un señor que surge de la nada y que tiene memoria de elefante." "Lo que menos me convence", terció el director de la policía, "es que una persona que anda por la calle a las once de la noche se fije sin mayor razón en unas placas y luego, además, se vaya a presentar como testigo." "Y sobre todo", concluyó Porras, "¿desde cuándo los militares usan placas oficiales para cometer tropelías? El ejército nunca utilizó placas en las operaciones represivas: yo tengo un balazo en la espalda disparado desde un camión cargado de arena y albañiles: así actuaban."

El asesinato de Gerardi había sido el golpe más duro contra el proceso de paz, el principal logro del gobierno. Y de repente, pensaba Porras, comenzaba esa extraña implicación de oficiales cercanos a Arzú. Desde que se habían lanzado a desmantelar, en 1996, la mayor red de contrabando del país, el secretario privado del presidente estaba preocupado. La organización, bautizada como la "red Moreno" tras la detención de su testaferro, un ex agente de aduanas llamado Alfredo Moreno, tenía su origen en una compleja estructura creada a finales de los años setenta por inteligencia militar, para vigilar el trasiego de personas y armas en los puestos fronterizos y, de paso, obtener fondos para financiar de forma clandestina la lucha contrainsurgente. Con los años, ese aparato paralelo se había transformado en un sólido bastión del crimen organizado, cuya influencia se extendía a oficiales de alto rango, jueces, abogados y políticos, la mayoría vinculados al Frente republicano guatemalteco, el principal partido de la oposición. Tras la ofensiva contra la mafia militar, Porras había estado temiendo una venganza del grupo para recuperar sus posiciones de poder. "Tengo la sospecha", comentó a sus compañeros, "de que hay una mano peluda, si no detrás del crimen, sí por lo menos manipulándolo."

La confianza inicial entre los representantes de la ODHA y los funcionarios empezó a cuartearse. Edgar Gutiérrez y Ronalth Ochaeta veían que sus requerimientos se disolvían en evasivas. Además, los activistas humanitarios estaban indignados con una versión que había empezado a correr en círculos oficiales y castrenses, que convertía al obispo en víctima de una trifulca de homosexuales, de un "lío de huecos". Ya no sólo asesinaban al obispo, dirían sus colaboradores, sino que además querían enlodar su memoria.

Los desencuentros entre la ODHA y los funcionarios fueron agravados por lo que uno de los asesores presidenciales llamaba "las filtraciones convenientemente manipuladas" que Edgar Gutiérrez hacía a la prensa sobre aspectos hablados confidencialmente en las reuniones. La figura del coordinador del Remhi empezó a resultar inquietante.

El 5 de junio, víspera de la conmemoración de los 40 días del asesinato, los representantes de la ODHA fueron convocados al despacho del canciller, en el Palacio nacional. Allí se les dio a conocer la captura, ese mismo día, de otro sospechoso, Iván Alexander Hernández, que había sido reconocido por el testigo Rubén Chanax. Ronalth Ochaeta no pudo evitar un gesto de fastidio. "¿Otro chivo expiatorio? Ya no nos hagan perder más tiempo. Reconozcan que el asesino fue el capitán Lima. Por ahí tienen que empezar." "¿Pero sobre qué bases? ¡Nos están hablando de dos llamadas telefónicas y de una fuente que no pueden dar a conocer!", respondió Mendoza. "¿Y qué problema hay? Confíen en nosotros." Esta vez intervino Gustavo Porras: "Ese no es el punto. Ustedes nos están pidiendo que abramos una investigación ilegal del cuerpo de seguridad del presidente a partir de denuncias anónimas, y eso no podemos hacerlo. No vamos a seguirles el juego. Vayan al ministerio público, presenten al fiscal todos los elementos que ustedes tienen y, si abre una investigación, nosotros aportaremos toda la información necesaria".

Después de aquella reunión, la ODHA decidió retirarse de la comisión de alto nivel. Era un golpe a la imagen gubernamental, pero Rodolfo Mendoza no lo lamentó. "Estábamos ya cansados. Llegaron a pasarnos chismes y a manipular y descalificar cada cosa nueva que surgía. ¡Al final lo que teníamos ahí dentro era lo más parecido a una quinta columna!" Gutiérrez y Ochaeta denunciaron que el gobierno no sólo no tenía voluntad para esclarecer el crimen, sino que estaba encubriendo a los asesinos.

❖ ❖ ❖

El segundo descamisado reconocido por Rubén Chanax resultó otro fiasco. Iván Alexander Hernández, víctima de la droga y de una cirrosis galopante, estaba hecho una piltrafa y no se parecía ni al retrato robot ni a la fotografía. A petición del fiscal, el juez clausuró el proceso en su contra.

El testigo "estrella" del caso empezaba a despertar serias dudas. Apenas ocho días después del crimen, Chanax había sido requerido para que realizara otro retrato robot del presunto asesino del obispo: el nuevo perfil presentaba, según la policía, "variaciones significativas" respecto del primero. Esas descripciones cambiantes en apenas una semana y el chasco con los descamisados Vielman y Hernández pusieron a los investigadores en guardia.

Chanax y su amigo Iván Aguilar habían quedado resguardados en el hotel Monterrey, un sórdido establecimiento del centro de la ciudad. Las contradicciones entre los relatos de ambos testigos eran tales, que el 17 de mayo Otto Ardón llevó a cabo una reconstrucción de hechos. Comenzaron en la tienda de don Mike, donde los dos indigentes decían haber permanecido antes de regresar a la casa parroquial. Y ahí vino la primera sorpresa de la noche: por separado, ambos aseguraron haber estado viendo televisión sentados, exactamente, en el mismo asiento, una caja pegada a la izquierda del mostrador. Y cada uno dijo que el otro se había sentado a su derecha.

La segunda sorpresa la proporcionó Chanax, que sin empacho alguno modificó el testimonio que había brindado en entrevistas anteriores. Adelantó el horario de sus actividades vespertinas. Cambió los personajes con los que supuestamente había conversado en el parque, antes de ir a la tienda. Suprimió algunos episodios, pero aportó otros nuevos. Recordó, por ejemplo, algo que sólo había mencionado Iván: que después de que se fue el descamisado, había cenado con Tulio "una comida muy buena". Hora y media más tarde, a medianoche, llegó Eventos católicos, un grupo que repartía alimentos a los indigentes, y él volvió a cenar. Fue en ese momento cuando salió el padre Orantes "en bata". Y al cabo de cinco minutos se estacionó un vehículo Toyota corinto, con vidrios oscuros, y un joven en ropa deportiva se bajó y entró en la casa parroquial.

El Chino Iván reiteró que vio salir al descamisado, le vendió cigarrillos junto al atrio, frente al propio Chanax, e insistió en que el tipo tenía el pelo alborotado, iba muy sucio y no andaba sobrio. Cuando le preguntaron quiénes cenaron esa noche, Iván sostuvo lo que había contado antes a la policía: además de Tulio y de ellos dos, estaban Jorge el Monstruo y Pablo el Loquito, que Chanax se empeñaba en hacer desaparecer. Incluso contó una anécdota de esa cena: "Rubén [Chanax] se portó egoísta, porque no quería darle de comer a Pablo, que tiene problemas mentales y no capta. Tuvimos una discusioncita y yo le quité la comida y se la di a Pablo". Luego se acostó junto al portón del garaje. Pasada la medianoche, lo despertó Chanax y le dijo que el descamisado "había matado al monseñor" y el padre Orantes lo iba a utilizar como testigo.

Los abogados de la ODHA preguntaron a los dos indigentes si habían visto algún vehículo en los alrededores. Salvo el automóvil corinto que llegó a la casa parroquial, ninguno había visto nada. "¿Y algún taxi?", insistieron. "No, taxi tampoco".

Las modificaciones que Chanax iba introduciendo en sus relatos acabaron por convencer al fiscal de que el indigente ocultaba algo. A esas alturas, los investigadores ya no estaban seguros ni de la edad que tenía ni de la fecha de su servicio militar ni del tiempo que llevaba en San Sebastián, que en sus testimonios oscilaba entre dos y cuatro años. Chanax evadía las razones de su vida callejera tanto como su relación con el alcohol (del "nunca he tomado" pasó a confesar que había dejado de beber "dos años antes"). Ardón y el director de la policía estaban seguros de que sabía más de lo que decía. El hecho de que Orantes lo hubiera recomendado con tanta insistencia les hacía sospechar que el indigente podía ser parte activa en el crimen. La única manera de mantenerlo bajo control sería conservarlo en calidad de testigo, junto al Chino Iván, mientras se trabajaba la prueba científica.

❖ ❖ ❖

Que implicaran al capitán Lima en el asesinato del obispo le parecía al presidente Álvaro Arzú algo totalmente peregrino. Lima era un oficial dedicado, campeón de triatlón y de pentatlón, y tenía ante sí un futuro prometedor. Precisamente unos días antes del crimen, cuando estaban en Buenos Aires, él mismo lo había seleccionado para que se incorporase a las fuerzas de paz de las Naciones unidas en Chipre. Por allí andaba ahora: era el único oficial guatemalteco destacado en una misión internacional.

A pesar de la absoluta desconfianza que le inspiraban los abogados de la ODHA y del poco crédito que otorgaba a la confidencia transmitida por el doctor Pérez Avendaño a su amigo Sergio Búcaro, Arzú no podía pasar por alto las acusaciones y ordenó al general Espinosa, jefe del Estado mayor de la defensa, una investigación exhaustiva de la placa P-3201 y de los Lima.

Los oficiales de inteligencia militar pusieron manos a la obra, pero decidieron ampliar su radio de acción. El análisis del caso les llevaba a la conclusión de que el padre Orantes sabía lo que había sucedido en la casa parroquial, así que valía la pena hacer simultáneos los rastreos en el interior del ejército con un seguimiento más cercano del sacerdote. Ellos tampoco se fiaban del fiscal Ardón.

❖ ❖ ❖

Mario Orantes entró muy alterado en el despacho del ministro de Gobernación. Rodolfo Mendoza había recibido una llamada de Rodrigo, su hermano menor, que había sido compañero del sacerdote en el Liceo Javier. "Mario me ha pedido que le des una cita, porque dice que lo están acosando". Mendoza se levantó y saludó a Orantes. "¿Cómo estás?" "Pues estoy muy molesto, porque están actuando conmigo como si yo fuera el principal sospechoso." "No, el principal sospechoso no eres, pero estabas en la casa y lógicamente se te tiene que investigar." "Yo ya he contado todo lo que sé y he colaborado con las autoridades. Y primero hacen no sé cuántas pruebas a la casa parroquial y ahora resulta que también me están escuchando mis conversaciones telefónicas. Alguien me ha informado." "Mira, yo de eso no sé nada. Nosotros no tenemos esa capacidad." "Pues a ver si usted puede hacer algo, por favor, Rodolfo, porque es indignante que se trate así a un sacerdote."

Inteligencia militar decidió ser más cautelosa en su "control técnico", que estaba aportando pistas prometedoras. De las conversaciones interceptadas, una les había llamado particularmente la atención: un diálogo morboso, con extrañas insinuaciones sexuales, que el sacerdote mantenía con una muchacha vinculada a la delincuencia organizada. La joven era amiga de Ana Lucía Escobar, la sobrina de monseñor Efraín Hernández, a la que Orantes aseguraba no conocer.

❖ ❖ ❖

Obsesionado con el caso, Arzú trataba de obtener la mayor cantidad de información posible. Fue así como decidió llamar a monseñor Sebastiano Crestani, un sacerdote italiano que ejercía las funciones de capellán del ejército. Filósofo y teólogo, estudioso de san Ignacio de Loyola, Crestani era, a sus 63 años, un personaje extravagante. Había aterrizado en Guatemala a finales de los años ochenta, ya jubilado, para dar clases de filosofía en la universidad jesuita, y había terminado acudiendo a todas las zonas militares del país armado con catecismos que él mismo imprimía. Sus sermones en *itañol* resultaban a veces indescifrables, pero los soldados lo querían por su simpatía y su esfuerzo por llegar adonde ellos estaban.

Los sectores de la iglesia cercanos a la izquierda lo despreciaban, pero a él le daba exactamente lo mismo: su misión sacerdotal, decía, estaba por encima de las guerras ideológicas. Tampoco entre los conservadores gozaba de gran estima: despistado, irreverente y alérgico a las solemnidades, Crestani no tenía pelos en la lengua para mofarse del Opus Dei y de la jerarquía eclesiástica. Su personalidad franca e inclasificable agradaba a Álvaro Arzú.

Cuando el sacerdote llegó a la casa presidencial, el mandatario acababa de regresar de una gira. Llovía a cántaros y decenas de personas, entre escoltas y periodistas, andaban todavía por la entrada. Crestani fue conducido al primer piso. Arzú lo recibió en su despacho, afable pero compungido. "Se trata del asesinato de monseñor Gerardi. Le he llamado porque necesito que me dé luces." "¡No tengo luces ni la oración al Espíritu Santo para pedirlas! Yo no puedo alumbrar las tinieblas." El presidente confesó que se sentía perdido y quería tener las impresiones de alguien de fuera, que conocía bien el ámbito castrense y el ámbito religioso. ¿Creía factible que un sector del ejército hubiera cometido el crimen? "Lo considero muy poco probable. Esa época ya pasó. Los militares piensan que el Remhi es un libro de sacristía, partidista y parcial, y a Gerardi lo consideraban un viejo 'comanche', pero ya los tiempos son otros: los que no están jubilados, andan más preocupados por el sueldo y el escalafón. ¿Qué ganaban con matarlo? ¡Darle más proyección al Remhi! No tiene sentido: ni por el momento, ni por la forma en que lo mataron." "Sí, pero la

ODHA…" "¡Ah, la ODHA! Ellos de todo hacen juego político. Es como el caso del lechero. Van detrás de sus intereses." "Estamos de acuerdo, por eso no entiendo la actitud de los obispos." "¡Es que también son políticos!", rió Crestani.

En estricta confidencialidad, Arzú le preguntó por el coronel Lima Estrada. "Nunca lo conocí, pero oí hablar de él a monseñor Pablo Urízar, que fue administrador apostólico del Quiché. Él me contó que en 1985 enviaron a Lima como comandante de la zona militar, y que le fue de mucha ayuda: el coronel restableció la relación con la diócesis, construyó una capilla en la base militar, le devolvió una docena de iglesias y conventos que había ocupado el ejército y le prestó apoyo logístico. Por lo visto, era muy devoto. Ya lleva años retirado." Cuando se levantaron, el sacerdote dijo: "Mire, presidente, lo único que usted puede hacer es dejar que la justicia investigue por todas partes".

❖ ❖ ❖

Frustrados por el escaso eco que sus denuncias contra los Lima habían tenido en la comisión de alto nivel, los abogados del arzobispado decidieron "soltar la bomba" en la prensa. El lugar escogido: Madrid. La fecha: el 13 de julio. El momento: el acto de presentación del Remhi en España. "Dos militares, uno en activo y otro retirado, mataron a monseñor Gerardi", anunció Ronalth Ochaeta, que acusó además al gobierno de encubrir a los criminales. En Guatemala, su ayudante, Nery Rodenas, se encargó de completar el cuadro: el militar en activo estaba de alta en el Estado mayor presidencial y los funcionarios se negaban a investigarlos.

La reacción oficial no se hizo esperar. "Ellos se limitaron a aportar supuestas informaciones de llamadas anónimas y fuentes que no podían dar a conocer", respondió, furibundo, Gustavo Porras. "Se les pidió que remitieran la denuncia al ministerio público, cosa que no quisieron hacer. Es la misma historia de siempre: se abre las puertas a miles de intrigas y manipulaciones, y este caso se ha manipulado desde un principio."

Exactamente en el mismo momento en que Ochaeta dejaba caer su bomba en Madrid, el fiscal Otto Ardón recorría discretamente la capital española en busca de un veredicto sobre la existencia de mordeduras del perro Balou en el cuerpo de Gerardi. Acompañado del patólogo forense Erick Suntecún y del odontólogo Manuel Meneses, el fiscal acudió a la Escuela de medicina legal de la Universidad Complutense, muy activa en investigaciones criminológicas. Los doctores José María Ruiz de la Cuesta —subdirector de la institución—, José Antonio Sánchez —jefe de la sección de antropología forense— y José Manuel Reverte —profesor emérito— estudiaron el expediente, que incluía la autopsia, fotos ampliadas a escala y el molde de la boca del pastor alemán.

El 17 de julio, el equipo guatemalteco recibió el análisis preliminar. Los tres expertos distinguían dos tipos de lesiones. Unas contusas, producidas por un objeto contundente. Y había, además, "señales de una arcada superior", que parecían corresponder "a la mordedura de un perro de gran tamaño" y cuyas medidas coincidían "con exactitud" con el molde dental que se les había presentado. Los colmillos del perro podrían ser también la causa de las heridas punzantes en las manos: era posible que la víctima hubiera tratado de protegerse la cabeza. Ese detalle, y el tipo de cicatrización de las lesiones en el cuero cabelludo, indicarían que el obispo aún estaba vivo cuando sufrió el ataque del animal. El informe registraba, además, "unas típicas señales de arañazo" en el cuello de la víctima, que podían haber sido provocadas "por una pata delantera del animal". Para corroborar esos extremos, los especialistas españoles recomendaban la realización de una nueva autopsia.

Ardón estaba exultante. Días antes, los peritos del FBI le habían confirmado verbalmente que los pelos hallados en la chumpa de Gerardi eran de perro, y los iban a cotejar con las muestras tomadas a Balou. Esa misma tarde, el fiscal llamó desde Madrid a Pablo Cuello. "Lo tenemos. Estaré ahí el domingo 19 y el lunes vamos por Orantes." "Joder, eso va a coincidir con la llegada de Kofi Annan." El secretario general de la ONU, en efecto, tenía previsto visitar Guatemala los días 20 y 21 de julio. Cuello decidió poner al corriente de la operación a su jefe, el director de la misión internacional. Jean Arnault no veía ningún inconveniente. En cualquier caso, la orden de detención no estaría lista antes de que el ilustre visitante se hubiera marchado.

Capítulo 3

La pista eclesial

Un par de horas antes de que Kofi Annan aterrizara en Guatemala, monseñor Sebastiano Crestani descendía de su vehículo en el jardín de la parroquia de San Carlos Borromeo. Fue entonces cuando surgieron. Eran cuatro, los vio acercarse. Le apuntaron con sus armas y comenzaron a disparar. "¡La puta madre que te parió!", acertó a gritarles, mientras las balas le abrasaban los muslos y el vientre. Cayó al suelo. Uno de ellos se aproximó a darle el tiro de gracia. Crestani lo miró. Era un muchacho muy joven y rubio. Pensó que tenía cara de ángel. Entonces sintió el balazo en el rostro.

Los disparos y un chirrido de llantas alertaron a los vecinos. Uno de ellos trasladó al obispo al hospital católico Hermano Pedro, el más cercano. El equipo médico lo metió de inmediato al quirófano. Crestani sangraba profusamente. Un alumno suyo del seminario quiso darle la absolución. "No me hagas perder tiempo", musitó, dejando a su pupilo de una pieza. Antes de desmayarse, le oyeron decir: "Me estaban esperando".

La movilización del ejército fue inmediata. El Hospital militar envió varias unidades de sangre, para reponer los litros que perdería el religioso, y el general Espinosa le brindó un dispositivo de seguridad. El presidente Arzú se puso frenético. Estaba convencido de que el atentado contra Crestani tenía un vínculo con la muerte de Gerardi, y la tibia reacción de la jerarquía eclesiástica le sacaba de quicio. "¡Ahora no hay indignación de los obispos, ni ataque a la iglesia, ni nada! ¡Ahora todos callados!"

Mientras el sacerdote se debatía entre la vida y la muerte, otro rumor empezó a circular, esta vez emanado del entorno de la ODHA: por su condición de capellán del ejército, Crestani habría recibido la confesión de algún militar implicado en el asesinato de Gerardi, y esto lo había puesto en la mira de los conspiradores. ¿Acaso no lo habían visto entrando en la casa presidencial? Algo debía de saber, por eso lo querían silenciar.

El pronóstico médico de Crestani era incierto. Le habían tenido que cortar casi dos metros de intestino, tenía el fémur izquierdo hecho añicos y el balazo en el pómulo derecho le afectaría irremediablemente la vista y el oído. Un par de semanas después su condición se había estabilizado, pero los intentos por entrevistarlo dieron pocos resultados. Sus respuestas inconexas se perdían a menudo en monólogos sobre teología. Entonces pidió que lo llevaran al Hospital militar. Su familia se negó. "Te vamos a sacar de Guatemala", le anunció su hermano Darío, también sacerdote, que había llegado desde Argentina. Él le explicó las sospechas sobre el móvil de su atentado. "Aquí corres peligro. Podrían intentarlo otra vez. Ya sabes, por lo de la confesión." "*¡Ma che confessione!* ¡A ti también te vendieron la chibolita! ¡Los que mataron a Gerardi no se confiesan, hombre! ¡No es cierto lo que dicen!", respondió enfadado Crestani.

Sus protestas no sirvieron de mucho. Aturdido y sin fuerzas, fue trasladado a Italia. Durante su convalecencia, iría sedimentando su propia interpretación de lo sucedido. Su intento de asesinato, en efecto, estaba vinculado a la muerte de Gerardi. Pero no en el sentido en que lo había presentado la ODHA. Cuando regresó a Guatemala, seis meses después, se negó a colaborar con las autoridades. Total, no iban a llegar al cerebro que planificó su muerte.

❖ ❖ ❖

Kofi Annan cumplió con su apretado programa, alabó los avances de la agenda de la paz, sobre todo en educación y salud, expresó su deseo de que los culpables del asesinato de Gerardi fueran identificados a la brevedad y lamentó el atentado contra Crestani. Esa misma noche, el ministro de Gobernación, Rodolfo Mendoza, recibió una llamada de Otto Ardón. "Quería avisarle que mañana procederemos a la detención del padre Mario Orantes. Tenemos ya suficiente prueba científica que lo implica en el crimen. Tenemos también orden judicial para allanar la casa parroquial." Mendoza contuvo el aliento. "No me ha dicho nada Álvaro Arzú." "Es que no lo sabe." "¿Habló ya con Ángel Conte?" "No, mañana lo coordinaré todo con él." "Está bien, vayan con prudencia, por favor." Cuando colgó, el ministro tenía taquicardia. "¡Dios, lo que me faltaba!"

❖ ❖ ❖

Se acercaba el mediodía cuando Mario Orantes, que se disponía a almorzar en casa de sus padres, telefoneó a la casa parroquial. Mayra de Arriola, la nueva administradora, estaba hecha un manojo de nervios: "¡Véngase corriendo, padre, que tengo aquí a todo el ministerio público!" Setenta elementos de las Fuerzas especiales de la policía acababan de acordonar varias calles alrededor de la parroquia. El sacerdote llegó en taxi y caminó hacia el parque. "Lo siento, señor, no se puede pasar." "Pero es urgente, tengo que entrar, soy el párroco de San Sebastián." "¿Disculpe, cuál es su nombre?" "Soy el padre Mario Orantes." Unos minutos más tarde, pálido y esposado, el sacerdote era conducido a un vehículo policial.

A Margarita López se la habían llevado una hora antes, con el delantal puesto, ante la mirada horrorizada de sus compañeros de trabajo. Escoltado por tres expertos, Balou emprendió viaje rumbo a una escuela canina, a 70 kilómetros de la capital.

El allanamiento comenzó en las oficinas. "Aquí tenemos un problema: no hay pasado." El anuncio de Mayra de Arriola sorprendió a los investigadores. La administradora les explicó que, para cuando monseñor Mario Ríos Montt se hizo cargo de San Sebastián, doce días después del asesinato, todos los archivos habían desaparecido. "No había un solo papel, ni un recibo, ni un comprobante de pago, ni los libros de contabilidad... ¡nada! Todo comienza con nosotros."

Los archivos parroquiales eran un agujero negro, pero el dormitorio del sacerdote Mario Orantes, en cambio, resultó ser una caja de sorpresas. El contenido de ese "jardín", como él solía denominar su propia habitación, deslumbró a los investigadores. El cuarto estaba ocupado por una cama *king-size* importada de Inglaterra, una poltrona y varios muebles de caoba, entre ellos una librería con puertas de vidrio, donde reposaban decenas de libros de teología, y una estantería que resguardaba un televisor de 36 pulgadas, dos equipos de sonido y una videocasetera. Una computadora Macintosh con bocinas, impresora a color, cámara y micrófono ocupaba la mesa de trabajo, frente a un sillón reclinable de cuero.

Si la colección de 200 discos compactos denotaba la afición de su propietario por la música romántica en español, desde Luis Miguel a Isabel Pantoja, la vasta videoteca evidenciaba unos gustos cinematográficos que no se ajustaban exactamente a lo que cabría esperarse de una persona que alardeaba de excelencia académica e intelectual. El lado amable de la colección lo aportaban James Bond, los cómicos Abbott y Costello, Indiana Jones y el perrito Beethoven. Más de la mitad de las 90 películas, sin embargo, eran cintas de violencia y terror sobrenatural. Las series completas de El exorcista y Frankenstein alternaban con toda una galería de vampiros, hombres-lobo, *aliens* y momias resucitadas. En una de las películas, un porno ligero titulado *Burdel de sangre*, unas prostitutas-vampiro asesinaban a dentelladas a sus infelices clientes.

El contenido de los armarios tampoco encajaba con los cánones de austeridad que podrían esperarse de un religioso que ganaba 1,200 quetzales al mes (un poco más de 150 dólares). Ordenados de forma casi compulsiva se apilaban 65 camisas de marcas italianas e inglesas, 15 *jerseys* de varios diseñadores, una docena de cazadoras de cuero y otra de zapatos italianos. Varios cinturones de piel, enrollados en sus cajas y cubiertos con papel de seda, ocupaban uno de los estantes, junto a mancuernas y relojes de oro de marcas tan selectas como Bulgari o Cartier. En otro estante se alineaban 13 frascos de loción Dunhill, aún sin abrir. Sobre el depósito del inodoro había una revista de moda masculina.

La presencia de Balou era una constante en ese cuarto. Los trofeos ganados en exposiciones caninas y las fotos colocadas en la cabecera de la cama denotaban el orgullo que el sacerdote sentía por su mascota. De hecho, prácticamente todas las fotografías que se hallaron en la habitación eran del perro. Cinco de ellas mostraban a Balou con una contundente erección o, como diría uno de los oficiales de la policía, "con el miembro desenvuelto".

El único ser humano que aparecía en algunas instantáneas era una mujer madura que jugaba con el pastor alemán o paseaba en una ciudad estadunidense, donde también estaba el padre Orantes. Era la misma dama retratada en una esplendorosa foto de estudio con una dedicatoria: "A mi ahijado, cariñosamente, su madrina". Su caligrafía era idéntica a la de algunos recibos de compras y a la letra de una extraña carta de cuatro páginas, titulada "¿El Martirio?", que con sintaxis enrevesada y a ratos incomprensible reivindicaba el reconocimiento, como mártires, de "los hermanos" que habían dado su vida "al defender una causa justa por amor a Cristo". El texto terminaba con el tosco dibujo de un cadáver del que brotaban flores y un corazón. La autora se llamaba Martha Jane Melville Novella.

Lo que sobrecogió a los investigadores, sin embargo, fue un hallazgo en la mesilla de noche. Junto a una pila de analgésicos y pastillas para el colesterol, el sacerdote guardaba una pistola Walther calibre 0.380 y un cargador con siete cartuchos útiles y uno en la recámara. En un maletín estaba el resto del equipo: una sobaquera, cuatro cargadores, dos cachas de madera y 74 cartuchos, 48 de ellos expansivos.

El padre Mario se apresuró a explicar que esa pistola era un regalo que le habían hecho y que estaba intentando venderla. Su padre, simultáneamente, declaró habérsela entregado para que se protegiera. El registro del Departamento de control de armas y municiones reveló que Mario se la había comprado el año anterior a su hermano Sergio y que había intentado ponerla a su nombre un mes antes del asesinato de Gerardi. La solicitud le había sido denegada por presentar la documentación incompleta. Otro detalle del historial del arma llamó la atención de los investigadores: el anterior propietario, Sergio Orantes, la había adquirido en 1995 junto con una pistola Colt calibre 45, una Browning 9 milímetros y un rifle Rossi calibre 38 especial. Todo un arsenal desconcertante, sobre todo porque Sergio era también sacerdote y por esas fechas no estaba destinado a las praderas del salvaje oeste, sino que dirigía el colegio San José de los Infantes, una ilustre institución escolar dependiente del arzobispado.

❖ ❖ ❖

Los hermanos Orantes dejaron fama en el Liceo Javier por ser estudiosos y puntuales. Su madre, doña Martita, maestra de profesión, estaba muy encima de ellos. Los dos tenían inclinación por las matemáticas y la física. Pero mientras Mario era retraído y formal, Sergio, dos años mayor, se metía a la gente en el bolsillo con su personalidad extrovertida y simpática. La diferencia de caracteres se reflejaba también en el físico. Mario era grandulón, rollizo y delicado; Sergio, un poco más bajo, fornido e inquieto. En la fotografía de graduación de la promoción de 1980, Mario ofrece una mirada lánguida, apresada tras unos enormes lentes. La expresión de Sergio, en su foto de 1978, es bastante menos beatífica.

El Javier era, como suelen ser los centros jesuitas, un colegio prestigioso en cuya galería de retratos podían reconocerse los rostros juveniles de quienes, con los años, serían empresarios de renombre, destacados cuadros de la guerrilla o connotados dirigentes políticos.

La familia Orantes vivía en la colonia Mariscal, un agradable barrio de clase acomodada jalonado con tulipanes y jacarandas, pero cada vez más constreñido por los ejes viales. La casa era pequeña y estaba amueblada con sencillez. Don Lyonel, el padre, trabajaba en una empresa farmacéutica. Era un hombre reservado, pulcro y virtuoso, pero de salud frágil. Doña Martita, en cambio, era una mujer pequeña e hiperactiva. Su afabilidad y sus maneras suaves no lograban ocultar un fuerte temperamento. "Ella era la que controlaba, era el eje de la familia. Anulaba al marido y a los hijos", recuerdan los amigos del colegio.

La pareja compartía una profunda religiosidad y un acendrado conservadurismo. Algunos parientes de doña Martita habían participado en el movimiento *liberacionista*, que culminó con el derrocamiento del presidente izquierdista Jacobo Arbenz en 1954, y ella misma tenía un discurso político muy radical. Buena parte de su tiempo lo dedicaba a actividades del arzobispado, que desde 1963 encabezaba su tío, monseñor Rossell y Arellano. Esa entrega le valdría una condecoración papal y el derecho de picaporte en la nunciatura apostólica.

Doña Martita era hospitalaria y recibía gustosa a los amigos de sus hijos, que acabaron convirtiendo el hogar de los Orantes en su centro de reuniones y juegos. Había sin embargo un trasfondo extraño y opresivo en aquel ambiente. La casa estaba llena de imágenes religiosas. Crucifijos y escapularios dejaban espacio a una colección de balas que se alineaba en una repisa. Un enorme cartel de Adolfo Hitler, con una leyenda en alemán escrita con caligrafía gótica, colgaba de la pared. La decoración y los fogosos comentarios de doña Martita creaban una atmósfera de cruzada permanente.

Ya desde pequeño, Sergio reproducía el discurso anticomunista de su madre con tal vehemencia, que con apenas seis o siete años sus amigos le colgaron el apodo de el Nazi. "Nosotros lo fregábamos mucho y él se sonrojaba y se iba", recuerda uno de sus compañeros. "Pero todo era con sorna: era su historia y no lo íbamos a andar juzgando." Sergio era, por encima de todo, buen amigo, divertido, solidario y "muy arrebatado".

Mario ponía el contrapunto. Nunca decía una mala palabra ni se peleaba con nadie. Padecía de asma, era muy tragón y siempre presentaba certificados médicos que lo eximían de las clases de gimnasia. Algunos compañeros recurrían a él para que les explicara las matemáticas, cosa que él hacía con cierto aire displicente.

Como no podía ser menos, los miembros de la familia Orantes eran devotos feligreses de la parroquia de la colonia, conocida popularmente como la iglesia de Esquipulitas. El edificio recuerda una inmensa bodega con dos silos. En su interior, una copia del Cristo Negro de Esquipulas ha concitado algunos exvotos de agradecimiento por sus milagros. El templo había sido inaugurado a principios de los años sesenta. Los Orantes no sólo contribuyeron a su construcción, como quedó consagrado en una plaquita de bronce, sino que se convertirían en uno de los más firmes puntales de su párroco, Efraín Hernández.

El padre Hernández había llegado a Esquipulitas con 29 años y allí se mantuvo durante dos décadas. Siempre contó con el apoyo inquebrantable de doña Martita, aun en los peores momentos, como cuando un grupo de feligreses quiso investigar el destino de las aportaciones económicas entregadas para las obras del edificio, que se habían convertido en un pozo sin fondo.

Sergio y Mario empezaron como acólitos a los ocho años y entretejieron una estrecha relación con el padre Hernández, que se prolongó cuando los dos hermanos optaron por el sacerdocio. Nadie se asombró de que Mario enfilara para el seminario salesiano al terminar el bachillerato, porque desde pequeño había mostrado vocación. Sergio, en cambio, sorprendió a sus amigos cuando les anunció que dejaba la carrera de ingeniería para tomar los hábitos. Nunca hubieran esperado que ese impulso "de hacer algo por la comunidad" acabara llevando a Sergio, que disfrutaba "de las parrandas y de las patojas", a las puertas del mismo seminario que su hermano.

Al cabo de un año, los salesianos consideraron que la personalidad del primogénito de los Orantes no se ajustaba a los estrictos criterios de la congregación. Lejos de tirar la toalla, Sergio se trasladó al seminario mayor, que dependía de la arquidiócesis. Los requisitos para el clero diocesano eran bastante menos rígidos, y el apoyo del padre Hernández, que ya era canciller de la curia y monseñor, fue determinante.

Su hermano, en cambio, culminó sin contratiempos sus estudios en las filas de los salesianos. En esos diez años obtuvo dos títulos de profesorado de enseñanza media, en filosofía y pedagogía, y una licenciatura en teología. Mario era un alumno muy inteligente y capaz, pero tenía algunos problemas de relación con sus compañeros. "Pretendía saber más que los demás y no compartía sus conocimientos", recuerda uno de sus profesores. Sus aires de autosuficiencia y su arrogancia deslumbraron, en cambio, a una de las estudiantes de la carrera de teología, Martha Jane Melville Novella, una dama cincuentona de porte aristocrático que llegaba con chofer a la facultad.

La señora Melville pertenecía a una de las familias más poderosas de Guatemala, cuya fortuna hundía sus raíces en la industria del cemento. Su belleza había sido tan legendaria como su infortunada vida sentimental. Su matrimonio con un acaudalado donjuán había batido el récord de brevedad en los anales de la alta sociedad. Apenas bastaron unos días para que Martha Jane pidiera el divorcio y la nulidad, que fue tramitada precisamente por monseñor Gerardi. Desde entonces había llevado una vida muy discreta, alejada de los chismes maliciosos y volcada en una religiosidad fervorosa. Contribuía generosamente a obras de la iglesia y apoyaba a sacerdotes y congregaciones. Su inquietud espiritual la condujo a los estudios teológicos, a los que se aplicó con un afán que compensaba su endeble bagaje cultural. Mario Orantes cultivó con esmero la relación y Martha Jane se convirtió en su gran amiga, madrina y protectora.

Para sorpresa de todos, la prometedora trayectoria de Mario Orantes en las filas de los salesianos empezó a declinar nada más ordenarse, en noviembre de 1990. A los quince días de llegar a su primer destino, un colegio en Panamá, comenzaron a asaltarle fuertes dolores de cabeza, que el sacerdote achacaba al calor y a la humedad de aquel país. La congregación lo repatrió y lo envió a la fría ciudad de Quetzaltenango. No aguantó más de cuatro meses. Fue trasladado al colegio Don Bosco de la capital, pero sus cefaleas lo llevaron al hospital en tres ocasiones. No había pasado un año cuando anunció a sus superiores que se veía obligado a dejar la orden religiosa por prescripción médica: tanta movilidad no era recomendable para su delicado estado de salud. Pediría al arzobispo su incorporación al clero diocesano, como había hecho su hermano. Una parroquia sería un destino más adecuado.

Los salesianos consideraban que Mario padecía trastornos psicosomáticos. Ocurría, a veces, que algunos jóvenes sacerdotes no llegaban a asimilar el compromiso que conllevaba su nueva situación, quizá por un problema de identidad. El padre Orantes estaría mejor, sin duda, como diocesano, lejos de la disciplina, los horarios estrictos y la austeridad de la vida comunitaria de la orden religiosa.

Los dos hermanos recibieron buenos destinos. Mario fue asignado a la parroquia de San Sebastián, como auxiliar del obispo Juan Gerardi, vicario del arzobispado. Y Sergio, después de haber servido en la catedral, recibió un importante nombramiento: rector del colegio San José de los Infantes, el centro escolar más antiguo de Centroamérica.

La vida en San Sebastián, rutinaria y apacible, agradó a Mario. Monseñor Gerardi era cordial, andaba todo el día en sus ocupaciones y lo dejaba tranquilo. Con el obispo se repartía las misas (cuatro diarias y seis

69

los miércoles, día del Padre Eterno), y una vez al mes visitaba a los feligreses ancianos y enfermos. Ejercía además de capellán en dos colegios. Los domingos solía almorzar con sus amigos, o bien con Martha Jane, que enviaba a su chofer a recogerlo.

La madrina del sacerdote se había encargado de que su dormitorio contara con todas las comodidades, y Mario podía pasar horas allí encerrado, viendo televisión, oyendo música, leyendo, navegando en internet o hablando por teléfono, en el frescor del aire acondicionado que se había hecho instalar. Todas las noches encargaba su cena al Pollo Campero, la cadena de comida rápida más popular del país. Sentado en su poltrona, solazándose con alguna película, Orantes daba cuenta del "banquete pequeño", previsto para tres personas: seis jugosas piezas de pollo rebozado acompañadas de papas fritas y un doble litro de Pepsicola, para calmar la sed que le producía tanto condimento. De vez en cuando alternaba y pedía pizza o mandaba a Tono, el sacristán, a comprarle unos perritos calientes al puesto de la plaza. Margarita, la cocinera, criticaba sin éxito la desmesurada afición del sacerdote por la comida chatarra. El padre rechazaba con vehemencia las verduras y ensaladas y ni siquiera su colesterol, controlado a base de pastillas, le animaba a cambiar de hábitos alimenticios.

Paradójicamente, Orantes vivía obsesionado con sus "graves quebrantos de salud", uno de sus temas favoritos de conversación. El joven sacerdote siempre había sido algo hipocondríaco y se regodeaba alarmando a las visitas con estremecedoras descripciones de sus padecimientos gastrointestinales y su migraña. A Hildebrando Cumes, un viejo amigo de Gerardi que llegaba de vez en cuando a desayunar a la casa parroquial, le chocaba enormemente el padre Mario, "siempre oloroso y perfumado". No le agradaban a Cumitos, como le llamaba cariñosamente el obispo, los aires presumidos del vicepárroco. "Alardeaba de los lujos que se daba. 'Acabo de volver de Houston, donde me hago mis chequeos', decía. Siempre repetía lo mismo: que si sus dolores de cabeza, que si sus viajes… Nadie le preguntaba, pero él siempre lograba meter el tema en las conversaciones."

Orantes, en efecto, había empezado a viajar a Estados Unidos a instancias de Martha Jane. Preocupada por la salud de su ahijado, la dama le prestaba su apartamento en Houston y le pagaba las consultas en el Hospital metodista. Después de una batería de radiografías, ecografías, endoscopias de colon, duodeno, esófago y estómago; biopsias, tomografías computarizadas, electroencefalogramas y pruebas neurológicas, los especialistas estadunidenses habían confirmado el diagnóstico ya conocido: migraña y colon irritable, consecuencia de la tensión nerviosa. Junto a varias clases de píldoras, un médico muy atento le dio una receta a su medida: "disminuir la actividad, evitar el estrés, el cansancio, el calor y el trabajo mental". Pero para el padre Orantes la mejor terapia eran los viajes a Houston. A veces le acompañaba Martha Jane, que además lo llevaba de compras a los almacenes más selectos. A esos momentos de solaz correspondían algunas de las fotos halladas en su cuarto, en las que el sacerdote, posando con ropa cara y gafas de sol, aparecía transformado en una especie de James Bond, su personaje favorito.

En algunos de sus viajes Mario se había llevado con él a su inseparable Balou, también regalo de la señora Melville, que había sufragado la afición por la crianza de pastores alemanes que los hermanos Orantes, sobre todo Sergio, habían desarrollado al terminar la secundaria.

Nacido en Alemania en 1987, Balou von der Brandachschneise tenía un riguroso pedigrí que se remontaba a sus bisabuelos. Había llegado a Guatemala con otros cuatro perros enviados por un criador de Pennsylvania, que cobró 37 mil dólares por el lote. Sergio criaba a los animales en el colegio Infantes y los dedicaba a exhibiciones, concursos y reproducción. Balou era la estrella. "Era un perro de ataque que recibía órdenes en alemán. Y sólo él podía desactivarlo", recuerda un compañero. Su agresividad hizo imposible su convivencia con los demás perros, por lo que Sergio decidió regalárselo a Mario, que recibió el visto bueno de Gerardi para que el perro se quedara en San Sebastián.

El Infantes, fundado en 1781, cantera de ilustres ciudadanos y de una connotada banda marcial, pasaba por momentos de turbulencia cuando Sergio asumió su rectoría, en 1992. Su antecesor había sido destituido por nepotismo y diversas irregularidades, y la comunidad escolar estaba muy alterada. Lejos de devolver la paz y el orden, el mayor de los hermanos Orantes sumió a la egregia institución en una serie de escándalos que quitaron el hipo a los padres de los alumnos. "Por lo visto Sergio se traía juegos con las madres de familia preocupadas por las notas de sus hijos. También se habló de relaciones con maestras e incluso de abuso de menores. Y, por supuesto, de desvío de fondos", cuenta Fernando Penados, sobrino del arzobispo e investigador de la ODHA.

El cúmulo de denuncias y las sospechas de malos manejos, derivadas del progresivo endeudamiento y la caótica administración, llevaron finalmente al arzobispo Penados a sustituir a Sergio Orantes por un hombre de su confianza, José Mariano Carrera, un laico experto en administración educativa. Dos auditorías encargadas por el nuevo rector a la empresa Morales, Escobar y Asociados destaparon una cloaca que superaba los peores augurios. El sacerdote "centralizó todas las operaciones administrativo-financieras, no dando espacios para la creación de sistemas de información y control", reportaron los auditores. Los ingresos de 1995, que ascendieron a casi 7.6 millones de quetzales, "fueron manejados de manera particular y no como una institución, ya que se efectuaron depósitos monetarios de sumas millonarias a nombre del señor Sergio Orantes, que como persona individual pudo disponer de ese dinero a su criterio". Los auditores, por ejemplo, registraban la apertura de una cuenta bancaria, a nombre del rector, con 300 mil quetzales de ingresos del colegio, a la que no se pudo dar seguimiento por tratarse de una cuenta personal. O la existencia de una cuenta en dólares en el Popular Bank of Florida, "cuyos fondos son propiedad del colegio", y cuyos titulares eran los hermanos Sergio y Mario Orantes. "Esta situación", concluía el informe, "se conoce financieramente como manipulación de recursos y/o jineteo de los mismos."

En medio de todo ese delirio, la inspección dejó al descubierto que Sergio Orantes había usado fondos del Infantes para comprar armamento. Pero además, cuando el nuevo rector asumió el cargo, todas las armas, salvo una pequeña escuadra, habían desaparecido.

A pesar de las turbulencias, el canciller de la curia, monseñor Efraín Hernández, no dudó en extender a Sergio Orantes "el más amplio, total y eficaz finiquito" cuando dejó el Infantes, en noviembre de 1996. Y el padre José Antonio Márquez, tesorero de la arquidiócesis, se apresuró a mandarle una carta felicitándole por haber proporcionado "el estado financiero del colegio en forma tan clara, correcta y rápida". Cuando meses después el nuevo rector mostró las auditorías al arzobispo, su respuesta lo desconcertó: "Échale tierra". "Luego supe que Orantes y su hermano eran ahijados de su amigo Efraín Hernández", recuerda hoy Carrera. "Y Efraín es un mafioso. Él manejaba todos los hilos del arzobispado."

Para entonces el padre Sergio ya andaba lejos. Dos meses después de abandonar el Infantes, se había trasladado a Honduras, a la región del Yoro, una diócesis administrada por los jesuitas. Tal y como le había explicado en una carta al arzobispo Penados, deseaba lograr su "mayor objetivo en la vida: alcanzar la santidad". Y, por su propia formación, la espiritualidad jesuita podía ser la vía adecuada.

❖ ❖ ❖

Inmediatamente después de la detención de Mario Orantes, el fiscal Otto Ardón se reunió en la casa parroquial de San Sebastián con los miembros de la ODHA y los puso al corriente de los resultados de la prueba de luminol y del informe de la Universidad Complutense sobre las posibles mordeduras de Balou. Los rastros de sangre en el pasillo llevaban a Ardón a pensar que el ataque pudo haber comenzado en otro lugar de la casa y que el obispo trató de huir, siendo alcanzado y asesinado en el garaje, donde luego se montó la escena para simular el asalto de un indigente. Dónde y por qué se originó la agresión eran preguntas que debía responder el sacerdote. "Yo no puedo acusar a Orantes de haber golpeado a monseñor Gerardi, pero sí puedo demostrar que está mintiendo al decir que no sabe nada", concluyó Ardón. "Él estaba presente en el momento del asesinato y alteró la escena."

El equipo de la ODHA sospechaba la implicación del vicepárroco por las incongruencias de su testimonio, pero no hasta ese grado. A Ronalth

Ochaeta le hervía la sangre. Dos días después, reventó. "Las pruebas que tiene el fiscal contra el sacerdote Mario Orantes son contundentes. Nos parece que es una investigación seria y vamos a apoyar las diligencias que se lleven a cabo", anunciaba públicamente el director de la ODHA, que consideraba "plenamente corroborada" la participación del perro Balou en el crimen. "Nosotros siempre descartamos la piedra como una pista", añadió, echando por tierra la depurada alegoría de Edgar Gutiérrez sobre el uso criminal y simbólico del trozo de cemento hallado junto al cadáver. El giro que tomaba el caso llevaba a Ochaeta a matizar las acusaciones iniciales. "Ahora nos quedamos con el crimen común, con la posibilidad de que pueda tener un matiz político." En cualquier caso, aseguró, la iglesia iba a asumir todas las consecuencias. "Desde la época de Jesús, siempre ha habido un Judas (...) Las instrucciones que he recibido de parte de la jerarquía son que sigamos adelante."

En ese mismo momento, monseñor Efraín Hernández llevaba al arzobispo Próspero Penados a la cárcel, para reconfortar a Orantes. Al día siguiente, el canciller de la curia convocó a la prensa y, delante de un enorme retrato de Juan Pablo II, defendió ardorosamente a su protegido. "Yo apoyo al padre Orantes y, aunque jurídicamente fuera condenado, seguiría creyendo en su inocencia". Las palabras del jerarca, tomadas como "la postura oficial" de la iglesia, desconcertaron a la opinión pública. Aún más impactante, sin embargo, fue el vuelco súbito de la ODHA: no habían pasado tres días desde las encendidas declaraciones de Ochaeta, cuando Mynor Melgar, asesor legal de esa oficina, saltó a la palestra para desmentir a su compañero y defender al sacerdote. "No hay pruebas contra él. No sé cuál expediente vio Ochaeta para decir lo que dijo."

En realidad, Melgar conocía perfectamente los elementos contra Orantes. Durante la reunión en San Sebastián, Ardón había pedido a la ODHA que le quitaran el apoyo al sacerdote. Ochaeta y Fernando Penados se habían mostrado de acuerdo en ir por ese "hijo de puta". Pero Edgar Gutiérrez y Mynor Melgar tenían otros planes: más allá de cualquier evidencia, no iban a permitir que la investigación se desviara ni un milímetro de la senda del EMP de Alvaro Arzú.

Si el fiscal creía que comenzaba una nueva etapa de colaboración con los representantes del arzobispado, se equivocaba. Durante la indagatoria de los detenidos, Melgar fue desestimando todos los alegatos contra el sacerdote, al punto de que el juez, Isaías Figueroa, lo interrumpió para recordarle que él estaba ahí como acusación particular y no como defensor. Al término de la audiencia, Figueroa consideró que había suficientes indicios para dictar auto de procesamiento y prisión contra Mario Orantes y Margarita López. Convertirse en el primer juez que encarcelaba a un sacerdote en la historia de Guatemala lo llenó de angustia. Al llegar a su casa, se echó a llorar.

Tras la resolución judicial, Edgar Gutiérrez volvió a la carga. "Todos pedimos por el padre Orantes. Y lo acompañamos. De todos modos, este sigue siendo un asesinato político hasta que no se pruebe lo contrario", escribía en su columna semanal. Simultáneamente, presentó un análisis del caso a la Conferencia episcopal, que se hallaba sumida en el estupor: la detención de Orantes, había dicho su presidente, monseñor Víctor Hugo Martínez, "hacía vulnerable a la iglesia". Dando muestras de su proverbial destreza para congraciarse con el interlocutor, Gutiérrez empezó por tranquilizar a los prelados: el trabajo del fiscal Ardón, les explicó, no tenía ninguna solidez. Era "imposible" esclarecer el asesinato a partir de una escena que se había contaminado. La detención del sacerdote, añadió, se basaba en unas "fotos dudosas" de supuestas mordeduras. Y ahí llegó la revelación: él tenía "indicios serios" de que toda la investigación sobre Orantes estaba siendo orquestada por inteligencia militar, como parte de una "campaña negra contra la iglesia". Era justo lo que necesitaban escuchar los atribulados obispos.

❖ ❖ ❖

Ronalth Ochaeta se encontraba en una situación muy incómoda. Su espontaneidad lo había puesto en la mira del clero, y las maniobras de Edgar Gutiérrez y Mynor Melgar lo habían debilitado todavía más. El director de la ODHA decidió plegarse a la estrategia diseñada por sus dos colegas: seguir la campaña de desgaste contra Ardón y fingir un respaldo absoluto a Orantes, hasta lograr su liberación. El objetivo, le había explicado Gutiérrez, era triple: ganarse la confianza de la Conferencia episcopal —que era un elemento de presión fundamental—, provocar la llegada de un nuevo fiscal en cuya elección esperaban poder influir, y obligar a cambiar el curso de la investigación. "Si lográbamos la excarcelación de Orantes, a sabiendas de que era culpable, podríamos forzar la línea del crimen político", explicaría después el propio Ochaeta. El sacerdote, de cualquier modo, iba a acabar cayendo, porque había pruebas claras contra él. Pero tenían que bajar su perfil en el caso.

Los abogados de la ODHA encontraron la vía. Los hallazgos en el dormitorio del vicepárroco, en especial las fotos de la erección de Balou, habían espoleado toda clase de especulaciones febriles en torno a sus preferencias sexuales. Un sacerdote de la contrainteligencia eclesial les había asegurado que Orantes era homosexual. Los investigadores del arzobispado interrogaron a tres de sus supuestos amantes, sin sacar nada en claro. A pesar de ello, la ODHA propagó que el sacerdote habría sido chantajeado por lo que Mynor Melgar llamaba sus "debilidades emocionales". De esta forma, su participación en el crimen sería la de un simple "encubridor".

El fiscal Ardón descartaba que la vida sexual de Orantes tuviera algo que ver en el asesinato y pensaba, más bien, que el cura formaba parte de la trama. Sus sospechas se reforzaron cuando, el 3 de agosto, la prueba de luminol practicada en el dormitorio del sacerdote reveló una mancha de sangre en unas baldosas junto a la cama. El reactivo dio positivo también en unas páginas de periódico y en las suelas de un par de zapatos Gucci que estaban dentro del armario. Todos los artículos, incluidas las ocho baldosas y una alfombra, fueron enviados a los laboratorios del FBI. ¿Sería posible que el ataque hubiera comenzado en aquel dormitorio? Un detalle aparentemente nimio reafirmó a Ardón en su hipótesis. En su entrevista con el psiquiatra forense, Mario Orantes tuvo un *lapsus linguae* perturbador: "¿Cómo iba a imaginarme yo", dijo, "que monseñor fuera a morir en mi cuarto... perdón, en el garaje?"

Los abogados de la ODHA no estaban dispuestos a que la detención de Orantes diluyera la pista militar. A mediados de julio, una filtración a la prensa había revelado la existencia de un dato que aumentó las sospechas contra el ejército: una extraña llamada hecha la noche del crimen desde la casa parroquial de San Sebastián al número 760-1200 de la ciudad de San Marcos, cerca de la frontera con México. Ese número pertenecía a un teléfono público instalado a la entrada del Instituto Adolfo Hall, una escuela del sistema de educación militar. El recibo de la compañía telefónica indicaba que la comunicación, que apenas había durado un minuto y 23 segundos, se había establecido a la 01:36 de la mañana del 27 de abril, desde una de las tres líneas de la parroquia. A esa hora el cuerpo de Gerardi estaba tendido en el garaje y los bomberos, la policía y varios allegados al obispo, incluidos los directivos de la ODHA, estaban ya en la escena del crimen. ¿Quién de ellos había llamado a San Marcos? ¿Y quién había respondido la llamada en la cabina del Adolfo Hall?

El Servicio de investigación criminal rastreó las comunicaciones interurbanas realizadas desde la casa parroquial y del teléfono público de la escuela militar. La gran mayoría de las llamadas hechas desde la cabina de San Marcos tenían como destino la residencia del mayor Jaime Echeverría Merlo, en la capital. Y de la propia casa de Echeverría se había telefoneado a la cabina. Este oficial, que estaba de alta en el Hall, explicó que usaba ese teléfono para hablar con su familia. Era una respuesta aparentemente válida, pero poco creíble: ¿por qué el mayor llamaba hasta seis veces al día a su esposa? ¿Y por qué usaba esa línea, en lugar de los teléfonos ubicados en las oficinas del Instituto? Lo más sospechoso era, sin embargo, que Echeverría recibiera llamadas en la cabina. Según los investigadores, nadie tenía acceso a los números de las cabinas públicas, a menos que se tratara de un teléfono utilizado por los cuerpos de seguridad o de inteligencia "para establecer algún tipo de enlace".

Las sospechas sobre el vínculo militar se reforzaron con la desaparición repentina del famoso teléfono del Hall. Ocurrió una noche de agosto, quince días después de que se hiciera pública la información sobre la llamada misteriosa. Cuando los usuarios llegaron por la mañana, sólo encontraron unos tornillos y la punta del cable cortado. ¿A quién se le pudo haber ocurrido que la destrucción de la cabina contribuiría a desvanecer las dudas sobre la participación del ejército en el crimen?

La maniobra parecía tan burda como las explicaciones que el ministro de Defensa, Héctor Barrios, había dado acerca de la presencia del EMP en la casa parroquial de San Sebastián. Requerido por el ministerio público, Barrios aseguró que no hubo personal militar en la escena del crimen. La respuesta provocó un escándalo. ¿Cómo el ejército podía mentir tan descaradamente, cuando un fotógrafo y un oficial habían sido vistos por diferentes testigos? Entonces llegó la "aclaración": dos miembros de ese cuerpo habían llegado al lugar, pero no habían estado en la "escena del crimen", entendida como el área acordonada por la policía.

Las filigranas léxicas del ministro enojaron a los colaboradores de Arzú. Lo que para Porras y sus colegas era una muestra de la tradicional cerrazón de los militares, para los activistas de la ODHA era una prueba más de que los mandos castrenses trataban de encubrir a los asesinos del obispo.

❖ ❖ ❖

Días después de la detención del sacerdote, los abogados del arzobispado pidieron a Otto Ardón que investigara la presencia en San Sebastián, la noche del crimen, de un viejo Mercedes Benz blanco, que además había rondado por el parque en días sucesivos, y la trayectoria de las placas P-3201 de la antigua zona militar de Chiquimula. En esa base había estado el coronel Byron Lima Estrada, a quien consideraban autor intelectual del crimen, y cuyo hijo, el capitán Byron Lima Oliva, podría ser el autor material.

El misterio del Mercedes se vino abajo de inmediato: el automóvil pertenecía al padre Juan Manuel Amézaga, párroco de la cercana iglesia de Santa Rosa, que lo había recibido como regalo de un feligrés rico y agradecido. A pesar de eso, la prensa seguiría mencionando en los meses sucesivos el "Mercedes blanco del coronel Lima, con placas de Chiquimula". En cuanto a la placa, el ministerio de Defensa informó que no estaba en uso desde hacía varios años.

Por otro lado, las investigaciones realizadas por dos oficiales de inteligencia en torno a los Lima ofrecían un cuadro muy poco sospechoso. El coronel estaba totalmente apartado de la vida castrense desde hacía ocho años y el último trienio de servicio lo había pasado en el extranjero, como agregado militar. Al contrario que la mayoría de los compañeros jubilados, no se había afiliado a la Asociación de veteranos ni participaba en sus actividades. No hacía vida social y ni siquiera asistía a los eventos que el EMP organizaba para las familias de sus oficiales, a los que el capitán Lima llevaba sólo a su madre. Tenía muy pocos amigos, casi no salía de su casa y se pasaba el tiempo dedicado a sus animales, sus libros y su tienda. Los vecinos y conocidos aseguraban que las relaciones del coronel con su hijo Byron eran tormentosas. El capitán pasaba temporadas fuera de la vivienda familiar porque los choques con su padre eran continuos.

El rastreo del capitán, en tanto que escolta del mandatario, fue mucho más sencillo. El mes de abril había estado fuera del país, preparando, en calidad de "adelantado", la gira oficial del presidente por Perú y Argentina. Arzú y la comitiva habían regresado a Guatemala el sábado 25, víspera del crimen. El capitán Lima y otro ayudante, encargados de la logística y de los equipajes, habían tenido que regresar un día después en un vuelo comercial desde Buenos Aires, con escala en Miami, porque no había espacio en el avión presidencial, y habían aterrizado el mismo día 26.

"¡Pues vaya conspiración!", bramó Arzú. "Un viejo retirado y huraño, y su hijo, que casi no se habla con él y que llega de un largo viaje el mismo día del asesinato, después de pasar un mes fuera. ¡Un prodigio de planificación que desafía cualquier imprevisto! ¡Que no frieguen, hombre!" "Pues yo no bajaría la guardia", terció Gustavo Porras. "Si, como sospecho, hay una mano peluda tras bastidores, va a haber más sorpresas." El presidente lo miró con sorna: "A vos lo que te pasa es que has leído demasiados libros. Todo esto lo están manipulando esos cabrones de la ODHA, como hicieron con el caso del lechero".

Los esfuerzos de Edgar Gutiérrez por contrarrestar los efectos de la detención de Mario Orantes y lograr que la atención del caso se enfocara de nuevo en el entorno militar de Arzú se vieron apuntalados por una ayuda providencial. El 6 de agosto, la Fundación Myrna Mack, creada por Helen Mack para dar seguimiento al asesinato de su hermana, recibió por fax un extraño documento de cuatro páginas, encabezado por un logotipo de Naciones unidas en alemán. El texto pretendía ser un "informe" remitido desde la "Secretaría de inteligencia del Estado mayor presidencial" y se titulaba "Análisis de la situación existente". Un sumario indicaba que la misión de las Naciones unidas en Guatemala había pedido al gobierno que retirase al capitán Byron Lima del contingente de los cascos azules en Chipre y lo trajera al país para ser investigado "por su participación en la muerte de monseñor Gerardi".

Esa supuesta solicitud de Minugua no existía y no podía existir porque no era parte de su cometido. El burdo uso del organismo internacional y los caracteres en mayúscula del texto eran señales inequívocas: el documento era uno más de los famosos "apócrifos" que los militares guatemaltecos tienen la costumbre de fabricar en el contexto de la lucha entre los grupos de poder dentro del ejército. Armas de intoxicación o mensajes crípticos para destinatarios específicos, los anónimos forman ya parte de los usos castrenses.

Los autores del panfleto afirmaban que "la misión asignada al capitán Lima era la sustracción de información del Remhi, no así la destrucción física de monseñor Gerardi", pero que "las cosas se habían complicado". El texto recogía puntualmente la información manejada por la ODHA, con todas sus imprecisiones. Mencionaba, por ejemplo, al coronel Lima llegando "con su chofer en un carro que tenía asignado cuando fue comandante de la base militar de Chiquimula", pero no detallaba la marca del vehículo, extremo que tampoco la ODHA tenía claro. Lo más importante, en cualquier caso, era que, por primera vez, los nombres de los Lima, que ya quemaban los labios de los abogados de la iglesia, salían a la luz pública. "Curiosamente, fue monseñor Ríos Montt el que me trajo el apócrifo esa misma mañana", cuenta el ex canciller, Eduardo Stein. "Fue la primera y única vez que vino a mi despacho. Seis ministros lo recibieron por fax... Había una preparación esmerada para que llegara lo antes posible."

Para los colaboradores de Arzú, el anónimo revelaba la existencia de una trama dentro del propio ejército, destinada a golpear al mandatario y a los militares de su confianza. El hecho de que el documento detallara los nombres de varios suboficiales del EMP indicaba que el autor contaba con información "desde adentro". Igualmente inquietante les resultaba la confluencia de datos y de intereses entre los autores del texto y la ODHA. Y es que ese "engendro", como lo llamó Stein, era justo lo que necesitaban los abogados del arzobispado para contrarrestar la captura de Mario Orantes.

Al día siguiente de la divulgación del anónimo, la Conferencia episcopal emitía un comunicado. Si apenas dos semanas antes los prelados se declaraban dispuestos a acatar los designios de la justicia, ahora mostraban su "insatisfacción por la conducción del caso" y denunciaban "la resistencia a tomar en cuenta las connotaciones políticas, así como a investigar a fondo a oficiales y ex oficiales del Ejército presuntamente implicados". Yendo más allá, monseñor Ríos Montt pidió que, en aras de lo que él llamaba "equidad", la fiscalía detuviera también a los Lima.

❖ ❖ ❖

El capitán Byron Lima se había adaptado a la vida en Chipre y su incorporación a los cascos azules bajo la bandera del contingente argentino se desarrollaba sin contratiempos. Su tarea como oficial de operaciones, el impresionante despliegue logístico y, sobre todo, la convivencia con soldados de todos los continentes constituían para él una experiencia motivadora. Pensaba prorrogar su estancia, que terminaría en diciembre, y seguir en su nueva carrera de observador militar internacional.

A principios de agosto, el capitán regresó a Guatemala de vacaciones. Su padre lo esperaba en el aeropuerto. "Mirá, mi'jo, ¿en qué cosas estás vos metido?" "¿Cómo en qué cosas?" "Un oficial me platicó que nos implican en la muerte de Gerardi." "¡Ay, no digás tonterías, no es posible!" Tres días después, el documento anónimo se hizo público y selló su suerte.

Los encuentros de Lima con sus superiores se sucedieron de inmediato. El general Espinosa y el coronel Rudy Pozuelos le explicaron la situación: ni él ni su padre tenían por qué preocuparse, porque no había elementos contra ellos, pero era necesario saber qué estaba ocurriendo. Pedirían un permiso a la ONU para posponer por un mes su regreso a Chipre, en tanto se aclaraban las cosas. En una reunión en su despacho, Mariano Rayo, gerente de la presidencia, le preguntó si conocía al padre Orantes. "No, ¿de qué lo iba a conocer?" De repente Lima se sintió acosado. En la mirada del coronel Pozuelos creyó ver un destello de duda.

Al cabo del mes el capitán se presentó, desafiante, en el despacho de Espinosa. Iba uniformado, con el brazalete y la boina de Naciones unidas. "Todo se ha terminado", le dijo el general. "El presidente ha ordenado que no regreses, porque esto se va a prolongar. Sabemos que no debes nada, pero la situación es muy delicada, y más ahora que tu nombre se ha hecho público. Si permitimos que vuelvas a Chipre, nos acusarán de estar protegiéndote." El joven sintió un nudo en la garganta. Sus proyectos saltaban en mil pedazos.

❖ ❖ ❖

"¡Si a mí los militares me dan igual, no les tengo ningún respeto. Los chafas están metidos en todo. Pero no tengo con qué lanzarme!" El fiscal Otto Ardón se quejaba a sus colaboradores de las presiones de la ODHA para que detuviera a los Lima. "No hay ningún sustento. Yo les he dicho: denme elementos y voy por ellos, y quedo como un héroe. ¡Pero me sacan un anónimo y una placa vista en no se sabe qué vehículo por un testigo fantasma!"

Con todo, presionado por sus asesores, el fiscal pidió al ministerio de Defensa información sobre los Lima y sobre los movimientos del personal del EMP la noche del crimen. Además, interrogó a los 40 miembros de la Guardia presidencial que estaban de turno y recibió la declaración de los oficiales mencionados en el anónimo.

El capitán Lima explicó que el 26 de abril, día del asesinato, él regresaba de la gira oficial por Suramérica. Llegó a Guatemala a mediodía, en un vuelo comercial desde Miami. Después de dar parte y dejar los equipajes en la casa presidencial, fue a visitar a sus padres. A las 18:30 horas acudió con su amigo Erick Urízar al restaurante Sport Grill. Vieron un combate de boxeo en televisión, cenaron y estuvieron departiendo con otros dos conocidos hasta las 23:00 o 23:30. Un poco antes de la medianoche, Urízar lo dejó en el EMP. Al día siguiente, temprano, tenía que hacer entrega de los documentos y del equipaje de la comitiva.

Ardón estaba hastiado de lo que él llamaba "el jueguito" de la ODHA. "Yo creí que buscaban la verdad, pero sólo quieren alejar la atención de Mario Orantes y que haya militares a puro tubo." El fiscal no podía entender que la acusación particular defendiera al principal sospechoso. Estaba seguro de que el sacerdote era la clave del caso y quería agotar esa investigación. Su convencimiento se había reforzado con una nueva y grave inconsistencia en las declaraciones del vicepárroco. Ante el juez Figueroa, Orantes había declarado que la noche del crimen entró un rato en internet, salió y luego se puso a ver televisión hasta que se quedó dormido a las 22:20 horas. Un informe de la empresa proveedora del servicio de internet, sin embargo, demostraba que el religioso había entrado en la red a las 21:49 horas, es decir, en el momento en que se calculaba que ocurrió el asesinato, y había estado conectado durante dos horas y media, hasta las 00:20, con una interrupción de un minuto a las 22:11.

❖ ❖ ❖

La noticia alarmó a la ciudadanía. El padre Orantes, anunció su abogado, tenía un tumor cerebral. Doña Martita matizó la información: se trataba de un "problema de irrigación cerebral y cáncer de piel". El sacerdote acababa de ser detenido y llevaba cuatro días en el Centro preventivo. Por orden expresa del ministro de Gobernación, estaba recluido en una habitación privada. Su madre tenía un pase especial para estar con él a diario y decenas de personas, sobre todo monjas, desfilaban para reconfortarlo.

La familia Orantes había implorado al juez Figueroa que trasladara a Mario a una clínica privada porque estaba "muy grave". A pesar de que los médicos del ministerio público aseguraban que sus síntomas correspondían a "un síndrome tensional", el sacerdote fue ingresado en el hospital San Juan de Dios para un reconocimiento general. El diagnóstico le llegó al juez a los pocos días: "El señor que nos ha mandado no tiene nada". Orantes regresó a la prisión y envió un comunicado a la opinión pública. Su único delito, decía, era "haber encontrado el cuerpo, sin haber visto ni escuchado nada previamente, del amigo, maestro, pastor y hermano monseñor Gerardi". Culpaba a "las fuerzas del mal" de su encarcelamiento y comparaba su situación con la de Jesucristo. "A lo largo de estos días he participado del calvario de Nuestro Señor, a través de acusaciones injustas fundamentadas en calumnias."

La jerarquía eclesial continuó movilizándose. En las misas, los oficiantes pedían rezar por Orantes, mientras los diarios publicaban cartas de lectores indignados por la detención de "un hombre de Dios" y por la persecución contra la iglesia. El cariz que estaba tomando el asunto empezaba a asustar a las autoridades.

Otto Ardón esperaba que toda aquella pesadilla terminara con la segunda autopsia de Gerardi, recomendada por los forenses españoles. Una vez comprobadas las mordeduras del perro, pensaba, la presión del clero tendría que ceder.

El primero en oponerse a la exhumación fue monseñor Efraín Hernández, que reaccionó en forma taxativa: "Da risa escuchar que quieren exhumar el cadáver. No es conveniente ni necesario. El asesinato debe ser aclarado con las evidencias en la escena del crimen". Y el segundo fue el forense Mario Guerra, responsable de la desastrosa primera autopsia. Aunque, en un escrito remitido al fiscal el 24 de julio, Guerra había admitido que era "probable" que las heridas de la región parietotemporal del cráneo del obispo fueran mordeduras, públicamente negaba tal posibilidad, desaconsejaba una nueva necropsia y aseguraba que los pelos hallados en la ropa de monseñor Gerardi eran "humanos", a pesar de que el FBI había determinado que eran de perro y presentaban "las mismas características microscópicas" que los de Balou.

El juez Figueroa fijó la exhumación para el 17 de septiembre. Las partes empezaron a calentar motores. La segunda autopsia sería para la ODHA la batalla decisiva contra el fiscal. Y ellos, anunció su director, Ronalth Ochaeta, estaban dispuestos "a jugarse el todo por el todo para lograr la liberación de Mario Orantes".

Capítulo 4

Los huesos hablan

"Entonces, ¿contamos con usted para que sea nuestro experto?", preguntó ansioso José Toledo, el joven abogado que acababa de asumir la defensa del sacerdote Orantes. El doctor Eduardo Polanco permaneció en silencio. Conocía a Toledo porque lo atendía en su consulta. Sabía lo preocupado que estaba con la inminente exhumación del cuerpo del obispo Gerardi. Días antes, él mismo le había explicado qué clase de pruebas debían practicarse para confirmar o descartar la existencia de mordeduras. Ahora la familia Orantes le pedía que se encargara del peritaje por parte de la defensa. Después de todo, Polanco, formado en Estados Unidos, era uno de los odontólogos guatemaltecos más reputados. El dentista habló por fin, con voz pausada. "Lo voy a hacer, pero no voy a aceptar condicionamientos. Mi trabajo va a ser científico, y si encuentro que hay mordeduras, no me voy a ir por otro lado. El padre Orantes tiene que tener eso claro." "Por supuesto, la familia lo sabe y está de acuerdo."

Cuando el abogado salió de su despacho, Polanco se dirigió meditabundo a su archivo y extrajo un expediente con un rótulo: Gerardi Conedera, Juan José. El obispo había sido su paciente durante muchos años. Lo apreciaba y su asesinato le había afectado. Ahora él tenía la posibilidad de ayudar a esclarecer el crimen. Sabía que su esposa se iba a disgustar ("no te metas en esto", le diría), pero para él era un deber moral. Trabajaría en nombre de monseñor Gerardi.

Los días previos a la exhumación, los peritos fueron entregando su documentación y prestando juramento ante el juez. La defensa de Orantes presentó a Eduardo Polanco. La fiscalía integró su equipo con Erick Suntecún, patólogo forense del ministerio público y profesor de medicina legal de la Universidad Rafael Landívar; Manuel Meneses, odontólogo forense; y el español José Manuel Reverte, catedrático de la Complutense de Madrid.

A sus 76 años, Reverte era una leyenda de la ciencia forense en España. Endocrinólogo, anatomopatólogo y experto en medicina legal, se había especializado en antropología forense en la Smithsonian Institution, de

Washington, y en el FBI. Sus peritajes en cientos de investigaciones policiales, incluidos varios asesinatos de gran impacto, lo habían convertido en referencia obligada en el campo de la criminología. De ojos vivaces, lenguaje castizo y curiosidad inagotable, Reverte era un personaje pintoresco. Una treintena de libros, varias condecoraciones y membresías en prestigiosas instituciones de Europa y Estados Unidos coronaban su carrera profesional. Ya jubilado, se dedicaba al Museo de antropología forense y criminalística, que él había fundado, y seguía impartiendo cursos y colaborando en estudios arqueológicos. Cuando el informe y las fotografías del caso Gerardi cayeron en sus manos, Reverte y sus colegas de la Complutense encontraron claros indicios del ataque de un animal en el cuerpo del prelado. Era uno de esos crímenes, pensaron, donde la ciencia podía hacer mucho. El viejo profesor, sin embargo, había rechazado la invitación de la fiscalía guatemalteca para participar en la exhumación. Su esposa estaba frágil de salud. Una llamada personal del jefe del gobierno español, José María Aznar, acabó por vencer su resistencia.

La ODHA, por su parte, contaba con el doctor Mario Iraheta, el forense del Seguro Social que participó en la primera autopsia, y con Mario Guerra, responsable de aquella chapuza. El doctor Guerra era uno de esos casos de incompetencia inexplicablemente recompensada: nadie entendía cómo había logrado mantenerse durante 20 años al frente del servicio forense del Organismo judicial. "No es mala persona, pero es una desgracia nacional", decía uno de sus colegas más benévolos. Otros no olvidaban la regañada que recibió de un magistrado por describir al revés la ubicación de una puñalada. En el ambiente judicial, sin embargo, se hablaba de algo más que de ineficacia. Guerra, decían, era el maestro de la llamada "hospitalización complaciente": con un celo encomiable, él y algunos de sus colaboradores eran capaces de encontrar graves enfermedades, imperceptibles para otros médicos, que obligaban a ciertos reos pudientes a guardar prisión en cómodas clínicas privadas. "Guerra es famoso entre los abogados: si le pagás, te encamás", dice un penalista.

Esta vez, sin embargo, su trabajo se cuestionaba públicamente. Algunos colegas habían criticado la autopsia practicada al obispo, sin entrar en detalles vergonzosos, como que los cuatro rasguños que Gerardi presentaba en su cuello se convertían, en el informe de Guerra, en "tres excoriaciones" con las medidas equivocadas. Si ahora se confirmaba la existencia de mordeduras, el bochorno sería aún mayor. Por eso el forense hizo a un lado los reparos éticos y se alineó con una de las partes: apoyando a la ODHA podría salvar la cara y el puesto. Contaría además con la ayuda de uno de sus subordinados de confianza, Eduardo Estrada, que había sido contratado por la familia del sacerdote Orantes para cubrirse las espaldas: el espíritu independiente del doctor Polanco les había dejado algo inquietos.

La ODHA sabía que Mario Guerra no era un aval contundente. Con la ayuda de sus contactos en Estados Unidos, los abogados del arzobispado reunieron a un equipo extranjero: el dentista Norman Sperber, el patólogo Robert Bux y Jack Palladino, investigador privado. Sperber, de 73 años, dirigía el servicio de odontología forense de San Diego, en California, y había participado en varios casos criminales. El patólogo Robert Bux, graduado en la universidad mexicana de Guadalajara, trabajaba en el servicio forense de un condado de Tejas. La ODHA lo presentó como "especialista en mordeduras de animales" y "experto canino", si bien lo único vinculado con ese campo que aparecía en su currículum era haber practicado una autopsia a un individuo atacado por un chow-chow y haber escrito un artículo al respecto.

Aunque se había identificado como fotógrafo forense, Jack Palladino era un detective que se había ganado reputación tanto por sus elevadas tarifas como por su falta de escrúpulos. Banqueros y estrellas de Hollywood engrosaban su cartera de clientes, y el mismísimo Bill Clinton recurrió a sus servicios para encubrir los escándalos sexuales que amenazaban con hundir su campaña electoral en 1992. El trabajo de Palladino, revelarían después varios medios estadunidenses, consistió en intimidar a las ex amantes del fogoso candidato para que mantuvieran la boca cerrada. Las mujeres no fueron su único objetivo. Un congresista republicano que investigaba el escándalo de la financiera Whitewater, que también salpicó al matrimonio Clinton, denunció que había descubierto al detective merodeando en su casa. Por sus controvertidos servicios, Palladino recibió 150 mil dólares salidos no del bolsillo del presidente, sino de los fondos del Teamsters Union, el sindicato mafioso de los camioneros.

Considerado el investigador más caro de Estados Unidos, Palladino jutificaba sus honorarios de 250 dólares la hora: "Soy alguien a quien se recurre cuando la casa está en llamas". Y él respondía con celeridad: fue el primero de los expertos de la ODHA en presentarse en Guatemala y el único que cumplió con los requisitos para participar en la autopsia del obispo. Sperber y Bux llegaron la víspera y los abogados, que no habían hecho los trámites legales, intentaron que se aplazara la exhumación. Después de un agrio tira y afloja, el juez accedió a que los dos estadunidenses estuvieran presentes sólo como asesores de la ODHA, no como peritos. Les tomó juramento y les advirtió que no podían hacer declaraciones en tanto durase la investigación.

En la cripta de la catedral, el muro del nicho fue abatido a martillazos. Una nube de polillas acompañó la salida del ataúd. Monseñor Ríos Montt se tapó la nariz. Escoltado por casi un centenar de policías antidisturbios, con cascos y ametralladoras, el féretro fue llevado al hospital San Juan de Dios. El profesor Reverte había solicitado que se hiciera al cadáver una tomografía computarizada. Dos connotados radiólogos,

Ernesto Mena y Rodolfo Cáceres, se encargaron de la operación. El cuerpo del obispo fue colocado en la camilla del tomógrafo. En otra habitación, los expertos observaban en un monitor las secciones axiales del cráneo. Las fracturas de la región facial eran tremendas. Algunas presentaban hundimientos de hasta dos centímetros. De repente, Reverte profirió una exclamación. "¡Aquí está! ¡Más claro que el agua!" La imagen mostraba dos agujeros producidos por un objeto puntiagudo, corto y algo curvo, que había atravesado la tabla externa del cráneo y el tejido esponjoso, produciendo resquebrajamientos y pequeñas astillas en la tabla interna. "Es cierto, son dos fracturas definitivamente distintas a las demás", señaló Cáceres. Una atravesaba el hueso mastoides, detrás de la oreja, y la otra el parietal, en el lado izquierdo de la cabeza. Reverte miró al fiscal Ardón: "lo tenemos. Aquí está la constancia imborrable de las mordeduras".

Un mar de gente inundaba la morgue cuando llegó la comitiva. El cuerpo del obispo, envuelto en un plástico negro, fue depositado sobre la mesa de azulejos de la sala de autopsias. El cadáver había sido mal embalsamado y estaba parcialmente momificado y consumido. El profesor Reverte, con bata, delantal y guantes, comenzó a limpiarlo cuidadosamente. Después, provisto de una lupa, unas pinzas y un pincel, le fue quitando la máscara de cera blanquecina que le habían colocado en la funeraria.

La sala de autopsias parecía un mercado. Abogados, fiscales, sacerdotes y observadores internacionales pululaban por doquier. Voces, risas, teléfonos celulares y el constante chirrido de la puerta inundaban el recinto. A veces, cuando se aburrían, los visitantes se acercaban a curiosear alrededor de la mesa de operaciones. La escena evocaba *La lección de anatomía*, de Rembrandt, sólo que en una versión un tanto abigarrada. Mientras unos pocos, más aprensivos, se cubrían con mascarillas de quirófano, Nery Rodenas, abogado de la ODHA, se había colocado una enorme máscara antigás de doble respiradero, como de hecatombe nuclear.

Escoltado por los peritos, Reverte estaba absorto en su trabajo. Ni siquiera parecía molestarle el asalto continuo de un enjambre de fotógrafos, entre ellos Jack Palladino. Inicialmente, el médico español había previsto hervir la cabeza para disolver la grasa, separar la piel y tener el cráneo limpio. Las huellas en el hueso revelarían con claridad la naturaleza de las diferentes lesiones. Los abogados de la ODHA se opusieron. "De nada sirvió explicarles que lo que parecía una monstruosidad era, en realidad, una práctica forense habitual en las segundas autopsias, no peor que lo que se le había hecho al cadáver la primera vez, y que después todo se colocaría en su sitio", recordaría uno de los médicos de la fiscalía.

El doctor Eduardo Polanco se sentía incómodo. Si aquello era un proceso estrictamente científico, no entendía qué hacían todos esos abogados alegando y entrometiéndose. Reverte se mostró conciliador. "La base de todo esto es la tomografía que se ha hecho. Ahí se ven las mordeduras con una precisión matemática. Si queréis, podemos aislar y limpiar las partes del cráneo donde están las lesiones. Va a ser muy laborioso, pero yo me pliego al sentir de la mayoría. Respeto vuestro criterio y me gustaría servir a todos." Ante el silencio general, el viejo profesor se dirigió a los demás peritos: "Bueno, pues a trabajar, que para eso sois jóvenes".

Provistos de bisturís y escalpelos, Suntecún y Meneses, forenses de la fiscalía, y Guerra e Iraheta, por la ODHA, se turnaban para limpiar el cráneo bajo la supervisión de Reverte, que daba indicaciones mientras exclamaba: "¡Estos muchachos son extraordinarios!" Algo, sin embargo, le borró el buen humor. Sucedió cuando todos estaban observando el cuero cabelludo del obispo, que ya había sido diseccionado. En ese momento Reverte vio a Iraheta raspando las lesiones del cráneo con un bisturí. "¡No, no, no! ¡Ahí no sigan más porque lo van a echar todo a perder! ¡Están destruyendo la evidencia!" Un silencio incómodo se hizo en la sala. "Así no se puede trabajar", musitó Reverte. El fiscal Ardón pidió a sus peritos que no se despegaran del cadáver.

El doctor Polanco analizó el cuero cabelludo: las perforaciones se veían perfectamente. Mientras el doctor Suntecún hacía algunas mediciones, Sperber y Bux se acercaron por primera vez, acompañados de su intérprete. Sperber masticaba chicle con fruición. "¿Qué hay ahí?", preguntó. Suntecún le contestó en inglés que se trataba de las incisiones de la arcada superior del perro. El estadunidense le interrumpió: "*That's nonsense*" ["Eso es una tontería"] y en un precario español añadió: "Nou maaarrcas de diente", frase que acompañó con un taxativo gesto de las manos, como diciendo "se acabó". Eran las 13:30 horas, el peritaje, que iba a durar dos días, no había hecho más que comenzar, pero Sperber ya tenía un diagnóstico definitivo e irreversible. El abogado José Toledo celebró el precoz veredicto: "¡hay que cambiar la teoría! ¡Descartadas las mordidas!"

Reverte, mientras tanto, seguía trabajando. Había limpiado las manos del obispo y medía sus heridas. Alguien le distrajo para que explicara a los estadunidenses las marcas halladas en el cuero cabelludo. "Aquí hay una lesión clara de perro. Estos orificios corresponden a los colmillos superiores", señalaba Reverte. "*¿Dounde infirior?*", preguntó Sperber. "Uno de los colmillos inferiores está aquí, es esta perforación en el pabellón auricular izquierdo. Al flexionarlo se aprecian las huellas de los dientes de la arcada inferior. La abrasión se veía muy bien en la primera autopsia. La región mastoidea sirvió de punto de apoyo de la mandíbula inferior, pero no hubo un apoyo completo." Sperber interrumpió las prolijas explicaciones, que el intérprete traducía. "¿Está diciendo que el perro abrió tanto la boca?" Sperber hizo un gesto despectivo y Suntecún reventó: "mire pues, no vamos a discutir. Ellos no han visto las fotografías del cadáver, ni la tomografía, no han leído siquiera el protocolo de necropsia y llegan aquí a que les expliquemos ¡y a descalificar!" "No se preocupe", le tranquilizó Reverte. "No hay peor ciego que el que no quiere ver. Nosotros mañana seguiremos trabajando."

La batalla no había hecho más que comenzar. Esa misma tarde, concluida la primera fase de la diligencia, los abogados de la ODHA y Mario Guerra corrieron a anunciar a la prensa que no había mordeduras. "No hay ningún rastro, yo tenía razón", proclamaba el jefe del servicio forense, secundado por Ochaeta. "Sólo Reverte sostiene lo contrario." A la mañana siguiente todos los diarios retomaban su versión: "No hallan mordidas", "Fiscalía sufre revés".

Al comenzar la segunda jornada de trabajo, el juez advirtió a los abogados de la ODHA que habían violado el secreto del sumario. "Y además, faltando a la verdad", protestó Reverte.

Esa mañana, los peritos acudieron a la veterinaria para obtener los moldes de la dentadura del sufrido Balou. Tres hombres lo sujetaban y le mantenían abierta la boca con unas cintas. El doctor Polanco aprovechó para tomarle medidas: había 12 centímetros de apertura entre el maxilar superior y el inferior.

De vuelta en la morgue, Reverte siguió limpiando las manos del obispo, lenta y meticulosamente, y el doctor Polanco se dedicó a cotejar el molde de Balou con las lesiones del cuero cabelludo y del cráneo. Mientras, en una esquina de la sala el doctor Sperber ofrecía una entrevista videograbada a Jack Palladino, explicando que no había mordeduras. Cuando terminó, la fiscalía le mostró las fotos del cadáver, para que explicara cuál era, según su criterio, el origen de las lesiones. Sperber observó la instantánea del arañazo en el cuello del obispo. "Nou perrou", dijo, porque las cuatro estrías no eran simétricas. Marco Aurelio Pineda, jefe del equipo de investigadores del ministerio público, y odontólogo como Sperber, no pudo contenerse: "¿Cómo van a ser simétricas, si el cuello no es una superficie lisa, hace pliegues, y más en el caso del obispo, que era un hombre mayor?" "Es posible, pero me dijeron que le robaron una cadena, eso pudo ser." "En ese caso, habría dejado una marca horizontal alrededor del cuello, y no cuatro estrías verticales en un solo lado." "Pues un cuchillo." "Un cuchillo hubiera producidos cortes, y no rasguños superficiales y paralelos."

Sperber decidió cambiar de tema y, con ayuda del traductor, comenzó a alardear de su vasta experiencia en mordeduras de tiburón, de puma y de perro. En el cuerpo del obispo, dijo, no había esos rastros. "Es imposible. Punto." Las lesiones de la mano y del cráneo, explicó, se hicieron "con un objeto pesado y denso. Probablemente la piedra que vimos". Ardón le entregó la piedra. "Sí, esto fue", asintió Sperber, mientras, ante la mirada irónica de los peritos de la fiscalía, le daba vueltas al trozo de cemento buscando las aristas que podían haber causado las lesiones en forma de herradura. *"One, two, three, one, two, three... Bueno, no digo que fue esta piedra."*

Palladino intervino como un rayo en auxilio de Sperber. El detective era un hombre corpulento y medio calvo, con una barba negra perfectamente delineada alrededor de sus carnosas mejillas. Interrumpió con voz estentórea y puso punto final a la conversación. "El doctor tiene... ¿cuánta experiencia tiene, doctor?" "Treinta y cuatro años." "¡Treinta y cuatro años de experiencia en mordeduras, no en piedras!" Después tomó el trozo de cemento y, en tono lento y sobreactuado, como si se dirigiera a una auditorio de deficientes mentales, dijo: "Esto *no* es un perro. Esto *es* una piedra, je je je... Lo que él está diciendo es que esas heridas no pueden ser una mordedura de perro, y que pudieron haber sido hechas con esta piedra, pero él *no* es especialista en piedras". Al doctor Pineda se lo llevaban los demonios. "¡Estos tipos, además de no estar acreditados, no quieren probar nada, ni escuchar. Sólo vienen a boicotear el trabajo y a tratarnos como idiotas!"

Mientras tanto, Reverte y los forenses diseccionaban y analizaban el dedo pulgar de la mano izquierda del obispo, que presentaba un profundo agujero. Era, según el profesor español, la huella más nítida de colmillo. Y lo iban a demostrar con un método muy simple. Una vez limpiado el dedo, colocarían parafina en la hendidura y obtendrían el molde exacto del instrumento que provocó la herida, que podría compararse con el canino de Balou. El procedimiento, que había sido consensuado por los peritos, ofrecería una prueba incontestable y fácil de ver para todo el mundo. No tuvieron tiempo para mucho. Los abogados de la ODHA, con el obispo Ríos Montt a la cabeza, organizaron un escándalo diciendo que estaban mutilando a un mártir de la iglesia. Reverte se dio por vencido: "Mire, así lo dejamos", le dijo a Ardón. "La tomografía es lo suficientemente clara."

La guerra estalló entre los forenses. Esa misma tarde, los expertos de ambas partes ofrecieron sendas conferencias de prensa. Los estadunidenses repetían que no había mordeduras. Obviando la evidencia, Bux aseguró que no había perforaciones de los colmillos en el cuero cabelludo y el cráneo de la víctima. Y omitiendo todas las explicaciones que había recibido, Sperber dijo que las heridas en el cráneo sí parecían corresponder a la arcada superior de un perro, pero que la mandíbula inferior "no estaba por ningún lado". Las lesiones, concluyó, fueron hechas por "un instrumento contundente". Gracias a su perspicacia, Sperber había encontrado la raíz del problema: todo se reducía a que las fotografías analizadas por los expertos de la Complutense "no tenían la escala adecuada".

El ministerio público no se quedó atrás. Rodeado de la plana mayor, Reverte explicó que el cuerpo presentaba dos clases de lesiones: mordeduras de perro y golpes mortales. El obispo había sido atacado por un perro, posiblemente estando sentado, y trató de cubrirse con las manos.

La arcada superior había dejado su marca en la región occipital y temporoparietal izquierda. La mandíbula inferior se había clavado en la oreja, en la región mastoides izquierda y en ambas manos. Los moldes de Balou coincidían perfectamente con las heridas. Las mordeduras no eran mortales. Pero después vino "un ataque brutal, despiadado, cargado de odio", con un objeto contundente y romo. Una piedra no pudo ser, explicaba, porque hubiera cortado la piel del rostro, que estaba limpia. Reverte creía que las fracturas de la cara se habían hecho a pisotones. De hecho, una pequeña excoriación en la barbilla presentaba un dibujo similar a la huella de los tenis marca Nike que había junto al cadáver. A partir del hundimiento de los huesos, el forense español calculaba que el asesino pesaba unos 65 o 70 kilos. El ataque debió de producirse cuando el obispo estaba tendido en el suelo: al impactar con el piso, los golpes adquieren el doble de fuerza, lo que explicaría el destrozo del cráneo. Las lesiones provocaron hemorragias internas y parte de la sangre penetró en la tráquea. La asfixia se unió al gran traumatismo craneal que le causó la muerte. "Fue un ensañamiento feroz", dijo. "El asesino no es un profesional del crimen: es un salvaje, un chambón."

Cuando lo enfrentaron a las declaraciones de Sperber, que lo acusaba de no ser experto en mordidas, Reverte se revolvió: "Cuando le dije que había una fractura intradiploica, él no sabía ni lo que era, el muy bárbaro. Ese hallazgo demuestra que hubo una presión por la mordida, que rompió el hueso del cráneo en la parte del diploe y también en la parte interior. Si las fracturas se hubieran hecho con un objeto contundente, como él dice, se observaría una raja horizontal o vertical, pero no cuatro puntos. Es mordida de perro aquí y en Pekín".

Lanzado y locuaz, el forense pasó del riguroso análisis científico a su interpretación de los hechos, revelando en el camino, ante el horrorizado fiscal general, algunos elementos de la investigación, como el hallazgo, en el dormitorio del padre Orantes, de un folleto con instrucciones en alemán para Balou, que incluía las órdenes de ataque. Emocionado, mencionó a Agatha Christie y, sin reparar en que pisaba un terreno resbaladizo, lanzó su conclusión: "El individuo o individua que le pateó la cara odiaba profundamente al obispo. Lo han querido hacer parecer como un crimen político. Mentira. Esto es un crimen doméstico. Creo que lo mataron porque sabía demasiado".

Era el colofón que necesitaba para que la ODHA se le echara encima. La ofensiva contra el anciano profesor superó todas las expectativas. Ronalth Ochaeta proclamó que Reverte había querido decapitar a Gerardi y que, no contento con ello, le había robado un dedo para "llevárselo de recuerdo a España". Su colega Mynor Melgar añadió que durante la autop- se comportaba como "una persona insana mentalmente", y amen no debía tomarse en cuenta.

El cuadro truculento que pintaron de Reverte, haciéndolo aparecer como un demente incontrolado, tuvo un impacto rotundo en los medios de comunicación. Los columnistas, incluso los más serios, compraron con los ojos cerrados la versión de la ODHA y arremetieron contra el médico, llamándole farsante, mentiroso, charlatán y profanador. Lectores iracundos recordaban la Conquista y todos los sectores pedían la liberación del sacerdote que, según su madre, estaba "muy afectado" por la exhumación, "pues deseaba que su amigo Gerardi descansara en paz".

En medio de la turbulencia, monseñor Ríos Montt y un abogado de la ODHA se reunieron discretamente con los doctores Ernesto Mena y Rodolfo Cáceres. Querían saber qué mostraba la famosa tomografía. ¿Podían los radiólogos afirmar que había mordidas? Los médicos les explicaron que podría tratarse de mordeduras porque era "demasiada casualidad" que todas las fracturas de la cara fueran de un tipo (coincidían con Reverte en que se habían hecho con un objeto liso, quizás un zapato) y que justo esas dos del cráneo presentaran las características de un objeto punzante y corto. "¿Y no pudieron haber sido hechas con un picahielos?", preguntaron. No, respondió Cáceres, porque el golpe hubiera alcanzado el cerebro. En este caso, se trataba de un objeto pequeño, compatible con un diente. La tomografía mostraba, además, una lesión muy atípica en la pirámide petrosa, situada debajo de la oreja izquierda: este hueso estaba atravesado por un agujero que iba de abajo hacia arriba, ahí donde Reverte decía que se había clavado uno de los colmillos inferiores.

Los visitantes plantearon a los radiólogos el argumento de Sperber sobre la imposibilidad de que el perro hubiera abierto tanto la boca. Sperber estaba equivocado. La tomografía indicaba que el tamaño de la herida ocupaba un área menor a los 10 centímetros, lo cual correspondía con las dimensiones del hocico de Balou, que medía 12 centímetros. "Pero nuestros expertos dijeron que no había agujeros en el cuero cabelludo." "Pues es sorprendente, porque sí los hay. La piel siempre se contrae, y probablemente no prestaron suficiente atención."

A pesar de las observaciones de los radiólogos, la ODHA publicó un comunicado en el que acusaba al doctor Reverte y a sus colegas de "pisotear el rigor de la ciencia". "Lamentamos que la exhumación se haya convertido en un arma de manipulación", decían. Y tras proclamar su "disposición inclaudicable de buscar la verdad y la justicia sin importar quién o quiénes resulten responsables", aseguraban que detrás del asesinato de Gerardi "no había mordida de perro alguno", sino una trama política de "los poderes ocultos".

❖ ❖ ❖

Cinco días después de la exhumación, el doctor Eduardo Polanco, perito de la defensa del padre Orantes y el único que había respetado el secreto del sumario, presentó su informe. "¿Y qué tenemos?", preguntó el juez. "Hay mordidas". Figueroa lo miró con gesto de sorpresa. "Me interesa la verdad, sin importar quién me contrata", comentó el dentista. "Pues lo felicito por su objetividad."

Polanco explicaba en su informe que los modelos dentales tomados a Balou coincidían con "las lesiones en tejidos suaves" encontradas en el cráneo y la mano derecha del obispo. Por la forma y la simetría de las heridas, el odontólogo descartaba el uso de algún objeto punzocortante y excluía también, de forma tajante, la piedra hallada en la escena del crimen: ni los ángulos ni la forma se correspondían con las heridas; además, los golpes con un trozo de concreto hubieran producido fracturas en todos los huesos de las regiones afectadas, lo que no era el caso.

Los doctores Meneses y Suntecún se pronunciaban en el mismo sentido que el odontólogo y añadían que las cuatro marcas en la región occipital del cráneo del obispo coincidían al milímetro con las arcadas de Balou: las dos heridas superiores estaban separadas por cinco centímetros, igual que los caninos superiores del perro. Entre los dos agujeros inferiores había 4.8 centímetros, exactamente la distancia que separaba los dos colmillos inferiores. Suntecún acompañó su informe con dibujos de las lesiones e indicó que las heridas en el cuello de Gerardi eran características de las garras de un perro, y en modo alguno se correspondían con un arañazo humano. Y no dejó de mencionar la interferencia de las "autoridades de la iglesia" en la evaluación científica.

Los doctores Guerra e Iraheta despacharon sus respectivos informes en tres páginas prácticamente idénticas. Los dos decían que las únicas lesiones del obispo habían sido producidas por un "objeto contundente sólido con superficies irregulares", es decir, una piedra. Iraheta ni siquiera se había tomado la molestia de cotejar los moldes de los dientes de Balou con las heridas, ya que "se trataba de dos cosas totalmente incompatibles y distintas, que no se pueden comparar".

❖ ❖ ❖

Han pasado cuatro años desde aquel episodio de la exhumación. El doctor Polanco no había vuelto a hablar del asunto. La experiencia le dejó un sabor amargo. Saca la dentadura de Balou, que aún conserva. "Los moldes encajaban con las lesiones. En especial, esta distancia entre el canino y el incisivo anterior coincidía con las heridas de forma clara y exacta. Balou era un perro adulto, con las cúspides de los dientes desgastadas por la edad. En total, conté tres mordidas. Monseñor estaba vivo cuando fue atacado por el perro y trató de cubrirse con las manos. Si hubiera sido un cuchillo, o un objeto puntiagudo, la cicatrización hubiera sido distinta: los caninos dejan una herida de forma cuadrada, que cicatriza por segunda intención. Los de la ODHA me insistían en la posibilidad de una manopla: pues si existen manoplas con forma de arcada de perro, entonces sí."

La víspera de la exhumación, los representantes de la ODHA le habían citado en su oficina para organizar un frente común. Polanco no quiso ir: él sabía lo que tenía que hacer y no estaba dispuesto a recibir instrucciones ni sugerencias de nadie. Por eso, la actuación de Sperber y Bux le sorprendió desagradablemente. "La actitud de los gringos me extrañó desde un principio. 'No hay mordidas, yo tengo experiencia, aquí no se ve nada', decían... ¡Ya desde el inicio, sin analizar siquiera las heridas! Eso me provocó mucha desconfianza: si usted va a investigar, tiene que esperar el desarrollo de todas las pruebas; y después, al final, defender su diagnóstico. Pero si habla y habla y no da a las pruebas científicas el peso que les corresponde, entonces no está siendo honesto. ¡Ni siquiera probaron los moldes que le habían tomado al perro! Ellos venían con un objetivo claro: negar que había mordidas, y les daba igual todo lo que se estaba evidenciando ahí. Eso para mí los desautorizó."

Al disgusto generado por la actitud de sus colegas estadunidenses se unía la conmoción que le produjo el estudio del cadáver del obispo. El doctor Polanco sintió un escalofrío cuando vio en la tomografía que las prótesis dentales que le había colocado a Gerardi diez años antes estaban alojadas en su garganta, a consecuencia de los golpes. Pensó en fuertes patadas en el rostro del prelado. ¡Qué destrucción tan tremenda! ¿Cómo podían estar jugando a hacer política con aquella desgracia? "Reverte era mucho más experto y científico que los americanos, definitivamente. Yo, en teoría, tenía que estar en contra de él... Pero lo primero es la ciencia y la verdad. En nombre de monseñor Gerardi, yo tenía que actuar apegado a las evidencias científicas. Hice una labor profesional, no un trabajo político. Mi informe es una verdad que yo vi. ¿Que no le favoreció a mis clientes? No es mi problema. Yo fui claro desde el principio."

❖   ❖   ❖

Ajeno a la polvareda que había levantado, Balou seguía bajo "arresto". El ministerio público lo había trasladado a la veterinaria San Francisco de Asís, donde Orantes lo había llevado siempre. La salud del animal se había deteriorado mucho, al punto de que movía con dificultad las patas posteriores. Ese era uno de los argumentos empleados por la defensa: que un perro viejo y casi paralítico nunca podría haber atacado al obispo.

El sacerdote insistía en la mansedumbre de su animal, lo que era desmentido por los habitantes de la casa parroquial y por los vecinos del barrio: viejo sería, decían, pero era un "perro bravo" y nadie se acercaba a él. Cuando lo sacaba de su dormitorio para llevarlo a pasear, Orantes alertaba a la gente para que se retirara y no hubiera incidentes. El único que no le tenía miedo era Gerardi. "Un perro entrenado, y más un pastor

93

alemán, obedece una orden aunque se esté muriendo", asegura un experto. "En caso de percibir a su amo en peligro, el perro muerde a quien sea, incluso a las personas que conoce."

El repentino deterioro de Balou despertó las suspicacias de los investigadores. El perro padecía desde hacía tiempo espondilitis anquilosante, una enfermedad degenerativa frecuente en los pastores alemanes, pero hasta la detención del sacerdote era un animal sano y vital, no renqueaba ni arrastraba las patas. Ahora casi no podía caminar. La fiscalía incautó el historial médico: sospechaban que al perro lo estaban "enfermando", quizás inyectándole un relajante muscular o un neurodepresor.

❖ ❖ ❖

Cobijados en la credibilidad de la iglesia, los abogados de la ODHA desataron una virulenta campaña en los medios de comunicación para descalificar la prueba científica. Editoriales, cartas y columnas exigiendo la libertad de Orantes saturaban los diarios. Los alumnos de colegios católicos enviaban dibujos y poemas al sacerdote, mientras doña Martita, su madre, organizaba una masiva recogida de firmas en las parroquias. Los templos se llenaron de volantes que insistían en su inocencia, y en las homilías se rezaba por él. La solidaridad se extendió también a su mascota: unas pegatinas con la leyenda "Liberen a Balou" empezaron a decorar los vidrios de los automóviles.

Otto Ardón pensaba que un día lo iban a apedrear en plena calle. La ofensiva del arzobispado había generado un clima de linchamiento que afectaba también a sus colaboradores. Nubia Serrano, la asesora de Naciones unidas, se había retirado del caso "por salud mental", cansada de las presiones y de la actuación de algunos de sus colegas internacionales que, a su juicio, se estaban extralimitando en sus tareas e interfiriendo en la investigación, en connivencia con la ODHA. El otro asesor de Minugua, Pablo Cuello, a quien los abogados del arzobispado acusaban de ser el "cerebro de la perversa investigación", tampoco tardaría en abandonar el caso, tras una campaña de acoso.

El enfrentamiento era cada vez más agrio. Durante una audiencia judicial, y después de que el fiscal describiera la forma en que fue asesinado el obispo, Ronalth Ochaeta había apostillado, con tono irónico: "hay que buscar un arma que deje heridas como de mordidas. El tacón de Ardón". El fiscal se revolvió: "no, el tuyo. Qué ganas tengo de meter mano a la ODHA y de investigarte. Eres clavado al retrato robot, pero no das la talla. Ustedes sí tenían motivos".

Un día de septiembre, el fiscal general pidió a Ardón que lo acompañara para hacerle una presentación a Álvaro Arzú, que estaba preocupado por el cariz que estaba tomando el caso. Un poco intimidado, Ardón explicó al presidente su teoría. Creía que se trataba de un crimen común e imprevisto, ya que un asesino a sueldo nunca hubiera acudido desarmado ni hubiera escogido un escenario tan arriesgado, con varias personas alrededor, sabiendo que el obispo hacía sus caminatas diarias por parajes solitarios y siempre a la misma hora.

Su hipótesis era que Gerardi llegó a la casa y encontró a gente que él conocía. Por algún motivo, se enzarzaron en una acalorada discusión y el obispo fue atacado y asesinado a patadas y pisotones junto a su vehículo. El sacerdote había participado en el crimen, como lo demostraban las mordeduras del perro, que sólo obedecía a las órdenes en alemán dadas por Orantes. Quizás la gran cantidad de golpes en la cabeza y la presencia de la piedra tuvieran como fin disimular unas marcas tan comprometedoras. La cocinera no soltaba prenda. El sacerdote la tenía dominada.

La tardanza de casi tres horas en dar aviso a la policía se explicaba porque el vicepárroco y sus cómplices habían preparado la escena con una meticulosidad que el fiscal no podía dejar de relacionar con el carácter obsesivo y perfeccionista de Orantes. Todo era un gran teatro para fingir que un mendigo había entrado y había atacado al obispo con una piedra. Para ello habían colocado falsas pistas, como el sudadero y el trozo de cemento. El procesamiento de Orantes, concluyó el fiscal, no agotaba la investigación: había más personas involucradas, pero el sacerdote era la llave para llegar a ellas.

Al terminar la exposición, Arzú estaba pensativo. "Lo felicito. Jurídicamente estamos ganando el caso, pero políticamente lo estamos perdiendo. ¿Qué podemos hacer?" "Si fuera político, no sería fiscal. No le puedo responder." Al salir del despacho, Ardón se sintió invadido por un vago desasosiego.

El 21 de octubre, un día antes de que venciera el plazo de la investigación, el fiscal presentó la acusación formal contra el sacerdote Mario Orantes por el delito de asesinato y solicitó la apertura a juicio. ¿Cuál era el móvil de un crimen tan atroz? Ardón no lo apuntaba. Sin embargo, algunos elementos que estaba investigando, y que prefería mantener en reserva, empezaban a esbozar una pista inquietante que conducía a Ana Lucía Escobar, la sobrina de monseñor Efraín Hernández, y a la banda Valle del Sol, una peligrosa organización dedicada, entre otras actividades, al robo y tráfico de arte religioso. Varios testimonios, recogidos en las semanas previas, aseguraban que Ana Lucía era en realidad hija del religioso, y que ella y su novio, Luis Carlos García Pontaza, cabecilla de la banda, tenían que ver en el asesinato del obispo. La prensa, incluso, había comenzado a airear los antecedentes de la joven y su inusitada presencia en la casa parroquial antes de la llegada de las autoridades.

Ardón estaba angustiado. Si ya la detención del sacerdote Orantes lo había puesto en una situación límite, no podía ni imaginarse lo que sería acercarse a un jerarca de la iglesia. La sola idea de verse registrando la parroquia del Calvario, donde vivía Efraín Hernández, le helaba la sangre. No podía seguir adelante. Seis meses de vapuleo continuo en la prensa lo habían hundido anímicamente. Era imposible luchar contra la maquinaria de la ODHA. ¡Cuántas veces había deseado estar equivocado y que le hubieran dicho que no había mordeduras! Pero los indicios ahí estaban, y él estaba convencido de que había tomado la dirección correcta. Al final, lo habían ridiculizado y le habían destruido su carrera. ¿Por qué diablos no había apagado su celular esa noche del 26 de abril?

Cuando presentó su renuncia en noviembre de 1998, Ardón estaba sumido en una fuerte depresión. Rechazó la propuesta de incorporarse al equipo de fiscales especiales y pidió una baja por unos meses. Ya no volvería al ministerio público. Encontró un precario trabajo como abogado en la defensoría pública. Varios años después, el recuerdo de aquellos seis meses le seguía arrancando lágrimas.

❖ ❖ ❖

El juez Isaías Figueroa no tardó en seguir los pasos de Ardón. En cuanto el ministerio público acusó formalmente de asesinato a Mario Orantes, la defensa del sacerdote recusó a Figueroa, medida secundada por la ODHA. "El juez a actuado (*sic*) parcializadamente y carante (*sic*) de objetividad", argumentaba en su escrito Mynor Melgar. El objetivo era sacar al juez de la jugada e impedir que ordenara la apertura de juicio contra el sacerdote, algo que parecía inevitable después de los informes de la exhumación.

La ofensiva de la ODHA coronaba la avalancha de presiones que había caído sobre Figueroa. Desde que, en el mes de julio, ordenara el encarcelamiento de Orantes, su despacho se había convertido en centro de peregrinación de todo tipo de gente que intercedía por el sacerdote: desde su familia hasta el procurador de derechos humanos, pasando por unos abogados daneses de casi dos metros ("raza mejorada", ironizaba el juez), varios curas y el propio arzobispo Penados, que le pidió que sobreseyera el caso. Esta vez, sin embargo, la ODHA había pasado a la ofensa personal. Figueroa ganó en los tribunales. La corte de apelaciones desestimó la recusación y confirmó el auto de procesamiento dictado contra Orantes. Pese a ello, el juez se retiró del proceso. "Sé que era lo que ellos buscaban, pero no había otra salida. Si abría juicio penal contra el sacerdote, dirían que era por represalia por la recusación. Y si lo clausuraba, dirían que me había atemorizado. El único camino era demostrar que yo no tenía ningún interés específico, y por eso me excusé."

❖ ❖ ❖

El 22 de enero de 1999 el cuerpo diplomático acudió al Palacio nacional para el tradicional brindis de año nuevo con el presidente Álvaro Arzú.

El nuncio apostólico, el español Ramiro Moliner, fue el encargado de leer el saludo oficial. Pero lejos de expresar los consabidos parabienes, el representante del Vaticano instó al gobierno a "acelerar las investigaciones" del caso Gerardi "sin dejar de explorar ninguna pista" y exigió, de manera solapada, la liberación del sacerdote Mario Orantes: "sería mucho más grave acusar y condenar a un inocente que dejar en libertad a un culpable".

Dos representantes europeos se acercaron de inmediato al canciller, Eduardo Stein: "ese texto no ha sido sometido a consulta, ni mucho menos consensuado, y desde luego no refleja el sentir del cuerpo diplomático". El malestar de los embajadores con el nuncio quedó patente en las cartas y comentarios que llegaron a la Cancillería. Stein recibió también la llamada de Moliner: "me parece que he metido la pata". "Pues me temo que sí." El legado pontificio se excusó por su condición de recién llegado.

La jerarquía eclesiástica se había movilizado en todos los frentes para lograr la excarcelación de Orantes y monseñor Moliner no dejaba de mostrar su arrebatada solidaridad con el sacerdote, cuyos padres no faltaban a las recepciones de la nunciatura. No todos los obispos estaban convencidos de la inocencia del religioso, pero tampoco concebían que su participación en el crimen fuera más allá del encubrimiento. En cualquier caso, la postura de la Conferencia episcopal era clara: el asesinato de Gerardi era un "golpe premeditado contra la iglesia" y el padre Orantes era "un chivo expiatorio".

La beligerancia de los prelados preocupaba a los asesores de Álvaro Arzú. Víctor Hugo Martínez, presidente de la Conferencia episcopal, y Mario Ríos Montt, sucesor de Gerardi al frente de la ODHA, habían llegado a acusar al gobierno de formar parte de las "fuerzas tenebrosas" que habían lanzado una "campaña de desprestigio" contra la iglesia católica. Ríos Montt decía, incluso, que la "persecución" contra el clero era peor que en los años ochenta, en lo que parecía una interpretación interesada de la historia, quizá porque su hermano, el general golpista Efraín Ríos Montt, había gobernado en aquellos años de feroz represión.

Para los asesores de Arzú, esa actitud de confrontación iba más allá del disgusto causado por el caso Gerardi y parecía responder a una estrategia diseñada para exacerbar las diferencias con la cúpula eclesial en el momento en que se preparaba la pospuesta visita del presidente a la Santa Sede. Mostrar al gobierno como un perseguidor de la iglesia en un año electoral tenía, además, una carga política inocultable, que golpeaba de lleno al partido oficial, favorito en las encuestas.

¿Qué estaba pasando dentro de la Conferencia episcopal? Incluso los mejores conocedores de las interioridades del clero, como el canciller Eduardo Stein, estaban desconcertados. Los asesores de Arzú recibían señales contradictorias y no sabían cómo franquear el muro de acritud que se interponía en las relaciones institucionales con los obispos. "Era una ciénaga en la que nadábamos sin mascarilla", recuerda Stein. En ese contexto, la posibilidad de que algún grupo pudiera estar usando a la Conferencia episcopal para librar sus propias batallas contra el gobierno resultaba mucho más inquietante.

Por eso el canciller decidió visitar al nuncio. Quería un encuentro privado, sin la rigidez protocolaria. Monseñor Moliner, un hombre con fama de intransigente, era todo oídos. Stein reiteró el empeño del presidente Arzú en llegar al fondo del caso, insistió en que no había ningún afán persecutorio contra la iglesia, con la que la mayoría de los miembros del gabinete mantenían lazos estrechos, y expresó su perplejidad ante las acusaciones lanzadas por dos obispos. ¿Qué elementos tenían para asegurar que el gobierno encabezaba una campaña de desprestigio contra el clero? ¿Compartía la Conferencia episcopal esas declaraciones? El nuncio evadió las preguntas, pero sí contestó, en cambio, a otra de las inquietudes del canciller: "¿qué podemos hacer para restablecer la confianza mutua y terminar con esta confrontación estéril?" "Esperaríamos un gesto de buena voluntad…" Ante la insistencia de Stein, Moliner fue más concreto: "pues, por ejemplo, la liberación del padre Orantes". "Pero, monseñor, eso no está en nuestras manos, hay un proceso judicial en marcha." "Sí, sí, pero si el presidente quiere, puede presionar, porque aquí la justicia así funciona."

La reacción de Arzú fue furibunda: "¡Ese señor está loco! ¿Cómo vamos a meter las manos en el aparato de justicia, y encima ahora, con todos los reflectores sobre nosotros?" Lo que contó a continuación su canciller le enmudeció. "El nuncio me dijo que tu hermano Tono fue a proponerle a monseñor Ríos Montt y a monseñor Efraín Hernández que si la ODHA dejaba de joder al ejército, el gobierno soltaría al padre Orantes. No sé si le has pedido esto a tu hermano, pero el asunto es muy delicado y dudo que el nuncio se lo haya inventado." "Yo no le he pedido nada a Tono. Voy a llamarle". Instantes después, Stein tenía al otro lado de la línea al hermano del presidente, hecho una pantera. "¡De ninguna manera ocurrió así: ellos me buscaron y ellos me pidieron un arreglo! ¡Dile al nuncio que estoy dispuesto a sostener un careo con esos dos!" Monseñor Moliner rechazó la propuesta: "yo no puedo dejar de creer en la palabra de nadie".

Gobierno e iglesia chocaban de nuevo, esta vez a causa de una de las maniobras insuperables del canciller de la curia, Efraín Hernández, que daría muestras, una vez más, de su maestría en el juego del enredo. A finales de 1998, monseñor Hernández había convocado a su despacho del arzobispado al sacerdote Danilo Sanchinelli:

—Mire, padre, estoy muy preocupado con todo lo que está sucediendo con el caso Gerardi. Mi imagen se está deteriorando severamente, y también la de la iglesia. Necesito urgentemente un contacto lo más arriba posible, con el presidente o con algún miembro de su familia, pero lo más alto posible. Tengo entendido que usted es amigo de los Arzú y quizá pueda ayudarme.

—Así es, soy amigo de don José Antonio, el hermano del presidente, lo puedo llamar con mucho gusto.

—Le agradecería que lo hiciera cuanto antes, hoy mismo si es posible.

Sanchinelli llamó a Tono y, dada la premura del canciller de la curia, el hermano del presidente accedió a recibirlo al siguiente día, a las 10 de la mañana. En cuanto tuvo confirmado el encuentro, Efraín Hernández llamó a Mario Ríos Montt. "El hermano del presidente quiere hablarnos. Me acaba de avisar el padre Sanchinelli. Es importante: está muy preocupado por la situación de Mario Orantes y quiere que vayamos mañana mismo para ver si resolvemos el caso." Al día siguiente Sanchinelli pasó a buscar al canciller. "Si no es molestia, padre, vamos a recoger antes a monseñor Ríos, que también quiere asistir a la reunión". Un tanto sorprendido, el sacerdote hizo escala en San Sebastián y condujo después a los dos monseñores a su cita. Tono Arzú era un próspero empresario muy ligado a la iglesia y, como su hermano, tenía un trato muy directo. Recibió a los obispos en su oficina del Radisson, un hotel de su propiedad ubicado en el corazón de la "zona viva". Los invitó a sentarse en el sofá mientras Sanchinelli, discreto, esperaba fuera.

Los dos prelados, contaba el empresario, se presentaron muy afligidos por Mario Orantes y por el daño que esa situación estaba causando a la imagen de la iglesia. Tras apelar a su condición de católico, llegó la petición concreta: que intercediera ante el presidente para lograr la libertad del sacerdote. "Lo veo difícil, porque el asunto está ya en los tribunales. En todo caso, el comentario general es que el padre Orantes sí sabe lo que pasó. Ustedes son sus obispos, deberían obligarlo a que colabore." "Lo hemos intentado, hemos hablado con él varias veces, pero se niega a decir una sola palabra." "Pues mi hermano no puede meterse ahí. Y como católico, tengo que decirles que me da vergüenza que la ODHA esté representando a la iglesia, y que usted esté encabezando a esos pícaros, que utilizan este terrible suceso para sacar provecho político y atacar al gobierno y al ejército, mientras el padre Orantes se queda callado. ¿Cómo van a esperar que mi hermano lo apoye? El único que puede ayudarse es él mismo: que cuente lo que sabe y que no permita que se culpe a inocentes." Efraín Hernández, diría Tono Arzú, no abrió la boca en la reunión, que no duró más de quince minutos. "Yo nunca me imaginé que fueran a tergiversarlo todo."

Eduardo Stein, formado con los jesuitas y ex seminarista, no podía evitar asombrarse ante "toda esa capacidad de intriga" de algunos clérigos. Después de su infructuosa aproximación al nuncio, Stein decidió aprovechar un viaje a Roma, en el contexto de los preparativos de la visita presidencial, para transmitir a la Santa Sede el disgusto oficial por "ciertos comportamientos y declaraciones" de algunos miembros de la iglesia en Guatemala, que no sólo intentaban interferir en el proceso judicial del caso Gerardi, sino dañar la imagen del gobierno con acusaciones de persecución anticlerical que no tenían el más mínimo fundamento. El cardenal Angelo Sodano, secretario de estado, y monseñor Giovanni Battista Re, presidente de la Comisión pontificia para América Latina, escucharon con atención sus explicaciones.

El 1° de febrero de 1999, Efraín Hernández presentó su renuncia al cargo de canciller de la curia. Fue una salida discreta, que justificó por el cansancio que sentía después de estar 15 años en el puesto. Simultáneamente, la jerarquía guatemalteca atemperó sus pronunciamientos de respaldo al sacerdote Orantes. De todas formas, el vicepárroco de San Sebastián no tardaría en recuperar su ansiada libertad.

Capítulo 5

Cambio de rumbo

El fiscal Celvin Galindo era el extremo opuesto de Otto Ardón. Todo lo que Ardón tenía de bajito, desgarbado y fumador se trocaba en Galindo en apostura, elegancia y equilibrio. Se cuidaba, Galindo, y vestía ropa de marca. No en vano sus colegas le apodaban Figurita. Su voz grave y algo áspera envolvía unos ademanes deportivos, reminiscencia de sus años como jugador profesional de futbol en el Aurora, el equipo del ejército. Ese detalle no parecía preocupar a Mynor Melgar ni a Edgar Gutiérrez, los estrategas de la ODHA. De hecho, ambos se habían movido incansablemente para impulsar a Galindo como fiscal especial del caso Gerardi.

El fiscal general no tuvo inconveniente en nombrarlo. Pese a no tener una trayectoria amplia, Galindo era perspicaz y se movía con desenvoltura en los debates y ante los periodistas, que estaban encantados con el cambio: Celvin, como le llamaban, sí sabía cómo tratarlos.

En cuanto el nuevo fiscal asumió el caso, el 4 de enero de 1999, la investigación dio un giro radical. No había pasado un mes cuando su jefe, Adolfo González Rodas, en una iniciativa sorprendente, solicitó la excarcelación de Mario Orantes "por motivos humanitarios". El sacerdote, sugería el fiscal general, podría guardar prisión domiciliaria hasta que se celebrara la audiencia de apertura a juicio. La ley impedía cualquier medida sustitutiva para reos acusados de asesinato, pero en un ejercicio de acrobacia jurídica, González Rodas esgrimía la preeminencia de la Constitución, que garantizaba la presunción de inocencia.

Numerosos sectores interpretaron tan peregrina demanda como un indicio de que el ministerio público no tenía, en realidad, pruebas contra Orantes. "La petición de González Rodas estaba fuera de contexto legal y fuera de lógica, pero el documento era una joya", recuerda con ironía Henry Monroy, el juez que asumió el proceso tras la salida de Isaías Figueroa. Monroy rechazó el memorial y fijó la audiencia de apertura a juicio para el 16 de febrero: con las pruebas y los alegatos decidiría si el sacerdote debía o no enfrentar un proceso penal.

La víspera, el recuerdo de Orantes estuvo presente en todas las homilías dominicales: el vicario de la catedral, incluso, denunció en misa que las autoridades pretendían matarlo "de forma lenta y silenciosa". Ajeno a los hábitos gastronómicos del sacerdote, el prelado explicó a los feligreses la estrategia asesina: "El padre Mario siempre ha consumido vegetales y medicinas naturales, pero desde que está detenido, sólo le han dado químicos que le dañan".

Por entonces Orantes había logrado su propósito de ser recluido en una clínica privada, donde llevaba dos meses y medio con un cuadro médico que se iba aderezando con nuevos padecimientos. Como deferencia hacia el sacerdote, por "su grave estado de salud", el juez celebró la audiencia en el sanatorio.

Alumnos de colegios católicos con pancartas, fieles con cintas blancas, beatas rezando el rosario y monjas entonando rogativas tomaron el hospital desde tempranas horas del lunes. Instalado en la habitación del sacerdote, el juez escuchó a las partes: la defensa solicitó el sobreseimiento del caso. La ODHA insistió también en la inocencia de Orantes, pero sólo pidió la clausura provisional del proceso. Sin mucho ímpetu, el fiscal Galindo mantuvo la acusación que, recuerda el juez, fundamentó en unos análisis de ADN que revelaban que había varias fuentes de sangre en el dormitorio de Orantes. "El problema es que no presentó ni los análisis ni ningún documento de referencia." Monroy decidió dictar la clausura provisional: Orantes quedaba en libertad, pero seguiría vinculado al proceso. Una foto en la que el juez tomaba las manos del sacerdote inmortalizó el momento.

El júbilo era inenarrable. "Bendito sea Dios, que cambió los corazones humanos de maldad", proclamaba el presidente de la Conferencia episcopal, mientras el nuncio, alborozado, acudía a bendecir a Orantes e informaba al Papa de inmediato. "Termina el calvario de un inocente", titulaba El Periódico. Ronalth Ochaeta no quiso ser menos: ahí acababa, decía, "toda una infamia e ignominia, todo un montaje". Sus referencias al traidor Judas habían quedado en el olvido.

Mario Orantes recobró vertiginosamente la salud y cinco días después abandonó el hospital, en bata y pijama, rumbo a la casa de sus padres. "Voy a recuperar a mi gordo", decía risueño, en referencia a Balou, que aún seguía en la veterinaria. Y dando muestras de magnanimidad, añadió: "Que nuestro Señor perdone a Otto Ardón y tenga la fuerza necesaria para entrar en su corazón, para que se arrepienta". El arzobispado aconsejó al sacerdote que descansara una temporada.

❖ ❖ ❖

Celvin Galindo deseaba desmarcarse del trabajo de su antecesor y construir una línea de investigación propia. Sus expectativas se concentraban en los laboratorios del FBI, en Washington, donde se analizaban las piezas recabadas en la casa parroquial. El hallazgo más reciente procedía del dormitorio de Mario Orantes, y le había sido comunicado a Galindo días antes de la liberación del sacerdote. Las baldosas donde el luminol reveló una mancha de sangre habían llegado pulverizadas a Estados Unidos, pero en la alfombra del dormitorio los especialistas habían detectado la presencia de una mezcla de ADN. ¿Sería sangre del obispo y de los agresores? Orantes insistía en que nadie había estado en su cuarto. El fiscal estaba optimista. Los rastros encontrados en la alfombra podrían compararse con el ADN hallado en el garaje y con el de los futuros sospechosos.

Galindo estaba convencido de la implicación del sacerdote en el crimen, pero albergaba también serias sospechas sobre el papel de Ana Lucía Escobar y su novio, Luis Carlos García Pontaza. Es más, empezaba a acariciar la idea de la "teoría mixta": crimen político ejecutado por delincuentes comunes, y ahí encajaría el grupo de Escobar.

Los abogados de la ODHA no estaban dispuestos a que el nuevo fiscal husmeara alrededor de la familia del canciller de la curia. El encontronazo más notorio se produjo en la reconstrucción de hechos, ordenada por el juez para recrear los sucesos de la noche del 26 de abril. Para sorpresa de la fiscalía, los abogados del arzobispado habían omitido de la lista de testigos a monseñor Efraín Hernández, a Ana Lucía Escobar y a su primo Eddie. "No solicitamos su presencia porque, de ser así, también hubiese sido necesaria la participación de por lo menos 40 personas más", se justificó Mynor Melgar. ¿Por qué eludían la presencia de las tres personas que no sólo habían llegado primero a la escena del crimen, sino que además habían realizado llamadas telefónicas desde la casa parroquial? Galindo no podía disimular su enojo y él mismo citó a la familia Hernández Escobar.

❖ ❖ ❖

La reconstrucción se celebró la segunda semana de marzo de 1999, casi un año después del asesinato. La expectación era enorme. La casa parroquial fue acordonada. Comenzó un domingo, a la misma hora del crimen, y los actores empezaron a salir a escena arrastrando consigo todas sus contradicciones.

El juez Monroy llamó primero a los "señores indigentes". Rubén Chanax e Iván Aguilar llevaban un año olvidados, en custodia del ministerio público. Con un sudadero oscuro y el pelo recortado, Chanax ya no era el joven maloliente que se acercó a los investigadores esa noche del 26 de abril. Pero, como entonces, se mostró muy tranquilo y colaborador. Contó que abandonó la tienda de don Mike "tres minutos antes de las diez", hora en que terminaba la película *Congo*. ¿Cómo lo sabía con esa precisión? Porque era la escena en que tiran el diamante desde el globo y él ya conocía la película. Narró también su encuentro con el descamisado, que salió de la casa parroquial y se marchó calle abajo, para reaparecer "dos minutos" más tarde abotonándose una camisa blanca, bordear el parque y esfumarse.

Chanax introdujo nuevos cambios en su versión: cenó a eso de las diez y media, pero ya no estaba solo con Tulio, sino que había cinco indigentes más. A medianoche llegó un Toyota Tercel color corinto, con vidrios polarizados, pero ahora ya no era un joven el ocupante, sino una pareja, cuya descripción coincidía con Ana Lucía Escobar y su primo Eddie. Aseguró también, ante la sorpresa de todos, que él entró detrás de los bomberos para ver el cadáver. Sólo se puso nervioso cuando le preguntaron por qué fue a ver televisión a una tienda a la que nunca solía ir: "No sé... yo... así como le dije al primer fiscal, yo no le puedo explicar por qué".

El Chino Iván reiteró su versión anterior y entró en las mismas contradicciones con Chanax, entre ellas que el descamisado cruzó el parque, no lo bordeó, que se venía acomodando una camisa beige a cuadros y que su pelo no estaba bien recortado, sino alborotado y sucio.

Después fue el turno de Orantes. Llegó vestido con una cazadora azul, camisa con alzacuellos y una boina, y acompañado de Balou. Cuando los periodistas se le acercaron, el pastor alemán se les abalanzó, ladrando como loco. "¡A la gran...! ¿No decían que el chucho era inofensivo y estaba paralítico?", resopló un fotógrafo. Los reporteros se preguntaban, con ironía, qué milagro había ocurrido con el sacerdote y su mascota, que apenas veinte días antes estaban moribundos y ahora ambos reaparecían lozanos y lustrosos.

En su antiguo dormitorio, donde aún estaban sus muebles, Orantes insistió en que no oyó nada de lo que ocurría a 20 metros, porque estaba en la computadora al mismo tiempo que escuchaba música con los audífonos puestos. Además, encendió el aire acondicionado. Luego se acostó y prendió la televisión. Se quedó dormido a eso de las 22:15 horas. Media hora después se despertó y apagó el televisor con el control remoto. Volvió a dormirse hasta que, poco antes de la medianoche, lo despertó la luz del pasillo. Al salir a apagarla, vio otras luces afuera. El juez y los abogados siguieron al sacerdote al garaje, donde continuó su relato. "Aquí encontré un bulto, un cadáver. Estaba irreconocible, pero no quise yo tal vez creer que era él... Todo era un charco de sangre. La puerta del carro estaba entreabierta, así... me da no sé qué acordarme. Había un trozo de concreto de forma triangular y al fondo una indumentaria. El cadáver estaba con las manitas así y con esta parte destrozada. Era una masa informe."

Había algo de escalofriante en la narración de Orantes. Quizá, la discordancia entre su corpulencia y esa voz impostada, como de niño formalito. O quizá el contraste entre la sobrecarga de diminutivos, que destilaban una ternura empalagosa, y el regodeo en las descripciones macabras.

"Uno, señor juez, no está acostumbrado a encontrar cadáveres todos los días en su casa, ¿verdad?, y me imaginé que un indigente entró y que mataron a alguien. Me asomé a los cuartos del garaje. Regresé a mi dormitorio, me puse la bata, que estaba en el clóset, porque esta bata casi no la usaba yo, ¿verdad?, porque era una bata de estar, y agarré las llaves. El Balou jamás salió, en ningún momento."

La comitiva siguió al padre Orantes hasta la puerta de la calle. "Por aquí salí y me dirigí a los indigentes: 'Jóvenes, ¿ustedes no han escuchado nada?' Pensé que monseñor había ido a buscar a la policía. Y uno de ellos me dijo: 'Monseñor hace rato que entró', y el Colocho me dijo que vio salir a un tipo del garaje, entonces caí en la cuenta de que quien estaba ahí dentro era monseñor." Como la luz del garaje le parecía insuficiente, regresó a su cuarto a buscar una linterna para alumbrar el cadáver. "Entonces vi en su manita el anillo. Y me acordé que a mediodía iba así, con pantalón de lona, camisa de cuadros y una su chumpita que siempre usaba él. Me puse muy nervioso, eso sí se lo digo, porque estaba despedazado."

Después avisó a la cocinera y fueron a la oficina a llamar por teléfono. Primero, a monseñor Hernández. "Chinito, mataron a monseñor." "¿Cómo? Llama a la policía y a los bomberos, voy para allá." Así lo hizo. Era justo la medianoche. Quince minutos después, llegó monseñor Hernández con dos jóvenes "a los que nunca había visto". A la muchacha le enseñó a usar la planta telefónica. Efraín Hernández dio la absolución a Gerardi. "Yo me fui a mi cuarto. De ahí llamé a Juana Sanabria, para que ella avisara a la familia de monseñor, porque yo no tenía los teléfonos. Después llamé a mis papás, para que no se preocuparan, porque podían decir en un momento dado en las noticias 'mataron al padre de San Sebastián', ¿verdad? Y llamé a Estados Unidos, a unos amigos que conocían a monseñor de muchísimos años, y también para que no se asustaran cuando salieran las noticias." La destinataria de esta llamada era su madrina, Martha Jane Melville, pero el sacerdote omitió el nombre. "Entonces me vestí, de negro completo."

Después de la exposición en el garaje, el grupo pasó a una salita. Alguien se interesó por los lentes del sacerdote, cuyos gruesos cristales denotaban una elevada graduación (sin ellos su visión se reducía a un 20%, según el oculista). Orantes dijo que la primera vez que salió no los llevaba. Se los puso después, cuando fue a preguntar a los indigentes. Ronalth Ochaeta tomó la palabra. Su tono era gélido. El sacerdote le respondía con sequedad.

—Cuando viste el cuerpo, ¿viste el vehículo?

—Sí.

—¿Y?

—Pensé que algo había pasado con los indigentes.

—Viste sin lentes la piedra, la sudadera, que estaba a seis o siete metros, la puerta del carro entreabierta, ¿y no reconociste a monseñor?

—No, estaba irreconocible.

—¿Cómo sabías que estaba muerto?

—Por las manos, era obvio.

—¿Te vestiste ya cuando llegaron los bomberos?

—Sí, sí, sí.

El talante obsequioso de Orantes se había esfumado. Se había quitado la boina y tenía el pelo pegado por el sudor y la boca seca. El interrogatorio de Galindo fue más incisivo. Después de ironizar sobre el creciente despliegue de ruidos que rodeaba al sacerdote en el momento del asesinato —"computadora, audífonos, aire acondicionado, televisión"—, entró al ataque.

—¿Qué significa que el cadáver estaba despedazado, que había sangre?

—Que estaba desfigurado.

—Pero usted llevaba siete años con él. ¿Por qué no lo va a buscar a su cuarto?

—Pensé que era una pelea de indigentes, y como también vi que el pasador de la puerta del garaje estaba abierto, me hice la ilusión de que monseñor había salido.

—¿Y por qué usted no salió por esa misma puerta a preguntar, en lugar de hacer todo lo que hizo?

—Porque fui por mis llaves.

—¿Pero no estaba abierta?

—Yo no sabía si estaba con doble llave o no.

—¿Probó a abrir?

—No quise tocar nada.

—Luego usted sale y pregunta: ¿vieron algo por acá? ¿Por qué no preguntó si habían visto salir a monseñor, si eso estaba usted pensando?

—Yo pregunté si habían oído algún ruido.

—No me responde, ¿por qué no?

—Porque pudo haber salido por la puerta de la oficina, y no le hubieran visto los indigentes, ¿me explico? Creí que era un pleito entre ellos, por eso pregunté por el ruido: era lo lógico para mí.

Le tocó el turno después a Margarita López. Siempre misteriosa y despeinada, la cocinera insistió en que no se enteró de nada porque estaba mal de los bronquios y había pasado dormida todo el domingo. Sólo se levantó para el almuerzo y la cena cuando escuchó a Tono, el sacristán, trastear en la cocina. Durante la cena, el padre Orantes llegó y los saludó. Luego ella se acostó de nuevo y no supo más hasta que el padre la despertó. Salió en bata y al ver el cuerpo de monseñor, gritó y lloró. "¡Gran poder de Dios, cómo le han dejado!" Se fue a vestir y después hicieron las llamadas. Sí, el padre estaba vestido cuando la fue a despertar. Vaya, pensó el fiscal: Orantes aseguraba que estaba en bata. ¿Y qué ropa llevaba? "No lo recuerdo, pero que estaba vestido, estaba vestido."

El sacristán escuchaba las preguntas de los abogados con la mirada perdida tras las gruesas gafas y la boca entreabierta, como si le costara poner en su sitio la mandíbula. Respondía con lentitud y monosílabos. No, el padre Orantes no se asomó por la cocina cuando él estaba cenando con

Margarita. No, ella no estaba enferma, "estaba normal". Sólo le dijo que ese día se había quedado en la casa "porque no tenía ganas de salir".

"¡Uy!, sí, Margarita estaba enferma, se le notaba. Y el padre Orantes tenía una tristeza profunda, casi no podía hablar." Ese era el cuadro que había encontrado monseñor Efraín Hernández al llegar a la casa parroquial tras recibir la llamada del sacerdote "a medianoche" (ya no eran las 23:30, como afirmara en su declaración anterior). Los términos de la conversación diferían de la versión de Orantes y de la suya previa: ahora resultaba que no sabía que el obispo había sido asesinado. "Me dijo que había ocurrido algo grave y que monseñor Gerardi estaba golpeado en la cara y tirado en el garaje." Sus sobrinos quisieron acompañarle. Al llegar los recibió el padre Mario. Estaba vestido con ropa de calle, sí, una chumpa. Fueron a ver el cuerpo. "Se veía bien, había incluso más claridad que ahora."

Monseñor Hernández, todo vestido de negro, no perdió sus modales untuosos cuando los fiscales le preguntaron por su parentesco con Ana Lucía, ante las protestas de los abogados de la ODHA. "Se llama Ana Lucía Reyes Escobar", respondió con voz suave. "Ella es hija de un sobrino, Emigdio Reyes, hijo de una hermana mía. Yo he tenido por costumbre, desde que me ordenaron, que mi familia viva conmigo, por eso ha habido mucha gente en la parroquia. Nunca he vivido solo. Es más, he tenido como norma que haya dos o tres personas para… bueno, lo tengo que decir: para que no piensen mal las personas, que si yo tengo una sola mujer, que voy a vivir con ella… entonces siempre he tenido dos o tres personas viviendo en la casa."

Galindo se interesó por su relación con Orantes. Mientras el sacerdote había asegurado que no tenían ningún vínculo, monseñor Hernández describió unos lazos estrechos. "¡Uy!, a Mario lo conocí desde niño, y llegaba continuamente a ayudarme a la iglesia, hasta que se fue con los salesianos. Pero él no conocía a mi sobrina hasta esa noche, y al otro muchacho, Eddie, menos todavía."

"No recuerdo haber visto nunca al padre Orantes". Ana Lucía Escobar se atusaba la melena lisa y fruncía los labios, mientras pestañeaba, coqueta, a la espera de más preguntas. Previamente, había tenido a juez, fiscales, abogados y observadores corriendo detrás de ella por los pasillos de la casa parroquial, mientras explicaba atropelladamente sus movimientos esa noche. "Y llegué a esta esquina, y vi un poco de sangre, y dije ¡no, no, no!, porque me asusta la sangre, ¿verdad?, y me eché para atrás, y vine aquí, y llamé al arzobispo. Le dijimos que monseñor Gerardi estaba en el garaje tirado, que lo habían matado. '¿Quiere venir?' 'No'. 'Ta bueno'. Colgamos, volvimos para acá, monseñor hizo oración (Ana Lucía junta las manos e inclina la cabeza), le echó aquí (hace un gesto de bendición) y volvimos a la oficina y monseñor me puso a hacer varias llamadas."

Ya sentados en la sala, más reposados, las partes siguieron con el interrogatorio. Ana Lucía ponía voz infantil y abría mucho los ojos. "A mí me despertó mi mami entre las once y media y las doce de la noche. Yo me había acostado a las nueve o diez. No, no salí, era domingo. Ese día oí misa de seis. Porque yo oigo misa de doce u oigo misa de seis." Su aplomo y su desenvoltura tenían alucinados a los presentes. El fiscal Galindo le preguntó por la vestimenta del padre Orantes cuando llegaron. "Él vestía pantalón oscuro, camisa clara y chaqueta de piel." Y después, agresivo, volvió a la carga con los líos del parentesco. "Tengo una duda con su nombre: ¿es Ana Lucía Reyes Escobar?" "Ese se supone que es mi nombre-nombre. Pero yo utilizo Ana Lucía Escobar y lo seguiré utilizando." "¿Por qué no utiliza el Reyes?" "Porque no me gusta." "Porque no le gusta. Ya. ¿Y cómo llama a monseñor en la intimidad?" "Por muchos años le llamamos padre, ahorita mons, o *dad*, o *father*."

El pasado de la joven planeaba como una sombra. Mynor Melgar, de la ODHA, fue el encargado de sacarlo a relucir, con la aquiescencia de Ana Lucía, que ya estaba preparada. "¿Ha estado usted detenida?" "¡Oh, sí!, dos veces." "¿Podría detallarnos?" Ana Lucía se explayó sobre las circunstancias que la habían llevado injustamente a la cárcel, como cuando la interceptaron con un automóvil que resultó ser robado y cuando la quisieron implicar en un secuestro sólo porque pasaba por el lugar y su novio llevaba un arma con la licencia caducada. Aportó después unas explicaciones inverosímiles sobre la manera en que había ido adquiriendo sus sucesivos vehículos (todo arrancaba de la "herencia de un terreno") y concluyó con su vida actual: estaba estudiando derecho en la universidad y preparaba una obra de teatro. Cuando salió, hubo risitas. "Teatro el que nos ha hecho ahora", comentó alguien.

El fiscal Galindo se quedó con la impresión de que había presenciado un desfile de mentiras, en las que unos y otros se enredaban sin remedio. El testimonio de Orantes no tenía ni pies ni cabeza, y además se contradecía con sus primeras declaraciones. El sacerdote mentía sobre su vestimenta (aseguraba que estaba en bata hasta la llegada de los bomberos, pero en realidad estaba vestido desde antes incluso de avisar a Margarita), y mentía sobre los horarios y las llamadas, en contubernio con Efraín Hernández y su familia. Todos querían hacer creer que los habitantes del Calvario habían llegado casi al mismo tiempo que los bomberos, pero los bomberos y la policía habían recibido el aviso poco antes de la una, cuando ya monseñor Hernández llevaba un buen rato en la casa parroquial. ¿Y qué es eso de que Orantes no conocía a Ana Lucía, si hasta tenía su teléfono en su agenda? Margarita mentía para encubrirles, escudada en su falsa enfermedad.

Los siguientes en declarar fueron dos miembros del Estado mayor presidencial que se habían acercado a la casa parroquial en la madrugada del crimen. El fotógrafo Darío Morales indicó que llegó de madrugada, a eso de las 03:30 horas, con su superior, el mayor Juan Francisco Escobar Blas. Estuvieron frente a la casa durante unos 10 minutos, hasta que el jefe de la policía les explicó lo que había pasado y les pidió que se retiraran. Nunca entró al escenario del crimen y no tomó fotos, porque además no se había llevado el flash. Los testimonios prestados en la reconstrucción por activistas humanitarios ubicaban a Morales en el pasillo de la casa parroquial a eso de las 03:00 horas. Sólo Helen Mack aseguró haberlo visto tomar fotos.

El mayor de aviación Escobar Blas había sido durante 1998 jefe de la División de servicios de protección del EMP, es decir, responsable directo de la seguridad del presidente Arzú. Después había partido a Chile con una beca de estudios que no había tenido tiempo de disfrutar, ya que sus mandos ordenaron su regreso para que prestase declaración. Escobar se presentó muy marcial, vestido con traje y corbata. Tenía ojos saltones, canas en las sienes y voz grave. Su nombre aparecía en el documento anónimo de agosto de 1998, y eso despertaba un morbo especial. El mayor no los decepcionó. "Usted me pide que narre lo que me consta del día en que falleció monseñor Gerardi", empezó por responderle al juez. "Del día en que falleció monseñor Gerardi no me consta nada." "¿No se acercó al inmueble?" "Usted me pregunta por el día en que falleció monseñor Gerardi. Mi respuesta es: no me consta nada." En medio de un silencio pesado, el juez Monroy carraspeó y le pasó la pelota al fiscal Galindo que, una vez más, encauzó el interrogatorio con preguntas muy precisas, que el militar respondía como si estuviera transmitiendo un parte de guerra. Contó que estaba en su casa, durmiendo, y que a eso de las tres de la mañana el mayor Andrés Villagrán, jefe de servicio de turno en el EMP, le comunicó que Mariano Rayo, gerente de la presidencia, había solicitado que se confirmara la existencia de "un bochinche" en San Sebastián, donde había habido un muerto. Tras consultar a su superior, el coronel Rudy Pozuelos, Escobar convocó al fotógrafo de servicio y acudieron al lugar. Mientras Darío Morales averiguaba lo sucedido, él se quedó en el atrio de la iglesia, platicando con algunas personas. De ahí regresaron al EMP a informar por teléfono al coronel Pozuelos: no había ningún bochinche, sino que habían matado "a un padre de apellido Gerardi".

Cuando le tocó el turno a los abogados de la ODHA, la distancia respetuosa que Escobar Blas había mantenido con el fiscal Galindo se convirtió en un duelo desafiante, cargado de salidas cortantes y despectivas. Antes de responder, Escobar se tomaba el tiempo para anotar cada pregunta que le hacían y obligaba a su interlocutor a repetirla ("Replantee la pregunta, licenciado, por favor") para terminar después en un frecuente "mi respuesta es: no me acuerdo". El ambiente podía cortarse con cuchillo.

Escobar era un piloto aguerrido, gravemente herido en combate cuando su helicóptero fue derribado por la guerrilla. Su acompañante, hijo del general Efraín Ríos Montt, había muerto. En su oficina tenía desplegadas las fotos de la tragedia, cuyas secuelas le hacían caminar "como si cargara sandías", a decir de un compañero. Detestaba a esos activistas que nunca se jugaron el pellejo y que ahora querían "sacar provecho político y buscar sus rentas a costa de la institución armada". Estar sentado ahí, frente a ellos, y tener que rendirles cuentas, le generaba una intensa rabia.

"¿Qué grado de autonomía tenía Darío Morales?" "Replantee." "¿Qué grado de autonomía tenía Darío Morales?" "Eso debe responderlo el especialista Morales." "¿Por qué razón se le pide a usted que verifique, si no está de turno?" "El jefe de División de servicios de protección no hace turno." "Es decir, ¿estaba usted disponible en todo momento?" "Repita, por favor." "¿Estaba usted disponible en todo momento?" "Cuando mi disponibilidad me lo permitía."

Al terminar, Escobar Blas se puso en pie. "Me voy a despedir de los caballeros", dijo, y les fue estrechando la mano uno a uno. Cuando salió, los abogados se aflojaron las corbatas. "Es un tipo paralizante. Con toda honestidad, estábamos cagados", reconocería después el juez Monroy. Si con esa línea de hermetismo el ejército pretendía cubrir el expediente y despejar las dudas, había logrado exactamente lo contrario.

❖ ❖ ❖

A pesar de lo presenciado en la reconstrucción, uno de los abogados del arzobispado, Nery Rodenas, se apresuró a declarar a la prensa que el sacerdote Orantes fue muy consecuente y que todo lo referido a la banda Valle del Sol eran "calumnias" contra monseñor Hernández.

El fiscal Galindo estaba en un laberinto. En su fuero interno le intimidaba la beligerancia de la ODHA. Además, el mismo día en que terminaba la reconstrucción de hechos, la misión de las Naciones unidas emitió su informe anual sobre derechos humanos, en el que criticaba al ministerio público por haber descuidado el móvil político en el caso Gerardi. Presionado ya por dos frentes, Galindo anunció, 24 horas más tarde, que investigaría la línea política, pero que no sería la única hipótesis. "Por fin el ministerio público responde a nuestras expectativas", declaró Mynor Melgar. "Vamos a tener una reunión para preparar juntos un plan de trabajo. Iniciaremos la investigación de cero."

El encuentro tuvo un efecto fulminante. De entrada, Celvin Galindo decidió alejar del caso a la policía e, incluso, a los propios investigadores del ministerio público. "Hagamos el trabajo nosotros solos", le dijo a sus colaboradores. Quería evitar, les explicó, cualquier interferencia de los servicios secretos.

En las semanas siguientes el fiscal abandonó la investigación de la banda Valle del Sol y desechó los testimonios recabados por Otto Ardón. Después, suprimió los informes sobre las mordeduras de Balou. Flanqueado por Melgar y el forense Mario Guerra, Galindo anunció que se remitiría a "la primera autopsia". La pésima calidad del informe no parecía preocuparle. Ahora la piedra volvía a ser el arma homicida. No sólo eso: a partir de ahora el hilo conductor de su investigación sería el documento anónimo hecho público el 6 de agosto de 1998, que acusaba a miembros del EMP de Álvaro Arzú.

Las esperanzas del fiscal, en realidad, estaban puestas en los análisis genéticos del FBI. Por eso convocó a 17 "sospechosos" para que donaran muestras de sangre que serían enviadas a Washington y comparadas con los tipos de ADN hallados en el garaje de San Sebastián y en la alfombra del sacerdote. El grupo era un tanto abigarrado. Ahí estaban el padre Orantes y los indigentes Rubén Chanax y el Chino Iván, a los que se unió un personaje rescatado del olvido: Eduardo Perdomo, alias el Chino Guayo, un maleante que había merodeado por la iglesia antes del asesinato de Gerardi. Junto a ellos aguardaban 12 militares vestidos de traje y corbata. Todos habían sido mencionados en el documento apócrifo: desde el sorprendido destinatario, el mayor Otto Spiegeler, oficial de confianza de Arzú, hasta los miembros del EMP a los que el autor anónimo acusaba de haber perpetrado el crimen, entre ellos el capitán Byron Lima Oliva. El coronel retirado Byron Lima Estrada, aludido igualmente en el pasquín, se había presentado por su cuenta a la extracción de sangre, pero fue rechazado: demasiado viejo para ser el asesino. La fiscalía citó, en cambio, al capitán Carlos Castillo, otro de los incriminados en el apócrifo, que se encontraba estudiando en España en el momento del crimen. "¡Es una falta absoluta de seriedad!", protestaba su abogado. "Al basarse en un anónimo, el fiscal actúa de forma irresponsable y parcial, para favorecer a las autoridades de la iglesia. Aquí falta gente. ¿Por qué no ha convocado a monseñor Efraín Hernández ni a sus sobrinos?"

Galindo jamás se hubiera atrevido a citar al prelado, que una semana antes había decidido que necesitaba unas vacaciones y había volado rumbo a Madrid. Sí convocó, en cambio, a Luis Carlos García Pontaza, miembro de la banda Valle del Sol, al que un testigo ubicaba en San Sebastián, junto a Ana Lucía Escobar y monseñor Hernández, una hora antes del crimen. Era una pieza a la que el fiscal no estaba dispuesto a renunciar. La ODHA había cedido en ese punto: el propio Mynor Melgar había sugerido que García Pontaza podía ser el descamisado.

Las muestras de sangre fueron transportadas al día siguiente en un *jet* del gobierno estadunidense. Los resultados estarían listos en unos meses.

❖ ❖ ❖

Con la llegada de Galindo, la ODHA se convirtió en el abastecedor de "testigos clave" para el caso Gerardi. El primero se lo presentaron al fiscal apenas una semana después de asumir el cargo: era el taxista que había visto una placa de la antigua base militar de Chiquimula. Jorge Diego Méndez Perussina había contactado a los abogados del arzobispado algunos meses antes y estaba bajo su protección.

De 42 años, pelo castaño y aspecto simpático, Méndez Perussina explicó que la noche del domingo 26 de abril de 1998 pasó por el parque de San Sebastián y vio, estacionado en una esquina, un vehículo blanco, marca Toyota Corolla. Al rebasarlo, pudo observar que había un hombre sentado al volante y que "en la puerta trasera estaba un muchacho sin camisa, y otro pasajero tenía la mano sobre su hombro en una forma amistosa". Se fijó en que el descamisado medía 1.70 metros, llevaba pantalón de lona azul, corte de pelo estilo militar y un tatuaje en el hombro derecho. La placa del vehículo era la P-3201. La hora: entre las 22:25 y las 22:40. El taxista prestó su testimonio como "anticipo de prueba", un procedimiento excepcional previsto cuando el declarante no va a poder presentarse al juicio. Una semana después, la ODHA lo mandó a Canadá.

El segundo testigo clave fue aportado en agosto, también en condiciones de extrema urgencia: su comparecencia se programó de un día para otro por "motivos de seguridad". La juez Flor de María García, sustituta de Henry Monroy, que había renunciado varias semanas antes, aceptó tomarle declaración en las oficinas del arzobispado.

El personaje se llamaba Jorge Aguilar Martínez y dijo ser miembro del EMP. La noche del crimen, explicó, él estaba de "subjefe de servicio" y durante su turno ocurrieron unos acontecimientos extraordinarios. Entre otras cosas, contó que a las 22:20 horas entró en las instalaciones un Isuzu Trooper de color negro, sin placas. Dentro iban el capitán Byron Lima, un joven llamado Hugo y otros tres tipos, todos vestidos de negro. El tal Hugo, explicó, medía 1.78 metros y tenía un tatuaje en el brazo, aunque después dijo que llevaba puesta una camisa blanca. El coronel Rudy Pozuelos, jefe del EMP, se subió al vehículo y salieron. Entre las 01:30 y 02:00 se enteró de que habían matado a monseñor Gerardi. El lunes, todo el personal del EMP fue convocado y se les prohibió hablar del tema.

"Este testimonio es muy importante, porque involucra a los militares que aparecen en el documento apócrifo", declaró a la prensa Nery Rodenas, portavoz de la ODHA. La defensa ofreció una visión muy distinta: "El testigo incurrió en varias contradicciones. Parecía alguien que quería aprovecharse de la situación. Tenemos la impresión de que todo fue un montaje". No fue posible comprobarlo. Dos días después, Aguilar y su familia volaban, también, rumbo a Canadá.

❖ ❖ ❖

"El caso estará resuelto en dos semanas." Estas fueron las primeras palabras del fiscal Galindo cuando llegó de Washington, el 26 de agosto de 1999, con los resultados de los análisis de ADN bajo el brazo.

El país era un hervidero de especulaciones. Se había filtrado que las pruebas genéticas involucraban a tres personas, y la prensa trataba a diario de obtener nuevos datos, pero Galindo se limitaba a hacer insinuaciones: "Con estos informes hemos llegado a conclusiones que orientan hacia una tesis política". Se deducía, entonces, que tres de los militares habían dado positivo, pero, ¿quiénes? De la ansiedad se pasó al estupor cuando *El Periódico* reveló los resultados: las personas cuyo ADN coincidía con el hallado en la escena del crimen eran el sacerdote Mario Orantes y los indigentes Rubén Chanax y Eduardo Perdomo, alias el Chino Guayo. Otros seis de los donantes estaban descartados y los ocho restantes quedaban en el limbo, a la espera de análisis mitocondriales más precisos.

El mismo día que la prensa sacó a la luz los resultados, un Celvin Galindo todo desazonado denunció que estaba siendo víctima de amenazas telefónicas. El ministerio público le reforzó su equipo de seguridad. A los abogados del arzobispado se les había caído el alma a los pies. Repentinamente, el ADN, que iba a ser la clave del caso, dejó de tener valor. "Las pruebas no están en la escena del crimen", repetía monseñor Mario Ríos Montt.

Galindo, por su parte, trataba de salvar la cara argumentando que aún faltaban otras diligencias. El fiscal se sentía acorralado. Había apostado todo al FBI, pero los resultados provisionales de los análisis no eran concluyentes. La alfombra del dormitorio de Mario Orantes había sido lavada, por lo que la mezcla de ADN estaba bastante deteriorada. De ahí que los expertos estadunidenses sólo pudieran considerar al sacerdote como "posible contribuyente mayor" y a Chanax y Perdomo como "posibles contribuyentes menores". Galindo se había enfadado e incluso les reclamó: ¿cómo es que siendo tan buen laboratorio, no eran capaces de explicarle algo más?

A punto de cumplirse el plazo de quince días que él mismo había fijado para resolver el crimen, el fiscal volvió a denunciar a la prensa que estaba siendo objeto de hostigamiento. "Aún así no pienso abandonar el caso", dijo, y dejó de nuevo a los periodistas sobre ascuas: en un mes podría concluir las pesquisas y ordenar la captura de los responsables.

Enredado en su propia telaraña, Galindo se refugiaba en maniobras dilatorias. Sabía que los análisis definitivos de ADN no estarían listos antes de diciembre, y cabía suponer que confirmarían los primeros resultados. Por otro lado, la ODHA le presionaba para que detuviera al coronel Lima, a su hijo y al mayor Escobar Blas: el anónimo y la declaración del ex sargento Aguilar eran, decían, "indicios" suficientes. En todo caso, siguiendo el principio aplicado por el hermano bruto de Emiliano Zapata durante la revolución mexicana —primero disparas y después *viriguas*—, Nery Rodenas opinaba que, una vez detenidos, "podrían proceder a realizar más averiguaciones".

Pero Galindo sabía que no había elementos para dar ese paso. A sus auxiliares, el fiscal les comentaba que estaba madurando la idea de ordenar la detención de los Lima, pero en su fuero interno sabía que el armazón del caso era demasiado frágil. Había querido encontrar su propia línea de trabajo, fusionando las hipótesis del móvil político y la delincuencia organizada, y había terminado dependiendo de las investigaciones y de los testigos de la ODHA. Y ahora se encontraba en un callejón sin salida.

La mañana del jueves 7 de octubre varios periodistas recibieron una llamada de Aníbal Sánchez, auxiliar de Galindo: "tenemos una noticia". Convencidos de que el día de la gran revelación había llegado, los reporteros se presentaron en las oficinas de la fiscalía. El equipo del fiscal ofrecía un cuadro desconcertante: "Mario Castañeda estaba como la gran puta, Aníbal chillando y Leopoldo Zeissig fumando sin parar", recordaría uno de ellos. "Llamen a este teléfono", les dijeron. Celvin Galindo respondió al otro lado de la línea. "Estoy en Miami. He renunciado al caso y parto al exilio." Los periodistas no daban crédito. Apenas cuatro días antes les había asegurado que llegaría al final de la investigación. El fiscal explicó que acababa de descubrir un plan para secuestrar a uno de sus hijos. "Me voy por ellos, porque la familia es lo más sagrado." Pero aseguró que las pesquisas estaban concluidas. "Estoy satisfecho, porque he dejado la plataforma lista para resolver el caso."

Los colaboradores de Galindo estaban sumidos en el estupor. Su jefe no les había avisado de sus intenciones de salir del país, ni les había comentado nada de nuevas amenazas. Tampoco se explicaban por qué decía que el caso estaba ya concluido. La misma sorpresa se había llevado el fiscal general, que reaccionó con enojo: "No es cierto que la averiguación esté resuelta. De lo contrario, no se hubiera ido al extranjero".

Algunos colegas del ministerio público habían adivinado desde hacía algún tiempo las intenciones de Galindo. Era imposible, decían, que el fiscal estuviera siendo víctima de tanto acoso con el enorme dispositivo de seguridad que tenía a su alrededor.

"Galindo sufría muchas presiones porque ya tenía elementos para pedir la captura de los asesinos de monseñor Gerardi", proclamaba Mynor Melgar. Pero la fraterna comprensión de los abogados del arzobispado se tornaba, en privado, en denuestos contra el fiscal, que los había dejado plantados "de la noche a la mañana". Convertido en el nuevo director de la ODHA, Nery Rodenas declaraba que ese "exilio" era la mejor prueba de "la naturaleza política" del crimen. Pero camuflado con la etiqueta de "fuentes cercanas a la iglesia católica", el mismo Rodenas despellejaba a Galindo: "Él ha abandonado el caso por su propia conveniencia. Decidió aprovechar la coyuntura y, tras ese supuesto hostigamiento, optó por beneficiarse de una beca de estudio patrocinada por la comunidad internacional".

❖ ❖ ❖

El brusco giro de la investigación había dejado al gobierno estupefacto: Galindo había expurgado el expediente de las pistas que afectaban a la iglesia para dirigir las baterías hacia el EMP de Álvaro Arzú, como si hubiera cumplido una misión perfectamente calculada.

El malestar también cundió entre la cúpula militar. La sospecha de un pacto entre el gobierno y la jerarquía católica empezó a tomar cuerpo. El enfrentamiento con el clero, a unos meses de los comicios generales, suponía un enorme desgaste para el partido en el poder. De por medio, también, estaba la proyectada visita de Arzú a la Santa Sede. Se había difundido que el Vaticano había condicionado la audiencia papal a la liberación de Orantes. ¿Cómo no pensar que la nueva actitud del ministerio público respondía a un intento de reconciliación del Ejecutivo con los señores obispos?

"Nunca hubo semejante cosa", diría después Gustavo Porras. "Al presidente jamás le pasó por la cabeza que la iglesia lo fuera a apoyar en nada, y jamás dio la más mínima credibilidad a esa historia de los Lima y del EMP. El giro de la fiscalía iba, precisamente, a golpearnos a nosotros."

Ese clima de suspicacias castrenses y desconcierto oficial precedió al viaje de Arzú a Roma. Limados los roces protocolarios, Juan Pablo II había recibido a la pareja presidencial por separado, pero con toda cordialidad. Después de la audiencia, la delegación guatemalteca se reunió con el cardenal Sodano. Junto al presidente estaban sus colaboradores más próximos: Eduardo Stein, Gustavo Porras, Rodolfo Mendoza y el embajador en el Vaticano, Sergio Búcaro. Mendoza arrastraba un cartapacio con el expediente del caso Gerardi. Arzú fue directo al grano: "su eminencia, entendemos su preocupación por la investigación del asesinato de monseñor Gerardi y aquí el ministro de Gobernación le va a exponer…". Sodano lo interrumpió: "no, no, no se molesten. Sabemos que su gobierno está haciendo su mejor esfuerzo". La conversación siguió por otros derroteros. El cardenal agradeció el apoyo de Guatemala a las políticas de población alentadas por la Santa Sede y dejó entrever el profundo aprecio que despertaba en el Vaticano monseñor Rodolfo Quezada Toruño, lo que Stein interpretó como un anuncio velado de quién iba a ser el sucesor del arzobispo Penados.

Consciente de que Arzú deseaba exponer la posición oficial sobre el caso Gerardi, el embajador Búcaro organizó en su casa un encuentro con monseñor Re, responsable de la Comisión pontificia para América Latina. Con su perfecto español y su capacidad para escuchar, Re sería el interlocutor adecuado. De nuevo el presidente sacó el tema y respondió a algunas preguntas del prelado. La plática pronto cambió de rumbo y Mendoza tampoco pudo desplegar esa vez su cartapacio. "El Vaticano veía el asunto Gerardi de lejos", recordaría Sergio Búcaro. "Nunca hubo un diálogo formal, ni presiones de ninguna clase. No es cierto, como se dijo, que la Santa Sede condicionara la visita del presidente Arzú a la liberación del sacerdote Orantes: los buenos conocedores de los asuntos vaticanos saben que ése no es el estilo de la casa. Ni siquiera me llamaron oficialmente para tratar el caso, como sí hicieron con el diferendo territorial con Belice, por ejemplo. Dejaron la cuestión en manos de la iglesia guatemalteca. Francamente, hubiera sido sano que se interesaran más."

❖ ❖ ❖

El teléfono sonó una tarde en el despacho del vicepresidente de la república. Era Patricia, la esposa de Arzú: "Güicho, me duele una muela". Luis Flores se quedó perplejo: él no ejercía de odontólogo desde que había asumido el cargo. "No hay problema. Voy a llamar a la consulta para que te atiendan." "No, no, prefiero que seas tú. Mañana a las nueve estoy en la clínica." Patricia llegó puntual. Desconcertado, el doctor Flores la hizo pasar al gabinete. Ella cerró la puerta y rompió a llorar. "No me duele nada, pero necesito tu ayuda", decía entre hipidos. "Mi marido se está muriendo. No come, no duerme, está obsesionado. Quiero que le digas a Gustavo, a Eddy, a Mariano, a Rodolfo y a Rudy que, por favor, no llamen más a Álvaro con este asunto, que no le hablen más de Gerardi porque ya está enfermo y yo no aguanto más."

Flores lo sabía. El caso Gerardi había sido devastador para todo el gabinete y el desgaste anímico del presidente era evidente. Tal y como lo había augurado, el asesinato del obispo se había convertido en el "gran tema político" y en arma arrojadiza contra su gobierno. En los últimos meses, la frustración y la irritación de Arzú iban en aumento. "Deberíamos encontrar algunos militares para salir de esto como héroes", solía decir, con amarga ironía. Estaba tan absorbido por los avatares del caso, que Flores había decidido convertirse en una especie de "gerente general" para todos los demás asuntos. A él las investigaciones le daban náuseas. No tenía mayores simpatías por el ejército, pero, al igual que al resto de los ministros, las acusaciones de la ODHA le parecían un verdadero despropósito. La muerte de Gerardi golpeaba el proceso de paz, el principal logro del gobierno. ¿Cómo podían pensar que los militares de confianza del presidente iban a dinamitar un esfuerzo en el que ellos mismos habían participado? A quienes menos convenía el asesinato era, precisamente, a los actuales mandos castrenses. Le indignaba, también, que trataran de involucrar al capitán Lima. Lo conocía y lo apreciaba por su valentía. No sólo había salvado a Patricia en el incidente con el lechero borracho. También lo vio arrojarse a ayudar a otro oficial que murió electrocutado durante un recorrido del presidente por el canal de Chiquimulilla, durante una crecida.

"Trata de calmarte", le dijo Flores a Patricia. "Voy a hablar con los demás, para que bajen la presión. Y sécate las lágrimas, que van a pensar que te he sacado la muela sin anestesia."

Una semana después de la salida de Celvin Galindo, otro personaje engrosó la lista de los "exiliados del caso Gerardi": Mario Orantes había abandonado Guatemala. Su abogado, José Toledo, explicó que el clima de inseguridad que envolvía a todas las personas vinculadas con la investigación "lo había afectado totalmente". Casi tanto como los señalamientos de las pruebas de ADN. Por ello, se iba a Houston por tiempo indefinido. Su madre, doña Martita, detalló el catálogo de los "graves quebrantos de salud" provocados por tanta presión. "Sus dolencias lo habían inutilizado, ya no podía ni caminar. Pero regresará cuando los médicos lo ordenen."

La noticia cayó como una bomba. "Orantes sigue siendo un sospechoso y no debería haber salido del país", decía el fiscal general. Monseñor Ríos Montt se apresuró a señalar que el sacerdote había viajado con el permiso de la curia, para luego reconocer que no había tal permiso, pero que se tomaría en cuenta su estado de salud, "muy deteriorado últimamente".

El viaje del sacerdote no se había improvisado. A petición de su abogado, la juez Flor de María García había comunicado a Migración el levantamiento del arraigo que pesaba sobre el padre Orantes, tras dictarse la clausura provisional del proceso. Dos semanas antes de su salida, el pastor alemán del sacerdote había fallecido por una infección urinaria, según el veterinario. La muerte del viejo Balou, consagrado como una víctima indefensa de las investigaciones, había despertado la compasión de la opinión pública. Alguien, incluso, había publicado una esquela. Ese clima de simpatía saltó en pedazos cuando su dueño tomó el avión rumbo a Estados Unidos.

Leopoldo Zeissig, auxiliar de Celvin Galindo, se vio al frente del caso Gerardi muy a su pesar. Tenía 33 años, acababa de obtener el título de abogado y carecía del talento y la inteligencia de Galindo. Sus colegas no comprendían cómo el fiscal general había dejado la investigación en sus manos. Y el propio Zeissig no acertaba a ver qué demonios iba a hacer con el expediente. Estaba aterrorizado. Para colmo, su antiguo jefe lo había puesto en una situación crítica al decir que "todo estaba listo". ¿Listo para qué? No sabía por dónde tirar.

El nuevo fiscal no estaba en condiciones de complicarse la vida y se fijó como propósito no provocar roces con la ODHA: conocía, y temía, su costumbre de "resolver los problemas por medio de la prensa". Comenzaron a reunirse una vez a la semana para planificar el trabajo. Zeissig confiaba en ir teniendo más elementos para "amarrar" el caso y perfilar un móvil que encajara. La hipótesis del Remhi le suscitaba una duda: si el motivo del asesinato del obispo era ese informe, ¿por qué los criminales habían esperado a que estuviera listo y publicado?

Ante la insistencia de la ODHA para que se detuviera a los Lima, el funcionario se encontraba en la misma encrucijada que su antecesor: no había elementos para fundamentar una orden de captura. Nadie había visto a los Lima en San Sebastián. Nada los ubicaba en la escena del crimen.

Capítulo 6

La pista militar

La efervescencia política se había apoderado del país a medida que se acercaban las elecciones presidenciales de noviembre de 1999. El gubernamental Partido de avanzada nacional (PAN), favorito a principios de año, se iba hundiendo poco a poco en las encuestas de intención de voto, mientras el Frente republicano guatemalteco (FRG), fundado por el general Efraín Ríos Montt, ascendía imparable. Como su condición de ex golpista le impedía aspirar a la presidencia, el veterano militar había vuelto a escoger a Alfonso Portillo como candidato de su partido: después de todo, ya se había fogueado en la campaña de 1995, en la que quedó a sólo 30 mil votos de distancia de Arzú. Él se reservaría la jefatura del Congreso. El discurso mesiánico de Ríos Montt, fervoroso evangélico, y la flamígera demagogia de su delfín encandilaban a las masas.

A su lado, la campaña del candidato panista Óscar Berger se desdibujaba sin remedio, al punto de que ni siquiera lograba "vender" los éxitos de la gestión de Arzú (paz, carreteras, saneamiento financiero o mejoras educativas y sanitarias), mientras Portillo explotaba hábilmente los puntos débiles, como la arrogancia proyectada por el gobierno o la escasa transparencia en la privatización de la telefonía.

Apodado Pollo Ronco por su voz aguda y quebrada, Portillo derrochaba un populismo agresivo y alimentaba el resentimiento de una ciudadanía castigada por la pobreza y cansada del exhibicionismo de la clase criolla. Sus discursos reducían los problemas del país a una lucha "entre los de arriba y los de abajo", cuya representatividad se arrogaba. Él sería "el presidente de los pobres".

Nada parecía comprometer la pujanza del FRG: ni la acusación de genocidio que arrastraba Ríos Montt por su campaña contrainsurgente en el altiplano indígena, ni el doble asesinato cometido por Alfonso Portillo en México en 1982, el mismo año, por cierto, en que el general accedía al poder tras un golpe de estado. Pero entonces ambos andaban en trincheras opuestas: Portillo ejercía de simpatizante de la guerrilla en la universidad de Chilpancingo, en el estado de Guerrero, donde impartía clases. Fue entonces cuando mató a dos estudiantes e hirió a otros dos, tras una sórdida riña de cantina. Después huyó de la justicia y estuvo en situación de prófugo hasta que en 1995, durante su primera campaña electoral, una juez mexicana tuvo a bien declarar prescrito el delito.

"Disparé en defensa propia", declaró Portillo cuando el escándalo saltó a la prensa nacional. La Procuraduría mexicana ofrecía otra versión y, de hecho, las víctimas iban desarmadas, pero esos eran "pequeños detalles": lejos de perjudicarle, y ante el desconcierto general, el episodio reforzó su imagen de virilidad, que él se encargaba de proyectar con sus camisas de cuadros, sus pantalones ceñidos y sus botas de cuero. A partir de entonces se ufanaría del crimen y lo utilizaría como propaganda electoral: "Si fui capaz de defender mi vida, seré capaz de defender a mi país". Era todo un *cowboy*, bajito y destemplado.

El capítulo, naturalmente, no constaba en su biografía oficial, que apenas sobrevolaba ese pasado nebuloso en tierras aztecas, adonde había llegado antes de cumplir 20 años. La prensa mexicana buscó infructuosamente el registro de su licenciatura en ciencias jurídicas en la universidad de Guerrero. "Él en realidad era un *porro*, era parte de esa cúpula corrupta de la asociación de estudiantes, y de los más agresivos. Nunca completó sus estudios y el diploma se lo dieron a control remoto", asegura uno de sus compañeros. En la universidad, Portillo se convirtió en el coordinador del comité de solidaridad con la guerrilla guatemalteca, como representante del Ejército guerrillero de los pobres (EGP). Sus amigos recordarían un incidente que reflejaba el carácter impetuoso del futuro candidato presidencial. "En 1981, cuando el EGP perdió la mayoría en un congreso del comité, a Portillo se lo llevaba la chingada. Salió de la sala de reunión y empezó a amedrentar con una pistola a los militantes de la organización vencedora, las Fuerzas armadas revolucionarias (FAR), porque le habían quitado el cargo de coordinador." Esto ocurrió unos meses antes del asesinato de los estudiantes.

Nadie se explica cómo, poco después del crimen, Portillo pudo reaparecer tan campante en la Universidad nacional autónoma de México (UNAM), en la capital del país. ¿Quién protegía a Pollo Ronco? ¿Sería, quizá, la eficaz policía política mexicana, que tenía la costumbre de utilizar exiliados para infiltrar a los grupos de izquierda? Después de todo, el estado de Guerrero y la UNAM, cuna de varios movimientos armados, eran "focos rojos" permanentes para la inteligencia mexicana. Pero, además, ¿cómo podía entenderse que alguien vinculado a la guerrilla pidiera la luz verde de los servicios secretos guatemaltecos para volver a su país, según cuenta el coronel que dio el visto bueno?

A partir de 1986, ya de regreso en Guatemala, el vociferante activista del EGP estaba trabajando para el gobierno de la Democracia cristiana (DC) en una oficina ubicada en el ministerio de Finanzas. "Portillo es un pícaro que supo navegar para llegar arriba", resume un antiguo amigo. La DC fue su gran trampolín para convertirse en diputado en 1994, pero al año siguiente saltó a los brazos del general Ríos Montt, que lo nombró candidato presidencial del FRG con el apoyo financiero y logístico de la red Moreno, la mafia del contrabando vinculada a antiguos oficiales de inteligencia.

Los sectores ilustrados del país temblaban ante la idea de tener un gobierno en manos "de un homicida, un genocida y toda la rosca de militares depurados por el PAN". Quien no parecía en absoluto preocupado era Edgar Gutiérrez, el ex coordinador del Remhi, que en sus columnas y encuentros con la comunidad diplomática minimizaba la importancia de la red Moreno y acusaba al gobierno de utilizar ese caso para "dejar fuera del *ring*" a Portillo, en una "campaña negra" tramada por los "siniestros asesores presidenciales". Arzú y su principal consejero, Gustavo Porras, padecían lo que él llamaba "el síndrome de la Cofradía" (la hermandad de oficiales de inteligencia militar) y estaban imaginando conspiraciones e "inflando un poder imaginario del pasado". No sólo eso: Gutiérrez acusaba al propio Arzú de haber pavimentado, con sus críticas a la iglesia, el camino del asesinato de Gerardi y de haber justificado y encubierto el crimen, cometido por su entorno militar. Frente a ese gobierno "desastroso", Portillo emergía como la gran esperanza del cambio.

La sintonía de la ODHA con el candidato del FRG, al que ya las encuestas aupaban como el nuevo presidente de Guatemala, era total: Portillo había asumido el caso Gerardi como bandera electoral. "Si yo sé quiénes mataron a monseñor, ¿cómo no lo va a saber Álvaro Arzú?", proclamaba en sus mítines. Monseñor Ríos Montt acogía con agrado el discurso del ahijado político de su hermano el general. Nery Rodenas, su brazo derecho y director de la ODHA, suscribía sus palabras: "Con este gobierno no se va a llegar a nada, porque está encubriendo a los asesinos, que son militares". Y Mynor Melgar remataba: "Esperamos resultados positivos el próximo año".

El 1° de noviembre, en su cierre de campaña, Portillo se aventó con la más arriesgada de sus promesas electorales: "Renunciaré si no resuelvo el caso Gerardi, que es una vergüenza para el país. Pase lo que pase y me pase lo que me pase, los responsables de la muerte de monseñor Gerardi se van a ir a la cárcel".

❖ ❖ ❖

A mediados de diciembre, el fiscal Leopoldo Zeissig partió a Washington a recoger los últimos resultados de las pruebas de ADN. A su regreso se mostró extremadamente confiado ("estos análisis son certeros en un 99.95%", dijo), pero no quiso dar detalles: aún faltaba una "evaluación integral" de todos los informes del FBI, en los que se comparaban las muestras de 17 donantes y la sangre hallada en la casa parroquial.

Por esas fechas los auxiliares de Zeissig empezaron a reunirse con el indigente Rubén Chanax. Lo recogían en el hotel donde vivía con el Chino

Iván y lo devolvían al cabo de las horas. La desesperación empezaba a hacer mella en los dos testigos, que llevaban un año y ocho meses de confinamiento. Las condiciones, sin duda, habían mejorado. El ministerio público los había trasladado del "cucarachero" que era el hotel Monterrey al hotel Arlington, pretencioso nombre que adornaba unos cuartos de cemento. Recibían además un estipendio mensual de 500 quetzales, pero ¿qué clase de vida era esa, con una vigilancia policial constante y sin poder ir más allá de la terraza? Si a los testigos que presentaba la ODHA los sacaban al extranjero, ¿por qué a ellos no los trataban igual?

Las salidas de Chanax despertaron la curiosidad del Chino Iván, que se preguntaba qué querría la fiscalía. Pero su amigo, taciturno e inquieto, no le contaba nada.

❖ ❖ ❖

El 14 del enero de 2000, en solemne ceremonia en el teatro nacional Miguel Ángel Asturias, Álvaro Arzú entregó la banda presidencial a su sucesor, Alfonso Portillo. Con el control del gobierno, del Congreso y de la mayoría de los ayuntamientos, el FRG se había convertido, en palabras de su fundador, en "una apisonadora en manos del pueblo".

En el escenario del teatro, junto a Portillo, estaba su exultante vicepresidente, Juan Francisco Reyes, un ex cadete de la academia militar chilena O'Higgins que dejó el ejército para manejar el negocio familiar de transporte de carga. Y, ejerciendo de maestro de ceremonias, el general Ríos Montt, reivindicado en esos flamantes "comicios de la paz" como el diputado más votado. Guatemala inauguraba el régimen más inusitado del continente, con un presidente homicida que se declaraba admirador de Fidel Castro, un vicepresidente que buscaba inspiración en Augusto Pinochet y un jefe del Congreso mesiánico y con juicios pendientes por genocidio. Los tres tenían una fijación común: su odio a los empresarios.

El gabinete, anunciado la víspera, era un reflejo de semejante amalgama: *eferregistas* de toda la vida, algunos democristianos desempleados y un puñado de personajes de la antigua guerrilla, viejos amigos de la etapa mexicana de Portillo, quienes, como él, habían saltado sin problemas de su militancia marxista a la sombra del general Ríos Montt. Sobresaliendo entre todos, emergía Edgar Gutiérrez. Como flamante secretario de análisis estratégico, el "heredero" del obispo Gerardi tendría en sus manos el control del servicio de inteligencia civil.

Se formalizaba así una relación hasta entonces casi clandestina, que Gutiérrez había negado con furia en los meses previos. Y, a pesar de sus desmentidos, también Ronalth Ochaeta, el otro "hijo putativo" del obispo asesinado, esperaba el plácet del Vaticano para ocupar el cargo de embajador ante la Santa Sede. El visto bueno nunca llegó, pero el activista humanitario no se quedó en la estacada. Pronto volaría a Washington como embajador ante la Organización de estados americanos.

En su toma de posesión Portillo leyó un discurso —escrito con Edgar Gutiérrez— cargado de promesas que acariciaban los oídos de la expectante comunidad internacional: asumiría los acuerdos de paz como política oficial, disolvería "de inmediato" el Estado mayor presidencial y, por supuesto, ordenaría una "investigación interna" para esclarecer la participación de "agentes del estado" en el asesinato del obispo Juan Gerardi. Grandes aplausos coronaron sus palabras.

❖ ❖ ❖

El mismo día que Alfonso Portillo llegaba a la presidencia, el fiscal Zeissig anunciaba a la juez que Rubén Chanax deseaba hacer una nueva declaración, esta vez como prueba anticipada. Para Flor de María García, aceptar "testimonios de emergencia" se había convertido ya en una rutina. La diligencia se celebró tres días después en la sede de la fiscalía especial del caso Gerardi. Zeissig acababa de regresar de Puerto Rico con la interpretación de los últimos resultados de los análisis de ADN, que se guardó de hacer públicos. La declaración de Chanax duró siete horas. "No hubo nada nuevo, dijo lo de siempre", señaló Nery Rodenas.

La mañana del 21 de enero, una semana después de la toma de posesión del gobierno, el nuevo director de la policía fue convocado al despacho presidencial. Alfonso Portillo estaba acompañado del fiscal general. El mandatario saludó exultante al responsable policial y le extendió un papel. Eran varias órdenes de captura. "Quiero que me detenga a toda esta gente, y al Preventivo de cabeza. Es algo prioritario. No vayan a fallar."

❖ ❖ ❖

El coronel Lima y su esposa decidieron reposar un rato después del almuerzo, mientras llegaba el momento de abrir la tienda. Por ser viernes, habría trabajo hasta bien entrada la noche. Sonó el timbre. Instantes después, el hijo menor, Luis Alberto, irrumpió demudado en la habitación. "¡Papi, te vienen a detener!" Una docena de vehículos policiales se había apostado frente a su casa. Toda la manzana estaba acordonada. Lima descendió a la planta baja y abrió la puerta. Un agente que conocía le saludó. "Coronel, me tocó una misión que tengo que cumplir." "¿De qué se trata?" "Lea." Le extendió un papel. Orden de detención por ejecución extrajudicial del obispo Gerardi. En la lista también estaba su hijo Byron. Desde que sus nombres aparecieron en un documento anónimo, el coronel había esperado lo peor. El triunfo electoral de Efraín Ríos Montt había agudizado su preocupación: sus choques con el general habían sido muy duros en el pasado, al punto de que participó activamente en su derrocamiento. Los temores albergados durante meses se hacían realidad. "Oiga, ¿y para qué tanta gente? ¿Cree que yo voy a andar huyendo?" "Disculpe, es que lo ordenaron." Un tanto cohibido, el agente instruyó por radio que se despejara el paso. Lima le ofreció sus muñecas. "¿No me va a esposar?" "No, coronel." "¿Y mi hijo?" "Ese es otro grupo. Tengo entendido que está estudiando en el Centro de estudios militares." "No está estudiando", respondió, con un sabor acre en la boca. "Él es instructor."

El capitán Lima leyó con atención la orden de detención que le mostraba el agente policial. En la lista estaban el sacerdote Mario Orantes y la cocinera Margarita López. De repente vio el nombre de Obdulio Villanueva. "¿Y ése qué hace aquí metido?" Villanueva era el escolta de Álvaro Arzú que había disparado al lechero que arrolló con su vehículo la comitiva presidencial durante un paseo a caballo. La ODHA se había involucrado en el juicio y había quedado muy frustrada con la condena a cinco años por homicidio, en lugar de los 30 años que ellos pedían por "ejecución extrajudicial". Lima, herido en el incidente, había testificado a favor de Villanueva. "Esto es un paquete organizado por la ODHA", pensó. "¿Pero por qué meten a mi padre?"

El joven encontró al coronel en el Preventivo. "Cabal lo que habíamos platicado." Se sentaron en el suelo. Ahí estuvieron hasta la una de la mañana, mientras los reos encargados de los diferentes sectores entraban y salían del despacho del director. "¿Qué están haciendo?", preguntó el coronel a su hijo. "Negocian con nosotros, a ver dónde nos van a meter." El resultado fue el peor posible: sector 1, de alta peligrosidad, que reunía a varias bandas de secuestradores (los Pasaco, la AR-15 o los Kekas) desarticuladas por un comando especial integrado por inteligencia militar en la época de Arzú. Los jefes del sector obligaron a los Lima a tomarse medio litro de guaro (aguardiente). Después les explicaron las condiciones: la "cuota de ingreso" en el sector era de siete mil quetzales (900 dólares) por cabeza y debían pagar al día siguiente. Todo tenía precio, hasta el uso del baño y el derecho a una plancha de cemento donde dormir. Empezaban a conocer la ley de la cárcel.

Al día siguiente se les unió Obdulio Villanueva. El ex sargento era un hombre fornido, de nariz aguileña, anchos pómulos y ojos rasgados. Tenía un gesto siempre adusto e inexpresivo. Sus ademanes y su lenguaje, en cambio, estaban permeados de la amabilidad ceremoniosa de la gente del campo. La policía lo había ido a buscar a una pequeña aldea llamada Río de Paz, en el oriente del país. Ahí se había retirado tras salir de la cárcel y recibir la baja en el ejército. Vivía con su esposa, sus tres niños y sus padres, con los que compartía las faenas agrícolas. Cuando entró al sector 1, el capitán Lima salió a su encuentro. Ya le había conseguido el dinero de su cuota. "Mirá vos, te presento a mi papá." Villanueva le extendió su mano. "Mucho gusto, coronel." "Lo mismo digo, muchacho", respondió el viejo Lima. "Ya ve dónde nos hemos conocido. Y sin deber ni mierda."

A esa misma hora, Margarita López, la cocinera de la casa parroquial, sollozaba en la comisaría de San Juan Sacatepéquez. La policía se la había llevado de la casa de su hijo, en una modesta colonia ubicada en la periferia de la capital. Al día siguiente ingresó en el penal de mujeres de Santa Teresa. "Yo no sé nada", repetía. "¿Y el sacerdote?", le preguntaban los periodistas. "Yo doy fe sólo de mí." "¿Y qué piensa de la detención de los militares?" "Yo no sé. Es injusto lo que nos hacen. Que no paguen justos por pecadores."

Mario Orantes, entre tanto, seguía en Houston, en el apartamento de su madrina. La orden de captura había caído como un jarro de agua fría sobre la Conferencia episcopal, que trataba de disculparlo. "El padre Orantes ha podido cometer un error, o un pecado", decía su presidente, Víctor Hugo Martínez. La familia y el abogado del sacerdote insistían en que estaba muy enfermo y no podía regresar. Cuando la fiscalía amenazó con una orden de extradición, la iglesia decidió mover sus hilos.

Días después, Orantes enviaba un saludo "al pueblo de Guatemala", anunciando su regreso y agradeciendo "las oraciones de la comunidad católica". Para entonces, el religioso había recibido las garantías del mismísimo Alfonso Portillo de que no sería encarcelado y de que podría permanecer recluido en un hospital privado. Ni por asomo deseaba el presidente desairar al nuncio y al arzobispo. El intermediario en las negociaciones secretas había sido Acisclo Valladares, un antiguo procurador general de la nación convertido en flamante embajador ante la Santa Sede. Acisclo era todo un experto en la técnica de afrontar procesamientos "encamado" en una clínica: él mismo había sido uno de los pioneros en Guatemala, cuando fue acusado de haberse apoderado de los bienes de sus ancianas tías.

Veinte días después de que se hubiera emitido la orden de captura, el abogado José Toledo anunciaba a la juez que el sacerdote estaba a su disposición en el sanatorio Hermano Pedro, regido por las hermanas de San Vicente de Paul. El director del hospital lo había recluido en la unidad de terapia intensiva. "Su vida peligra", dijo su abogado. Y repartió unas fotos de un rollizo Orantes con una sonda nasal y los ojos cerrados. "No estamos haciendo un show", se defendía su madre, doña Marta. "Que vengan los médicos que quieran." Los que llegaron, por orden de la juez, fueron Mario Guerra y Eduardo Estrada, los forenses "de cabecera" del sacerdote, quienes, como no podía ser menos, recomendaron su permanencia en el hospital. "Está muy demacrado", decía Guerra. Esta vez, la fiscalía no pidió que sus propios médicos contrastaran el diagnóstico.

El clero se volcó con el sacerdote. "El padre Orantes siempre ha tenido y tendrá el apoyo moral de la iglesia", anunciaba el obispo Ríos Montt, director de la ODHA y sucesor de Gerardi en sus cargos.

El origen de este giro espectacular había sido el nuevo testimonio de Rubén Chanax. El indigente había presentado una versión totalmente diferente a sus anteriores intervenciones. Ahora se presentó como carpintero, y "el monseñor que mataron", de su primera declaración, se había convertido en su "amigo" Gerardi. Contó que el domingo 26 de abril, a eso de las nueve de la mañana, él se encontraba en el parque de San Sebastián cuando se le aproximó Obdulio Villanueva y le advirtió que no se acercara por ahí a las 10 de la noche: "va a morir alguien y no te quiero matar, porque me das lástima". A pesar de todo, él regresó a la casa parroquial a las 21:55 horas. A las 22:05 o 22:10 vio salir del garaje al famoso descamisado, que ahora ya tenía nombre: Chanax recordaba que se llamaba Hugo y trabajaba en el EMP. Esta vez no cerró la puerta, como había declarado antes, sino que la dejó "medio abierta". Al cabo "de cuatro minutos" llegó una furgoneta Grand Cherokee negra de la que bajaron el capitán Byron Lima y Obdulio Villanueva con una cámara de video. "Colocho, ayúdanos", le dijeron. Entraron al garaje: había un cadáver boca abajo, con la cabeza hacia el portón. "Si hablas, te quedas como él", le amenazó Lima. Vio cómo Villanueva filmaba la escena. No, no le pidieron que moviera el cadáver. Él salió corriendo hacia la pequeña cancha de futbol.

Cuando los dos militares se fueron, a las 22:30, Chanax tocó el timbre de la casa parroquial para avisar al padre Orantes que "la puerta peatonal del garaje estaba abierta". Por esa misma puerta se asomó precisamente el sacerdote, vestido con pantalón azul, camisa blanca y una cazadora de cuero. "Padre, dejaron la puerta abierta." "Gracias, Colocho", respondió Orantes, y la cerró de una patada. Acto seguido, Chanax se echó a dormir. Se despertó a medianoche, cuando llegaron los de Eventos católicos. Cenó y entonces salió de nuevo Orantes, esta vez con una "bata azul y sus lentes puestos", a preguntar si habían visto algo. Luego apareció un auto corinto con una pareja joven. Después llegaron los bomberos y de nuevo salió el padre: "Colocho, diga a la policía todo lo que vio, menos que yo salí por esta puerta".

En el camino de la narración se perdió el descamisado. Tampoco figuraba el coronel Lima. Pero el fiscal Zeissig se encargó de recordárselo en la ronda de preguntas. "¿Y había algún conocido suyo en la tienda de don Mike?" Sí, un señor que le había ayudado cuatro meses atrás, cuando fue atacado por unos estudiantes. "Entonces él me mostró una placa dorada y me dijo: soy de la G-2, papá de Byron Lima, jefe de la seguridad de Arzú." Era un hombre "alto, delgado y de pelo negro". Bebía cervezas con otros tres y platicaba con don Mike.

Uno de los abogados de la ODHA le refrescó la memoria con la placa de la Cherokee negra. En su exposición, Chanax aseguró que no pudo verla porque habían estacionado "allá abajo", pero cuando Mario Domingo insistió, respondió sin dudar: "era O-123. O significa oficial".

El abogado Toledo estaba pasmado. El testimonio de Chanax le había agarrado por sorpresa. "¿Por qué no avisó a ninguna persona cuando supo que había un cadáver?" "Porque me habían amenazado." "Pero si usted tenía miedo, ¿por qué regresó a dormir frente a la casa parroquial?" "Porque no tenía a dónde más ir." "Y después de todo lo que vio, ¿todavía pudo conciliar el sueño?" "Sí, no me desperté hasta que llegó la comida."

El indigente dijo saber quién era el capitán Lima. "Tenía un año de lavar carros cuando lo vi. Él pasa regularmente corriendo, en traje de deporte, y me saluda. Y siempre va en un carro SEP, que significa Secretaría ejecutiva de la presidencia". A Villanueva, dijo, también lo había visto varias veces en el parque, aunque después matizó que lo conocía "porque salió en la prensa, cuando el caso del lechero". De Hugo, en cambio, sólo sabía que se llamaba Hugo, lo mismo, casualmente, que había declarado el ex sargento Aguilar antes de viajar a Canadá.

Sólo él había presenciado todo lo ocurrido esa noche. Para ello, el indigente suprimió el episodio de la cena con Tulio y los demás indigentes. Ahora todos estaban bolos y dormidos. ¿Y el Chino Iván? Pues él se había ido a buscar sus cigarros a la tienda y regresó cuando ya todo había pasado y la puerta del garaje estaba cerrada. Es decir, Iván había tardado media hora en cubrir una distancia que, según cronometró el ministerio público, se hacía en dos minutos y 48 segundos.

El Chino Iván no estaba al corriente de la nueva versión que contaba su amigo. De hecho, después de que prestara declaración, a Chanax lo sacaron del hotel Arlington y no lo volvió a ver.

❖ ❖ ❖

El inusitado desenlace del caso había despertado cierto escepticismo. "¿Hubo encubrimiento en la administración del presidente Álvaro Arzú o [el ministerio público] trata ahora de impresionar a la opinión pública por medio de estas capturas?", se preguntaba el diario *Prensa Libre*.

Los acusados aseguraban que todo era un montaje con fines políticos. "La fiscalía y la ODHA han tenido mucho tiempo para preparar toda la historia", señalaba el capitán Lima. "Y al final han arreglado todo con un indigente harapiento y extenuado que sólo busca ayuda económica. El ejército sería tonto si hace algo así en época de paz, cuando el Remhi ya se había publicado y se vendía hasta en las librerías. Alguien preparó un mártir." Y ese alguien, decía, era la ODHA, que necesitaba justificar su existencia para seguir recibiendo apoyo financiero internacional.

La defensa de Orantes tampoco se quedó callada. "Rubén Chanax fue la primera persona que declaró en la madrugada del asesinato. Repitió lo mismo en todas sus intervenciones posteriores, incluida la reconstrucción judicial hace once meses. Y ahora, con el nuevo fiscal, presenta una versión llena de nombres, llena de datos y enriquecida con horas, comas y puntos. Es increíble." El testigo, añadieron, "parecía estar bajo efectos de alguna droga". "El ministerio público actúa para complacer al actual gobierno, sin importar que se violen los derechos de los procesados. Chanax es un declarante falso. Si le creen, deberían procesarlo como cómplice."

El presidente Portillo, en cambio, estaba exultante y aprovechó para acusar a su predecesor. "La información que condujo a estas capturas la tenía Arzú. Lo que faltaba era voluntad. He ordenado al ministro de Defensa que indague sobre esos tres militares y otros once o doce más que podrían estar involucrados."

El fiscal general se mostraba complacido. Todo lo que alegrara a Portillo le alegraba a él también. Ya se lo había manifestado en una reunión que habían mantenido para hablar del proceso: "Señor presidente, estoy esperando que usted me diga. Estamos para servirle". El viejo y achispado González Rodas no conocía las interioridades del caso, pero se adhería a todo lo que hiciera falta. Y ante los periodistas soltaba esas frases suyas que ponían patas arriba los principios del derecho: "los capturados deberán demostrar su inocencia".

❖ ❖ ❖

La satisfacción se le borró de la cara al fiscal general cuando se constató que el 26 de abril de 1998, día del asesinato de monseñor Gerardi, Obdulio Villanueva estaba en la cárcel de la ciudad de Antigua, cumpliendo condena por el homicidio del lechero. A la juez Flor de María García no le quedó más remedio que ordenar su liberación.

La trama de Leopoldo Zeissig parecía venirse abajo en medio del escándalo. "¿Cuáles fueron los indicios racionales de criminalidad para ordenar esa captura?", fustigó el presidente de la Corte suprema de justicia, José Quezada. La aprehensión del ex sargento era un ejemplo, decía, del deficiente trabajo de los fiscales.

Pero otro testigo providencial vendría a rescatar a Zeissig de tan embarazosa situación. Gilberto Gómez Limón estaba "a punto de cumplir condena por delitos económicos", según el fiscal. Conmovedor eufemismo: Gómez era un asaltante de dilatada trayectoria, que tenía por delante una sentencia de 13 años. Lo presentaron a declarar embutido en un voluminoso chaleco antibalas, por el que se esparcía su larga melena. Era un hombre de baja estatura, cara ancha y bigote, curtido en juzgados y presidios. Se identificó como "comerciante", de 41 años, y contó que había coincidido con Obdulio Villanueva en la cárcel de Antigua. Aquella prisión era, según Gómez Limón, un colador. Cualquiera podía ir a dar una vuelta a la calle pagando 200 o 300 quetzales. En los casi tres meses que

compartieron sector, Villanueva había salido "unas 25 veces". Pe͟
daba un "día especial" en el que estuvo entrando y saliendo, y pasó
fuera. No sabía la fecha, pero fue la víspera del asesinato de Gera͟

A preguntas de la defensa, Gómez Limón no ocultó sus motivaciones
para declarar: "Pensé que yo puedo salir del país, ya no puedo vivir aquí,
y eso pensé, para que me ayudaran".

Obdulio Villanueva fue detenido de nuevo en su aldea. La decisión
causó estupor en el ámbito judicial. ¿Desde cuándo la palabra de un testigo, que además era un reo con interés manifiesto, tenía más credibilidad que los documentos oficiales? Para calmar las aguas, el fiscal Zeissig
filtró a la prensa que el ex sargento era el asesino material del obispo.
"Hemos hecho un estudio y creemos que Villanueva tomó la piedra, o
el arma que haya sido, y atacó a monseñor." Nunca más lo volvería a
sostener.

❖ ❖ ❖

Ingresado en una clínica privada, el padre Orantes era sometido a un in-
terminable rosario de exámenes médicos, que obligaba a posponer el
diagnóstico definitivo. El forense Eduardo Estrada explicaba que su informe le iba a llevar más tiempo del previsto: ahora sospechaba que el
sacerdote tenía "cálculos renales·y ganglios calcificados".

A pesar de ello, Orantes sacó fuerzas para brindar una conferencia
de prensa en la víspera de su audiencia de apertura a juicio. En compañía de sus padres y de sus tres abogados, recibió a los periodistas en su
lecho, con una sonda nasal y suero en el brazo. El apoyo de la iglesia, en-
carnado en el nuncio y en el arzobispo Penados, explicó, le llenaba de
confianza para lanzarse "a esta aventura cristiana".

En un intento de consolidar el respaldo de la grey católica, un tanto
resquebrajado por los acontecimientos, el sacerdote había dirigido otra
carta "al pueblo de Guatemala", donde reiteraba su "total inocencia" y
esgrimía, en su defensa, "el completo apoyo" recibido de la familia de
Gerardi.

Por primera vez desde la muerte del prelado, Axel Romero, su sobrino y ahijado, rompió el silencio. "Respeto la opinión del padre Orantes y
su legítimo derecho de defensa", escribió a los medios, "pero también es
mi obligación aclarar a la opinión pública que es falso que dicha persona
reciba el completo apoyo de la familia. Si algún miembro de la familia
Gerardi ha brindado apoyo al padre Orantes en la defensa, lo habrá hecho
a título personal; en ese caso, sería conveniente que se hiciera público."

La actitud respecto de Orantes era el único punto de desacuerdo entre los sobrinos del obispo. Axel, más cerebral, mantenía una sana distancia. Para empezar, el sacerdote le parecía "un tipo raro". Esa relación
que tenía con su perro, o que se dejara mantener por una mujer rica, o que

pasara la vida escudándose en sus enfermedades... Era la antítesis de su tío Juan, siempre desapegado del dinero, vital y generoso. Pero además, había demasiadas inconsistencias en el relato del sacerdote. Axel no había olvidado la forma en que estaba colocado el cadáver, ni la inusitada presencia de Efraín Hernández, ni el retraso en avisar a la policía. "Poniéndonos a pensar bien, creo que Orantes miente sobre el hallazgo del cadáver y que está ocultando información", le decía a su primo Javier.

Pero Javier y sus hijos se iban más por el lado afectivo. Olga, sobrina nieta del obispo, no podía dejar de sentir compasión por el padre Mario, que siempre había mantenido una buena relación con el tío Mocho y no tenía motivos para hacerle daño. Al contrario: su tío no le ponía impedimentos para sus viajes a Houston. Incluso el padre Mario le había dicho a ella que estaba muy feliz porque, por sus mismas enfermedades, él prefería ser ayudante que párroco. No le pasaba por la cabeza que tuviera algo que ver con el crimen. Más bien, el aturdimiento al encontrar el cuerpo lo debió de llevar a cometer errores, como no avisar a la policía y llamar antes a Efraín, o como no haberles telefoneado a ellos. Claro que también le resultaba difícil de creer que ni él ni Margarita hubieran oído nada, con la resonancia que tenía esa casa. Los destellos de duda le hacían a Olga demasiado daño. Si el padre Mario tuviera culpa, zanjaba, no estaría tan tranquilo.

Javier y su familia no habían dejado de visitar al sacerdote desde su primera detención. Incluso se empeñaron en que fuera padrino del primer nieto, que se llamaría Juan José Gerardi, como el malogrado obispo. Axel trató de disuadirles, pero no hubo manera. El bautizo se celebró cuando Orantes recuperó su libertad, tras la clausura provisional del proceso, dictada un año antes. Era, en cualquier caso, un apoyo privado que Axel respetaba. Pero lo que el ahijado del obispo no iba a tolerar era que el sacerdote usara el nombre de la familia como garantía de su inocencia. Por esa misma razón había rechazado una petición de doña Martita para que firmaran un desistimiento, exculpando a su hijo.

Axel y Javier compartían, en cambio, la decisión de quedarse al margen del proceso legal. Lo habían hablado con la tía Carmen, hermana de monseñor, y estaban de acuerdo en que el caso se estaba politizando demasiado. Ahí estaba metido el ministerio público, la ODHA, los organismos internacionales... ¿Dónde encajaba la familia? Además, nadie se había interesado en ellos.

El contacto con la ODHA era mínimo. A los sobrinos de Gerardi les disgustaba profundamente la forma en que los abogados del arzobispado manejaban el caso. "Ellos han usado al tío. Lo usaron en vida y lo están usando después de su muerte", decía Axel. Habían convertido su asesinato en una bandera política y en un trampolín profesional. "Mirá dónde están ahora Edgar Gutiérrez y Ronalth Ochaeta. Esos dos han demostrado ser un par de pícaros que han sabido sacar provecho."

Nery Rodenas, sucesor de Ochaeta al frente de la ODHA, provocaba aún más rechazo en la familia del obispo. Y no tanto porque fuera "un mediocre", según Axel, como por su comportamiento con ellos. Nunca se había atrevido a dar la cara, pero bien que había buscado a la tía Carmen, irrumpiendo, con sus modales melifluos, en su duelo callado y en su universo de recuerdos, para sumergirla sin piedad en pormenores dolorosos del crimen, o para ponerla al corriente de las sórdidas difamaciones que atentaban contra el honor de su hermano y embarcarla después en demandas judiciales que sólo agudizaban su desconsuelo. Olga no le perdonaba a Rodenas aquellas visitas que tanto alteraban a su tía. "Siento que la quiere manipular. Si no, ¿por qué no va a hablar con los hombres de la familia, con papá o con Axel, que es abogado?", le decía a su madre. "¿Por qué no tiene ninguna consideración con una mujer mayor que vive sola?"

Carmen había muerto el 31 de enero anterior. Olguita nunca la vio llorar. Desde su desaparición, ya nadie se había molestado en tenerles al tanto siquiera de las actividades organizadas en memoria del obispo. Axel, de todos modos, había dejado de asistir a esas ceremonias. Le enfermaba ir a una misa y encontrarse con "unos melenudos cantando babosadas". A su tío, pensaba, no le hubiera gustado. Entre sus más de 400 discos compactos, no había uno solo de canción de protesta. Le estaban robando su dimensión humana, su esencia alegre y compleja, para convertirlo en un cliché político.

A esas alturas, la familia Gerardi estaba desengañada con la investigación. Sentían que todos trataban de "sacar raja": los abogados de la ODHA, los fiscales, los jueces… Era "el caso de sus vidas" y tenían que aprovechar los dos minutos de gloria con becas, puestos y ascensos. Lo que menos parecía importar era encontrar la verdad. Así las cosas, ellos, mejor, se quedaban al margen. "Esta es una historia de malos", solía repetir Axel. "Estamos rodeados de malos por todas partes."

❖ ❖ ❖

En el mes de abril de 2000, Rubén Chanax fue sometido a un careo con los Lima. Primero fue el turno del coronel, y allí se presentó la primera sorpresa. Según Chanax, el coronel era "alto, delgado y de pelo negro". Pero ante sí tenía a un hombre de baja estatura, robusto y de pelo blanco.

El militar y el indigente se sentaron frente a la juez Flor de María García, separados por una pequeña mesa. Lima llevaba traje y corbata. Chanax, pantalón vaquero, camisa polo y cinturón de piel. El joven sostuvo que vio al coronel la noche del 26 de abril de 1998, a eso de las 19:30, tomando cervezas en la tienda de don Mike. Y que lo reconoció porque le había auxiliado cuando fue golpeado por dos estudiantes, momento en que le mostró una placa dorada y se identificó como miembro de los servicios de inteligencia militar y padre de Byron Lima.

"Hace más de 20 años que no voy por esos rumbos", respondió el militar. "Yo lo vi. Tenía el pelo un poco más negro." El coronel se levantó. "Señora jueza, una salvedad. Deseo que se tome en consideración mi voz, mi forma de hablar y de gesticular. Siempre he sido así, cualquiera lo puede decir. Parece que uno estuviera molesto, enojado, y tengo cara de bravucón, pero es mi forma de hablar." Se sentó de nuevo y se dirigió a Chanax:

—Jamás he hablado con usted, muchacho. Estoy retirado de la institución desde 1991. Desde entonces he querido ser feliz, en mi casa y en mi propio negocio. Tengo toda una colonia por testigo. No he pisado esos rumbos desde hace años. Y no to-mo cer-ve-za, no me gusta.

—Usted ha estado ahí.

—Jamás.

—Estaba con tres personas. Era usted, tenía el pelo distinto.

—¿Y si usted me conoció, por qué no me saludó? Siempre he sido ca-no-so, desde joven. Siempre he si-do gor-do. Ahora incluso he rebajado algunas libras por la prisión, donde estoy gracias al muchacho. Y jamás se ha usado chapa en la dirección de inteligencia, donde trabajé hace 15 años, y menos dorada.

—Usted me la mostró.

—Jamás le he enseñado a usted nada. Soy respetuoso con las prendas y las insignias militares. No usé placa en activo ni usé placa de civil. No tengo nada que pretender.

—Usted me la mostró.

Chanax no se atrevía a fijar su mirada en el coronel, que hacía esfuerzos para contenerse. "No entiendo cómo este muchacho ha jurado decir la verdad. Ha sido preparado. Pero mañana, muchacho, su conciencia le va a molestar." "Puede retirarse el sindicado", dijo la juez.

Entró entonces a la sala el capitán Lima. Se sentó muy erguido en la silla frente a Chanax, que se sujetaba la cabeza acodado en la mesa. La juez recordó que el indigente había visto al capitán la noche del crimen, después del asesinato, y que lo conocía porque pasaba corriendo por el parque de San Sebastián. Inusitadamente, Chanax rompió el fuego:

—Usted no me diga que no hacía deporte en la calle, porque sí lo hacía. Usted salía a correr a las cuatro o cinco de la mañana. No me diga que no, porque sí corría. Y pasaba en un *pick-up* rojo que dice SEP. No me diga que no, porque sí pasaba.

Chanax golpeaba la mesa y señalaba a Lima con agresividad. El capitán sonrió con ironía:

—Está bonita su actuación. Para empezar, me gustaría saber cuánto le están pagando los fiscales y la ODHA. Y que piense usted en la grandeza que tiene Dios para llegar a la verdad. Yo nunca tuve vehículo oficial ni seguridad. ¿Y qué uniforme deportivo usaba yo?

—Pantaloneta blanca.

—Mentira. En el Estado mayor presidencial teníamos pantaloneta verde, la reglamentaria.

—No soy mentiroso ni vendido.

—¡Cómo no! Dice usted que tenía nueve años de vivir en San Sebastián, y no conocía a la cocinera Margarita López que lleva ahí 20 años; y dice que hizo su servicio militar y resulta que no consta. ¿Y qué me dice de su prueba de ADN, la K-36?

La juez advirtió al capitán Lima que no podía interrogar ni acusar al testigo. Para entonces Chanax había perdido el aplomo, azorado ante las réplicas que, como ráfagas, le lanzaba el capitán.

—Usted llegó en la Cherokee y se bajaron por la puerta de atrás.

—Usted es un indigente falso y mentiroso. Dígame, ¿cuál era el edificio donde yo entraba?

—La Casa Crema.

—¿La Casa Crema? ¿Sabe usted dónde está la Casa Crema? Está en el paseo de la Reforma, lejos de ahí.

—Usted entraba en el callejón Manchén, en el edificio de enfrente.

—Eso es la Secretaría de análisis estratégico, que nunca pisé. Y dijo que me vio uniformado. ¿Cómo?

—De verde.

—Jamás usamos uniforme verde en el Estado mayor presidencial. Nunca. Usted no me conoce. ¿Cuál es mi nombre, cuál es mi empleo? Usted nunca me ha visto.

—Vamos a hablar de cómo lo vi esa noche.

—¡Oh, sí! Usted dice haber visto adentro un cadáver. No dijo que estaba herido, ni en otra situación. A mí se me hace que usted fue uno de los actores.

La juez volvió a llamar al orden al capitán. Chanax reiteró que Lima había llegado a las diez en una Cherokee, vestido de negro, y que entraron al garaje.

—Me dijeron: "Colocho, vení".

—¿Por qué Colocho?

—Usted me lo dijo, yo no sé. Y me dijo: "si hablás te quedás igual que él".

—¿Igual que quién?

—Yo no lo conocía.

—¿Y por qué no avisó a las autoridades? Usted es un encubridor.

—Porque tengo miedo a todo lo que es el Estado mayor presidencial.

—¿Sabe por qué tiene miedo? Usted tiene miedo porque miente. Usted tiene miedo porque tiene que aclarar muchas cosas.

Los abogados defensores denunciaron que Zeissig había dejado de investigar para convertirse en un simple "manipulador de testigos". Y por si eso no bastara, estaba tratando de "amarrar" el caso a base de "propuestas indecentes" a los acusados. Al capitán Lima le había ofrecido "ayuda" a cambio de que delatara a otros oficiales. Y al sacerdote le había hecho una proposición más apetitosa: la libertad a cambio de que involucrara a los Lima y a Villanueva.

El fiscal negó iracundo los señalamientos, pero el abogado José Toledo conservaba bien frescos los detalles de la conversación, durante la audiencia de apertura a juicio contra el sacerdote, en el mes de marzo. "Mirá, Chepe, nos ayudaría mucho", le dijo Zeissig, "que el padre implicara a los tres militares. Sólo con que diga que los vio, y yo veo cómo liberarlo de manera jurídica." "No se puede, porque es un caso de acción pública", respondió Toledo. "No importa, eso déjamelo a mí." El abogado pensó que tal vez intentaría negociar la figura de encubrimiento y le trasladó al padre la propuesta del fiscal. Orantes se negó en redondo. "Yo a esos señores no los conozco. Y no voy a acusarlos para salvarme." También los abogados de la ODHA le habían presionado para que implicara a los Lima. Bastaba con que les señalara y ellos le ayudarían a salir bien librado del embrollo.

Por esas fechas Zeissig empezó a denunciar a la prensa que sufría hostigamiento telefónico. En una de sus conversaciones con los reporteros sonó su celular. Al fiscal se le iluminaron los ojos. "Aquí está de nuevo, escuchen." Del otro lado de la línea llegaba una empalagosa canción, "Quererte así". "Oiga, licenciado, ¿no será, más bien, un mensaje de una novia?" "Coqueteo a diario con la muerte", sentenció. Los investigadores no lograban determinar el origen del supuesto acoso, y para curarse en salud el jefe del ministerio público le reforzó su dispositivo de seguridad.

"Ver llegar a Polo Zeissig era todo un espectáculo", recordaría después un auxiliar de la fiscalía contra el crimen organizado, en cuya sede, una casona ajardinada al norte de la ciudad, se había instalado el equipo del caso Gerardi. "¡Era como la caravana presidencial recorriendo el anillo periférico! Una patrulla policial delante, después un vehículo con guardaespaldas, luego el de Zeissig, con chofer y sus escoltas, y cerrando la comitiva, otro carro de guardaespaldas." El fiscal, incluso, había prohibido a "su gente" que hablara con el resto del personal. "Además de tonto, paranoico", comentaba Berta Julia Morales, encargada de los robos bancarios y amiga de las frases lapidarias. "Ese es hombre porque lo dijo la partera."

En el Centro preventivo, los Lima y Obdulio Villanueva compartían el hacinamiento con otros 1,500 reos. Un día, los periódicos informaron de una "trifulca" en el sector 5 del penal. Había tres lesionados, entre ellos el capitán Byron Lima. El director habló de "una riña entre internos". Uno de los testigos, sin embargo, ofreció otra versión: incitados por el "encargado" del sector, varios presos habían atacado al militar. Lima había resultado con heridas leves, pero otros dos que trataron de ayudarlo recibieron varias cuchilladas.

Más que "encargado", Carlos René Barrientos, narcotraficante condenado por el asesinato de un policía, era, literalmente, el dueño del sector 5. Dos días después de la "trifulca", en una reunión celebrada en el despacho del director del penal, Barrientos entregaba al fiscal Zeissig las agendas y los documentos robados al capitán Lima.

El sacerdote Mario Orantes, mientras tanto, denunciaba en la prensa que su situación "era inaguantable". Ni las esmeradas atenciones de médicos y enfermeras, ni la solícita presencia de su madre, ni las visitas de amigos y allegados habían contribuido a aliviar su salud.

Aunque en su origen había sido un seminario, el hospital Hermano Pedro recordaba una antigua casa de reposo. El edificio de dos plantas enmarcaba un jardín amplio y pulcro, donde crecían algunos limoneros, naranjos y pinos. Dos caminitos empedrados, bordeados de rosales y adelfas, cruzaban un césped perfectamente cuidado. En el centro emergía una estatua de la Milagrosa, en piedra blanca. Las habitaciones se distribuían alrededor de amplios corredores de barandillas azules. Orantes ocupaba la número 43, en el segundo piso.

Lejos de disminuir, sus padecimientos se habían incrementado: "cefaleas, problemas digestivos, problemas de colon, úlcera, hipotiroidismo, reumatismo, ácido úrico, arritmia cardiaca y presión oscilante", recitaba el sacerdote, y se lamentaba de que tenía que tomar el sol en silla de ruedas y descansar su espalda en un sillón especial. El cáncer de piel que anunciaron sus abogados había resultado ser una reacción alérgica a los rayos solares.

"Nos hacen descuento", puntualizaba doña Martita cuando se le preguntaba por los gastos de cinco meses de hospitalización. Los fondos, añadía, provenían de sus ahorros y de contribuciones de parroquias. Se guardaba de mencionar a la generosa madrina de Mario, Martha Jane Melville.

Encerrada en el penal de mujeres, Margarita López estaba furiosa. "Mientras yo me pudro en la cárcel, el padre se gasta miles de quetzales en un hospital privado", sollozaba. La cocinera se sentía humillada. Ella no había recibido mensajes de apoyo del nuncio ni del arzobispo. Ningún sacerdote o monja había ido a visitarla. Ni siquiera sus compañeros de la parroquia se habían acercado, por miedo a monseñor Ríos Montt. Quienes sí llegaban a animar a las internas eran los miembros de un grupo protestante. "Dios es justo. Él hace la justicia", proclamaban, y Margarita se sentía reconfortada. En esos días, la cocinera abandonó el catolicismo y se hizo evangélica. Los hermanos eran mucho más solidarios que los sacerdotes, que además se llevaban mal entre ellos. Bastantes enredos había presenciado Margarita en sus veinte largos años al servicio de los monseñores.

❖ ❖ ❖

A medida que se acercaba la fecha del juicio, el fiscal Zeissig trataba de atar los cabos sueltos de su acusación. De momento, había logrado amarrar en un mismo paquete a los dos sospechosos "oficiales", el sacerdote y la cocinera, y a los dos sospechosos de la ODHA, los Lima, con el añadido de Villanueva. Pero le faltaban las piezas principales: ¿quiénes eran los autores materiales, empezando por "Hugo el descamisado"? ¿Y quiénes eran los autores intelectuales? Al principio había pensado cubrir ese flanco con el viejo Lima. Pero considerar al coronel retirado como el cerebro de la trama era, a esas alturas, una meta demasiado limitada. La ODHA insistía en que se trataba de una "conspiración al más alto nivel", organizada por los dos oficiales más cercanos a Álvaro Arzú: el coronel Rudy Pozuelos y el general Marco Tulio Espinosa, su último ministro de Defensa. La acusación golpeaba de lleno al ex presidente, en su calidad de comandante en jefe de las Fuerzas armadas. Demasiado ambiciosa, pensaba Zeissig, para los elementos de partida: un documento anónimo y el testimonio del ex sargento Aguilar. En cualquier caso, sería su sucesor el que tendría que lidiar con el asunto: el fiscal general le había prometido que después de la sentencia de los cinco acusados le daría otro cargo.

Uno de sus retos era conectar al padre Orantes con los Lima. Ellos aseguraban no conocerse. Corría el mes de enero de 2001 y aún no había encontrado nada que los ligara: ni de la biografía del sacerdote, ni de los papeles y agendas robados al militar se desprendía un solo punto de contacto. Pero, una vez más, otro reo vendría a sacar al fiscal de su atolladero. Se llamaba Hugo Izquierdo Banini y cumplía una condena por estafa. Cinco semanas de convivencia con el capitán Lima en el Preventivo bastaron para que el militar se sincerara con él y le confiara varios secretos sobre el crimen de Gerardi. Entre otras cosas, Lima le contó que había enseñado a disparar al padre Orantes, con el que intercambiaba correspondencia. "Las piezas de esta versión encajan en nuestra teoría", proclamó Zeissig.

El capitán se acordaba de Izquierdo Banini porque le había robado unos zapatos, unos Dockers nuevos, y los había vendido a otro preso.

❖ ❖ ❖

Los preparativos para el juicio empezaron a accidentarse. Un repentino baile de jueces sacudió al Tribunal 3º de sentencia, encargado del caso: unos se excusaban esgrimiendo motivos peregrinos, otros eran recusados por las partes. Finalmente quedó constituido por José Eduardo Cojulún como presidente y Yassmín Barrios y Amada Victoria Guzmán como vocales. La defensa de los militares trató de recusar a Barrios porque mantenía estrechas relaciones con algunos activistas de derechos humanos. La iniciativa no prosperó.

El 24 de enero de 2001, acusadores y defensores presentaron sus pruebas y listas de testigos. El expediente del ministerio público constaba de cinco mil folios y superaba el metro de altura. Si el peso del papel era sinónimo de solidez investigadora, no cabía duda de que Zeissig ganaría el caso. Un total de 114 testigos y 14 peritos serían convocados al debate, que quedó fijado para el 22 de marzo.

El ambiente se iba espesando. La juez Yassmín Barrios denunció que había descubierto a dos individuos "atléticos y rapados" intentando entrar a su residencia, y que ya el año anterior había sorprendido a un francotirador en el techo de la vecina. Los integrantes del tribunal recibieron escoltas y vehículos. Poco después fue asaltado el domicilio de la compañera del capitán Lima, y la casa del coronel amaneció pintarrajeada con la frase "Gerardi vive. Los Lima asesinos".

La tensión llegó al máximo cuando, la tarde antes del juicio, una granada explotó en el patio trasero de la vivienda de Yassmín Barrios, a pesar de que estaba custodiada por varios policías. La juez no dudó en culpar a "personas involucradas en el crimen" que no habían podido sacarla del proceso, en clara alusión a los militares acusados. Los abogados de la defensa salieron al paso. "Sería absurdo. Esta es una maniobra para causar más animadversión hacia nuestros clientes y predisponer a los jueces en contra." Lejos de amilanarse, Barrios se presentó al día siguiente en los tribunales, donde fue recibida como una heroína.

"En el debate se darán a conocer nuevas pruebas y revelaciones que no puedo anticipar", proclamaba el fiscal, exultante. "El juicio será una caja de sorpresas." Todos, incluidos los abogados de la defensa, imaginaban un proceso de película, donde Leopoldo Zeissig, cual Sherlock Holmes, señalaría con su dedo gordezuelo al autor material y desvelaría los secretos de tan intrincado crimen.

Capítulo 7

El juicio

Corrían las horas y los jueces seguían sin aparecer. La impaciencia y el cansancio empezaban a hacer mella en el público que abarrotaba la sala de vistas de la Corte suprema de justicia. El desenlace del caso Gerardi había generado una enorme expectación dentro y fuera de Guatemala, y el retraso de la sentencia espoleaba la ansiedad. ¿Qué estaría pasando?

Esa misma mañana del jueves 7 de junio de 2001, el tribunal había escuchado la última palabra del capitán Byron Lima Oliva, vestido con su uniforme militar por primera vez desde el inicio del juicio, el 22 de marzo anterior. "Pido perdón a quienes por su ideología no compaginan con el ejército", había dicho el capitán, dirigiéndose con voz firme a los tres abogados de la ODHA que ejercían la acusación particular. "Pero están culpando a personas inocentes. No participé en ninguna ejecución extra-judicial. En qué cabeza cabe que un padre lleve a su hijo a cometer un hecho tan cruel. Mi padre jamás lo haría. Y no puedo pensar que él, jubilado desde hace años, se prestara a un acto semejante." Lima Oliva había mencionado que tenía "condecoraciones de guerra, pero también de paz", por haber colaborado en actividades vinculadas a las negociaciones en Guatemala y en el contingente de la ONU en Chipre. Luego, en tono calmado, había recriminado al ministerio público y a la ODHA por haberse prestado a la fabricación de una "acusación falsa" con el solo objetivo de condenar a militares, sin preocuparse por buscar a los verdaderos responsables. "Es triste que, cinco años después de haber firmado la paz, ustedes quieran seguir con el enfrentamiento ideológico." Y mirando al fiscal Leopoldo Zeissig, le dijo: "usted se plegó a una promesa presidencial. Le ha fallado al pueblo de Guatemala. No tiene integridad".

Los otros cuatro acusados habían hablado el día anterior. Uno tras otro, proclamaron su inocencia. Olvidando sus innumerables achaques, el padre Mario Orantes se había levantando de su silla de ruedas y se había quedado de pie durante su glosa. "La verdad es una, y la verdad es que soy inocente", dijo. "He sido vituperado, calumniado y denigrado a través de los medios. Como sacerdote y como cristiano, tengo que sufrir este sacrificio como sufrió Jesucristo. El único pecado que he cometido es haber encontrado el cuerpo de mi amigo, de mi maestro."

El coronel Byron Lima Estrada había sido más parco. "Creo aún en la majestad de la ley, creo que hay profesionales del derecho honestos y objetivos", dijo. "Soy inocente y no tengo nada que ver con todo esto", repetiría el ex sargento Obdulio Villanueva por enésima vez. "Ese día yo estaba en la cárcel de Antigua. Le pido a Dios, señores jueces, que los ilumine para que ustedes decidan." La cocinera Margarita López, la única procesada por encubrimiento y no por ejecución extrajudicial, había rogado "a los señores que con rectitud decidan lo que es justo".

❖ ❖ ❖

Son ya las dos de la madrugada. El calor en la sala de vistas empieza a ser tan insoportable como las incómodas sillas de plástico amarillo. El presidente del tribunal, José Eduardo Cojulún, había convocado a las partes a las 23:30 horas del día anterior para dictar la sentencia, pero la deliberación se prolonga más de lo previsto. Desde las nueve de la noche, bajo una persistente llovizna, cientos de personas han hecho cola a las puertas de la Corte suprema, que ha prestado sus instalaciones para ese proceso excepcional.

Las asociaciones católicas se han movilizado para asistir a la lectura de la sentencia, como lo han hecho desde el inicio del juicio, dos meses y medio antes. La poderosa Conferencia de los religiosos de Guatemala, Confregua, que agrupa a cerca de 150 congregaciones, organizó un sistema de turnos para tener presencia todos los días en la sala de debates: jesuitas, dominicos, salesianos, Maryknoll, carmelitas y un sin fin de órdenes se han ido rotando disciplinadamente. La explanada de la Corte suprema ha quedado convertida en escenario de vía crucis, rezos y cánticos alusivos, como el "Corrido de monseñor Gerardi". Esta noche han organizado una vigilia, colocando veladoras y pancartas con la efigie del obispo y la palabra "JUSTICIA".

Cientos de policías rodean el edificio y varios francotiradores están apostados en los tejados. Antes de entrar en la sala de vistas, el público debe someterse a un minucioso registro y al detector de metales. El anfiteatro está a rebosar. Monjas, curas, seglares y activistas humanitarios copan la mayoría de los 400 asientos. Los periodistas y unos pocos familiares y amigos de los acusados ocupan las primeras filas del lado izquierdo. Un par de metros y una frágil cinta los separan de los procesados, que resisten con entereza el embate incesante de los fotógrafos.

Desde su silla de ruedas, Mario Orantes mira inexpresivo detrás de sus gruesas gafas. El sacerdote lleva ya un año y medio recluido en un hospital privado y ha estado llegando al juicio en ambulancia, escoltado por una enfermera y un tanque de oxígeno. A mitad del proceso sustituyó el pijama, la bata y las pantuflas por ropa de calle y alzacuello. Había intentado provocar la conmiseración del pueblo católico, pero su rostro saludable y sus 110 kilos lo delataban. A su lado, siempre discreta, está sentada Margarita López, con su rebeca negra y sus mechones sujetos con horquillas. Con sus enormes anteojos, el coronel Lima Estrada se parece a los tecolotes que colecciona desde siempre. Temiéndose lo peor, ha venido vestido de negro. "Estoy de luto por la justicia en este país." Lleva al cuello una medalla de la Virgen y, sobre la solapa del saco, su discreta insignia de combatiente. Su hijo viste el uniforme de gala, verde oscuro. "No tengo por qué avergonzarme de mi condición de militar", dice. Junto a él, pétreo, inescrutable, está el ex sargento Obdulio Villanueva.

Sentados delante de ellos, los abogados defensores (tres para el sacerdote, dos para la cocinera y uno para cada uno de los tres militares) conversan entre sí. Julio Cintrón, el procurador del coronel Lima, es el más veterano. Tiene 66 años y severos problemas de salud que lo han obligado a ausentarse del juicio en varias oportunidades. A su lado, el más joven de todos, Roberto Echeverría, que está por cumplir 30 años y era juez antes de involucrarse en la defensa del capitán Lima. El ex sargento Villanueva ha contratado a Irving Aguilar, tan parco como su cliente. Ramón González y Virginia Porras apoyan a Margarita López, que les paga sus honorarios muy de vez en cuando. En cambio, Mario Orantes tiene el apoyo financiero de su acaudalada madrina, Martha Jane Melville. Además de sus gastos médicos exorbitantes, sufraga su defensa, a cargo de José Toledo y dos letrados más, Luis Mazariegos y Ruth Vielman.

A la derecha del estrado, donde los mullidos sillones de cuero de los jueces siguen vacíos, los dos fiscales, Leopoldo Zeissig y Mario Leal, charlan animadamente con uno de los abogados de la ODHA, que se ha rapado para celebrar de antemano la victoria. El ministerio público y los juristas del arzobispado han unido fuerzas para conseguir la condena de los procesados. Esta alianza ha permitido compensar el desempeño más bien mediocre de los fiscales, en particular del joven Zeissig, cuya ineptitud ha contribuido a alargar el debate más de la cuenta.

❖ ❖ ❖

A las 2:30 de la madrugada, la secretaria del tribunal irrumpe en la sala para anunciar que hay "problemas técnicos" y pide paciencia a las partes. Los abogados de la defensa se retiran en señal de protesta y presentan un recurso ante un juez de paz para que "quede constancia de las anomalías". A esa hora, la embajadora de Estados Unidos, Prudence Bushnell, que estuvo sentada un rato entre el público, ya se ha marchado con su séquito de asistentes y guardaespaldas. Nadie acierta a explicarse la presencia de la diplomática, cuya constante injerencia y su apoyo ciego al presidente Alfonso Portillo la han enfrentado con importantes sectores del país. En la sala corre el rumor de que Bushnell se ha reunido con los jueces, que no habían llegado a un acuerdo sobre la culpabilidad de los acusados, y los ha presionado para modificar la sentencia en un sentido más drástico, lo que explica el retraso. Voces más sensatas achacan la aparición de "la gringa" a su proverbial torpeza.

De repente, la puerta lateral del estrado se abre y los tres jueces entran y ocupan sus asientos. Son las 4:20. José Eduardo Cojulún se disculpa por la tardanza, que atribuye no a "problemas técnicos", como habían dicho anteriormente, sino a "la complejidad del análisis del caso". El presidente del tribunal ya no habla con esa voz enérgica y esa seguridad que ha tenido durante el juicio. Está casi afónico y apenas se oye lo que dice. "Los tiene de corbata…", ironiza un abogado sentado entre el público. Las dos vocales no abren la boca. Amada Guzmán, discreta como siempre, pasa casi inadvertida. Yassmín Barrios mantiene ese rictus de desdén que le es habitual. Más adelante, el juez Cojulún confesaría que la relación con su colega había sido tensa. "Yassmín es una mujer muy difícil. Es impositiva, no sabe escuchar ni dar la razón, y menos si el que habla es un hombre. Ella decidió convertirse en la protagonista del caso. Se sintió la gran heroína. Le entraron como delirios de grandeza. Es un problema de falta de experiencia y esa inexperiencia le hace ser inflexible e impetuosa."

Después de obtener el visto bueno de los abogados, Cojulún ordena a la secretaria que lea la "parte conducente del fallo", unas treinta hojas. A esa hora, nadie está dispuesto a aguantar la lectura de las casi 300 páginas de los considerandos de la sentencia, que analiza más de un centenar de testimonios y otro tanto de prueba documental y pericial. Un silencio absoluto se apodera de la sala.

Los jueces no han encontrado "elemento probatorio alguno que determine la participación de la señora Margarita López, en ningún momento se comprobó que haya participado encubriendo a los demás acusados". Con excepción de la cocinera, que queda absuelta, el tribunal acepta todos los argumentos de la acusación y concluye que monseñor Gerardi fue víctima de una ejecución extrajudicial en venganza por "las denuncias efectuadas [contra el ejército] en el informe Remhi". Por tanto, es un crimen de estado. De acuerdo con el artículo 132 bis del código penal, citado por los juzgadores, comete una ejecución extrajudicial "quien por orden, con autorización, apoyo o aquiescencia de autoridades del estado, privare, en cualquier forma, de la vida a una o más personas, por motivos políticos". No es un requisito que los autores del crimen sean empleados del estado, por lo que este artículo se aplica también al sacerdote y al coronel retirado.

Si bien los acusados no asesinaron al obispo, sí participaron en la conspiración, afirma el tribunal. Así lo demuestra el testimonio del indigente Rubén Chanax, que dormía en la puerta de la casa parroquial y asegura que el capitán Lima Oliva y el sargento Villanueva llegaron ahí después de los hechos, filmaron el cadáver y alteraron la escena del crimen.

Que el coronel Lima Estrada vigiló la operación desde una abarrotería cercana. Y que el padre Orantes salió de la casa parroquial y le dijo: "Colocho, diga todo lo que vio a las autoridades, menos que he salido por el portón".

Tal y como lo temía la defensa, el tribunal había decidido darle valor probatorio al testimonio de Chanax. Peor aún, los jueces habían descartado todas las declaraciones anteriores del indigente, para quedarse únicamente con la última, la que había prestado en la sala del debate el 30 de abril. Sin que los abogados fueran informados con antelación y pudieran preparar su interrogatorio, Chanax había llegado desde México, donde la fiscalía guatemalteca le proporcionaba vivienda y apoyo financiero. Con el pelo corto, traje azul marino, zapatos nuevos y chaleco antibalas, el personaje que se presentó ante el tribunal no se parecía en nada al Colocho, aquel indigente sucio de melena alborotada que había dormido durante años en la entrada de la iglesia de San Sebastián.

Pero sí era él, y llegó para ofrecer una versión mucho más depurada y llena de detalles nuevos. Contó que, una vez que se marchó el descamisado de nombre Hugo, el capitán Lima y el sargento Villanueva se presentaron en la casa parroquial y lo obligaron a entrar en el garaje. "Llegaron en un Cherokee negro. El señor Villanueva fue a buscar un pedazo de concreto en el parque y lo puso en el charco de sangre. El señor Lima me dijo: 'vos, cerote, vení a ayudarnos'. Me dieron un par de guantes blancos, como los que usan los doctores. El cuerpo [del obispo] estaba tirado. Yo los ayudé a jalarlo y a volcarlo. El señor Villanueva filmó todo con una cámara de video. Al final, me pidieron los guantes y me dijeron: 'si hablás, te quedás igual que éste'. Y se fueron".

En sus diez declaraciones anteriores, incluyendo tres bajo juramento y tres careos con los militares, Chanax nunca había hablado de su implicación. Durante 21 meses, el indigente sólo había mencionado al hombre sin camisa que había salido de la parroquia. De repente, el 17 de enero de 2000 había modificado su relato para introducir a los Lima y a Villanueva, lo que provocaría la detención de los tres militares. Dijo entonces que el capitán y el sargento le habían pedido ayuda para mover el cadáver, pero que él había salido "corriendo" y se había escondido. Tuvieron que pasar 14 meses para que el testigo estrella admitiera su participación en la manipulación de la escena. Pero no se quedó ahí. El nuevo relato de Chanax ataba los cabos de una oscura conspiración. Antes del crimen, reveló al tribunal, el coronel Lima Estrada lo había contratado como informante de los servicios de inteligencia militar, la G-2, y su misión era espiar a Gerardi. "Me pagaban 300 quetzales por semana para indicar sus horas de salida y de entrada, y las visitas que recibía." Con esta confesión, el indigente reconocía que había colaborado activamente con los asesinos, y desde mucho tiempo atrás. Para la defensa, esto era motivo suficiente para que el tribunal ordenara su detención, pero los jueces rechazaron la solicitud y alabaron "la firmeza del testigo frente a sus detractores".

Unos días después se había presentado en la sala de vistas el otro indigente, Iván Aguilar, alias el Chino, que estaba con Chanax en el momento del asesinato. Él también era un testigo protegido por la fiscalía y se había ido a vivir a Costa Rica. Sus días de andar a salto de mata, robando en los vehículos estacionados para comprar droga, habían quedado atrás. En Costa Rica se había casado, acababa de tener una hija y trabajaba como agente de seguridad. Ahora había viajado a Guatemala para contar lo que observó la noche del crimen.

Los dos fiscales, Leopoldo Zeissig y Mario Leal, estaban recelosos. Temían que Iván se saliera del guión. Y eso fue exactamente lo que pasó. Cuando la defensa le preguntó si había visto a alguno de los procesados la noche del 26 de abril de 1998, Iván contestó que no. A ninguno. Había estado con Chanax, en efecto, mirando la televisión en una tienda cercana a la iglesia, pero ahí no estaba el coronel Lima. Tampoco había notado la presencia de los otros dos militares y no había visto al padre Orantes hablar con Chanax. En cambio, sí podía confirmar que un hombre sin camisa había salido alrededor de las diez de la noche. Era el único punto de acuerdo con Chanax. "Señor testigo, ¿quiere usted agregar algo?", había preguntado el presidente del tribunal al final de la audiencia, como lo hacía siempre. El fiscal, nervioso, sudaba copiosamente. Iván le había lanzado una mirada interrogativa. La cara de susto de Zeissig lo disuadió de explayarse. "No, señor presidente, nada más."

Lo poco que había dicho Iván hacía peligrar el frágil edificio de la acusación, que se sostenía sobre el testimonio de Chanax. Pero los jueces fueron condescendientes con el ministerio público y lo sacaron del apuro. Para ello, echaron mano de una evaluación realizada meses antes por el psiquiatra de la fiscalía, Jacobo Muñoz, que había calificado de "blanda la información de Iván" y había aconsejado dar más importancia a las declaraciones de Chanax. Apoyándose en ese peritaje, el tribunal desestimó el testimonio de Iván, salvo, por supuesto, la parte del descamisado, pues ahí sí concordaba con el testigo estrella.

La corte fue también muy generosa con los otros testigos de cargo presentados por la fiscalía. Los aceptó a todos. El testimonio del taxista Jorge Diego Méndez Perussina sirvió para confirmar que un auto con una matrícula perteneciente al coronel Lima Estrada había estado cerca de la escena del crimen. Y la declaración del ex sargento del EMP Jorge Aguilar permitió involucrar al capitán Lima, a quien dijo haber visto llegar en compañía del descamisado, que tenía por nombre Hugo. Ambos testigos se habían ofrecido a la ODHA meses después del crimen y, tras prestar declaración anticipada, la iglesia los había mandado a Canadá con una visa de refugiados. La defensa cometió el inmenso error de no exigir la presencia de esos dos personajes en el debate oral, donde podrían haber sido sometidos a un interrogatorio sólido.

❖ ❖ ❖

Sobre la base de esos testimonios, el tribunal condena a los tres militares a 30 años de prisión, en calidad de "coautores", porque "tenían pleno conocimiento del hecho y en sus manos estuvo uno de los actos para su consumación, [...] teniendo en consecuencia también el dominio del hecho". El sacerdote, como cómplice, recibe 20 años de cárcel, porque prestó "su auxilio doloso a quienes ejecutaron el acto" y no dio aviso inmediato a las autoridades. En tanto queda firme la sentencia, los militares seguirán recluidos en el Centro preventivo. Orantes podrá permanecer en su hospital privado.

Los jueces ordenan a la fiscalía que siga investigando para dar con los autores del crimen. Ordenan también, tal y como pedía la ODHA, que se abra proceso penal contra el jefe del EMP, el coronel Rudy Pozuelos, y dos de sus subalternos, los mayores Andrés Villagrán y Juan Francisco Escobar Blas, "por estimarse que tenían conocimiento del hecho y, en consecuencia, una posible participación en la comisión del mismo". El tribunal desatiende, en cambio, otra de las demandas de la acusación particular: el procesamiento del ex presidente Álvaro Arzú. Según los abogados de la iglesia, "este horrible asesinato sólo se pudo haber cometido con el consentimiento de la línea de mando y [ésta] estaba integrada, en primer lugar, por el presidente". Más adelante, el juez Cojulún justificaría su decisión: "Ordenar el procesamiento de Arzú hubiera tenido un impacto político inadecuado".

Mientras se lee la sentencia, los acusados se mantienen impasibles. No quieren dar otro motivo de satisfacción a un público que les es hostil en su mayoría. El momento más esperado por todos se ha convertido en un anticlímax, como si las tensiones acumuladas durante meses hubiesen ahogado toda capacidad de reacción. En la sala no hay gritos de satisfacción ni tampoco de inconformidad. Del lado de los activistas humanitarios, sólo sonrisas y abrazos discretos; del lado de los familiares y amigos de los condenados, ojos anegados en llanto. "¡Esto es otro caso Dreyfus... Los castigan porque son militares. Pero más adelante se conocerá la verdad!", gime un capitán, amigo de Lima Oliva.

Abatida por este golpe inesperado, Marta de Orantes no logra contener el llanto. Su marido tiene la mirada ausente. Estaban convencidos de que su hijo Mario sería absuelto. Ahora se les ve devastados.

❖ ❖ ❖

En los últimos días del juicio, el optimismo se había apoderado de la familia Orantes y de sus tres defensores. El principal abogado del sacerdote, José Toledo, un combativo jurista de 37 años, había desplegado todo su talento en el alegato final. Con afán didáctico, Chepe extendió sobre un atril un plano de la casa parroquial para demostrar a los jueces que Mario Orantes "no podía haber oído el ruido en el garaje", donde fue asesinado Gerardi. "El testimonio de Rubén Chanax es una sarta de mentiras", agregó, antes de pedir la detención del indigente por haber engañado a las autoridades.

El letrado había intentado descalificar la evaluación efectuada a su defendido por el psiquiatra forense Jacobo Muñoz. Los tres informes redactados por el perito, a partir de una entrevista con el sacerdote y del análisis del contenido de su cuarto, describían a "una persona insegura emocionalmente". Los 13 frascos de colonia en su armario y la cantidad desconcertante de camisas y zapatos de marca eran síntoma de una "evidente tendencia a la acumulación". "Más vale un sacerdote oloroso que uno harapiento y hediondo", había respondido Orantes durante la entrevista, realizada un mes después de su detención. "Nosotros [los diocesanos] no hemos hecho voto de pobreza y vivimos sólo de obsequios. Además, yo no tengo nada más que lo que hay en mi cuarto."

El psiquiatra no se había explayado sobre la presencia insólita de una pistola cargada y de un lote de munición en el cuarto del sacerdote, pero sí había analizado las 90 cintas de video. "El gusto por temas violentos y sangrientos puede ser un gusto particular, o bien una evidencia clínica de una forma de canalizar impulsos agresivos." Frente al tribunal, el médico ratificó que Orantes pertenecía al "grupo de los angustiados, de los ansiosos y de los psicosomáticos". Ante la insistencia del abogado, que impugnaba sus criterios para calificar los gustos fílmicos de su defendido, Muñoz no se inmutó. "Tuve la impresión que era una persona más propensa a la diversión que a la reflexión. Algunos de los títulos de las películas que él tenía son chocantes. Para citar uno, estaba *Burdel de sangre*. Además, había películas satánicas. Me encontré con la realidad de un sacerdote que no correspondía a la imagen que yo tenía de esa profesión."

No había terminado aún la comparecencia del psiquiatra, cuando los presentadores de los noticieros de radio ya se estaban regodeando con las "películas pornográficas" y las fotos de los genitales del perro Balou halladas en el cuarto del párroco de San Sebastián. Como no podía ser menos, los medios se inclinaron por el morbo. Sin embargo, ninguno se atrevió a vincular al sacerdote con el crimen: sus presuntas desviaciones sexuales y su gusto por las películas violentas no hacían de él un asesino, a menos que la fiscalía demostrara que había sangre de Gerardi en el cuarto del párroco.

Tres pruebas de luminol habían revelado la existencia de manchas de sangre en varios lugares de la casa parroquial, incluyendo la habitación de Orantes. La defensa ofreció su versión: Balou padecía problemas de próstata y tenía una herida en una pata, por lo que la sangre hallada en el dormitorio del sacerdote era del perro. Nadie podía desmentir científicamente esa afirmación, por la sencilla razón de que las pruebas de ADN, realizadas con el apoyo del FBI, habían sido desvirtuadas por Leopoldo Zeissig, que ni siquiera había incluido en el expediente la totalidad de los resultados. El fiscal, que había prometido hacer públicas las conclusiones del ADN "en el momento procesal oportuno", había escamoteado los análisis sin la mínima explicación.

A raíz de la brillante presentación de su abogado, que había rematado sus conclusiones con la inexistencia de un móvil, Mario Orantes había recuperado la sonrisa. En la amplia sala de descanso, daba saltos de alegría al lado de su silla de ruedas y no paraba de contar chistes. Con la sentencia, unas horas más tarde, todo cambiaría de nuevo. Al terminar la lectura, el sacerdote se quedó postrado, ya sin la menor gana de hablar.

"¡Se ha derribado el muro de la impunidad!", proclamaban los activistas humanitarios, que organizaron una caravana de vehículos para celebrar la sentencia con claxonazos en las calles casi desiertas. No eran todavía las seis de la mañana y un sol tenue empezaba a iluminar los grises de la ciudad. En la puerta del tribunal quedaban los restos de la vigilia y los rescoldos del conflicto armado. Y en el aire una pregunta: ¿quién planeó y ejecutó el asesinato del obispo?

A falta de pruebas contundentes, la fiscalía y la iglesia presentaron testigos encargados de "reconstruir el contexto histórico" y convencer al tribunal de que, por su trayectoria, Gerardi había sido víctima de una añeja venganza del ejército, que no había olvidado su paso, 20 años antes, por la diócesis del Quiché, donde muchas comunidades indígenas y varios religiosos apoyaron a la guerrilla.

La pauta quedó fijada en la decimotercera audiencia, con los primeros testigos de la ODHA. "El asesinato de Gerardi fue una muerte anunciada desde los años setenta", sentenció un cura español de 76 años, Jesús Lada, que era en esa época párroco de San Juan Cotzal, en el Quiché. "Modestia aparte, la nuestra fue una relación de un buen sacerdote con un buen obispo. Gerardi estaba muy en sintonía con Vaticano II y Medellín, con la idea de que la evangelización debe liberar al hombre de todo lo que le oprime. En ese entonces, los gobiernos militares de América Latina acusaban a la iglesia de ser vehículo del comunismo. En el Quiché, la represión se agravó después que la guerrilla hiciera su primer ajusticiamiento*.

---

* En 1975, el Ejército guerrillero de los pobres asesinó al terrateniente Luis Arenas, apodado el Tigre del Ixcán.

147

Gerardi se preocupó y publicó, en 1976, una carta pastoral llamando a la reconciliación. Él era muy valiente para denunciar lo que es contrario al proyecto de Dios. No tenía ninguna simpatía por la guerrilla, pero decía que, al ponerse la iglesia del lado del pueblo perseguido, se exponía a la represión."

Desatendiendo la invitación del presidente del tribunal a ser más concreto y a aportar datos sobre el crimen, el testigo siguió con su recuento histórico y sus hazañas personales. Los abogados de la defensa hacían ademanes de hartazgo, pero el viejo cura, con su barba blanca y un desconcertante acento peninsular después de tantos años en tierra chapina, no se inmutaba. "A partir de 1980, cuando se da el ataque a la embajada de España, empieza la cadena de los hechos que explica el asesinato. Unos meses después, matan a dos sacerdotes en el Quiché y hay un intento de atentado contra el obispo. A raíz de esos eventos, se decide cerrar temporalmente la diócesis. Esa es la cadena de hechos que da el móvil político."

Cuando, por fin, le tocó a la defensa hacer sus preguntas, el abogado del coronel Lima, Julio Cintrón, fue al grano. "¿Le consta a usted algo concreto sobre la muerte de monseñor Gerardi?" Jesús Lada pidió que se le repitiera la pregunta. "¿Sabe usted quién mató a monseñor Gerardi? ¿Tiene usted alguna información sobre los asesinos, los cómplices o algún otro hecho que pueda ayudar a resolver el crimen?", insistió el viejo letrado. Desestabilizado, el sacerdote tardó en contestar: "no, no sé nada de eso". La defensa remató con otra pregunta: "¿considera usted que las condiciones políticas eran las mismas cuando monseñor Gerardi estaba en el Quiché, en 1980, y cuando fue asesinado, en 1998?" "No, no eran las mismas", concedió el cura español. "Cuando mataron al obispo ya se había firmado la paz y había elecciones democráticas."

❖ ❖ ❖

Después de su ordenación sacerdotal, el 21 de octubre de 1946, el "padre Juanito" había dirigido varias parroquias, tanto en la capital como en las zonas rurales. En 1959 su mentor, el arzobispo Mariano Rossell, lo nombró canciller de la curia, un puesto de confianza que ocuparía hasta 1967 y que compaginaba con su trabajo al frente del Sagrario, la parroquia de la catedral metropolitana. "Gerardi era un autodidacta, acucioso, muy estudioso y bonachón", cuenta Hildebrando Cumes, que fue su vicepárroco en esa época y dejó los hábitos para contraer matrimonio, con dispensa papal y la bendición de Gerardi. "Aprovechaba los tiempos tranquilos para repasar libros y tratados y actualizarse en teología y derecho canónico. No fue a sacar un doctorado fuera, pero se cultivaba por su propia industria. Nos conocíamos desde 1945, cuando él era diácono y yo monaguillo en la parroquia de La Candelaria, el barrio donde nacimos los dos. Cuando coincidimos en la catedral, también estaban allí Efraín Hernández y Rodolfo Quezada."

"Éramos muy amigos los cuatro y todos los días platicábamos a la hora de las comidas. Tratábamos los problemas del arzobispado. Consultábamos libros y códigos para encontrar soluciones canónicas y jurídicas. Eran cuestiones de todo tipo: eclesiásticas, morales, pastorales, problemas de párrocos con feligreses, quejas de religiosos, anulaciones matrimoniales. Yo aprendí mucho. Gerardi profesaba una pastoral que no fuera sólo litúrgica, sino que ayudara a transformar las condiciones sociales y la vida de la gente. Siempre tuvo esa inquietud para con los pobres y nos ayudó a conseguir donaciones para Hogar y desarrollo, la organización que fundé en 1972 para construir viviendas sociales. Sobre el tema de la planificación familiar y de los métodos artificiales de control, Gerardi tenía también un discurso interesante, pero sólo en privado. Decía que las relaciones sexuales eran lo más natural y que no se podía imponer eso de 'los hijos que Dios envíe'. Él apelaba a la conciencia de cada quien y criticaba a los 'ogros de los confesionarios'. Decía que eso no era cristiano ni caritativo."

Las conversaciones de los cuatro amigos no giraban siempre alrededor de temas serios. "Gerardi era fantástico para los chistes. Ahí superaba a Rodolfo Quezada, que es muy ingenioso. Se sabía una cantidad de ellos, de todos los colores, picantes también, hasta de monjas y de curas, que contaba al calor de los tragos. Las reuniones eran alegres, de risas y carcajadas. Tomábamos whisky Juanito Caminante."

En 1967 Gerardi recibió su consagración episcopal en una ceremonia muy concurrida, a la que asistió el presidente de la república, Julio César Méndez Montenegro. La iglesia y el gobierno estaban en plena luna de miel. Monseñor Rossell había muerto tres años antes. Su sucesor, Mario Casariego, el primer cardenal de Centroamérica, era muy conservador y cercano a las autoridades, lo que provocaría serios enfrentamientos con el sector radical del clero, que llegó a declararlo *persona non grata* y a exigir al Vaticano, sin éxito, su destitución. En cambio, Gerardi mantenía una relación cordial con el cardenal. "Casariego era un tipo muy hábil políticamente", recuerda Cumes, "y apreciaba mucho a Gerardi, al punto de que era hombre de su confianza, aunque tenían sus diferencias ideológicas. Gerardi siempre lo defendía: 'se está actualizando', decía."

En agosto de ese año, Juan Gerardi tomó posesión de la diócesis de La Verapaz. Ahí descubrió una población indígena muy pobre y desatendida por la iglesia. "En nuestra diócesis hay mucho por hacer", afirmaba el nuevo obispo en su primera carta pastoral, el 30 de julio de 1968. "Nos encontramos con desigualdades estridentes que es preciso superar, injusticias que en una u otra forma se han institucionalizado en nuestro modo de ser, de pensar y de obrar, que es preciso descubrir y hacer desaparecer con el esfuerzo y la generosidad de todos los que integramos la iglesia."*

El joven obispo estaba claramente en la línea de la doctrina social de la iglesia. No decía nada que no hubieran dicho sus colegas y repetía lo que había clamado en la década anterior el arzobispo Rossell, que acusaba a "los explotadores del proletariado" de ser los principales "promotores del comunismo". En el contexto de la época, y sin los recursos que llegarían más adelante con la cooperación internacional, las buenas intenciones no desembocaban en ninguna acción concreta. Después de siete años en La Verapaz, Gerardi no pudo hacer mucho más que desarrollar una pastoral indígena e introducir una liturgia en idioma kekchí.

Monseñor Gerardi se trasladó a Santa Cruz del Quiché en diciembre de 1974, pero siguió siendo administrador apostólico de La Verapaz durante tres años. La carga de trabajo era excesiva y las distancias, enormes. Además, "Juanito" era en ese entonces presidente de la Conferencia episcopal. Cuando, por fin, logró dedicar toda su energía al Quiché, la situación en esa región se había complicado considerablemente.

Dos años antes, un grupo de ladinos, entre ellos varios estudiantes universitarios, habían implantado en la selva tropical del Quiché el núcleo de una organización armada que bautizarían como Ejército guerrillero de los pobres.** Los asesinatos, a partir de 1975, de finqueros y comisionados militares habían desencadenado una dinámica incontenible de violencia, que llevaría a esta región y otras zonas rurales del país a una guerra brutal. Las redadas punitivas de los militares provocaban la huida de la población, que buscaba la protección de la guerrilla y se involucraba cada vez más con ella, lo que desataba nuevas oleadas de represión y, en consecuencia, más reclutas para el grupo armado.

El crecimiento del EGP se debía a la reacción desmedida de las autoridades, pero también al apoyo de algunos sectores de la iglesia. La diócesis estaba en manos de misioneros extranjeros, sobre todo los españoles del Sagrado Corazón, y los nuevos vientos de la teología de la liberación soplaban en Centroamérica, donde la revolución estaba a la orden del día. Frente al trabajo pastoral y social de sus antecesores, que se volcaron en el apoyo a las cooperativas, las nuevas tandas de misioneros abogaban por una "evangelización liberadora" que contribuyera a derribar "las estructuras de dominación del sistema capitalista". Con el visto bueno de varios sacerdotes y religiosas, la guerrilla penetró poco a poco la red formada por miles de catequistas, hasta apoderarse de ella.

---

* "A la luz del Vaticano II: diócesis, comunidad viva y operante". La mayoría de la obra escrita y de los discursos de monseñor Gerardi, incluyendo esta carta pastoral, figuran en el libro publicado en 1999 por la Conferencia episcopal de Guatemala, *Monseñor Juan Gerardi, testigo fiel de Dios.*
** Ver el testimonio literario de uno de los integrantes, Mario Payeras, *Los días de la selva*, Educa, San José de Costa Rica, 1985.

Cuando asume las riendas de la diócesis, Gerardi tiene que lidiar con los militares, que maltratan a la población en su búsqueda de "delincuentes terroristas", pero también con algunos miembros del clero que se involucran con una guerrilla empeñada en "exacerbar las contradicciones", según el mandato leninista.

El marista español Santiago Otero, fervoroso militante de la revolución sandinista, ha descrito esas contradicciones en una biografía de Gerardi, publicada un año después de la muerte del obispo. "La realidad sociopolítica del Quiché tomó derroteros que implicaban a la iglesia en muchos caminos, no siempre queridos y menos aún aceptados", escribe. "Ciertas organizaciones políticas" se aprovechaban del trabajo pastoral para hacer proselitismo y los grupos guerrilleros iban imponiendo "más por fuerza que por razón" la solución por la vía armada, "más animados por el entusiasmo de la victoria sandinista en Nicaragua, que en atención a las condiciones reales de Guatemala"*.

Otero señala que "algunas personas, que tenían vínculos con la iglesia, le aconsejaban [al obispo] que abriera las puertas a una resistencia armada de la población [...], posibilidad que, aún ante la gravedad de los hechos, nunca aceptó monseñor Gerardi".

En octubre de 1979, durante una reunión en el pueblo de Cunén (centro del Quiché), algunos catequistas pidieron la mediación de la iglesia para establecer relaciones con las organizaciones "radicales" de la capital. Uno de ellos fue aún más directo: "Señor Obispo, también le pedimos a Usted y a la Iglesia que nos ayuden a conseguir armas para defendernos". Esta anécdota y varias otras, que ilustran el nivel de polarización al cual se había llegado, están incluidas en un libro publicado por la diócesis del Quiché dos años antes de la firma de la paz.** Los autores, anónimos, se presentan como "un grupo de agentes de pastoral" que han trabajado en esa diócesis en los años duros y se identifican con la teología de la liberación. No ocultan su simpatía por la guerrilla y tampoco su frustración ante la moderación del obispo, que abogaba por "el diálogo con las autoridades".

El 31 de enero de 1980, 39 personas, en su mayoría campesinos llegados del Quiché, toman la embajada de España en la capital. Todos mueren carbonizados en un confuso desenlace, durante el asalto policial a la sede diplomática. A raíz de esta tragedia, la diócesis publica un comunicado de solidaridad con las víctimas, que condena la represión y denuncia "el sistema económico, social y político injusto". El texto irrita al gobierno del general Romeo Lucas y a los sectores que acusan a la iglesia de ser "el vehículo del comunismo".

---

* *Monseñor Juan Gerardi, testigo fiel de Dios*, introducción de Santiago Otero: "Biografía mínima de una 'memoria' en rojo y azul", pp. xxviii y xxix, Conferencia episcopal de Guatemala, 1999.
** *El Quiché: el pueblo y su Iglesia, 1960-1980*, p. 123, Diócesis del Quiché, 1994.

Sobre el terreno, la situación es cada día más difícil para los sacerdotes que viven en lugares apartados, y se vuelve insostenible después del asesinato, en junio y julio de 1980, de dos misioneros españoles del Sagrado Corazón, José María Gran y Faustino Villanueva, de tendencia moderada. Estos crímenes provocan la estampida de los miembros de la congregación, que dejan el Quiché para replegarse a la capital. El 21 de julio, Gerardi convoca en la ciudad de Guatemala a los veinte agentes de pastoral, quince de ellos españoles. Por unanimidad, menos un voto en contra, se toma la decisión de cerrar temporalmente la diócesis para evitar nuevas víctimas. "No había otra alternativa si se quería salvar la vida", recuerdan los sacerdotes que vivieron esos momentos de angustia.

Más adelante, el propio Gerardi comentaría que "aquella decisión no había sido suya", sino del superior de la congregación de los misioneros del Sagrado Corazón. Los propios sacerdotes españoles confirman esta percepción cuando recuerdan que ellos "habían creado la diócesis y [en ella] determinaba más el provincial de la congregación que el mismo obispo"*. Sin embargo, Gerardi tendría que asumir en solitario la responsabilidad del cierre y aguantar las críticas de parte de los mismos que, después de alentar aquella decisión, lo acusarían de haber "abandonado al pueblo, dejándolo como ovejas en medio de lobos, precisamente en los momentos de mayor represión"**.

Dos días antes del cierre de la diócesis corrió el rumor de que Gerardi se había librado de una emboscada preparada por el ejército. Las versiones difieren. Mientras el misionero español Fernando Carbonell se atribuye la hazaña de haberle salvado la vida al obispo, al camuflarlo en su vehículo entre Chichicastenango y Santa Cruz del Quiché***, Jesús Lada asegura, en cambio, que "los poderosos opresores" habían planeado asesinarlo en San Antonio Ilotenango, pero Gerardi se encontraba ese día en la capital****.

No faltan quienes piensan que la historia del atentado frustrado fue en realidad una artimaña para asustar a Gerardi y convencerlo de cerrar la diócesis. El coronel retirado Otto Noack, que mantuvo durante varios años una estrecha relación con él y con los laicos de la ODHA, cuenta que el obispo había llegado a creerse la versión. "En marzo de 1997, estaba yo en Ginebra cuando llegó Gerardi para participar a la 53ª asamblea de las Naciones unidas sobre derechos humanos. Él andaba con Ronalth Ochaeta, que era su más cercano colaborador. Los invité a cenar a la casa

---

* *El Quiché: el pueblo y su Iglesia, 1960-1980, op. cit.*, p. 184.
** "¡Amigo Gerardi, ahora sí te han reivindicado!", *La Hora*, 12 de mayo de 1998. Artículo de opinión firmado por el misionero español Jorge Martínez. El autor era párroco de Chiché (Quiché) en el momento del cierre de la diócesis.
*** *La Sangre Viva*, obra colectiva publicada en octubre de 2001 bajo el seudónimo de José Flores, sin nombre de editorial y sin fecha, Guatemala.
**** *Monseñor Juan Gerardi, testigo fiel de Dios, op. cit.*, testimonio de Jesús Lada, p. 309.

de una amiga en el pueblo de Veigy. Fue una cena sabrosa y la conversación también fue sabrosa, como solía serlo siempre con Gerardi. Nos acabamos chupando cuatro botellas de buen vino francés, más las cervezas previas, y ron guatemalteco como digestivo. De repente, Gerardi me dijo: 'Tus colegas me quisieron matar en el Quiché'. 'Mire, monseñor', le dije yo, 'si mis colegas hubieran querido matarlo, se lo hubieran volado de una vez. En esa época hacían lo que les daba la gana'."

En todo caso, no fue el supuesto intento de emboscada lo que provocó el repliegue provisional de los agentes de pastoral. Gerardi había llegado a la conclusión de que ya no podía ejercer su papel de moderador entre las facciones opuestas dentro de la iglesia del Quiché, y menos aún entre el ejército y las comunidades. Sus llamamientos a las autoridades para que cesaran de hostigar al personal de la diócesis y a la población civil no habían dado ningún resultado. Estaba sometido a una tremenda presión de ambas partes. "En aquellos años", comentaría más adelante, "no había lugar para tercerismos. La neutralidad no existía. La guerrilla quería que fuéramos su iglesia, la de la revolución. El ejército nos prometía dejarnos trabajar si nos poníamos de su lado. Muchos catequistas se sumaron a la confrontación armada. El ejército cerró los espacios [...] Cada quien quería cumplir su propia profecía. La guerrilla, su lucha de clases. El ejército, su amenaza comunista. La gente sólo quería vivir, que la dejaran en paz, pero una paz digna."*

A finales de julio de 1980, la Conferencia episcopal acordó "a petición unánime" que su presidente, monseñor Gerardi, recién electo por tercera vez a este cargo, viajara a Roma para informar "personalmente al Santo Padre sobre la situación por la cual atraviesa la diócesis del Quiché"**. En Roma le esperaba una sorpresa mayúscula: Juan Pablo II le pidió que volviera sin dilación al Quiché para atender a sus feligreses desamparados por la salida del clero. El Papa mandó una carta a los obispos de Guatemala, en la cual expresaba su dolor por la muerte de varios sacerdotes y catequistas "en circunstancias oscuras, a veces de manera vil y alevosa". Hacía también un llamado para "que se realicen las reformas sociales necesarias para una vida [...] más justa y más digna de todo hombre", y, sin señalar a nadie de manera directa, deploraba la "crisis profunda de humanismo, [...] dejando paso abierto al egoísmo, la violencia y el terrorismo".***

El obispo "decidió regresar, aunque el corazón y la mente le dictaran otra cosa; ciertamente, monseñor Gerardi esperaba una palabra distinta del Papa".**** Sin embargo, el gobierno guatemalteco tomó la decisión inu-

---

* "Gerardi, su encuentro con el Remhi", entrevista realizada en septiembre de 1996 y publicada en *El Periódico* el 21 de abril de 1999.
** Comunicado de la Conferencia episcopal de Guatemala, 24 de julio de 1980.
*** Carta del Papa Juan Pablo II a los obispos de Guatemala, 1° de noviembre de 1980.
**** *Monseñor Juan Gerardi, testigo fiel de Dios, op. cit.*, Introducción, p. xxiv.

sitada de prohibirle la entrada al país. El 20 de noviembre de 1980, al atardecer, varios obispos y familiares lo esperaron en vano en el aeropuerto. Sin mayores explicaciones, las autoridades lo pusieron en otro avión rumbo a El Salvador, que a su vez lo mandó, por su "propia seguridad", a Costa Rica. Fue el inicio de un exilio que duraría casi 18 meses. "Lucas García, el presidente, no lo dejó entrar para evitar que alguien lo matara. Porque si le pasaba algo, iba a ser un enfrentamiento con el Vaticano. Era menor el costo político de expulsarlo y vivo, que tenerlo aquí y muerto", asegura el general retirado Óscar Mejía Víctores, que dirigió el país entre 1983 y 1985 a raíz de un golpe de estado. Quizás nunca llegue a conocerse el verdadero motivo, pero varios sacerdotes tuvieron menos suerte que el obispo. Otro misionero español del Sagrado Corazón, Juan Alonso, el único que quiso regresar al Quiché tras la salida de sus compañeros, fue asesinado en febrero de 1981. Era un cura conservador y su muerte, como las de Gran y Villanueva, era la prueba de que ya no había espacio para nadie que no estuviera involucrado con una de las partes y protegido por ella. No había, en efecto, "lugar para tercerismos", según la fórmula de Gerardi.

❖ ❖ ❖

En un comunicado fechado el 6 de agosto de 1981, la Conferencia episcopal reveló que la violencia había cobrado la vida de doce sacerdotes en los dos últimos años, la mayoría fuera del Quiché. El total de víctimas en todo el país, entre 1970 y 1984, alcanzó la cifra espeluznante de veinte religiosos, incluyendo una monja betlemita. Varios de ellos, pero eso no lo decían los obispos, integraban las filas de la guerrilla, como lo confirmaría años después la propia iglesia en el Remhi: "Algunos sacerdotes y religiosas abrazaron abiertamente la opción revolucionaria y otros, también una minoría pero menos militante, se inclinaron por el ejército, incluso trasladando listados de catequistas y sacerdotes sospechosos de colaborar con la guerrilla". O bien: "El compromiso personal o de grupo que algunos agentes de pastoral hicieron con los movimientos guerrilleros o populares, le confirmó al ejército que la iglesia formaba parte del plan rebelde"*.

Las tensiones entre la iglesia y los grupos de poder se incrementaron aún más a raíz de las revelaciones explosivas de Luis Eduardo Pellecer Faena, un sacerdote jesuita que en septiembre de 1981 renegó públicamente de su militancia en la guerrilla y reveló la implicación directa de varios de sus compañeros en los grupos armados, con el proyecto de im-

---

* *Guatemala, nunca más*, Informe proyecto interdiocesano de recuperación de la memoria histórica, Remhi, Oficina de derechos humanos del arzobispado de Guatemala, 1998, tomo III, "El entorno histórico", pp. 138-139.

plantar en México y Centroamérica una revolución bajo el lema de "Jesús socialista".

Algunos sacerdotes contribuyeron, con su actitud desafiante, a crear un halo de sospecha alrededor de Gerardi. Ese fue el caso del misionero irlandés Donald McKenna, al que le encantaba exhibirse con un fusil Galil al hombro y una pistola Magnum al cinto, y aseguraba haber recibido la bendición del obispo*. El general retirado Héctor Gramajo, que llegó a ser ministro de la Defensa en el gobierno civil de Vinicio Cerezo (1986-1991), recuerda sus dudas sobre el papel del prelado. "No sé qué grado de responsabilidad tuvo Gerardi en la muerte de tantos indígenas que se metieron a la guerrilla, pero en el Quiché, en 1980-81, la guerrilla nos puso enfrente a la población civil, y la matamos. Ni siquiera tenían armas. En esa época desaparecieron las bicicletas: las estaban usando para hacer escopetas con los tubos galvanizados. Y a pesar de todo, nos caían encima. Era insensato. Yo me preguntaba: ¿pero qué le pasa a la dirigencia guerrillera? ¿Han perdido la razón? ¿Les dieron la orden los cubanos? Gustavo Porras, que entonces era uno de los cuadros del EGP, me daría después la clave: 'Nos sobreextendimos y se perdió el control. Creíamos que se alzaban los indígenas, pero estábamos recibiendo una ayuda no pedida de la iglesia católica', me dijo. No era ya la guerrilla del EGP, sino la guerrilla de la iglesia, sin el control de los mandos. En una ofensiva en los alrededores de Chupol, en 1981, el ejército capturó a 500 gentes, y se les preguntó: '¿Por qué están peleando sin armas?' Y todos contestaban: 'El obispo ordenó'. Eso decía la gente."

Eso decía la gente, pero no era cierto. Sólo repetían lo que les habían dicho los catequistas metidos en la guerrilla y algunos sacerdotes. Está claro que esos religiosos no dieron la orden del alzamiento, pero sí aportaron los "argumentos teológicos" para propiciar la alianza entre las organizaciones revolucionarias y los catequistas indígenas, y crear las condiciones para una sublevación popular. Y, para tener más credibilidad, decían que tenían el beneplácito del obispo.

El sobrino de Gerardi, Axel Romero, recuerda muy bien los comentarios de su tío sobre este tema. "Me contaba que de repente veía que un cura había desaparecido, y se enteraba de que se había ido a la montaña. '¡Qué podía hacer!', me decía. 'No me consultaron'. Él siempre desaprobó la violencia y no es cierto que estuviera metido con la guerrilla, ni que le llevara armas, es lo más estúpido que han dicho. Mi tío era un cura tradicional. No simpatizaba con los curas esos brasileños. En una ocasión, hacia 1988, calculo, tuve que preparar un trabajo sobre la teología de la liberación y le pedí bibliografía y su opinión. La bibliografía me la

---

* "La Iglesia de Cristo en armas", entrevista con el sacerdote Donald McKenna; Revista *Por Esto*, 30 de julio de 1981, México. Poco después McKenna regresó a Irlanda y nunca más se supo de él.

dio. La opinión no. Le pregunté por qué y me respondió: 'Eso son pendejadas que no han servido para nada'."

Mucho más adelante, en una entrevista publicada después de su muerte, Gerardi no dudaría en llamar al clero a asumir su responsabilidad histórica. "No vamos a justificar nuestro papel en el conflicto armado. Debemos reconocer nuestras equivocaciones e ingenuidad. Hubo gente en la iglesia que trató de poner el proyecto pastoral al servicio de un proyecto político, y eso fue un error."*

Unos meses antes de que salieran a la luz las pruebas concretas de la implicación de varios sacerdotes en la lucha armada, Gerardi había recibido en su exilio costarricense la visita de un delegado de la guerrilla que llegó a proponerle que fuera "el obispo de la revolución". Necesitaban un émulo del arzobispo salvadoreño Óscar Romero, erigido en un símbolo de la lucha contra la represión después de su asesinato, en marzo de 1980. La idea había germinado en la cabeza de un sacerdote de la llamada Iglesia guatemalteca en el exilio (IGE), fundada por los agentes de pastoral del Quiché en agosto de 1980, apenas un mes después del cierre de la diócesis. Uno de sus principales cuadros era Luis Gurriarán, misionero del Sagrado Corazón y entusiasta partidario de la redención a punta de fusil. En febrero de 1982, los integrantes de la IGE sostuvieron un encuentro en la ciudad nicaragüense de Granada. Aquella "reflexión teológica" dio como resultado un documento salpicado de retórica marxista, que justificaba "la violencia cristiana" y "la guerra popular revolucionaria", con las cuales Gerardi no comulgaba en absoluto.** No es nada sorprendente, por tanto, que el obispo rechazara la invitación de la guerrilla y enviara una carta al Vaticano en ese sentido, confirmando así sus divergencias con la teología de la liberación.

Tampoco es extraño que la moderación de Gerardi disgustara a varios sacerdotes y monjas. No lo criticaban públicamente, pero sí en pequeños círculos, recuerda José Mauricio Rodríguez, que fue embajador de Guatemala en el Vaticano y mantiene estrechas relaciones con el clero. "Un sacerdote amigo mío, de esos radicales que estuvieron en el Quiché, me decía que Gerardi era un 'papanatas', y que pudo haber salvado la vida de la gente si hubiera actuado con más energía y hubiera cerrado antes la diócesis, como forma de denuncia más específica y contundente." A raíz de esas diferencias, los religiosos vinculados con la teología de la liberación empezaron a "ningunear" al obispo. Jesús Lada, quien durante el juicio alabaría sin medida al obispo muerto, no lo cita casi nunca en su libro sobre el asesinato de tres misioneros españoles en el Quiché, publicado diez años antes. Y los sacerdotes "anónimos" que escribieron la his-

---

* "Gerardi, su encuentro con el Remhi", *El Periódico*, 21 de abril de 1999.
** "Martirio y lucha en Guatemala. Actas del encuentro realizado en Granada, Nicaragua, 14-19 de febrero de 1982". Boletín especial de la Iglesia guatemalteca en el exilio, texto mimeografiado.

toria de esa diócesis criticaban a Gerardi por su "falta de previsión [frente a] la represión brutal por parte del ejército" y le reprochaban su insistencia en buscar el diálogo con las autoridades.*

"Algunos sacerdotes calificaban a Gerardi de cobarde, pero yo diría que era prudente, porque él veía todo el conjunto de la diócesis, a diferencia de los religiosos que vivían en el frente de batalla y sólo veían lo suyo", comenta Felipe Vallejo, un marista español que estuvo a cargo de la parroquia quichelense de Chajul en 1980.

En vida, Gerardi no lograría redimirse para los que nunca le perdonaron su tibieza en los años más duros del conflicto interno. Fue su muerte atroz, convertida en "martirio" por los mesiánicos y los oportunistas de siempre, la que lo sacó finalmente del purgatorio. Sus antiguos adversarios dentro del clero, pero también algunos de los que alardeaban de ser sus amigos, supieron aprovechar la coyuntura para retomar el protagonismo que habían perdido con la firma de la paz. El juicio les serviría de caja de resonancia. En la sala de vistas estarían sentados, día tras día, algunos de los curas que habían contribuido, 20 años atrás, a llevar a miles de indígenas del altiplano a un sacrificio inútil en su búsqueda de la utopía del "hombre nuevo". Entonces eran partidarios del "cuanto peor, mejor" y de la "agudización de las contradicciones" para hacer germinar "las condiciones objetivas para la revolución", pero se cuidaron de empuñar ellos mismos las armas, con unas contadas excepciones que pagaron su idealismo con la vida.

A pesar de las circunstancias trágicas de la muerte de Gerardi, algunos de esos profetas del infortunio no pudieron dejar de recordar la "traición" del obispo. Sólo uno dio la cara y firmó con su nombre un artículo de opinión criticando la actuación de Gerardi en su etapa del Quiché. "La exaltación de que fuiste objeto en estos días contrasta con las dudas y cuestionamientos que has recibido en otras ocasiones, porque en vida no has sido precisamente lo que se dice un personaje vitoreado", escribe el sacerdote español Jorge Martínez, que trabajaba en el Quiché cuando se cerró la diócesis. "No eras lo que se dice un valiente. Te enfrentaste al ejército y lo denunciaste como enemigo de la población [...] Pero lo hacías urgido por la conciencia del deber evangélico y sacando fuerzas de la debilidad, como decía San Pablo." Más adelante Martínez reprocha a Gerardi que hubiera adoptado "una postura de retiro y de silencio, trabajando como coadjutor de una parroquia de San José de Costa Rica [en lugar] de acompañar pastoralmente a los 50 mil refugiados guatemaltecos [que habían huido a México]. Todos los agentes de pastoral de la diócesis respetamos tu decisión, aunque para algunos no fue fácil comprenderla".**

---

* *Y dieron la vida por el Quiché...*, Jesús Lada, Diócesis del Quiché, 1992; *El Quiché: el pueblo y su Iglesia, op. cit.*, p. 141.
** "¡Amigo Gerardi, ahora sí te han reivindicado!", *op. cit.*

Gerardi pudo volver a Guatemala tras el golpe militar del 23 de marzo de 1982, que llevó a la presidencia al general Efraín Ríos Montt, evangélico furibundo y hermano de Mario, el obispo católico. Su exilio había durado 18 meses, pero "el trauma de su salida le acompañó el resto de su vida".* No quiso regresar al Quiché y renunció finalmente a su diócesis en agosto de 1984, cuando su amigo Próspero Penados, recién designado arzobispo metropolitano, lo invitó a ser su auxiliar y a encargarse de la vicaría general y de la pastoral social. Para entonces el general Ríos Montt había sido desalojado del poder por otro militar, el general Mejía Víctores. "Yo platicaba con mucha frecuencia con Penados", recuerda Mejía Víctores. "Él mismo me comentó que iba a nombrar a Gerardi obispo auxiliar. Yo le dije: '¿Y este no traerá problemas? Porque monseñor es camarada'. Penados sonrió y dijo: 'No, no se crea, son bolas'. 'Pues bueno, haga como quiera; después de todo, va a trabajar con usted, no conmigo'."

A pesar de sus esfuerzos conciliadores, Gerardi seguía siendo un personaje polémico: "camarada" o "comanche" para el ejército; "tibio" y "cobarde" para los militantes de la teología de la liberación.

❖ ❖ ❖

Juan Gerardi empieza a cobrar de nuevo protagonismo en 1989 con la creación de la Oficina de derechos humanos del arzobispado, que él coordina y cuya dirección encarga a un laico. Año tras año, el obispo asiste a las asambleas de la Comisión de derechos humanos de las Naciones unidas, en Ginebra, donde denuncia tanto las actuaciones de la guerrilla, que "reiteradamente viola el derecho internacional humanitario", como "la política contrainsurgente desmedida" del ejército.**

A finales de 1994 surge el proyecto interdiocesano de recuperación de la memoria histórica, el Remhi. La idea de usar la infraestructura eclesial para recopilar testimonios sobre la guerra y la represión provoca profundas divergencias en la Conferencia episcopal. "Hubo una discusión fuerte entre los obispos. Se cuestionaba que el informe fuera a servir para conocer la verdad y acercar a la gente", recuerda José Miguel Gaitán, prestigioso economista, ex director del Banco central y amigo de Gerardi desde la infancia. "Yo le advertí a monseñor que el proyecto entrañaba un riesgo muy grande. Que uno nunca sabe dónde termina la justicia y dónde empieza la venganza, y más en un país como el nuestro."

La mayoría de los obispos acaba apoyando la iniciativa, mientras una minoría, encabezada por el futuro arzobispo metropolitano, Rodolfo Que-

---

* *Monseñor Juan Gerardi, testigo fiel de Dios, op. cit.*, p. xxxviii.
** *Monseñor Juan Gerardi, testigo fiel de Dios, op. cit.*, p. 153, Discurso ante la 50ª asamblea de derechos humanos de Naciones unidas, Ginebra, Suiza, 25 de febrero de 1994.

zada, se opone en nombre de la reconciliación. "El concepto teológico del perdón tenía consecuencias distintas si se asumía como un ajuste de cuentas o como un reencuentro entre víctimas y victimarios", explica un ex jesuita. Quezada, que había participado activamente en las negociaciones entre guerrilla y ejército, se sustrae del esfuerzo del Remhi "no porque no tuviera interés en apoyar la expresión de la gente, sino porque pensaba que el formato que se estaba usando iba a hacer daño a la población, al favorecer más una ruta de revancha que un camino de reencuentro".

Ese era también el temor de Gaitán. "Yo nunca estuve de acuerdo con el Remhi, tomando en cuenta que los guatemaltecos somos muy vengativos. Pero monseñor Gerardi lo justificó siempre. Él estaba plenamente convencido de que había necesidad de conocer la realidad, pero con el propósito del perdón y la reconciliación. Nunca habló de juicios penales. Siempre fue leal con su ministerio."

Los autores del Remhi, con Edgar Gutiérrez a la cabeza, tenían en cambio un objetivo mucho más inmediato: condicionar el trabajo de la Comisión para el esclarecimiento histórico (CEH), creada por los acuerdos de paz, como lo explican ellos mismos en la introducción del informe: "El objetivo inicial era dar insumos a la futura CEH [...] Frente al gran desafío de dar a conocer la verdad e investigar responsabilidades, el Remhi se convirtió en un esfuerzo alternativo y complementario de lo que podría hacer la CEH. Nosotros tendríamos más facilidad para acercarnos a las comunidades, mientras la Comisión podría ser más fructuosa en las instancias oficiales y de poder".*

El prólogo pone el informe en su justa dimensión cuando traza un paralelismo entre la obra de los apóstoles y el trabajo de los entrevistadores del Remhi, encargados de recolectar los testimonios sobre las violaciones de los derechos humanos durante el conflicto interno. "Si los Apóstoles no hubieran recuperado la historia de los evangelios, no existiría la Biblia. Así, nosotros estamos recuperando nuestra propia historia".**

La casi totalidad de esos "animadores de la reconciliación", como se bautizó a los entrevistadores, eran catequistas o líderes locales que habían colaborado con la guerrilla. Además, el equipo de redacción y los asesores, tanto los laicos como los religiosos, tenían los mismos prejuicios ideológicos, con unas pocas excepciones, entre las cuales figuraba el propio Gerardi, que era el director pastoral del proyecto. Con la salvedad del tomo tres, "El entorno histórico", redactado en gran parte por expertos externos, el resultado refleja el sesgo tremendo de los autores. Por su parcialidad y su falta de rigor metodológico, el informe, tal y como

---

* *Remhi, op. cit.*, tomo I, "Impactos de la violencia", Presentación general, pp. xix y xx.
** *Ibid.*, pp. xxiii y xxv.

temía el obispo Quezada, no contribuiría en absoluto a la reconciliación de los guatemaltecos.

El Remhi sataniza a las Fuerzas armadas y a los grupos campesinos de "autodefensa", mientras minimiza la responsabilidad de los guerrilleros e, incluso, justifica algunos de sus desmanes cuando afirma que sólo cometían atrocidades contra los "traidores del pueblo". En su visión maniquea del conflicto, el informe habla de los "crímenes" del ejército y de los "errores" de la guerrilla.* Si la insurgencia sale bien parada en este catálogo de monstruosidades, los autores del informe no tienen reparo en presentar a la iglesia como un dechado de virtudes, eximiéndola de toda responsabilidad en los acontecimientos violentos de la segunda mitad del siglo XX.

"Con el Remhi, la iglesia buscaba lavar sus pecados y recuperar su credibilidad", explica un alto funcionario de Naciones unidas, el español Fernando Castañón, que ocupó el cargo de secretario ejecutivo de la Comisión para el esclarecimiento histórico. "Se precipitaron para adelantarse a nuestra investigación y porque algunos de los autores querían utilizar el Remhi como catapulta para su carrera política. A esto se debe la ligereza de algunos datos del informe de la iglesia, que ponen en entredicho su metodología y su confiabilidad."

Pese a las ínfulas que se daban Castañón y sus colegas de la ONU, la CEH fue contaminada por el informe interdiocesano, entre otros motivos porque usó su base de datos, sus fuentes y parte de su personal, tal y como pretendían los autores del Remhi.

❖   ❖   ❖

Son muy pocos los oficiales que se atreven a reconocer abiertamente que el ejército cometió graves atropellos. Instar públicamente a que las Fuerzas armadas asumieran sus excesos le valió al coronel Otto Noack un arresto en 1998 y el apoyo de Amnistía internacional. Pero incluso Noack y otros oficiales de la línea democrática, que impulsaron los acuerdos de paz y desarrollaron una relación cercana con la antigua guerrilla y con las organizaciones de derechos humanos, consideran el Remhi y el informe de la CEH instrumentos propagandísticos al servicio de una versión unilateral de la guerra.

La decepción es aún mayor por cuanto que todos ellos aceptaron colaborar con la CEH, creyendo que ese trabajo serviría "para rescatar la verdad histórica y alentar la reconciliación". Estos oficiales están retirados, lo que les permite expresarse con total libertad, como lo hace el ex teniente coronel Mauricio López Bonilla, que dirigió en 1982 una de las infiltraciones más exitosas dentro de las filas de la guerrilla, la operación Xibalbá, y hoy trabaja para una importante empresa de relaciones públicas.

---

* *Remhi, op. cit.*, tomo IV, "Víctimas del conflicto", p. 537, y tomo I, p. xxxiii.

A pesar de su impecable hoja de servicio en el ejército, muchos de sus compañeros desconfían de él y lo siguen llamando "el capitán comunista", entre otros motivos por el papel que desempeñó en las negociaciones de paz.

Por su capacidad de análisis y su conocimiento de la historia del conflicto, López Bonilla fue invitado a participar en las reuniones preparatorias del Remhi, en las que brindó esquemas e interpretaciones sobre la guerra sucia. Fue de los muy escasos oficiales que colaboraron con este proyecto, pero el resultado final lo dejó desconcertado. "El trabajo de campo del Remhi, en una universidad seria, no te da ni el pase al segundo año de licenciatura. No se sabe cuáles son las bases de esos testimonios, muchos pueden haber sido inventados. Ese trabajo lo dirigió Edgar Gutiérrez. Es un tipo hábil e inteligente, pero el resultado es poco serio. ¡Y encima la CEH lo asume como base! Cuando leí la introducción del Remhi, me caí de espaldas. ¡A la gran puchis, muchá!, ¿para eso me tienen dos días hablando? ¡No me jodan!, les dije. 'No, vos, es que mirá, esto es testimonial, y abrimos la puerta a todo el que quiso venir'. Perdieron por completo la perspectiva. Se dejaron ir por lo que suena más melodioso a oídos de la izquierda, de los grupos de derechos humanos y de la comunidad internacional que los financia, pero no por lo que tiene sustento.

"Los autores del Remhi fueron muy poco rigurosos, empezando por las cifras de muertos, que están más que infladas. Ahí tienen las masacres. Jamás coinciden los números de las supuestas víctimas con los cadáveres que de hecho encuentran los antropólogos forenses. 'Aquí hubo una masacre de 400 personas', dicen, y sacan 25 de las fosas. ¿Y los otros? A saber. Y, claro, no te vas a poner a discutir con números, porque son 25 muertos. Y eso les da mucha fuerza. Igual sucede con los desaparecidos: hablan de 45 mil. ¿De cuántos hay algún registro? De cuatro mil a cinco mil como mucho. Eso lo pude constatar en un trabajo de investigación de las listas aportadas por los grupos de derechos humanos. Metían como desaparecidos a desplazados, a gente que se había ido de mojado a Estados Unidos, a muertos por causas ajenas a la guerra. El EGP quemó 80 municipalidades y se voló los registros de miles de personas. Ahí se pierde el Remhi. Para validar el trabajo y darle credibilidad, dan algunos tiros hacia la guerrilla, pero está lleno de inexactitudes.

"Cuando hablé con ellos, yo les insistía: las agresiones contra la población civil no fueron una política de estado. Yo lo viví, y nunca recibí órdenes del mando militar en ese sentido. Los excesos fueron en gran medida producto del desmadre. Los objetivos estaban claros, pero cada quien actuaba a su aire. El ejército se diluye sobre el terreno. Se disloca y pierde la capacidad de control operacional, y queda a criterio del comandante de patrulla, o del subteniente, discernir sobre determinadas situaciones. Por supuesto que eso no exime de responsabilidad al mando militar. Hay una cadena de mando. Pero hubo un descontrol táctico grande. "Del 90% al 95% de las acciones contra la población civil suceden en el área del EGP, y no en las áreas de las otras facciones de la guerrilla. ¿Por qué? Porque ese grupo se lanzó a la estrategia vietnamita, que consideraba el núcleo familiar como la base de sus acciones. E implicó a comunidades enteras en la guerra, en acciones que iban desde el corte de carreteras con árboles hasta la colocación de minas *claymore* y emboscadas. Las aldeas estaban fortificadas y llenas de trampas mortales para los soldados. Involucraban a la población, pero no le daban protección. Incluso los otros comandantes de la guerrilla lanzaron en 1981 una dura crítica al EGP por esta estrategia. Por cierto que los del EGP sí que hubieran hecho ingeniería social tipo jemeres rojos (las hordas de Pol Pot en Camboya), porque ahí se crea todo un fundamentalismo donde van mezcladas las tesis de Mariátegui, tropicalizadas, con la lucha de clases, a lo que se añade la nota final: la teología de la liberación. Esa fue la organización más vinculada con los curas radicales y la línea de masas. ¡Tremendo!

"No sé cuál fue la responsabilidad de Gerardi en el producto final del Remhi, pero creo que se limitó a supervisar y no se metió a fondo. Confió mucho en el equipo encargado del proyecto. Era genial, el viejito, porque tenía una gran claridad conceptual para definir los escenarios. Yo conversé mucho con él, teníamos afinidad y una buena sintonía. Soy testigo de dos ocasiones en las que mandó al carajo a gente de la guerrilla: 'Ustedes no pueden soslayar su responsabilidad, porque ustedes siguieron una estrategia que involucró a la población y lo digo yo, que fui obispo del Quiché y que tuve que ir a tocar la puerta de los cuarteles, para decirles: ¡Dejen de asesinar a la gente, entiendan que esos pobres están siendo obligados, o engañados!' Gerardi acuñó un concepto, que decía: 'No sólo hay explotación económica, también hay explotación ideológica. Y eso ha hecho también la guerrilla en este país: explotar ideológicamente a la gente y convertirla en carne de cañón'. Él tenía muy claro esto. Entonces, a mí sí me sorprende el sesgo del Remhi, porque no corresponde a la visión que él tenía."

❖ ❖ ❖

Las declaraciones públicas de Gerardi revelan la enorme distancia entre su pensamiento y el contenido del Remhi. En diciembre de 1995, cuando el equipo de Edgar Gutiérrez había empezado a recopilar testimonios para el futuro informe, el obispo deploraba que las Fuerzas armadas se hubieran "convertido en el villano favorito: la gente cree que son el origen de todos los males de esta sociedad. Pero esa visión también distorsiona la realidad".* En una de las últimas entrevistas que concedió, a pocas ho-

---

* *Prensa Libre*, suplemento "Domingo", 10 de diciembre de 1995.

ras de la presentación del Remhi, Gerardi hizo unos comentarios sintomáticos: "Se ha distorsionado bastante —es mi opinión y quizá parezca rara— al afirmar que el único que ha violado los derechos humanos en Guatemala ha sido el ejército [...] El número de violaciones de parte del ejército puede ser mayor en un momento dado, pero hay otros violadores [y] en calidad estamos iguales. Tan violador de derechos humanos es uno [el ejército] como el otro [la guerrilla]".*

¿Por qué estos criterios no se reflejan en ningún momento en el Remhi? "Es que Gerardi supervisó el Remhi de lejos y no se dio cuenta del contenido final", asegura un sacerdote cercano al obispo. "Fuera de las palabras introductorias, no hizo nada más. Ni se lo leyó entero. El que hizo el trabajo fue Edgar Gutiérrez."

Y Gutiérrez tenía un proyecto personal oculto, que era la antítesis de la visión pastoral de su mentor. Más adelante, el Gato, como le dicen sus allegados, no dudaría en renegar del Remhi para quedar bien con sus nuevos patrocinadores, el presidente Alfonso Portillo y el general Ríos Montt. Sin embargo, a mediados de los noventa, cuando aún no se había firmado la paz, Gutiérrez necesitaba apoyarse en la figura respetable de Gerardi para ganarse un espacio político. "En Guatemala", decía un obispo, "hay tres poderes, pero no son el ejecutivo, el legislativo y el judicial. Son el poder económico, el ejército y la iglesia católica." Con la creación de la ODHA, varios laicos ambiciosos vieron una oportunidad para actuar al amparo de este tercer poder. Gerardi fue seducido por esos jóvenes dinámicos, entre los cuales se colaron algunos personajes turbios e incluso unos informantes de inteligencia militar. El Gato engañó a Gerardi, pero no fue el único alacrán que se le metió en la sotana.

"Ronalth Ochaeta y Edgar Gutiérrez le vendieron la idea a Gerardi, pero es Edgar el autor intelectual del Remhi", confirma Carlos Aldana, ex director laico de la pastoral social y colaborador cercano del obispo durante sus últimos nueve años de vida. "Ellos sabían que el respaldo de monseñor era clave para conseguir el apoyo del episcopado, que no veía nada claro el proyecto. Gerardi logró finalmente convencer a la mayoría de los obispos, porque él era muy conciliador y su objetivo era pastoral, pero los otros dos eran marrulleros y querían sacar provecho político. Le metieron goles, claro, como se los metían a todos los obispos, sobre todo a Próspero Penados [el entonces arzobispo metropolitano]. Ochaeta había entrado en 1990 como director de la ODHA. Era muy hábil para mover piezas, para diseñar estrategias jurídicas. Esto le gustaba a Gerardi, a quien empezó a usar con gran habilidad. Recuerdo que una vez habló mal de monseñor: 'A este viejo hay que darle la vuelta', dijo. Fue cuando me di cuenta de que, en realidad, lo que a Ronalth le interesaba del obis-

---

* Entrevista con Radio Nederland, reproducida en *El Periódico*, 20 de abril de 1999.

po era su poder: se estaba aferrando a ese poder para proyectarse. Sin Gerardi, Ronalth no era nada.

"Con su asesinato, hay gente que ha perdido la dimensión de Gerardi: antes lo criticaban, y ahora lo convierten en un santo. Y Gerardi no era un santo. Era un hombre valiosísimo, con sus cosas buenas y sus cosas malas. Empeñarse en ver su santidad es un error, porque su humanidad, su riqueza como persona, aporta más elementos para construir un mundo mejor, para seguir su ejemplo. Era un tipo integral: se echaba sus tragos, le encantaba oír música, contar chistes, y era muy futbolero. Él y monseñor Penados dejaban misas para ver los mundiales. Penados llegó una vez a cerrar la catedral y a suspender un bautizo para ver un partido. Gerardi era un hombre lleno de vida, estaba emocionado con la vida. No quería ser mártir. Nadie sano lo desea. En este país, y en América Latina, estamos acostumbrados a ensalzar la muerte. Él no pidió morir."

Sin embargo no faltaron los que exaltaron el "sacrificio" del obispo cuando su cuerpo ensangrentado yacía todavía en el piso del garaje de la casa parroquial de San Sebastián. Menos de tres semanas después del crimen, la ODHA mandó imprimir un folleto alabando "el martirio" de Gerardi, "asesinado por esta lucha pacífica por la Paz, la Justicia y la Verdad". Según los autores, "el martirio es un regalo de Dios, que no está concedido a cualquiera [...] la sangre de los mártires es una gran riqueza de nuestro pueblo pobre [y] la sangre de un mártir como Juan Gerardi es parte de esta riqueza".* Posiblemente Gerardi se hubiera mofado de las parrafadas pomposas de los que parecían celebrar su muerte. O se hubiera molestado, como ocurrió con su familia, despojada de su luto por varios grupos religiosos y laicos que se apoderaron del ataúd y de la figura del obispo desde antes de su sepelio. Entre ellos estaban varios sacerdotes radicales del Quiché que habían tenido fuertes discrepancias con Gerardi 20 años atrás.

❖ ❖ ❖

La gigantesca operación de aprovechamiento político de la memoria del obispo estaba en marcha y su clímax llegaría con el juicio. En la sala de vistas de la Corte suprema, el marista Santiago Otero y dos misioneros del Sagrado Corazón, todos españoles, presentaron durante varias horas "el perfil político y religioso" de Gerardi y no dudaron en atribuir su asesinato a "los aparatos de seguridad que lo siguieron durante toda su vida y fueron afectados por la publicación del Remhi".** Joaquín Herrera, un misionero con pocas luces y muchas certezas, se explayó sobre la maldad de la Escuela de las Américas y aportó una contribución muy personal a la ciencia política cuando habló de "la doctrina de la seguridad social" (en

---

* "Mártir de la Paz, Monseñor Juan Gerardi Conedera, 1922-1998", María Christine Zauzich, ODHA.
** Testimonio del marista Santiago Otero, audiencia del 16 de abril de 2001.

lugar de seguridad nacional) que "influyó en el asesinato de monseñor Gerardi". El testigo remató su intervención con otro desliz cuando soltó que "los que están aquí son chivos expiatorios".* Los jueces no le dieron "valor probatorio" a esta última afirmación, pero sí al análisis de la "doctrina de la seguridad social (*sic*) aplicada por la institución armada".**

¿Tuvo algo que ver el Remhi con la muerte de Gerardi, como sostuvieron varios testigos de cargo y como lo ratificó el tribunal en su sentencia? Los militares lo niegan rotundamente, pero también el ex presidente Arzú y sus ministros, en particular el canciller Eduardo Stein, que mantenía relaciones muy estrechas con la jerarquía católica y era uno de los representantes más destacados de la izquierda en el gobierno. "Desde el primer minuto, a ninguno de nosotros se le pasó por la cabeza que lo hubieran matado por el Remhi", asegura Stein. "¡Pero si el informe ya estaba publicado! ¿Qué sentido tenía? Lo que surge casi inmediatamente es que alguien trata de hacer creer que ese es el móvil: al asesinar a Gerardi dos días después de presentar el informe, todo el mundo iba a señalar al ejército, y alguien pudo aprovechar las circunstancias para dar el golpe. También se especuló con que hubiera algo más siniestro, y es que Gerardi tuviera nuevos datos más incriminatorios y precisos que los que aparecen en el informe, porque ahí no había nada para justificar el asesinato. Pero no se encontró ningún indicio en ese sentido."

Los jueces no repararon en un pequeño detalle que echa por tierra su razonamiento: el coronel Lima, el único de los tres militares condenados que sí participó en el momento más álgido del conflicto armado, no es señalado en el Remhi como uno de los oficiales involucrados en violaciones de derechos humanos. En el juicio, Ronalth Ochaeta y Edgar Gutiérrez se encargaron de recalcar que el Remhi mencionaba "nombres de militares, entre ellos el de Lima Estrada".*** Lo que no dijeron es que las cuatro ocasiones en las que el coronel aparece citado se refieren, concretamente, a cambios de escalafón y a la intentona golpista de 1988. Cuando uno de los abogados de los militares preguntó a Ochaeta "¿Cuántas víctimas le atribuye el Remhi al coronel?", el colaborador de Gerardi no fue capaz de contestar. De hecho, no hay ninguna imputación contra él.

A pesar de ello, el tribunal no tuvo empacho en afirmar que en el Remhi el coronel "es denunciado como una de las personas a quienes se les culpa de hechos violentos y políticos por los que atravesó (*sic*) nuestra nación".**** Obviamente, los jueces no se habían tomado siquiera la molestia de leer el texto y aceptaron, sin verificación previa, la tesis de

---

* Audiencia del 10 de abril de 2001.
** Texto oficial de la sentencia del Tribunal 3° de sentencia penal, emitida el 7 de junio de 2001 por los jueces José Eduardo Cojulún, Yassmín Barrios y Amada Guzmán, folio 67.
*** *Ibid.*, folios 46 y 64.
**** *Ibid.*, folio 133.

la acusación, que aseguraba que el móvil del coronel Lima para asesinar al obispo se encontraba en este informe, "por sus posibles repercusiones, las cuales bien pudieron haberle perjudicado".*

Al no tener documentada la participación del coronel en las matanzas perpetradas durante el conflicto, los abogados de la ODHA corrieron la voz de que Lima tenía cuentas pendientes con Gerardi, desde "la época del Quiché". El bulo surtió efecto y los propios jueces quedaron convencidos de que los dos hombres habían coincidido en aquel departamento a finales de los setenta, cuando el enfrentamiento entre la iglesia y el ejército había desembocado en el cierre de la diócesis y el destierro del obispo. En realidad, cuando Lima llegó al Quiché, en enero de 1982, al frente de la fuerza de tarea Gumarcaaj, Gerardi llevaba más de un año viviendo en Costa Rica. Tres años después Lima regresaría como jefe de la zona militar. Y monseñor Pablo Urízar, administrador apostólico de la diócesis, alabaría la ayuda que le prestó el coronel en aquellos tiempos difíciles.

El único momento en que el obispo y el militar coincidieron fue durante su infancia y adolescencia en la capital. Los dos nacieron en el mismo barrio, la Candelaria. "Los Gerardi vivían a una cuadra de nosotros", cuenta Lima. "Yo estudié con los curas del Asilo de Santa María, que está ahí cerca. No había vínculo entre las familias, sólo de conocernos. Además, Gerardi era mayor que yo, me llevaba casi 20 años. En la siguiente cuadra, vivía Miguel Ángel Asturias, mucho antes de que le dieran el premio Nobel de literatura. Ahí estaba su hijo, Rodrigo, hoy más conocido como el comandante guerrillero Gaspar Ilom. Ellos tenían una casa muy grande y eran de una clasecita así, como más finitos. Nosotros éramos de tosco barrio." Así las cosas, la Candelaria vio nacer a tres de los actores del conflicto que desangraría a Guatemala: un coronel, un jefe insurgente y un obispo, que jugaron de niños en las mismas calles, pero que tomarían más adelante rumbos muy distintos.

Culpable o no, el viejo coronel sabía que tenía que pagar por los pecados que el ejército cometió durante el conflicto interno. Y el pecado más grande, decía, era "haber ganado la guerra". Pero, ¿por qué involucrar a su hijo y al ex sargento Villanueva? La fiscalía y los jueces no explicaron cuál habría sido el móvil de estos dos militares para participar en el crimen. Uno de los testigos de la acusación, el ex sargento Aguilar, había sugerido que el capitán Lima actuó bajo las instrucciones de sus superiores del EMP, pero en ningún momento había señalado a Obdulio Villanueva: su nombre fue agregado de último minuto, cuando el indigente Rubén Chanax, que nunca lo había mencionado en sus declaraciones anteriores, recordó de repente haberlo visto en la escena del crimen.

---

* *Ibid.*, folio 8.

Si los fiscales y los jueces desconocían las posibles motivaciones de los dos militares, los abogados de la iglesia, en cambio, tenían una explicación. En su alegato final, uno de ellos, Mynor Melgar, se empeñó en establecer un vínculo entre el asesinato de Gerardi y la muerte, dos años antes, de Aroldo Sas Rompich, el lechero que había embestido a la comitiva del presidente Arzú: el sargento Villanueva se había querido vengar de Gerardi porque la ODHA había actuado en su contra en el juicio. "De héroe, Villanueva pasó a ser villano, pasó a ser un criminal", había espetado Melgar en su arenga, con ese tono de comisario político que usaba para intimidar a los testigos de la defensa. El abogado omitía que, en realidad, el obispo había desempeñado un papel totalmente marginal en la decisión de acusar a Villanueva y que, además, el sargento había obtenido una rotunda victoria judicial.

Pero quizá Melgar tenía razón al vincular ambos procesos: con el caso Gerardi, los abogados del arzobispado vieron la oportunidad de resarcirse de su estrepitosa derrota en el caso Sas Rompich. El asesinato del obispo les daba una nueva oportunidad de llevar al banquillo a los dos mismísimos integrantes del EMP, el sargento Villanueva y su principal testigo de descargo, el capitán Byron Lima, y acusarlos de ejecución extrajudicial. La ODHA alineó al mismo equipo en los dos procesos: junto al ex fiscal Melgar, agresivo abogado con un concepto muy elástico de la ética, estaban Mario Domingo, un hombre afable y atormentado, y Nery Rodenas, personaje sibilino que recibía a la prensa rodeado de crucifijos, para intoxicarla con más credibilidad.

El caso Gerardi ofreció a Melgar la cancha que necesitaba para dar libre curso a su resentimiento por el fracaso anterior, que había vivido como una humillación. Lo recordó un testigo que compareció en ambos procesos. "Hubo un incidente amargo con Mynor Melgar", contó el mayor René Bor, que era parte de la seguridad de Arzú en el momento de la muerte del lechero. "A la salida del juicio del caso Sas Rompich, me dijo: 'Por esa vez se salvaron, pero va a haber otra oportunidad'." Esta frase, que constaba en las transcripciones originales del debate, fue borrada en las actas. Melgar, en efecto, tenía la ocasión de cumplir la amenaza, no contra Bor, que estaba en España en el momento de la muerte de Gerardi, pero sí contra sus dos compañeros. Lograr la condena de los militares acusados se había vuelto un asunto personal. Más que a Villanueva, a quien trataba con desprecio, su veneno iba dirigido a quien llamaba, en tono de burla, el "heroico capitán de apellido Lima Oliva que había interpuesto su caballo entre el asesino y el presidente".

Melgar fue, sin duda, la estrella de la acusación durante el debate. Su claridad expositiva, su mal genio y sus preguntas capciosas contrastaban con las intervenciones farragosas del fiscal Leopoldo Zeissig, que le habían valido varias recriminaciones del presidente del tribunal. "Obviamente la ODHA le echó la mano a la fiscalía", recuerda el juez Cojulún. "El ministerio público cojeaba. Y si no, vea la arrogancia y la técnica de Mynor Melgar, que sin duda es agresivo y hasta abusivo."

El asesor de la ODHA había adquirido experiencia en los debates a su paso por el ministerio público, donde dejó su huella al declarar en un juicio por homicidio: "la defensa dice: sería un crimen condenar a un inocente; yo digo: es más grave absolver a un culpable". Lo sorprendente era que la oficina de la iglesia encargada de defender los derechos humanos hubiera contratado a un abogado que mostraba tal desprecio por la presunción de inocencia. Pero ahí estaba de nuevo Melgar, llevando la voz cantante de una institución que buscaba utilizar el caso Gerardi para dar un golpe político contundente. En sus conclusiones, la ODHA no dudó en acusar a Álvaro Arzú y al jefe del EMP, el coronel Rudy Pozuelos, de estar implicados en el crimen del obispo. ¿Cuál podría haber sido la motivación del ex presidente y de sus militares de confianza para participar en semejante conspiración? Melgar no lo dijo. Tampoco supo explicar por qué el sacerdote Mario Orantes había colaborado con los asesinos. "Tenía serios problemas de personalidad, era vulnerable, [pero] las razones por las cuales él se involucra en el crimen probablemente sean un misterio."

El abigarrado elenco de inculpados (desde el presidente de la república hasta un coronel jubilado, pasando por un sacerdote) y la falta de lógica en los móviles debilitaban la acusación. El Remhi, razón última del asesinato del obispo, según la ODHA, no afectaba a ninguno de los señalados: ni a Arzú, ni a los militares de su confianza, que habían vivido la guerra de lejos, ni al coronel Lima, que además no tenía relación alguna con la cúpula castrense del momento. Tampoco la venganza por un juicio ganado parecía un motivo muy sólido para embarcarse en una empresa tan atroz.

La defensa estaba convencida de que la acusación contra sus clientes no se sostenía. Pensaron que todo el edificio se vendría abajo al demostrar que, en el momento del asesinato de Gerardi, Obdulio Villanueva estaba todavía encarcelado en la prisión de Antigua por el caso del lechero, a la espera de una orden de libertad que llegaría dos días después. El abogado del ex sargento presentó varios documentos oficiales y una retahíla de testigos, entre ellos el subdirector de la cárcel, los compañeros de celda y los familiares que lo habían visitado el día del crimen. Los jueces, sin embargo, decidieron que Gilberto Gómez Limón, un preso que decía haber visto a Villanueva salir de la cárcel, era más fiable que todos los testimonios de descargo y los certificados administrativos.

❖ ❖ ❖

En privado, muchos juzgadores no ocultaban su estupor ante una sentencia que se apoyaba en testigos más que dudosos y cuya base jurídica era insostenible: el Tribunal 3° reconocía que los Lima y Villanueva no habían matado al obispo, pero los condenaba a 30 años como "coautores" ra que ni siquiera existía en el código penal guatemalteco. No hab sinos materiales ni intelectuales ni un móvil claro.

Incluso el ex juez Henry Monroy, que había participado en la investigación del caso Gerardi y había renunciado para exiliarse en Canadá, no estaba convencido con el fallo. "La sentencia deja muchas dudas sobre la participación de los militares", dice desde su domicilio en Montreal. "La finalidad de un proceso penal es establecer la verdad histórica de los hechos, y este proceso ha faltado a eso. El problema en Guatemala es que la gente quiere ver sangre. El concepto 'justicia' no ha sido todavía entendido: justicia no es venganza. Mucha gente celebró que se condenara militares por el hecho de ser militares, pero hace falta que haya claridad meridiana respecto a qué fue lo que hicieron. Por eso, es posible que los absuelvan en segunda instancia."

El 8 de octubre de 2002, 16 meses después del primer fallo, la Sala 4ª de apelaciones revocó la condena de los procesados y ordenó un nuevo debate "sin la participación de los jueces que intervinieron en la sentencia anulada".

La lectura de la resolución se celebró en la misma sala de vistas de la Corte suprema. La expectación, las medidas de seguridad y la asistencia multitudinaria evocaban la noche del primer veredicto. Esta vez, sin embargo, los partidarios de la ODHA debieron compartir el espacio con los amigos de los militares, que se habían movilizado para solidarizarse con ellos. Los abogados de la iglesia se mostraban muy confiados y vaticinaban a la prensa la confirmación de la condena. Ronalth Ochaeta, ex director de la ODHA y embajador con el nuevo gobierno, no había querido perderse el acontecimiento. Al terminar la lectura del fallo, saldría corriendo, con monseñor Mario Ríos Montt, para evitar a los periodistas, mientras los simpatizantes de los acusados ovacionaban a los magistrados, que acababan de echar por tierra, en apenas dos horas, el proceso más costoso, más largo y más polémico de la historia judicial de Guatemala.

Sin pronunciarse sobre la culpabilidad o la inocencia de los militares y del sacerdote, los tres magistrados de la Sala 4ª habían llegado a la conclusión de que los jueces de primera instancia violaron los derechos de la defensa al incumplir las reglas de la "sana crítica razonada", que es la piedra angular del código procesal penal guatemalteco.* Daban así la razón a Irving Aguilar, el abogado de Obdulio Villanueva, que acusaba al tribunal de sentencia de tomar en cuenta solamente una de las tres principales declaraciones rendidas bajo juramento por el testigo Rubén Chanax. Con el argumento de que "la prueba se produce en el debate y las declaraciones prestadas en otras diligencias carecen de eficacia", los juzgadores habían

---

* Texto oficial de la sentencia de la Sala 4ª de apelaciones, emitida el 8 de octubre de 2002 por los magistrados Willevaldo Contreras, Luis Felipe Hernández y Rosamaría de León.

escamoteado las contradicciones flagrantes entre los testimonios del indigente, para quedarse con el último y facilitar la condena de los acusados.

El ministerio público y los abogados de la iglesia acusaron a la sala de apelación de excederse en sus funciones y presentaron sendos recursos de amparo ante la Corte suprema para dejar sin efecto la resolución. En contraste con la postura tajante de los laicos de la ODHA, que estaban bajo sus órdenes, el arzobispo metropolitano Rodolfo Quezada se limitó a expresar su desconcierto: "Yo esperaba la confirmación de la sentencia o la libertad de los implicados, pero no lo que se hizo. Los obispos queremos saber la verdad, qué fue lo que pasó aquella noche en la casa parroquial de San Sebastián. Queremos que se haga justicia, esto no se puede quedar así simplemente en el aire."

En realidad, monseñor Quezada sabía desde mucho tiempo atrás que la sentencia del Tribunal 3° no se sostenía. Se lo habían comentado cuatro penalistas que él había consultado poco después del primer juicio, cuando Roma lo puso al frente de la arquidiócesis. "Todos los juristas me dicen que no hay elementos y que es una sentencia política."

Pero el primado de la iglesia guatemalteca, que sería nombrado cardenal en septiembre del 2003, era rehén de la ODHA y de su avasalladora cruzada por obtener, a cualquier precio, la condena de los tres militares. Con la intención de neutralizar al nuevo arzobispo, Nery Rodenas y Mynor Melgar se habían encargado de propagar entre periodistas y activistas de derechos humanos un rumor sobre el supuesto plan de Quezada para desmantelar la ODHA e imponer una línea "reaccionaria". El arzobispo estaba maniatado. Su pública oposición al Remhi lo colocaba ahora en una situación delicada frente a los poderosos abogados laicos, que convertían cualquier decisión opuesta a sus intereses en una agresión al legado de Gerardi, del que se habían erigido en albaceas.

❖ ❖ ❖

La anulación de la sentencia era todo un desafío a los influyentes grupos que habían celebrado la condena de los militares: desde las organizaciones de derechos humanos a la embajada de Estados Unidos, pasando por la misión de Naciones unidas, que habían avalado todo el proceso y encomiado "la valentía" de los jueces de primera instancia. El más interesado en que se confirmara la sentencia, sin embargo, era el presidente Alfonso Portillo, que vendía el veredicto como un logro personal.

Las presiones sobre los miembros de la Sala 4ª habían sido terribles, al punto de generar tensiones entre los propios magistrados. El análisis preliminar de la sentencia les había llevado a la conclusión de que debían revocarla. El consenso, sin embargo, pareció venirse abajo durante la discusión sobre los recursos de forma, cuando el presidente Willevaldo Contreras sugirió que desestimaran las apelaciones. Rosamaría de León y Luis Felipe Hernández se quedaron de una pieza. "¿Pero cómo vamos a hacer eso? Si eso quieres, entremos a ver de una vez los recursos de fondo", respondió Hernández. Todos sabían que analizar el fondo de la sentencia podría conducir a la absolución de los acusados. "Bueno, mirá, negociemos", sugirió Contreras. "¡No me jodás!, no hay nada que negociar. La forma es insalvable. ¿Qué te está pasando?" La respuesta llegó tras unos momentos de silencio. "Me están presionando. Esto nos puede costar la reelección." Quien intervino esta vez fue Rosamaría de León: "A mí la reelección me viene sobrando. Si ese es el precio que tengo que pagar, lo asumo. Quiero tener la conciencia tranquila".

La angustia acumulada en esos días por los tres magistrados había estallado. Los dos vocales habían recibido mensajes "indirectos" sobre la conveniencia de confirmar las condenas de los Lima, Villanueva y Orantes: eso era lo que "se esperaba" de ellos. Las presiones sobre Willevaldo Contreras habían sido directas. El origen era el mismo: Napoleón Gutiérrez, presidente de la cámara penal de la Corte suprema de justicia.

Con sus modales prepotentes y su fama de intrigante, Gutiérrez era temido por muchos jueces y magistrados, que estaban acostumbrados a recibir sus instrucciones. Su poder se había acrecentado con el gobierno del FRG. No en vano, él era buen amigo de Alfonso Portillo y de algunos militares de su entorno, como el mayor Napoleón Rojas, con los que solía reunirse a tomar tragos en la casa presidencial. El magistrado, señalaban sus colegas, formaba parte del llamado grupo Salvavidas, el aparato "civil" de abogados, fiscales y jueces que garantizaba la impunidad de la red Moreno y la mafia militar que había financiado la carrera política de Portillo. Pero Napoleón Gutiérrez tenía además buenos amarres con los activistas humanitarios a través de Helen Mack, con la que había entretejido una relación de favores mutuos.

Los miembros de la Sala 4ª estaban entre la espada y la pared. Apaciguados los ánimos, los tres magistrados decidieron finalmente, por unanimidad, revocar el fallo. En su resolución, Contreras y sus dos colegas incluyeron varios párrafos sobre "la independencia de la judicatura" según las convenciones internacionales. Entre ellos, éste: "Los jueces resolverán los asuntos que conozcan con imparcialidad, basándose en los hechos y en consonancia con el derecho, sin restricción alguna y sin influencias, alicientes, presiones, amenazas o intromisiones indebidas, sean directas o indirectas, de cualesquiera sectores o por cualquier motivo".* Era su respuesta, valiente por cierto, a las "llamadas amistosas".

Cuando Napoleón Gutiérrez se enteró del fallo, cuentan sus colaboradores, tuvo un ataque de cólera. "¡Ese Willevaldo es una mierda, ni controlar a sus vocales puede!", bramaba. "¡Pero esto no se va a quedar así!" La reacción, en efecto, no se hizo esperar. Cuatro meses después la Corte suprema anuló la sentencia de la Sala 4ª y le ordenó emitir una nueva re-

---

* Sentencia de la Sala 4ª de apelaciones, *op. cit.*, folio 9.

solución. Los abogados de la defensa apelaron esta decisión ante la Corte de constitucionalidad.

Entre tanto, y a propuesta de Napoleón Gutiérrez, la misma Corte suprema firmó un acuerdo secreto para rotar a los magistrados de apelaciones. El objetivo de la maniobra, a todas luces inconstitucional, era desmantelar la Sala 4ª, sacando a los dos vocales, y configurar un tribunal *ad hoc* que resolviera "adecuadamente" el caso Gerardi y otros asuntos "sensibles" para el gobierno. La filtración del documento provocó la rebelión de los magistrados y dio al traste con los planes. La jugada, sin embargo, mostraba hasta dónde era capaz de llegar el círculo del presidente Portillo en su afán de lograr la confirmación de las condenas antes de que terminara, en enero de 2004, su gobierno, que era ya catalogado por la opinión pública como el más corrupto y desastroso de la historia del país.

El "presidente de los pobres" cultivaba con esmero los gustos de la *jai-laif* y hacía las delicias de los joyeros mexicanos, los diseñadores de Miami y los distribuidores de Harley Davidson. El hedor del tráfico de influencias había inundado su gabinete desde el primer momento: la distribución de los cargos parecía el reparto de un botín entre las diferentes "roscas" que rodeaban a Portillo, encabezadas por individuos de dudosa reputación que habían decidido cobrarse con creces el apoyo financiero prestado a la campaña de su amigo Pollo Ronco. La sucesión imparable de escándalos de corrupción, el saqueo voraz de las arcas públicas, las políticas erráticas en todos los ámbitos, el enfrentamiento con todos los sectores sociales y las continuas salidas al extranjero de Portillo, la mitad de las veces por "motivos personales", habían hundido la credibilidad del gobierno. ¿Cómo iba Portillo a desaprovechar la oportunidad de apuntarse un tanto con el caso Gerardi?

❖ ❖ ❖

No se necesitaba ser un jurista de altos vuelos para constatar que la condena de los cuatro procesados violaba el debido proceso. La sentencia de casi 300 páginas emitida por José Eduardo Cojulún, Yassmín Barrios y Amada Guzmán constituye una antología del disparate y de la manipulación de la justicia, además de ser una afrenta al sentido común, a la lógica y a la gramática.

Los miembros del Tribunal 3º niegan que la decisión de tomar en cuenta únicamente el último testimonio de Rubén Chanax y de descartar sus declaraciones anteriores tuviera como objetivo soslayar las contradicciones en las que incurría la estrella de la acusación. "La prueba se produce en el debate", repite el juez Cojulún. Esto no le impidió, sin embargo, emplear un criterio diferente con otros testigos de cargo, de los que sí aceptó sus declaraciones previas porque no se contradecían entre sí. Además, el tribunal no duda en dar valor probatorio a todos los testigos de la acusación, incluyendo los más turbios, mientras rechaza a todos los de la defensa.

Sin el menor pudor, los jueces aplican también el doble rasero a los medios de prueba, desechando los que favorecen a los acusados, como los informes de dactiloscopia o los análisis de ADN, con el argumento de que no sirven "para determinar la participación de los procesados en el hecho ilícito que se les atribuye".* Esto es un aporte original a la jurisprudencia: si una prueba científica no confirma la presencia de los acusados en la escena del crimen, hay que descartarla. Lo normal hubiera sido que el tribunal lo viera como un factor de duda a favor de los procesados y se preguntara a quién diablos pertenecía el ADN encontrado en la casa parroquial. ¿A los verdaderos asesinos, quizá?

Los jueces, sin embargo, hicieron algo mucho más grave que violar las reglas de la "sana crítica razonada" con las que se llenan la boca a lo largo de la sentencia: para apuntalar la condena de los acusados, llegaron al extremo de alterar las actas y manipular las declaraciones de varios testigos.

El taxista Jorge Diego Méndez Perussina, por ejemplo, dijo haber observado a los asesinos "entre las 22:25 y las 22:40 horas". Estaban platicando junto a un auto, en un costado del parque, y uno de ellos tenía el torso desnudo. En los considerandos del fallo, los jueces se toman la libertad de modificar el testimonio del taxista y le hacen decir que los vio "entre las 22:00 y las 22:15 horas". ¿Por qué alteran su declaración? Para que concuerde con los otros dos testigos de cargo, el indigente Rubén Chanax y el ex sargento Jorge Aguilar. Chanax había visto al descamisado salir de la casa parroquial alrededor de las 22:00 horas. Y Aguilar lo había visto llegar al EMP, ya con una camisa puesta, "entre las 22:20 y las 22:30 horas". Era imposible, entonces, que hubiera reaparecido, de nuevo sin camisa, a las 22:25-22:40, a cien metros de la escena del crimen, tal y como contaba el taxista.

Quizá movidos por algún interés inconfesable, los jueces estimaron que era su deber corregir los errores cometidos por los testigos de cargo y escamotear las inocultables discrepancias que presentaban sus testimonios. Chanax, que alardeaba de conocer bien las marcas de automóviles, dijo que Lima y Villanueva se movían en "una Cherokee negra" con placa O-123. El ex sargento Aguilar aseguró que Lima conducía "una Isuzu Trooper negra, sin placas", acompañado por el famoso "Hugo", y no por Villanueva, a quien conocía perfectamente. Y el taxista observó a "Hugo" y a sus compinches en un Toyota Corolla blanco con la matrícula P-3201. Y mientras el "Hugo" de Chanax no tenía tatuajes, el "Hugo" del taxista y de Aguilar lucía unas vistosas alas de paracaidista en su brazo.

---

* Sentencia del Tribunal 3º, *op. cit.*, folios 121-125.

"Todos los testimonios confirman una secuencia que se hilvana", argumenta el juez Cojulún, y se queda tan ancho. "Si yo hubiera detectado la falsedad de la prueba, los procesados se van a la calle. Pero la defensa no lo probó. Sólo lo mencionó."

Las correcciones que presenta el borrador del acta de debate, hechas a mano y en tinta roja, revelan, sin embargo, que los jueces expurgaron algunas declaraciones y eliminaron todo lo que pudiera crear dudas razonables respecto de la credibilidad de los testigos de cargo. En el testimonio del psiquiatra Jacobo Muñoz sobre el indigente Rubén Chanax, por ejemplo, se han tachado las siguientes frases: "El señor Chanax manipuló su primera declaración". O "Chanax es una persona de escasos recursos, que lava carros. Existe la posibilidad de que Chanax pueda haber cambiado ante el protagonismo que adquirió". O esta otra: "Podría haber un error en mi peritaje. Lo más prudente es que se vuelva a repetir".

La manipulación se torna compulsiva en el caso del ex sargento Aguilar, que aseguraba haber estado como "subjefe de servicio en el Estado mayor presidencial", y cuyo testimonio era clave para condenar al capitán Lima y abrir proceso a los militares cercanos a Álvaro Arzú. Prestos a disipar cualquier duda sobre este personaje, los jueces extirpan frases de otros testigos que desmienten su versión. El suboficial Carmelo Estrada, por ejemplo, aseguró de forma clara que la única persona que estaba de turno en la jefatura de servicio la noche del crimen era él. Esta observación aparece cuidadosamente tachada en rojo en el borrador original. Como esta, de otro testigo: "Aguilar Martínez era pasador [mesero] del presidente. Fue a parar como conserje del Palacio Nacional por problemas administrativos". O esta otra: "El señor Aguilar Martínez no tenía por qué hacer turno en el EMP".

Con más de cien testigos presentados por las partes, ¿cómo se las arreglaron los jueces para afinar tanto a la hora de "limpiar" las actas? ¿Recibieron quizá la ayuda de alguien conocedor de los entresijos del proceso? De cualquier manera, ¿por qué el juez Cojulún y sus dos colegas se prestaron a ese juego, a sabiendas de que no había una sola prueba para sentenciar a los tres militares?

Por cobardía, o por interés, los juzgadores cedieron a las tremendas presiones políticas que rodearon el caso. Para ellos, condenar a los acusados era la manera más cómoda y "políticamente correcta" de resolver el expediente, porque parecía "lógico" pensar que ese asesinato era una manifestación más del encono histórico entre la iglesia y los militares. "El tribunal de sentencia se convirtió en un tribunal de complacencia. La condena de los Lima era una necesidad de estado", asegura Roberto Echeverría, abogado del capitán. Después de los Lima seguiría el entorno directo del ex presidente Álvaro Arzú, lo que brindaría al FRG un arma política de suma utilidad para el futuro. "Y para la ODHA y los grupos de derechos humanos, era vital cobrarle la cuenta al ejército, para justificar su propia existencia. Yo he oído decir: 'tal vez no fueron los Lima, pero ellos tienen que pagar'. La guerra se ha trasladado de la montaña a los tribunales. El escenario ha cambiado, pero el resentimiento y los métodos son los mismos: ahora practican el terrorismo judicial y recurren a toda clase de subterfugios para conseguir una condena."

Los integrantes del tribunal de sentencia no fueron los únicos en actuar con dolo, exponiéndose así a una sanción por prevaricato.* De hecho, su papel consistió en ratificar la acusación elaborada por el ministerio público y los abogados de la iglesia. Lo irónico es que esos jueces serían alabados por la prensa y la comunidad internacional y premiados por su "valentía", como lo fueron también los fiscales Celvin Galindo y Leopoldo Zeissig, que recibieron becas en el extranjero después de haber expurgado el expediente de todo lo que pudiera obstaculizar la condena de los procesados.

❖ ❖ ❖

"Jueza del caso Gerardi abandona el país." El 24 de julio de 2001, mes y medio después de la sentencia, los diarios anunciaban que Yassmín Barrios había salido rumbo a España, acompañada de su madre. Gran conmoción. Y es que, mientras la existencia de sus dos colegas de tribunal transcurría por cauces anodinos, Barrios, a pesar de la custodia policial, vivía en el sobresalto permanente, víctima de un imparable acoso que denunciaba puntualmente a la prensa. Ahora el hostigamiento le llegaba del cielo: le estaban sacando fotos desde un helicóptero.

Dos semanas antes de dictar el fallo, y sin decir nada a sus dos colegas del tribunal, la juez había estado ultimando con la embajada de España los preparativos para su salida. A petición de Estados Unidos, la legación española había aceptado brindarle apoyo: recibiría un estipendio de 1,300 dólares mensuales y una beca para estudiar lo que deseara, y residiría en un hotel madrileño hasta que encontrara un apartamento.

La sorpresa fue mayúscula cuando, una semana después de haberse marchado, Yassmín Barrios se presentó de regreso en la embajada. ¿Qué había ocurrido? La juez se enredó en explicaciones peregrinas: que si no le habían dado dinero y no podía pagar el hotel, que si no había encontrado ningún curso que le interesara... Estupefactos, los diplomáticos españoles lograron entresacar los verdaderos motivos: Barrios había hecho sus cálculos, la vida en Madrid le había parecido cara y su mamá "no se hallaba". "Era una señora demencial", comenta un funcionario, que recuerda que el embajador Ramón Gandarias a duras penas podía contener

---

* "El juez que, a sabiendas, dictare resoluciones contrarias a la ley o las fundare en hechos falsos, será sancionado con prisión de dos a seis años. Si la resolución dictada consistiere en sentencia condenatoria en proceso penal, la sanción será de tres a diez años". Artículo 462 del Código penal.

su irritación. "Para colmo, nos había puesto en una posición difícil, porque no había avisado a la Corte suprema de su salida. Y por si eso no bastara, todavía nos pidió apoyo para más adelante, porque le tocaba el juicio de los militares del caso Myrna Mack. El embajador le dijo que mejor se excusara, puesto que no tenía condiciones para juzgar objetivamente."

El juez Cojulún y la siempre discreta Amada Guzmán no se quedarían atrás. Ambos volarían también a España, a un curso trimestral, con una promesa acariciándoles los oídos: sus nombres figurarían en las propuestas para la designación, a finales de 2004, de los nuevos magistrados de las salas de apelación. "Por supuesto que este caso iba a ser un trampolín y cada quien tenía libertad de aprovechar las oportunidades que surgieran", se había justificado de antemano el presidente del Tribunal 3° de sentencia.

Capítulo 8

El Loco Lima

El coronel Byron Lima llega con su morral al hombro, jadeando. "Es la subidita, ya estoy viejo". Se quita ceremonioso su gorra de beisbol. "Disculpe que estaba cubierto. Con una dama hay que descubrirse, aunque ya no se estilan esas vainas". Acaba de cumplir 60 años, pero el pelo blanco, el espeso bigote gris y las gruesas gafas lo hacen parecer mayor. Lleva pantalón corto y unos zapatos de deporte desgastados. Al cuello, su cadena con la medalla de la Virgen de Lourdes y un crucifijo de plata. Es chaparro y musculoso, pero la barriga que se perfila bajo la camiseta blanca le roba todo resquicio de aire marcial. "En la Escuela politécnica no había quien me ganara en los cien metros, pero en la cárcel no hay lugar para hacer deporte. Sólo se puede caminar, y eso no es suficiente para mantenerse en forma".

Los guardias entregan al preso y se retiran de la amplia sala de visitas. Detrás de ellos, cierran con candados las puertas metálicas que dan acceso a las celdas del Preventivo, la mayor cárcel de Guatemala. Las fuertes lluvias de la noche anterior han provocado estragos. El agua ha entrado por los vidrios rotos de las ventanas y el piso está inundado. El coronel rescata tres sillas y una mesa de plástico y las coloca en el único rincón seco, junto a un inmenso mural de tres metros de altura, donde un Cristo resucitado, refulgente sobre un fondo celestial, extiende los brazos en un gesto de bienvenida.

Es la primera de varias entrevistas con cada uno de los tres militares condenados por el asesinato de monseñor Gerardi. Las autoridades penitenciarias no han puesto inconveniente. La única condición era que los presos estuvieran de acuerdo, y ninguno dudó: querían hablar y reiterar que no tenían nada que ver con el crimen del obispo. Han sido estigmatizados, dicen, y condenados aun antes de que comenzara el juicio.

El coronel está "a la orden". "Tenemos tiempo, nos quedan casi 30 años para conversar aquí. Así que pregunten tranquilos." La ironía no logra ocultar su amargura. El caso le abruma. "Esto es un rompecabezas, y lo sé bien, porque llevo meses de rompérmela." Está convencido de que hay una "confabulación" para involucrarlo en el crimen, pero no ha logrado ubicar a los autores e ignora por qué se ensañaron con él.

El misterio arranca en su propio entorno y el coronel lo sabe. No le sorprendería que su cuñada Mercedes Oliva, doña Meches, y la hija de ella, Arlena Cifuentes, su sobrina política, hubieran querido ajustar viejas cuentas. "Yo nunca tuve esa reunión en mi casa, como se ha dicho en algunos círculos." El militar desmiente las informaciones que doña Meches transmitió a su médico de cabecera, Carlos Pérez Avendaño, sobre un encuentro de un grupito de oficiales retirados en casa de los Lima veinticuatro horas antes del asesinato de Gerardi. Al final de la velada, uno de los invitados habría dicho al anfitrión: "No te vayas a ahuevar". Y el lunes, al día siguiente del crimen, la tienda del coronel había estado cerrada.

Esta frase y algunos comentarios despectivos sobre el obispo, la guerrilla y el Remhi habían llegado a los oídos de los investigadores de la ODHA, que había dirigido Gerardi hasta su muerte. Para ellos, eso fue el primer indicio de que Lima estaba involucrado en el crimen. La versión se iría distorsionando progresivamente, al punto de que la ODHA aseguraría a los funcionarios del gobierno de Álvaro Arzú que había sido la propia esposa del coronel, María Luisa Oliva, la que había delatado a su marido ante el doctor Pérez Avendaño.

"A mí nadie me va a decir 'no te ahuevés'", se enoja el coronel. "Yo tomo mis decisiones, y lo que yo haga, bien o mal, es mi responsabilidad. Si hago algo y meto las cuatro patas, yo pongo el pecho. Y si salió bien, bendito sea Dios. Pero jamás hubo esa reunión con oficiales en mi casa. Jamás. Vayan a hablar con mi mujer y pregúntenle."

❖ ❖ ❖

Desde la cárcel, situada en lo alto de una loma que domina la capital, se llega rápidamente a la colonia Lourdes, un barrio de clase media acomodada habitado mayoritariamente por militares. La casa de los Lima está sobre la 9ª Avenida, casi enfrente de un pequeño santuario a la Virgen cavado en un terraplén. Del piso superior cuelga una pancarta negra: "¡Fuimos vendidos! Aún creemos en la justicia. Los Lima somos inocentes". Luis Alberto, el hijo menor, contesta al timbre. Son las tres de la tarde y está por irse a la universidad, donde estudia ciencias políticas.

La sala de estar es pequeña y oscura. En una mesita esquinera hay una foto de María Luisa de joven, muy guapa. Hoy es una mujer entrada en carnes, con el pelo teñido de castaño y la mirada perdida detrás de sus grandes gafas. En una columna cuelga un viejo retrato del coronel Lima con uniforme y boina. "Era bien plantado, ¿verdad?", dice sonriente.

"La pancarta la pusimos dos días después de la sentencia. Fue idea de mi hija. Para ella fue terrible, porque está muy unida a su padre y a su hermano. La mayoría de sus colegas médicos del hospital San Juan de Dios la apoyan y dicen que son inocentes. Luis Alberto estuvo tres días acostado, sin dormir, ni comer, con la cara tapada, llorando. Ahora está más o menos. Yo le digo que tenemos que salir adelante. Sufre mucho porque le consta que su padre estaba aquí esa noche. Nos han estado hostigando mucho. Antes del juicio nos dejaron pintas en la casa. Y nos amenazaban por teléfono. Hace poco llamaron de nuevo: 'Se van a morir todos'. 'Ah, no me diga. Desde luego, todos nos tenemos que morir', contesté. Porque yo no tengo miedo. Incluso, habiendo salido mi hijo a la universidad, me han llegado a decir: 'sabemos que está sola'. Pero no me asustan. Si algo me tiene que pasar, es porque estaba escrito. Lo que me atormenta es que a Luis Alberto le vayan a hacer algo en la calle o que a ellos les ocurra algo ahí adentro.

"Por el trabajo de mi esposo, me tocó sacar a mis hijos sola. Él nunca estaba para ellos. Siempre fue muy cumplido con los gastos, pero si necesitaban un consejo no lo pudieron tener, porque para él su trabajo era lo primero. Y siempre con la angustia de que le pudiera suceder algo. Algunas veces fui a verlo al interior, y las pasaba negras. Recuerdo un viaje al Quiché, en 1982, con los tres niños. Fue espantoso: la carretera cortada con troncos, puestos de registro… Nos quedamos cuatro días en Chupol, donde estaba destacado mi marido. Betty tenía 16 años, Byron 11 y Luis Alberto estaba tiernito, tenía un año. Nos quedamos en un hoyito. No dormimos de miedo. Se oían las ráfagas. Llegaban los heridos, los médicos los operaban en tablones, en pésimas condiciones. Los soldados tenían los pies y las piernas todas hinchadas, horribles. La ración de comida consistía en una tortilla y una cucharada de frijol o un trozo de güisquil. Me mataba la pena. En otra ocasión que fui sola, regresé en camioneta. Ni un alma en el camino. Pasamos un bus en llamas. De pronto, un puesto de registro de la guerrilla. Subieron al camión pidiendo el impuesto de guerra. Yo me senté en el piso temblando: 'Dios mío, que no sepan quién soy'. Llevaba diez quetzales y se los di.

"Mi marido se jubiló con muy poco y la tienda mejoró nuestra situación. Se sacaba lo del día, pues. La cerramos cuando ellos se fueron presos, porque es un barrio inseguro. Yo atendía en la mañana, de nueve a una. Él estaba por la tarde, a partir de las cinco o seis. Los viernes y los sábados cerraba tarde, a veces a las dos o tres de la madrugada, porque eran los días de más ventas."

¿Cómo se enteró de la muerte de Gerardi? "Por la mañana siempre miro el noticiero del canal 7. Ahí lo oí. Cuando mi marido se despertó, le conté lo que había pasado. Él me dijo que monseñor Gerardi había estado en el Quiché y yo le dije que lo había conocido en la casa de mis padres, en Mataquescuintla, cuando él era el párroco de mi pueblo. Era un joven alto y simpático. Todas las muchachas decían: mira qué guapo. Yo tenía diez años y más de una vez le vi echarse sus tragos con mis primos o con mi padre. Nunca antes habíamos hablado de él y no comentamos más el asunto. Esa mañana, como todos los lunes, no abrimos la tienda porque nos fuimos al almacén El Depósito para reabastecernos."

Maruca es una mujer sumisa. Lo acepta ella, lo dice el coronel y lo confirman sus hijos. "Mi madre es fiel cien por cien a mi padre", sostiene el capitán Lima. La sumisión no fue sinónimo de armonía en el hogar, como lo pudo constatar un antiguo subordinado del coronel, en la época en que este dirigía los servicios de inteligencia. "Yo llegaba a menudo a la residencia de los Lima. El coronel era un ogro con su mujer, explosivo."

El coronel reconoce que maltrató a su esposa y que ella le tenía mucho miedo, pero las cosas, asegura, han cambiado. "Yo tengo un carácter amargo, yo sé, pero ya no. Ya viejo, fui descubriendo... La pobre, cómo me ha aguantado y cómo me ha sufrido. Porque en mi casa he mandado yo y ella no mueve un dedo. Ella es una buena administradora, es inteligente y sabe manejar su hogar y sus conflictos, o los que yo le he presentado. No les voy a mentir, también fui mujeriego. Pero nunca dejé de amar a mi mujer, y la sigo amando. Y mi mujer me aguantó tanto que hoy para mí es un ángel. Es lo único que tengo para vivir." Bueno, no tan único: el coronel no esconde la relación que tiene desde siempre con otra mujer, con la cual tuvo un hijo. "Es cierto, tengo dos mujeres, pero a las dos las quiero, y tengo más de 30 años de estar con ellas."

"Sé que hay otra señora de por medio", dice Maruca. "Yo sufrí mucho, porque cuando empezaron yo era joven. Ella se fue diez años a Estados Unidos y regresó. Sigo siendo celosa, pero a estas alturas del partido ya me lo tomo con tranquilidad. Quiero llegar con mi esposo hasta el final."

Un recorrido por la casa permite descubrir las aficiones del coronel. "A mi marido le gusta cocinar, veía siempre el programa 'Sal y pimienta'. Y pasaba mucho tiempo leyendo." La biblioteca es el lugar más interesante. En uno de los estantes tiene la colección Austral, cuidadosamente forrada con papel marrón y con los autores y los títulos escritos a máquina en el lomo. En otro estante, las enciclopedias y las obras completas de Marx, Lenin, Stalin, Kim Il Sung y Mao Tse Tung. "Mi colección de libros comunistas la hice cuando trabajaba en la G-2", contaría más adelante Lima. "Le caíamos a una casa de seguridad de la guerrilla y ahí encontrábamos toda la literatura. La Universidad de San Carlos era el puente por donde entraba todo lo que venía de Cuba, muchas obras de la Casa de las Américas. Mi biblioteca era lo más sagrado, era mi lujo. Llegué a tener más de siete mil libros. Yo prestaba y hacía intercambio con mis amigos. Cuando llegaron los del ministerio público para registrar la casa, me lo destrozaron todo."

Caminando por el jardín, la esposa del coronel niega que hubiera encuentro alguno de oficiales en su casa antes del asesinato del obispo. "Yo nunca he hablado con nadie de ninguna reunión porque no hubo ninguna, ni pequeña ni grande. Las únicas reuniones que ha habido en esta casa han sido para el cumpleaños de mi esposo, el 26 de mayo. Y lo que había en la tienda eran las típicas platicaderas de jubilados, conversaciones informales frente a la calle, en un lugar público. Yo andaba siempre ahí, limpiando, organizando, y les escuchaba, y nunca oí nada raro."

Maruca desmiente haber hablado con sus parientes sobre una posible conspiración criminal en su casa, y menos aún haber visitado al doctor Pérez Avendaño. "¡Por Dios, lo que han ido a inventar! Eso es un disparate. Ese doctor es el médico de mi hermana Meches y de todos mis hermanos, porque ellos siempre tuvieron dinero para pagar consultas privadas. Mi hermana me llevó a verlo dos o tres veces, la última vez no recuerdo si fue en 1985 o 1987, y desde entonces ni he vuelto ni he platicado con él. Yo tengo los servicios del Hospital militar. No sé de dónde ha salido todo esto. Tal vez mi hermana, o tal vez, de cólera, Arlena dijo algo. Ella no se llevaba con mi esposo. Sí, tuvieron una discusión fuera de tono, pero fue varios meses después de la muerte de monseñor, durante una fiesta en casa de mi hermana, a causa de un desconocido que andaba rondando por ahí. Mi esposo lo echó de malos modos, Arlena le reclamó y discutieron fuerte. A Arlena no muy le gustan los militares. Meches se llevaba bien con Byron, pero a saber qué tanto le quería."

❖ ❖ ❖

El retrato que el coronel hace de su cuñada no tiene desperdicio. "Mire, doña Meches siempre ha sido autoritaria, siempre ha sido la hermana mayor. Ha sido una mujer de trabajo, que ha andado con tres, cuatro, cinco camiones cargados, sólo hombres y ella a la cabeza, manejando las fincas de café de la familia. Ella es como sus hermanos: comprás ese lote de ganado, vendés esa tierra...

"Doña Meches le disparó a su esposo, un tal Cifuentes, que era el telegrafista del pueblo. ('Le vació una tolva completa', confirma Maruca.) Lo quiso matar por una mujer. Sobrevivió, pero se separaron. O sea que es lo contrario de mi esposa. ¡Ah, doña Meches es amarga! Ella siempre carga pistola dentro de la bolsa y no anda con cuentos. Duerme con su pistola aquí a un lado, y oye un ruidito, y ¡pam pam pam! Y paga dinero si llega policía. Compra voluntades. Esa es doña Meches."

A pesar del mal genio de su cuñada, el coronel no cree que ella los involucrara en el caso Gerardi. "Mi hermana está muy apenada por la situación de mi marido y de mi hijo", cuenta Maruca. "Siempre pregunta por ellos cuando me habla por teléfono. '¿Cómo están los muchachos?', dice. Y les manda tamales. Negros para el coronel y colorados para el capitán, porque así les gusta a ellos." Los Lima piensan más bien que fue su hija Arlena la que organizó "el relajo", por odios personales e ideológicos y también por su afán de protagonismo en su pequeño círculo de activistas de derechos humanos. "Nunca nos llevamos bien", reconoce el coronel. "Ella se quedó muy ardida desde que no dejé entrar a Guatemala a su novio libio, por 1984, cuando yo era director de inteligencia. Él era asesor de los sandinistas y ella estaba muy enamorada de él, y tuvo que viajar a Nicaragua para verlo. Nunca me lo ha perdonado y, como además odia a los militares, me imagino que se vengó cuando tuvo la oportunidad. Y los de la ODHA la quisieron usar. Mi mujer me dijo que Arlena está arrepentida. Se lo contó doña Meches."

Maruca no sabe qué pensar. Se limita a señalar el cambio de actitud de su sobrina. "Yo he querido mucho a Arlena, le cuidaba a las nenas cuando eran pequeñas, siempre traté de ayudarla. Me quedaba a dormir allá en su casa. Pero en los últimos años, ya no venía a visitarme. Aquí sólo llegaba su esposo cuando estaba bien borracho y ella no lo dejaba entrar. Dormía aquí, yo le quitaba la *goma* y le planchaba la ropa. A Arlena la vi después de la muerte de monseñor, cuando hubo el incidente con mi marido en la casa de Meches, pero ella nunca ha llamado, ni ha venido a verme después del juicio."

❖ ❖ ❖

Arlena Cifuentes no quiere hablar del caso. Hoy niega todo y asegura que nunca entregó información alguna a nadie. "Todo fue un malentendido", afirma tajante. Cuando se le pregunta por qué pidió la protección de la misión de las Naciones unidas (Minugua), contesta que tuvo que hacerlo porque uno de los Lima la había amenazado en su propia casa y ella temía por su seguridad. El capitán Lima reconoce que habló con Arlena para pedirle una explicación sobre el chisme que ella había ido esparciendo entre sus allegados y que, finalmente, contribuyó a llevarlos a él y a su padre a la cárcel. Arlena se asustó tanto que pidió posada al jefe de la Minugua, Jean Arnault, y se alojó una semana en la residencia del diplomático. Fue en mayo de 1999, un año después del crimen, y los Lima estaban todavía en libertad. Sus amigos de la ODHA querían que presentara su testimonio ante un juez y, a cambio, le conseguirían asilo en otro país, como habían hecho con varios testigos, pero Arlena se resistía y no hubo acuerdo.

A raíz de la renuncia intempestiva del fiscal Celvin Galindo, en octubre de 1999, la ODHA busca de nuevo a Arlena. El país está en plena campaña electoral y para los adversarios del presidente Arzú era muy conveniente confirmar la participación en el crimen de militares vinculados con el gobierno. Para entonces, unas llamadas anónimas y un documento apócrifo habían implicado a los Lima en el asesinato del obispo. Y otros dos testigos, un taxista y un ex sargento, se habían presentado a la ODHA para reforzar esa pista. En ese contexto, el testimonio de Arlena iba a permitir cerrar la pinza.

Para presionarla, la ODHA filtró a la prensa algunos detalles sobre la existencia de "una testigo que tiene información". La víspera de la publicación del artículo, una hija de Arlena, de 15 años, fue brevemente "secuestrada en un centro comercial por cuatro hombres que la llevaron en un carro". Así lo contó la propia madre al personal de la Minugua encargado de darle "acompañamiento", una especie de protección disuasiva. "La historia del secuestro de la niña era muy rara", comentaría uno de los funcionarios internacionales a cargo del caso. "Creemos que se lo inventó. Tuvimos la impresión de que Arlena buscaba obtener algunos beneficios de Naciones unidas." Se especuló, también que pudo haber sido un ardid para justificar ante la ODHA su decisión de no prestar declaración.

La Minugua aconsejó a Arlena que se aclarase las ideas y, si no tenía información sobre la implicación de los Lima en el crimen, que lo declarase públicamente. Así lo hizo. El 21 de octubre de 1999 convocó una conferencia de prensa, en la que leyó un comunicado: "Deseo dejar claro que no tengo ningún tipo de información que lleve al esclarecimiento del asesinato de monseñor Juan Gerardi, mucho menos que me constituya en una testigo clave, como malintencionadamente se ha hecho ver por la prensa y algunas organizaciones vinculadas al caso". Denunció, sin dar nombres, "la falta de profesionalismo" de la ODHA, que, "a falta de pruebas, recurría al rumor y a la bola para involucrar a ciudadanos en situaciones fuera de toda verdad". Esto había provocado un "desusado hostigamiento" contra ella y su familia. Todo se trataba, concluyó, de un "malentendido", surgido quizá de una conversación que había tenido con el ex director de la ODHA, Ronalth Ochaeta.

No hubo ningún malentendido, según Ochaeta. "La presunción de culpabilidad del coronel Lima nos llegó a través de Arlena y del doctor Pérez Avendaño", insistiría durante una conversación en el café del hotel Panamerican, unas horas después de haber declarado en el juicio. "Me consta personalmente, como me consta también que este médico rompió el secreto profesional. Es más, he llegado a sospechar que fue la propia Arlena la mujer que llamó al arzobispado a denunciar a Lima dos o tres días después del asesinato de monseñor Gerardi."

Apoyándose en esa información "privilegiada", el doctor Pérez Avendaño defendería acaloradamente al sacerdote Orantes y acusaría a los militares desde su columna en *La Hora*. El médico pone cara de circunstancias cuando se le pregunta por aquella "confidencia". "No puedo romper el secreto profesional", responde. ¡Pero si ya lo ha roto varias veces!: con su yerno, con la ODHA, con el nuncio, con su amigo Sergio Búcaro... "Para mí es una situación muy difícil, va a salir mi nombre. No quiero que me citen a declarar." Deja entender que Arlena pudo haber estado presente en aquella visita a su clínica, pero no lo quiere confirmar. "Lo tengo que consultar antes con doña Meches y yo les aviso", insiste. Pérez Avendaño nunca respondió. Tampoco volvió a tocar el tema en sus escritos. Tiempo atrás había dejado, sin embargo, una huella en una columna publicada el 23 de octubre de 2000. Se titulaba "¿A quién se lo diré?" y estaba escrita en clave, pero a los entendidos no se les escapó que se trataba del caso Gerardi. El médico se retrataba como la persona que había recibido el primer testimonio contra el coronel Lima y expresaba su disgusto por el poco caso que le había hecho el presidente Álvaro Arzú.

❖ ❖ ❖

El tribunal que condenó al coronel Lima a 30 años de prisión no tenía por qué saber de la existencia de Arlena Cifuentes y de Pérez Avendaño, puesto que sus nombres no figuraban en el voluminoso expediente del caso Gerardi y, por tanto, sus comentarios no tenían valor judicial. Los jueces, sin embargo, estaban al corriente. Fueron informados por los abogados de la ODHA, con los cuales Yassmín Barrios se reunió en su despacho a puerta cerrada en varias oportunidades, antes y durante el juicio, violando la ética y las reglas procesales que prohíben ese tipo de contacto entre los juzgadores y las partes. El objetivo de esos encuentros furtivos era convencer a los jueces de que no se desanimaran por la debilidad de la prueba oficial, porque, aseguraban los procuradores de la iglesia, había "una información confidencial" que confirmaba la participación del coronel Lima en el crimen. Lo mismo contarían después a quienes cuestionaban la falta de evidencias. "Tenemos un testimonio contundente de que el asesinato se planeó en casa de los Lima, pero son elementos que no podemos incorporar al proceso. Lamentablemente en este país así son las cosas." Esa "información confidencial y contundente" era el chisme esparcido por la sobrina del militar.

A pesar de todo, el presidente del tribunal, José Eduardo Cojulún, no estaba convencido de la implicación del coronel. "Yo era partidario de absolver al viejito, invocando la duda", cuenta en su despacho del piso 14 de la torre de tribunales. Fue en este lugar, con hermosas vistas a los volcanes que rodean la capital, donde los tres juzgadores de primera instancia redactaron el 7 de junio de 2001 "una sentencia histórica". Cojulún fue el ponente del sacerdote Mario Orantes y de la cocinera Margarita López; Yassmín Barrios se encargó del coronel y de Obdulio Villanueva, y Amada Guzmán se quedó con el capitán Lima Oliva. Luego, confrontaron los resultados. "De haber sido yo el ponente, a lo mejor las cosas hubieran sido diferentes para el coronel. Yassmín hizo su presentación. Yo la dejé hablar y esperé a ver qué decía Amada. Amada la secundó. Cuando vi esa teoría, mis precarios argumentos se desvanecieron." La "teoría" de las dos jueces era que la absolución del coronel iba a afectar la credibilidad del principal testigo de cargo, el indigente Rubén Chanax, que afirmaba haber visto a los tres militares la noche del crimen. "Y si se dudaba del testimonio de Chanax, se derrumbaba también la acusación contra los demás procesados", alega el juez, sin el menor asomo de turbación. "¿Pero saben lo que fue determinante? La placa. Desapareció en el tiempo del coronel."

"¡Esa condenada placa!", espeta Lima. "¿De dónde la sacaron?" Le parece inverosímil el testimonio del taxista que dijo haber visto un Toyota Corolla blanco con la placa P-3201 estacionado a un costado del parque de San Sebastián la noche del asesinato. "Pero, si eso fuera cierto, ¿qué tengo que ver yo con el asunto? Yo no uso esa placa y no tengo ese modelo de carro."

El único vínculo era que esa placa había pertenecido a la zona militar de Chiquimula, que el coronel había dirigido durante diez meses, entre julio de 1987 y mayo de 1988. Después de él, otros siete comandantes habían ocupado el puesto hasta la desactivación de la base, en 1997. A raíz de la denuncia del taxista, el Estado mayor de la defensa había hecho una investigación interna y había encontrado una sola placa con ese número en la bodega del antiguo cuartel. Faltaba la otra placa del juego, la que supuestamente el taxista había visto la noche del 26 de abril de 1998.

Según los documentos entregados por el ejército a la fiscalía, la matrícula P-3201 pertenecía a un *pick-up* Chevrolet del año 1974, importado de Estados Unidos por el ministerio de Defensa. En diciembre de 1987, esa camioneta había sido vendida con un lote de 72 vehículos, traídos de varias zonas militares, en una subasta organizada en el cuartel general, en la capital. Armando González, dueño de una tienda de repuestos usados, había adquirido el lote completo. En su comparecencia ante el fiscal, González explicó que "muchos de los vehículos comprados habían sido desarmados para sacarles repuestos" y que el ejército se había quedado con las placas porque correspondían a números exonerados de impuestos.

Como si el asunto no fuese lo suficientemente enredado, se descubrió que, en realidad, la camioneta nunca había usado la placa P-3201. La documentación del ministerio de Finanzas indica que el número atribuido al Chevrolet desde su llegada al país era el O-2113, una serie oficial exclusiva del estado, y que en el momento de la subasta usaba la placa P-2115. Lo curioso, además de ilegal, es que Defensa había solicitado una tercera matrícula para el mismo vehículo dos meses después de haberlo vendido. El 19 de febrero de 1988, la base de Chiquimula recibió las placas P-3201 para un Chevrolet que ya no existía y las instaló, según la investigación interna realizada por el ejército, en un *pick-up* Nissan de color rojo, que las usó por lo menos hasta 1992. Esto descarta el vínculo con el coronel Lima, que había dejado ese cuartel cuatro años antes y llevaba para entonces un año jubilado.

La pregunta clave, sin embargo, sigue en pie: ¿cómo llegó esa matrícula a la escena del crimen o, si no estuvo realmente ahí, quién dio instrucciones al taxista para que dijera que la había visto? "Yo creo que esa placa estaba en posesión de un oficial resentido", dice una fuente militar. "No sé si ese oficial quería vengarse de Lima o del ejército en general, pero sabía muy bien el efecto que iba a provocar si la filtraba a la gente de derechos humanos de la iglesia."

Los abogados del arzobispado no pudieron probar que la placa se hubiera extraviado en el tiempo del coronel Lima. Sin embargo, hicieron milagros con ella. Por un lado, la presentaron como la evidencia de que el coronel había estado en el parque de San Sebastián. Pero era también la prueba de la participación del EMP en el crimen, ya que, según aseguró otro de sus testigos, el ex sargento Jorge Aguilar, la P-3201 "se usaba dentro de las instalaciones del EMP", al cual pertenecía también el Toyota Corolla blanco.

El despropósito era evidente: si esa matrícula era del EMP, no podía ser al mismo tiempo propiedad de un coronel retirado. Además, resultaba ilógico que la segunda placa del juego estuviera abandonada en la bodega de la antigua zona militar de Chiquimula. El presidente del tribunal, quien no tuvo empacho en decir que hubiera absuelto al "viejito" de no haber sido por la placa, aceptó sin inmutarse que esa matrícula tenía tres dueños, uno de ellos el coronel. El juez Cojulún dio valor probatorio a una información falsa proporcionada por los abogados de la iglesia. La realidad era que la placa P-3201 no "desapareció en el tiempo del coronel". Fue solicitada por la base de Chiquimula cuando estaba bajo su mando y se siguió usando después de que él abandonara el cuartel. Una de las dos placas se extraviaría años más tarde, "en el tiempo" de uno de los siete oficiales que le sucedieron.

❖ ❖ ❖

Si el coronel Lima no tenía nada que ver con la placa ni con el crimen del obispo, ¿quién podía tener interés en implicarlo? Algunos militares señalan de inmediato a "los grupos de derechos humanos" y recuerdan que, durante el conflicto armado, la guerrilla registraba las matrículas asignadas a los cuarteles y a los comandos regionales y tenía su propio archivo, que era utilizado eventualmente para situar esas placas en escenas de crímenes e involucrar al ejército. Otros, en cambio, creen que un sector del ejército o un antiguo subordinado de Lima quiso vengarse de su ex jefe. Y es que el coronel, explican, dejó huellas imborrables entre sus compañeros. Era temido por su intransigencia y sus excentricidades, pero también admirado por su desempeño en la guerra y porque siempre se opuso a la corrupción.

"Trabajé con Lima en varias oportunidades a partir de 1978", cuenta Rubelio Ramírez, que sirvió más de 20 años en el ejército. "Estuve con él cuando asumió la jefatura de la dirección de inteligencia, en agosto de 1983. Yo era uno de los encargados de su seguridad. Era un hombre de temperamento muy violento. Se alteraba por nada. Tenía un afán de espantar a las personas, de someter y humillar a sus subalternos. No nos llamaba de forma normal, sino que decía: 'usted, maldito, venga para acá'. No nos dejaba espacio para tomar alimentos o para descansar. De repente nos preguntaba a las cuatro de la tarde: '¿Y ya comieron?' 'No, mi coronel, no almorzamos'. 'Coman mierda, pues'. Maltrataba al personal para que se sintiera temeroso, para demostrar su superioridad. Era su forma natural. Poco le importaban las atenciones. Él salía de su casa siempre a las seis de la mañana. Y se acostaba tardísimo. En la noche nos íbamos del Palacio nacional en el Ford Caprice Classic color gris claro, blindado. Le gustaba poner a prueba a su seguridad y salía por la terraza, o por la grada, para sorprenderlos y luego arrestarlos. Parábamos en Los Emilios, un restaurante chino de la zona 5, a eso de las diez u once de la noche. Se comía un *chow-min* y una sopa. Una vez había cuatro individuos en otra mesa, tomando cerveza, y uno se le quedó viendo. Él se levantó, despacito, con ese caminar humilde que tiene, lo miró a los ojos, se acercó a él y le pegó un golpe: '¡a mí no me puede ver, maldito!' Yo vi el desafío y tuve que intervenir, porque los cuatro ya se habían levantado y se le iban a echar encima. Me puse entre medias y les dije: 'quietos, quietos. Mejor váyanse'. Se fueron, claro, porque vieron la seguridad. Había otros tres guaruras más.

"A él no le gustaba que le manejara el chofer. Así que a menudo iba él al volante y el chofer sentado detrás. Él era muy habilidoso, era bueno manejando. Dejó el tablero quebrado, de tanto golpearlo con la mano. Iba a 120 kilómetros por hora en curvas. 'No me gusta que me rebasen', decía. Y cuando alguien lo rebasaba, él aceleraba, lo rebasaba a su vez, paraba el carro delante, se bajaba y se dirigía al conductor: 'usted, maldito, ¿por qué me rebasa?' La gente no reaccionaba porque se daba cuenta de que había seguridad. Cuando manejaba el chofer, era terrible. Lo regañaba si se pasaba un semáforo en amarillo y lo regañaba si se detenía. Él adoraba a los perros. A los choferes les decía: 'si me tocas un perro, te paso la camioneta por encima'. En su casa había seis perros callejeros y les tenía un amor increíble. Los sacaba a pasear alrededor de la cuadra, a cualquier hora. Y teníamos que quedarnos a esperarle. A veces, nos despedía a las cuatro de la mañana. 'A las seis los quiero ver aquí'. Y a las seis estaba él, impecable, fresco y activo. No dormía casi. ¡Y nosotros tampoco! 'Este hombre es tremendo, con él no se come, no se duerme', se quejaban los compañeros. Una vez yo le pregunté: 'mi coronel, ¿no cree que es bueno descansar y no desvelarse tanto?' 'No, porque nosotros vivimos más. Mire, mientras todos duermen, nosotros estamos conscientes, estamos despiertos, vivimos más horas'. Él sabía a quién le sacaba el puño o el pie. Medía a la gente. A su secretaria, Grace, le decía: '¡le voy a sacar los ojos y les voy a echar limón y sal!' Ella ya lo conocía y no se alteraba, pero otras secretarias se ponían a llorar. Cuando le presentaban un documento mal hecho, se enfurecía y lo rompía.

"Siempre estaba pateando las cosas. Se enojaba y gritaba. Yo estaba encargado de su agenda y me había ordenado que le fuera recordando las citas. Una vez que estaba en plena alegadera, yo no le dije nada. 'Usted, maldito, no me dijo que tenía una cita en el Estado mayor'. 'Estaba usted enojado, mi coronel, y no quería interrumpir'. 'No importa. Aunque esté gritando usted dígame: oiga, viejo maldito, tiene una cita en el Estado mayor. Y yo ya lo voy a recordar'. Su temperamento era lo malo, pero al mismo tiempo tenía cosas buenas. Ayudaba a personas en dificultades. Es un hombre muy austero, de gustos humildes. Nunca lo vería en un restaurante de lujo, y sí en cambio en las casetas de la calle o en los comedores sencillos. A él le gustaba el frijolito, el chirmolito, las carnitas... Fue un hombre siempre honesto. Cuando él estuvo al mando de tropas en los departamentos, los comisionados militares, acostumbrados por otros comandantes, le llegaban con regalos, y él nunca aceptó nada. Una vez que uno le llevó camarones, le espetó: '¿cree que me va a comprar con camarones? ¡Yo no quiero ni mierda! Llévese eso para sus hijos. Yo no necesito nada'. Alguna vez me llevó a la Candelaria. 'Este es mi barrio', me decía. 'Aquí está mi gente', y me enseñaba su casa, que era bien humilde, y las calles donde jugaba.

"Yo no veo al coronel Lima capaz de hacer eso, de participar en el asesinato de Gerardi. Él estaba fuera. No tenía los recursos humanos, ni materiales, ni políticos como para meterse en eso. Creo que no debe nada. El hijo es impulsivo, alocado, con actitudes prepotentes, pero tampoco lo veo en eso. ¿Por qué están presos? El nombre de Byron Disrael Lima Estrada tiene trascendencia. Él estaba arriba, era soldado, peleando con el fusil en la mano. Las organizaciones esas, la ODHA, lo sabían, porque él sobresalió. Su nombre cobijó al hijo y lo llevó a la sombra de los presidentes, como hijo de guerrero, con el crédito del papá. El fondo de todo esto es político. El presidente Portillo quería impactar a la opinión pública nacional e internacional. Y la trayectoria de Lima no es muy compatible con la de Portillo. Además, Lima es enemigo del general Ríos Montt, que tiene mucho poder ahora. Portillo tenía que cumplir una promesa de campaña, y el nombre de Lima flotaba en el aire. 'Que los traigan. Y ustedes, me los condenan'. Le pone un tapón en la boca al pueblo, mantiene abiertas las ventanillas de la cooperación internacional y no le importa tener de cabeza a un hombre que no debe nada. Porque él sabe que esos señores no tienen nada que ver. Yo no los defiendo: si alguien la debe, que la pague, pero en mi lógica, y por lo que conozco, creo que ellos no tienen nada que ver, y hasta ahora no se ha probado nada."

❖ ❖ ❖

Los oficiales que estuvieron bajo las ordenes de Lima en las zonas de combate no olvidan la experiencia. Sus extravagancias le granjearon el apodo de *Loco* Lima, y al coronel le encantaba alimentar esa fama. "Estaba un poco tocado", cuenta el teniente coronel retirado Mauricio López Bonilla. "Llevaba un tiempo de comida retrasado: a la hora del desayuno comía la cena; a la hora del almuerzo, desayunaba; y a la hora de la cena comía el almuerzo. Pero aparte de eso, era un tipo de combate, recio, un buen oficial, aunque podía llegar a ser un hijoelagranputa."

El coronel Lima mantiene en la cárcel sus peculiares hábitos gastronómicos, cuyo origen, explica, está en las penurias de su infancia.

Mi padre, Santos Lima, era periodista y militar y lo mató la guerrilla en 1970. Él era acérrimo enemigo del comunismo y tuvo que salir al exilio durante los gobiernos de Arévalo y Arbenz [1945-1954]. Estuvo en El Salvador. Yo vi cuando la Judicial vino a buscarlo, vi cómo le dispararon cuando él saltó por los techos. Ratatata. Yo tenía cuatro o cinco años. Estaba en el corredor y lo recuerdo bien. Vi cómo se robaron todo. Nos hicieron desventura. Viví sin padre seis años. Y mi madre sufrió seis años cosiendo uniformes. No teníamos ni luz ni agua. Sufrimos mucho. ¿Por culpa de quién? De los perros comunistas. Yo veía a mi madre llorar porque debía en la carnicería y no había quien nos prestara, y a mí me enseñó que el que guarda siempre tiene. Después, en el ejército, yo siempre pedía doce frijoles y los contaba, quince frijoles si tenía mucha hambre, una tortilla o dos. Pero la comida que me sobraba siempre la guardé. Y hasta la fecha. ¿Sabe qué me gusta a mí? Comer pan tieso. Tieso. Mis subordinados en la dirección de inteligencia sacaban el pan a asolear a la azotea. Eso lo supe después. Yo sólo les pedía pan tieso de lo que había sobrado.

El coronel retirado Otto Noack, tildado de traidor por algunos de sus colegas por haber reconocido públicamente los excesos del ejército en la guerra, convivió varios meses con Lima en el Quiché, durante la contraofensiva para desalojar a la guerrilla de las poblaciones del altiplano indígena. Noack era entonces capitán. "De enero hasta agosto de 1982, estuve en la fuerza de tarea Gumarcaaj, bajo el mando del coronel Lima Estrada. Él dirigía las operaciones desde la base de Santa Cruz. El Loco Lima generaba miedo entre la tropa, la gente le huía: te amagaba con la pistola o pedía cosas absurdas, como un frijol y un tercio de huevo revuelto. Tenía una personalidad peculiar, pero no usaba fuerza excesiva. Él nunca abusó de la población civil ni ordenó masacres. Incluso en una ocasión pidió una investigación cuando una patrulla militar de otro destacamento se metió en su jurisdicción y mató a 16 personas en la comunidad de Canillá.

"Lima tenía fama de ser muy inteligente. En los años setenta sacó el primer lugar en el curso de Comando y estado mayor, el más importante dentro del ejército. Le gustaba todo perfecto. De repente pasaba revista de uñas y de tacón, que tenía que estar lustrado. Y la bendita hojita de papel, que te pasaba en la barbilla, a ver si estabas bien afeitado. Y cuando encontraba algún fallo decía: 'Voy a contar hasta 20 y quiero que esté de vuelta con esto en condiciones'. No había tiempo, claro, y caía un arresto. Me acuerdo haberle visto ansioso en una oportunidad. Fue tras el golpe de Ríos Montt, en marzo de 1982. Yo estaba en la capital, pero me reintegré a la Gumarcaaj a los pocos días. Al llegar al aeropuerto de la base, me esperaba Lima para que le contara los acontecimientos de la capital. Estaba preocupado. A él lo vinculaban con el general Benedicto Lucas, que era jefe del Estado mayor y hermano del presidente derrocado. Nos echamos unos buenos tragos, lo que no era algo común con él. Estaba escéptico con el golpe de Ríos Montt, pero vio que tenía apoyo popular."

Lima nunca se quedó conforme con Ríos Montt. Convertido en un fogoso evangélico, el general y presidente de la república ejercía también de pastor de almas. El coronel se enfrentó con él sobre el uso de los recursos del gobierno para la construcción de un templo evangélico. "Yo tuve problemas con Ríos Montt cara a cara, duros. Así de hablarle claro: 'Mi general, ¿qué está pasando con la maquinaria del estado, para qué la están usando?'" Como la inmensa mayoría de sus colegas, el coronel Lima era católico y le molestaba sobremanera que el presidente hiciera proselitismo religioso a favor de la iglesia del Verbo, una organización muy conservadora que tenía su sede en Estados Unidos.

Cuando llegó el contragolpe, en agosto de 1983, Lima apoyó con entusiasmo al nuevo presidente. El general Óscar Mejía Víctores, ministro de Defensa de Ríos Montt, fue llevado al poder después de que el general evangélico incumpliera una petición de cinco puntos presentada dos meses antes por un grupo de oficiales. Los militares exigían, entre otras cosas, que Ríos Montt no saliera más en la televisión para dar su mensaje religioso de los domingos y que quitara a los "apóstoles" del Verbo que eran sus asesores. Y lo más importante: que no se perpetuase en el poder y cumpliese con su promesa de preparar la transición a la democracia.

Veinte años después de aquellos acontecimientos, el general retirado Mejía Víctores tiene todavía muy presente la actuación del coronel Lima. "Se convocó una reunión de comandantes en la Guardia norte, a las ocho de la mañana, para organizar la salida de Ríos Montt. Éramos treinta. Y aparece Ríos y se echa su discurso. Yo miraba que algunos tambaleaban. Así que intervine: 'Mejor se calla, general, porque usted sólo mentiras dice. Y ya no tiene derecho a más. La reunión es para relevarlo a usted del mando. Pregunte a todos si están de acuerdo. Cuando le tocó el turno, Lima dijo: 'Yo fui cadete cuando el general Ríos era director de la Escuela politécnica y nos dejó buenas enseñanzas, pero ahora ha dejado mucho que desear...' Y le dio duro: le dijo que no había cumplido la misión del golpe, que era volver lo más rápidamente a las elecciones, y que no se veía claro cuál iba a ser el desenlace. También mencionó lo de sus sermones y sus ataques a la religión católica: Ríos había suspendido la fiesta del 15 de agosto, dedicada, había dicho textualmente, 'a esa su señora que dicen que es Virgen'. Le sacó también el 'insulto al Papa', con el fusilamiento de varios condenados a muerte poco antes de su arribo al país, y su negativa a ir a recibirlo. Después de la intervención de Lima, Ríos Montt ya no insistió."

El coronel recibió su recompensa. A los pocos días fue nombrado jefe de la dirección de inteligencia y 17 meses después Mejía Víctores le daría el mando de la zona militar del Quiché, dos puestos clave en la lucha contrainsurgente.

❖ ❖ ❖

Los problemas para Lima empezaron con la llegada, en 1986, del primer gobierno civil después de 15 años de regímenes militares. Las dificultades no surgieron con el presidente Vinicio Cerezo, sino con su ministro de Defensa, el general Héctor Gramajo. El ministro deseaba consolidar su autoridad en el ejército y neutralizar a los oficiales que habían tenido un papel relevante en la guerra. Lima era, sin la menor duda, uno de los líderes que Gramajo quería someter: le quitó el mando de la zona militar del Quiché y lo nombró en Petén, donde lo dejó apenas cuatro meses para que no tuviera tiempo de asentarse y crear un nuevo núcleo de poder. El 1º de julio de 1987, de manera sorpresiva, Lima fue destinado a la zona militar de Chiquimula.

Los documentos desclasificados por el gobierno de Estados Unidos describen con bastante detalle el disgusto de varios oficiales frente a las actuaciones "reformistas" de Gramajo. Según un cable de los servicios secretos del Pentágono, fechado el 6 de abril de 1988, "pareciera que la desinformación interna está erosionando la credibilidad del general Gramajo dentro del cuerpo de oficiales, que le reprochan haber entregado su lealtad al partido en el poder (Democracia cristiana), no tomar en cuenta las necesidades del ejército y estar probablemente involucrado en asuntos de corrupción". El documento, parcialmente tachado con tinta negra para proteger a las fuentes y eliminar los comentarios más sensibles políticamente, revela que los oficiales están "insatisfechos" porque "Gramajo ha promovido jóvenes sin experiencia a puestos de mando [y porque hay rumores] sobre un posible diálogo con la guerrilla sin que ésta entregue primero sus armas".*

En otro informe, fechado el día siguiente, el Pentágono hacía una evaluación de "los doce oficiales clave, debajo del rango de general, que podrían ser los futuros líderes del ejército". El coronel Lima era presentado como el más destacado de ellos. Estados Unidos siempre había tenido un alto concepto de Lima y le seguía la pista desde los años sesenta, cuando era apenas un teniente de 27 años que empezaba a sobresalir en

---

* Defense Intelligence Agency Information Report: "Minister of Defense credibility with officer corps eroding", 6 de abril de 1988. Documentos desclasificados.

las tareas de inteligencia. Lo describían entonces como un hombre de 1.63 metros y 64 kilos, "de aspecto muy pulcro, un oficial muy competente (...) con una excelente fama dentro del ejército (...) Este sujeto tiene un gran potencial militar (...) y podría tener también un excelente potencial político".

Lima asistió al curso básico de infantería en Fort Benning, Georgia, y recibió una breve formación de policía militar en la Escuela de las Américas, en Panamá, pero sus contactos más estrechos con Estados Unidos los tuvo en el teatro de guerra. "Mire pues", dice el coronel, "sé que no les va a gustar a nuestros aliados que hable del apoyo que nos dieron. Nunca se lo había dicho a nadie, pero hay que contarlo, porque nos ayudaron mucho. Nos dieron perros, vehículos, aviones, helicópteros, munición, armamento, dinero, entrenamiento, viajes, asesoría... pero también toda la información del satélite. Los de la CIA y otros de ellos llegaban mucho al Quiché y a Huehuetenango. Aparecía el helicóptero, se bajaban y me decían: 'Trae el mapa, el satélite dice que aquí hay una concentración de gente. No hay aldea, pero hay gente. Ahí hay campamento'. El satélite lo decía y era seguro. Yo hacía la operación y les caíamos. Éxito, éxito, el coronel Lima éxito. Y se lo debo a ellos."

Las relaciones entre los dos países se ensombrecerían a raíz de la multiplicación de las denuncias sobre violaciones de los derechos humanos. Washington suspendió su ayuda militar durante varios años y Guatemala buscó el apoyo de Argentina, Israel y Taiwán. "Es el único ejército que, solo y abandonado por los gringos, pudo acabar con la guerrilla", cuenta un ex insurgente. "Ellos fabricaron sus propios tanques y montaron su red para financiarse. Han desarrollado un espíritu de cuerpo de la puta madre, y es innegable que la muerte de 3,500 hombres, entre tropa y oficiales, contribuyó a estrechar los lazos, más todavía por el hecho de tener que enterrar a su gente en silencio (el ejército mantenía en secreto sus bajas y prohibía la publicación de esquelas para no dar 'armas propagandísticas' a la guerrilla)."

En los primeros días de abril de 1988, el analista del Pentágono señalaba algunos obstáculos que podrían entorpecer la carrera militar de Lima. "El coronel Lima es un caso extraño. Tuvo muchísimo éxito cuando dirigió la zona militar del Quiché, la más importante del país. (...) Ahora se está aburriendo en Chiquimula, una zona militar tranquila. Su nombramiento en una zona menos importante puede ser interpretado como un descenso, pero también como una oportunidad para recargar las baterías (...) Lima goza de un gran prestigio entre la oficialidad y se habla de su probable ascenso a general este año. Lima es visto como un comandante que se preocupa por su gente. Sin embargo, hay un problema: tiene un carácter muy fuerte y habla con demasiada franqueza. Por esos rasgos y por su ideología muy conservadora, se le puede considerar un poco peligroso en una democracia emergente (...) No es fácil vaticinar cuál va a ser el papel de Lima bajo las órdenes de Gramajo, pero un eventual regreso al poder de los militares conservadores después de Gramajo daría alas a Lima para llegar a lo más alto."*

Pronto saldrían de dudas. El 11 de mayo de 1988, apenas seis semanas después de la evaluación realizada por el Pentágono, Lima participó en una intentona golpista. El coronel sabía que muchos oficiales querían la destitución de Gramajo. Lo acusaban de corrupción y de despreocuparse por la situación material de las Fuerzas armadas, cada vez más precaria, mientras usaba su puesto de ministro para preparar su propia candidatura a la presidencia de la república. Además, Lima y otros oficiales estaban convencidos de que el presidente Cerezo y el general Gramajo tenían "ideas socialistas" y querían debilitar al ejército. Para los sectores conservadores, eso era motivo suficiente para forzar un cambio.

Lo primero que hizo Gramajo cuando le avisaron, a la una de la mañana del 11 de mayo, de que un golpe estaba en camino, fue informar al presidente Cerezo. "Pero mi segunda llamada fue para la zona militar de Chiquimula, donde al primer timbrazo del teléfono, presto me contestó el coronel Lima en persona. Le pregunté por la situación en su comando, y me contestó: 'la tropa está en su cuadra con la cantimplora llena de agua', significando con ello que estaban listas para salir (...) Le advertí que no fuera a hacer ningún movimiento."** Lima no le hizo caso. Sus hombres enfilaron hacia la capital. Él se adelantó unos kilómetros: quería cerciorarse de que el camino estaba despejado. Recorrió varios puntos de la ciudad y se percató de que algo andaba mal. No habían llegado las tropas de las otras bases. A su gran pesar, ordenó a su gente que regresara a Chiquimula.

Ese mismo día, el coronel fue convocado a la residencia del ministro de Defensa. "Ahí estaba Gramajo y otros generales. 'Limita, ¿qué tal? ¿Quiere cafecito? Siéntese Lima. ¿Qué pasó, hombre? Cuéntenos, pues'. 'Qué quiere que le cuente, mi general... esto y esto'. Gramajo me dijo: 'se va al cuartel general, detenido'. Entonces le dije a Gramajo: 'mi general, yo no me voy al cuartel general, yo me voy a mi casa'. 'Sí se va'. 'No me voy, me doy de baja y haga lo que quiera'. Y todos los generales lo presionaron, y al final me dijo: 'váyase a su casa, pues. Esa es su prisión. No me vaya a salir de ahí. No me vaya a ir a Chiquimula'. Porque él pensó que yo me regresaba y levantaba todo aquello. No regresé a Chiquimula. El 12 me llamó el general De la Cruz, viceministro de la Defensa. Y me dijo: 'lo vamos a mandar al Perú'. '¿Y por qué tan lejos?' 'Fíjese que el Perú es el único país donde los funcionarios extranjeros no necesitan el beneplácito. Respetan cualquier nombramiento'. '¿Y cuándo me voy, mi general?' 'Usted agarre su tiempecito y se va, tranquilo'. Al día si-

---

* "Defense Intelligence Agency Intelligence Information Report", *op. cit.*, 7 de abril de 1988.

** Héctor Gramajo, *De la guerra... a la guerra*, pp. 328-340, Fondo de cultura editorial, Guatemala, 1995.

guiente, un amigo de mi promoción llegó para avisarme que me iban a meter preso y que lo del Perú era una trampa para ganar tiempo. Sin pedir permiso, me fui al aeropuerto y agarré un vuelo para Lima.

"Llegué a Lima a la una de la madrugada. Yo no sabía cómo era el Perú. Y en tiempo de frío. Por la mañana busqué los teléfonos de los principales periódicos. '¿Diario *El Comercio*? Quiero pasarles una información del coronel Lima. Hubo una revuelta en Guatemala, está herido, aquí en el Perú, pero él quiere dar declaraciones a la prensa'. '¿Y dónde está?' 'Averígüenlo ahí en la embajada, pero yo ya no puedo hablar más', y clac. Y empecé a llamar a los otros diarios. Cuando llego a la embajada, está llena de cámaras. Sólo estaba el cónsul. 'Que yo no sé nada, señores', y los periodistas dándole: 'cómo que no, que el coronel Lima está herido y escondido'. 'Escúchenme, soy el coronel Lima, déjenme pasar'. Y el cónsul: 'pero ¿qué pasó?' 'Subamos a su despacho. ¿No está el embajador? Bueno, pues usted tiene que resolver la situación'.

"Llamamos a Guatemala. Se pone el viceministro de Defensa. '¡Lima, por la gran puta!, ja ja ja, ¿qué putas está haciendo ahí?, ¡usted es cabrón, Lima, ja ja ja!' 'Usted me dijo que al Perú'. '¿Pero cómo hizo, Lima?' '¡Usted me dijo, y póngame al general Gramajo!' 'Aquí está a la par mía'. Me lo pone. 'Mire, Gramajo, ahorita me deserto en el extranjero, y voy a dar declaraciones de las porquerías que usted hace con el señor presidente, sobre la compra de los helicópteros, la venta de repuestos de la Fuerza aérea... y mujeres asquerosas'. Porque Vinicio Cerezo tenía muchas cosas con hijas de generales y otras cosas que yo, como director de inteligencia, conocí mucho, y que me reservo para otra oportunidad. 'Y a usted, Gramajo, lo quiero mucho, lo respeto y lo admiro como militar preparado, pero como político es usted un hijoelagranputa'. '¡Lima, respete! Le va a hablar el señor presidente'. O sea que estaba también él ahí. Y entonces me habló don Vinicio y le dije: 'yo con usted no tengo nada de qué hablar, señor presidente. Que le diga Gramajo qué fue lo que le dije, y yo me deserto ahorita'. Y vuelve Gramajo: '¡no sea loco, Lima, no sea loco!' 'Aquí están todos los periodistas. Dele órdenes a su cónsul'. Entonces habló con el cónsul y le dijo que en media hora iba a salir un decreto donde me nombraban agregado militar por orden presidencial. A la media hora entró por fax ese documento, donde explicaban también que yo no tenía nada que ver con el golpe y que me nombraban por cambio rutinario. Firmado, Vinicio Cerezo.

"Entonces ya me quedé ahí y pasé tres meses para recibir mi primer sueldo. Yo no tenía casa, no tenía nada. Llegué a una pocilga de 150 dólares en el barrio más bajo de Lima. No había ni agua. De ahí salía a todas las reuniones de diplomáticos bonitos, comiendo caviar y tomando vino y quesos, y regresando a mi pocilga a planchar mi uniforme. Dos años solito, sin mujer y sin nada. Cuando yo solicité mis vacaciones, Gramajo me dijo: 'no tiene vacaciones, Lima, no puede venir a Guatemala'. Aún un año después no quiso que yo llegara. A mí me llevó el demonio. Todo eso por no estar de acuerdo con lo que estaban haciendo el presidente y el general Gramajo. Esa fue mi desventura."

Gramajo, el político, le había ganado finalmente el pulso a Lima, el guerrero. "Lo mandé al Perú porque aquí, preso, se me hubiera vuelto un héroe, el pisado", recuerda el ex ministro de Defensa, hoy retirado y dedicado a la producción de aguacates en su finca cerca de la ciudad colonial de Antigua. "Desde el Perú, Lima me mandó un mensaje con alguien. Primero, me agradecía haberlo enviado al Perú, porque ahora sabía lo que era un país hecho mierda. Segundo, me hacía saber que había hablado con los comunistas, que se había hecho amigo de los agregados militares rusos y que no comían gente. Y tercero, me pedía permiso para ir de viaje a Cuba. Que vaya, dije yo, y denle viáticos." El coronel Lima puntualiza: "Yo pedí autorización a la dirección de inteligencia, pero la respuesta llegó con mes y medio de retraso y no pude ir en el viaje previsto con los agregados militares destacados en Lima. Pero fui más adelante y sin pedir permiso a nadie. Me había invitado personalmente el agregado militar cubano, con quien hice amistad, y me quedé una semana en su casa en La Habana. Descubrí que Cuba era una belleza en un desastre".

Así terminó la carrera militar de Lima, con más pena que gloria. Después de Perú, fue enviado a Nicaragua. "Llegué en 1990. Los sandinistas acababan de perder las elecciones, pero seguían mandando. Lenín Cerna, el jefe sandinista de la Seguridad del estado, nos tenía a todos bajo control." En diciembre de 1991, el coronel regresa a Guatemala para jubilarse. El castigo seguía en pie: el Instituto de previsión militar no tomó en cuenta sus cuatro años de servicio en el exterior del país. "Mi pensión era de 1,702 quetzales al mes, y hoy, once años después, me han aumentado a 2,703 quetzales, mientras mis compañeros de promoción reciben 3,200 quetzales."*

A diferencia de la mayoría de sus compañeros de armas, Lima sacrificó su carrera por defender sus principios. "Iba a ascender a general el 30 de junio de 1988", cuenta su hijo Byron, el capitán. "Todo estaba listo, hasta su uniforme. Pero unas semanas antes se metió en ese intento de golpe. Nos decía que prefería ser 'un coronel con madera de general, que un general de madera'. Y que no quería estar bajo las órdenes de un 'comandante guerrillero', como llamaba al presidente Cerezo."

❖ ❖ ❖

Con su intransigencia y su brutal franqueza, el coronel Lima se ha granjeado muchos enemigos, pero también el respeto de varias generaciones de oficiales, y no hay uno solo de ellos dispuesto a creer que él tuvo algo que ver en el asesinato del obispo. Incluso los militares "pintados de rojo",

---

* En 2003, un dólar equivalía a poco menos de 8 quetzales.

como él mismo llama a los oficiales progresistas, lo defienden. "No le veo ningún papel en el caso Gerardi. Vivía tranquilo, en su casa de la Lourdes, atareado con su negocito", dice el coronel retirado Otto Noack. "Lo de la participación de Lima no tiene ningún sentido", coincide el ex teniente coronel López Bonilla. "Al retirarse del ejército, un oficial pierde su poder. Lima se retiró y ya no era nadie. La misma acusación es absurda: que un oficial de inteligencia, experimentado como él, fuera en persona a contratar indigentes y se paseara en la escena del crimen con una placa que lo implicaba es grotesco."

Hasta su más acérrimo enemigo, Gramajo, lo descarta: "es que Lima nunca fue señalado como un hombre abusivo. Incluso yo lo recomendé en los años setenta para puestos de alto nivel en la dirección de inteligencia porque, comparado con otros, él era guante de seda. Nunca tuvo ningún clavo [problema]. Si lo llega a tener, lo destituyen, sólo para quitárselo de encima. Pero no. Yo no descarto que su hijo, el capitán, haya tenido algo que ver con el caso Gerardi, quizá porque quiso hacer un buen trabajo para el presidente Arzú y fue a borrar evidencias y salió jodido. Pero va a salir en dos años con el agradecimiento de la familia Arzú".

El general Gramajo se refiere a los rumores que circularon sobre la presencia, en la casa parroquial de San Sebastián, de Diego Arzú, uno de los hijos del presidente de la república. Según una hoja anónima repartida poco tiempo después de la detención de los tres militares, "la noche del crimen se encontraban tres muchachos con el padre Orantes en su habitación, haciendo una orgilla (*sic*)". Entre ellos estaba Diego, que tenía entonces 25 años. "Monseñor Gerardi los sorprendió", prosigue el panfleto, "y hubo una pelea entre el monseñor y el hijo de Arzú, el perro de Orantes atacó también a monseñor y el hijo de Arzú le pegó [al obispo] con la piedra que sostenía el portón". Luego, huyó sin camisa de la casa parroquial. "Lo estaba cuidando el capitán Lima, quien al verlo salir apresurado lo montó en un vehículo y lo sacó del lugar (…) El capitán Lima está cubriendo al hijo de Arzú, porque si no lo hace lo asesinarán en la cárcel."

¡Otro anónimo más, y delirante, para seguir liando la madeja! Se sospecha que el libelo procede del mismo sector militar que había redactado el apócrifo de agosto de 1998 que llevó a los Lima a la cárcel. No existía el más mínimo indicio de la presencia de Diego en San Sebastián la noche del 26 de abril de 1998, y además, el capitán Lima no estaba encargado de la seguridad de los hijos de Arzú. Se trataba claramente de una maniobra para desprestigiar al ex presidente, pero pese a ello el bulo se esparció a la velocidad del rayo. "En cualquier caso", dice Gramajo, "el coronel Lima no tuvo nada que ver con el crimen, pero decidió aceptar que se le involucrara para ganar protagonismo y abanderar a los veteranos de guerra. La sentencia es una monstruosidad jurídica, pero estar preso injustamente es para él una condecoración."

"¡Cómo iba yo a querer esta vaina! ¿De dónde saca eso Gramajo?", protesta el coronel Lima. "Mire, yo quería ser feliz, en casa, con mi señora. La cárcel es algo espantoso, es un submundo infrahumano y denigrante. A mí me duele que me hayan sentenciado a 30 años sin deber nada. A mí, pero también a mi hijo y a Obdulio Villanueva. A él ni lo conocía. Todo esto me duele. Me siento quebrado. Pero no me gusta quebrarme. Más bien me da cólera."

Eso lo confirman unos oficiales que acudieron a visitar al coronel inmediatamente después de que su nombre saliera en el primer anónimo, acusándolo de haber participado en el asesinato. "El coronel llamó a la casa presidencial fuera de sí, insultando a todo el mundo y diciendo que iba a convocar a la prensa, que se iba a cagar en el ejército y en el gobierno, que iba a denunciar que Ronalth Ochaeta, el de la ODHA, tenía vínculos con el narcotráfico y no sé cuántas cosas más. Arzú nos ordenó que fuéramos a hablar con él, a tranquilizarlo. El coronel en persona abrió la puerta. Estaba trastornado. Decía que no tenía amigos, que sus únicos amigos eran esos, y señalaba un cuadro de la Santísima Trinidad. Llevaba una pistola Sig Sauer en la mano. El otro oficial y yo logramos sujetarle la muñeca. 'Coronel, en nombre del ejército de Guatemala, de sus compañeros caídos, le ruego que no dé la conferencia de prensa hasta que esté tranquilo'. Ahí se derrumbó. Nos invitó a pasar. Su hijo, el capitán, se quedó con su madre mientras nosotros conversábamos con él. Ellos mandaron a una nietecita para consolarlo. Al ver a la niña se quebró emocionalmente. Se calmó y solicitó una entrevista con el alto mando militar y con el presidente."

❖ ❖ ❖

Con la llegada al poder de Alfonso Portillo y de Efraín Ríos Montt, la suerte de los Lima estaba echada. El nuevo testimonio del indigente Rubén Chanax los llevó al Centro preventivo. El encierro hizo estallar las tensiones entre el coronel y su hijo. "Mi padre me decía: 'no, si yo ya soy jubilado, y por tu culpa estoy aquí'", cuenta el capitán Lima. "'Vos, ¿cómo te atrevés a decir eso?, si vos sabés que no tengo nada que ver'. 'Sí, pero yo debería estar con tu madre…' Y le entró toda aquella cosa. Después la situación se arregló, pero él llegó a dudar de mí porque no encontraba explicación lógica a su detención."

Padre e hijo nunca habían congeniado, pero la cárcel, finalmente, acabaría por acercarlos. "Mi hijo jamás se crió conmigo. Durante el tiempo que fue creciendo yo nunca lo vi, porque la montaña me jaló. Yo abandoné a mi familia por la guerra, y Byron a los 12 años se fue interno al Hall y de ahí a la Politécnica. A los 17 años ya era oficial, ya ganaba sueldo. Después se quedó a vivir con nosotros. Era el más cariñoso, pero era con el que yo más chocaba, más que todo cuando se hizo evangélico. ¡No nos dejaba en paz! Estábamos comiendo y ponía casetes de esos religiosos a todo volumen, y él cantando. '¡Iiih, ya cerrá eso!' '¡Dios los va a castigar!' ¿Qué hizo? Un mi amigo se iba a casar y tenía una colección de *Playboy*, 40 revistas bien guardaditas. Y me dijo: 'No puedo quedarme con esto, te las regalo'. Linda la colección de *Playboy*. Vino este loco y las encontró y rrrraaaa, las rompió todas, que eso era del demonio. Se metió en la vida de su hermana, a este mi hijo chiquitillo le rompió sus *posters* de esta artista que se quita el pelo, Demi Moore... Nos hizo imposible la vida. Y yo me puse como cien mil demonios y ya fue cuando le dije: te vas de la casa. En fin, todo eso ya pasó. Ahora ya cambió. Ha madurado muchísimo, lo que sí tiene es que es impulsivo, es bravito. Pero que es noble, es noble. Que es aventado, es aventado."

El capitán Lima dedica ahora parte de su tiempo a la carrera de administración de empresas, que cursa a distancia en la universidad Galileo. Lleva una barba recortada y usa camisetas ceñidas que ponen de relieve su musculatura y su espíritu provocador, con leyendas militares como "Artillería", "Kaibil" o "Somos uno e indivisible". En la primera entrevista apareció cargado con sus álbumes de fotos. "Estuve con dos presidentes durante seis años y medio", explica, mientras muestra instantáneas acompañando a la reina de España, a los príncipes de Japón o con la familia Arzú. Conserva muchas fotos de su vida deportiva: en la maratón de Los Ángeles, en campeonatos de equitación y pentatlón. Le siguen escenas de Chipre, como miembro de las fuerzas de paz de Naciones unidas. "Mi ilusión era convertirme en observador militar internacional", dice. "Había sacado el curso de Derecho internacional humanitario de la Cruz Roja, y después de Chipre iba a ir al Centro de operaciones para el mantenimiento de la paz, una escuela que la ONU tiene en Buenos Aires." En las últimas fotos, el capitán aparece con compañeros del Preventivo. "Mis grandes cuates", dice con sorna. "Todos por secuestro y asesinato. Esto es tan denigrante... Y montado por fiscales y testigos que son capaces de vender a su propia madre."

El capitán estudió con los jesuitas antes de escoger la carrera militar. A los 17 años tuvo su primer combate, en una emboscada. A los 20 sacó el curso de Kaibil, el cuerpo de élite del ejército; a los 23 era instructor de cadetes; y a los 24, Otto Pérez Molina, un prestigioso general que sería una pieza clave de la negociación y firma de los acuerdos de paz, se lo llevó al Estado mayor presidencial de Ramiro de León, el ex procurador de derechos humanos. Su sucesor, Álvaro Arzú, decidió que el capitán Lima siguiera en su equipo y luego lo escogió para ir a Chipre. Todo un alivio para su jefe, el coronel Rudy Pozuelos, a quien el carácter fuerte del capitán sacaba de quicio. "El capitán siempre ha tenido una personalidad brincona, como su padre", cuenta uno de sus antiguos compañeros. "El ejército es no deliberante, por lo tanto, sumiso, pero Lima rebatía cualquier cosa, se rebelaba contra lo que consideraba injusto y decía las cosas en la cara de los superiores. Acostumbrados a la disciplina y al 'sí, señor', cuando alguien se sale del guacal te produce un *shock* que no dormís, y eso le pasaba a Pozuelos."

❖ ❖ ❖

Obdulio Villanueva llega pidiendo disculpas. Estaba jugando futbol en una pequeña cancha y con la lluvia no escuchaba que lo llamaban. Es domingo, día de traslado de presos, y la sala de visitas está hecha un vertedero. El ex sargento viste una camisa sencilla de algodón beige y un viejo pantalón de paño marrón, cuidadosamente remendado. Pocos periodistas se han acercado a él durante el juicio, quizás intimidados por su gesto adusto. Sólo un fotógrafo captó la sonrisa del ex sargento cuando, con las muñecas esposadas, contemplaba a su bebé en brazos de su mujer.

Cuando se quita esa máscara ceñuda, Villanueva es una persona inusitadamente cálida y cortés. "No tengo palabras para expresarme bien, ustedes han estudiado y yo no. Pero créanme que les agradezco el esfuerzo que hacen en venir aquí, a hacerme preguntas que me ayudan bastante, porque salgo un poco de este calvario."

La rutina de la cárcel lo agobia. "A veces me levanto a las dos o tres de la mañana para bañarme, porque el sector está lleno. Después, me tiro a dormir otro mi rato. Ya me levanto al conteo y me quedo viendo la luz, los claros de la ventana… Me quedo pajareando, o me dan ganas de leer un periódico, o un mi libro, una mi Biblia. Ahí encerrado, como un pollo. Me acuesto, me levanto, me siento, me acuesto viendo el sector de punta a punta. Es una pesadilla. Lo que más me duele es pensar en mis tres niños."

Su rostro se ensombrece al hablar de la familia. Su esposa, Andrea, y su padre, Macario, llegan a visitarlo una vez a la semana. Salen de madrugada de Río de Paz, su aldea, y caminan hasta el pueblo de Quezada, donde toman el autobús hasta la capital, que dista 90 kilómetros. Para ellos es un sacrificio y Obdulio se atormenta. "Mis hijos me hacen mucha falta, y acordarme de ellos es como que me metieran un cuentazo en el pecho. Para uno lo más hermoso de su vida son sus padres, su mujer y sus hijos. No tenerlos cerca y ya tanto tiempo… Y sin deber nada en este problema que me han involucrado."

Villanueva nació en una finca donde sus padres "andaban jornaleando". "Mi papá, bajo las pobrezas, logró comprar una tarea de a doce, un terreno muy pequeño. Ahí cultivamos frijol, maíz, tomate." A los 18 años se presentó voluntario al servicio militar. "Mi papá no quería que yo me metiera al ejército, pero me dijo: 'mirá, mi'jo, si te vas a meter ahí, hacele cachas. No quiero que te vayás a venir, porque vas a ponerme en descrédito a mí, y a vos también'." No sólo no regresó, sino que fue ascendiendo hasta llegar a sargento mayor y convertirse en escolta del presidente. Su vida daría un vuelco en febrero de 1996, cuando disparó a lechero que arremetió con su vehículo contra la comitiva de Álvaro Arzú. Villanueva no quiere hablar de aquello. "Mire, no recuerdo, por el tiempo y por el tormento. Cuando me di cuenta yo ya estaba preso. El lechero andaba en estado de ebriedad. Es un momento en que uno trata de defender a su gente. Esa era mi obligación. Son cosas instantáneas, no sé ni el tiempo que duró. Estuve preso hasta abril de 1998. El ministerio de Defensa me dio de baja por haber salido sentenciado y me fui para mi casa."

El ex sargento no echaba de menos su vida castrense. "Estaba feliz, porque estaba con mi mujer y mis patojitos, día a día, viendo las enfermedades, los problemas económicos. Mi papá hizo una casita y él nos da un cuarto para vivir. A diario voy a sembrar milpa o frijol. Eso es lo que a mí en esta cárcel me mata, porque yo trabajo para mi familia y ayudo a mi papá, que ya está lleno de enfermedades. Con mi hermano sacamos el trabajo más duro del campo, pero ahora estoy en un callejón sin salida. Mi mujer me ha traído a los patojos, pero es difícil, porque se ponen a llorar a la par mía: que vámonos, y que qué hace aquí, y que 'vonós, papá'. Para mí es un calvario."

Su mujer y su padre, ambos analfabetos, llegaron al juicio a testificar que estuvieron con Obdulio el domingo 26 de abril de 1998, como constaba en el registro de visitas de la prisión de Antigua: le llevaron comida y ropa limpia, almorzaron con él y se marcharon a las dos de la tarde. El ex sargento sufrió con el interrogatorio humillante de Mynor Melgar, el abogado de la ODHA. A Andrea, una mujer morena con el pelo recogido en cola de caballo, le llegó a preguntar, en tono de guardián de la moral, si estaba casada y ante qué autoridad. "Ante las dos, civil y religiosa", respondió ella, serena. A Macario le requirió el nombre de la compañía de buses que lo trasladó a Antigua. "Disculpe, yo no sé leer." "¿Y entonces cómo sabía que iba a Antigua?" El tono capcioso enojó al anciano. "¡Pues preguntando, hombre! ¡Cuando no sabés leer, preguntás!" Obdulio sonríe al recordar la intervención de su padre. El juez le puso a su lado al secretario para que le sostuviera el micrófono, porque Macario no sabía cómo usarlo, y agitaba las manos y no se le oía. Además, como estaba medio sordo, el secretario le repetía las preguntas al oído y lo frenaba cuando se lanzaba a responder fuera de tiempo. Cuando terminó, lanzó un efusivo saludo a los fiscales y a los jueces: "¡Muchas gracias, pues, con su permiso, pues!" Macario fallecería algunos meses después. El ex sargento pidió permiso para ir a enterrarlo. Las autoridades se lo negaron.

Capítulo 9

Falsos testigos

El taxista

"Yo fui la última en enterarme. Como en la película: estaba durmiendo con el enemigo, o con el testigo clave, y sin saberlo". Sentada en la salita de su casa, en la periferia de la capital, Alba Lemus, esposa de Jorge Diego Méndez Perussina, recuerda el día en que supo que su marido había ido a declarar ante el juez del caso Gerardi. "Para mí fue una sorpresa. Venían los vecinos: 'el don Diego salió en la tele'. Yo estaba histérica. A las siete de la tarde se presentó aquí, con la policía, los de la ODHA y funcionarios de Naciones unidas. A gritos les prohibí que entraran. Estaba enojada porque se había metido en lo que no tenía que meterse. La policía me dijo que estábamos bajo protección y que necesitaba mi visto bueno, pero yo me negué a firmar nada".

Méndez Perussina es el misterioso taxista que, inmediatamente después del asesinato del obispo, hizo llegar a la ODHA un número de placa: P-3201. Estas cuatro cifras son una de las claves de la trama tejida alrededor del crimen y servirían para condenar al coronel Byron Lima, con el argumento de que dicha matrícula había pertenecido a una base militar que él había comandado.

El taxista contó que ese domingo 26 de abril de 1998, a eso de las diez de la noche, recogió a dos clientes y los dejó cerca de la parroquia de San Sebastián. Después subió por la 2ª Calle, bordeando el parque. En la esquina, pasada la 6ª Avenida, ve un vehículo blanco estacionado a mano derecha. Al pasar junto a él observa que es un Toyota Corolla, con las puertas del lado derecho abiertas. El conductor está al volante. "En la puerta trasera está un muchacho sin camisa y otro pasajero tenía la mano puesta en el hombro en una forma amistosa". El descamisado mide 1.70 metros, viste pantalón de lona azul, lleva el pelo cortado estilo militar y tiene además un tatuaje en el brazo derecho. La placa del automóvil es la P-3201.

Al día siguiente, va a que su amigo René Agvik le lave el taxi y ahí se entera del asesinato de monseñor Gerardi. Deduce que esos que vio en el parque, que pensó que eran policías, habían matado al obispo y, como católico, "le nació ayudar". René lo acompaña a una iglesia cercana "a hablar con el cura", pero no había nadie. Regresan al día siguiente y Jorge Diego le da el número de placa a un "padre de nombre Gabriel".

Luego narró un calvario de persecuciones. Una semana después del asesinato, a principios de mayo, dejó de trabajar porque le seguía un vehículo "con vidrios polarizados" y porque no le resultaba "rentable", ya que la compañía, Taxis La Torre, no tenía central de radio. Su unidad era la 158, propiedad de Gildardo Beltetón. Se da la siniestra circunstancia de que el chofer que le sucedió en ese vehículo fue asesinado poco después. Luego dijo que había abandonado las labores de taxista en julio, cuando unos clientes lo intimidaron para que no hablara. A partir de ahí lo fueron a buscar unos hombres a su casa, le envenenaron a sus perros, tuvo la visita de su tío, el general Jorge Perussina, y de otros parientes, como su primo Manuel, para ofrecerle trabajo y decirle que no se metiera en esos asuntos. Lo más trágico había ocurrido en diciembre, cuando fue secuestrado por tres hombres, que lo subieron a una furgoneta blanca para matarlo, pero él, en un descuido de sus captores, logró escapar saltando del vehículo. Y justo este mismo día en que prestaba declaración, el 18 de febrero de 1999, su madre le había llamado para decirle, de parte del "tío Jorge", que saliera del país, que lo iban a asesinar.

Don Gildardo Beltetón es, en efecto, propietario de la unidad 158 de Taxis La Torre, un Chevy Monza del año 97, y se lleva una sorpresa mayúscula cuando se le pregunta por los avatares de su empleado Méndez Perussina y de sus sucesores a raíz del asesinato de Gerardi. "Es la primera vez que oigo hablar de este asunto", dice desconcertado. Sí, Méndez Perussina trabajó para él, "pero no duró más de quince días". "Lo contraté porque me lo recomendó un colega taxista, pero tuve que quitarle el carro porque no quedó bien en su trabajo y porque no me daba las cuentas claras." Eso fue antes de la muerte del obispo, hacia el mes de febrero. "Y ninguno de los pilotos que lo sucedieron fue asesinado", asegura.

Como comienzo, no estaba mal: el ministerio público no se había molestado en cotejar los datos más elementales proporcionados por Méndez Perussina. ¿Quién era realmente este personaje?

"Jorge Diego es un tipo de cuidado", responde Hugo Medrano. "Hay que estar siempre mirándole las manos, porque si no te roba hasta los calcetines." Medrano, profesor universitario, era a finales de los ochenta distribuidor mayorista de la empresa Hidrogas, y Méndez Perussina condujo durante dos años uno de sus camiones. "Él repartía gas en 20 expendios de la capital". Y, como le pasaba a Gildardo Beltetón, nunca logró cuadrar las cuentas de su empleado. "Jugaba con el pago de los clientes y lo devolvía parcialmente después. O se robaba tambos. En una ocasión sacó seis mil quetzales de gas (300 tambos, un camión completo) y lo vendió por su cuenta. Andaba estafando a medio mundo por su vicio. Consumía droga. Una vez lo seguí y vi que sacaba un inmenso puro, como de 30 centímetros de largo y un poco más estrecho que un habano normal, mientras manejaba por la calzada Roosevelt. Cuando me vio se asustó y lo tiró. Varias veces lo agarré fumando marihuana con los ayudantes. Era tremendo, pero me daba lástima despedirlo."

Con Medrano trabajaban otros dos hermanos Méndez Perussina: "Leonel fingió un autoasalto de un camión de gas, pero después se reformó. Hoy es vendedor ambulante de medicinas. Y Ramón, el mayor, fue alcohólico, pero se curó y se hizo evangélico. Todavía está conmigo".

Los sobresaltos con Jorge Diego terminaron el día que llegó a buscarlo la Judicial. "Por lo visto había estafado a una señora y a varias empresas con la venta de aparatos eléctricos: se los llevaba en consignación, los vendía a domicilio y no entregaba la plata. Esta señora compró varios artículos, pagó y él nunca se los entregó. Y además tenía problemas con unos vendedores de droga. Entre unas cosas y otras, Jorge Diego decidió quitarse de en medio y se marchó una temporada a Nueva York, con un hermano que vive allá. Yo le pagué sus prestaciones." Medrano se muestra condescendiente con su antiguo empleado. "Me llamaba 'patroncito'. Sabía ganarse a la gente."

De la faceta encantadora de Méndez Perussina da fe su mejor amigo, René Agvik. La relación entre ellos se remonta a 25 años atrás, cuando eran adolescentes en la Quinta Samayoa, una colonia de clase media venida a menos, y empezaron a entretejer su universo alrededor de la droga: "El *grass*. Eso es lo que nos unía a Jorge y a mí". Agvik ronda los 40 años, cuarteados por los estimulantes y el alcohol. A pesar del deterioro, aún le quedan destellos de aquel hombre educado y sensible que trabajó como cartógrafo. "Es la diferencia con Jorge Diego. Él es muy listo, y logra equilibrar su vida. Yo no: yo me voy p'abajo y me voy p'arriba sin pararme en el medio." Ahora acaba de regresar del infierno y ha encontrado trabajo en una carpintería.

"Jorge Diego siempre tuvo una cabeza privilegiada. Ganaba al billar, a las damas, al ajedrez. A veces ganaba yo, pero era porque él se dejaba, yo lo notaba. Estudió para contador, pero no terminó su carrera y no tenía trabajo. Pero era muy hábil. Desaparecía y aparecía de repente con diferentes vehículos. Y siempre cargaba plata. Una vez nos convertimos al Evangelio, porque queríamos dejar el vicio. Fue hace unos 15 años. Su mujer le había sacado la ropa a la calle, así que estuvo en mi casa dos meses. Nos metimos en la iglesia Maranatha y montamos un taller de carpintería juntos. Pero un día le encontré hierba en la bolsa de su camisa y me enojé, porque me estaba engañando. La filosofía era ser como almas gemelas. Él se puso colorado, se enfadó y se fue.

"A los dos o tres meses apareció con un camión y anduvo repartiendo gas. Y un día llega con un taxi: '¡Subite! ¿Ya comiste?' Era lo primero que me preguntaba cuando me veía. Era generoso conmigo. Yo le empecé a lavar el carro. Venía todos los días a las seis de la mañana para estimularme y que me ganara el desayuno."

Fue así como llegamos al lunes 27 de abril de 1998. "Jorge Diego vino temprano y nos fuimos a comprar *producto* al Gallito. Y va y me lo comenta: 'Pasó esto y esto'. Lo que pasó es que él iba fumando su puro y vio gente, lo tiró y dio la vuelta para recogerlo. El puro es un cigarro de marihuana con cocaína. Él apreciaba mucho esos puros, tanto que no los compartía. Para él eran como el pan. Fuma a diario, pero es muy mañoso: se pone gotas y gafas de sol, y no se le nota. Y de repente me dice: 'Me quiero confesar'. '¿Vos?, te estás volviendo loco'. Y él insistiendo. '¿Y qué te preocupa, vos?, no somos católicos ni evangélicos, el *grass* es nuestra religión'. Al final habló con un cura y se desapareció como dos meses.

"Y un día aparece a pie y me dice: 'Ven, te tengo un buen negocio. Hay plata. Y es la oportunidad de salir del país, de ir a Canadá'. A ver en qué lío me mete este ahora, pensé, porque con él siempre eran líos. Agarramos un bus. Él cargaba un fajo de billetes y me dijo que iba a haber más. Fuimos a la ODHA. Yo declaré lo que sabía: que Jorge Diego me había contado que vio unos tipos armados y que luego fuimos a una iglesia. Me ofrecieron salir, pero a mí no me atraía. Ya con casi 40 años, es muy difícil enderezar algo. Aquí tengo una raíz, una hija."

Haciendo alarde del carácter firme que todos le adjudican, la maestra Alba Lemus se negó a acompañar a su marido a Canadá y se quedó en Guatemala con sus hijos, dos adolescentes risueñas y un joven que estudia para perito agrónomo. "La ODHA quería que me fuera, pero no. No tengo ningún deseo de salir. Yo tengo aquí mi trabajo, mi vida, bendito sea Dios, no hemos tenido ningún problema." La declaración de su esposo fue el desenlace de meses de tensión. "Al principio no me dijo nada de toda esa historia. Me enteré después. Él estaba muy pendiente de las noticias y se apiadaba del padre Orantes y del perro Balou. Ahí pleiteábamos. '¡Shute*, a vos que te importa! ¡Eres un falso testigo!' Teníamos problemas. Ahora él está contento en Canadá. Ya habla inglés, trabaja y me manda dinero. Yo digo que pudo ser positivo, para mejorar de vida."

El testimonio de Jorge Diego provocó estupor en su familia. "Es completamente falso que yo le fuera a ofrecer trabajo. Me molesta que nos meta, es una manera irresponsable de conseguir un viaje", dice taxativo su primo, Manuel Castañeda. "Yo a este Jorge Diego ni siquiera lo conozco", asegura el general Perussina. "La única persona con la que he mantenido cierta relación en esa familia es con su tía Estela, mi prima, pero normalmente sólo nos vemos en las funerarias. Me parece obvio que ha usado mi nombre para intentar fortalecer su testimonio." El propio padre del taxista, Ramón Méndez, desmiente las afirmaciones de su hijo. "El gene-

---

* Entrometido, metiche.

ral Perussina es primo hermano de mi esposa, pero no nos relacionamos. Cuando nos hemos visto es cuando hay algún sepelio, pero nunca hemos tenido una reunión familiar. El general no se involucró en lo que pasó con mi hijo. Absolutamente nada. Diego tampoco tenía relaciones con él, claro que no".

"Todos en la familia hemos analizado el asunto y no entendemos de dónde se sacó esta historia, pero no le creemos", asegura su primo Manuel. "Su propia esposa me comentó que, en realidad, él no vio nada. Por eso estaba tan enojada con él cuando declaró."

Sus parientes no son los únicos incrédulos. Hugo Medrano, su antiguo jefe, vio a Méndez Perussina después del asesinato de Gerardi. "Vino a visitarme y me contó que era testigo del caso, porque había visto un carro en el lugar del crimen. Le pregunté que cómo era ese carro. 'Negro', me dijo, y se echó a reír. Yo, desde luego, no le creo una palabra. Tampoco sus hermanos le creen. Nuestra impresión es que él no vio nada y que aprovechó la ocasión para irse. A saber en qué clavos andaba metido esta vez."

Ni siquiera su íntimo amigo, René Agvik, confía en la veracidad de su testimonio. "He llegado a pensar que se lo había inventado todo, e incluso se lo decía a él. '¡No, vos, cómo crees!', me respondía, y se reía. Como él tenía esa capacidad de improvisación... Alguna vez que andábamos con poco dinero, desaparecía, se metía en un lugar y salía con plata. No sé cómo le hacía. Lo malo de Jorge era el dinero. Tenía la manía de contar los billetes cada diez minutos. Era una obsesión, el motor de su vida. En este caso él me habló de un negocio, pero no me dijo quién le pagaba."

El fiscal Celvin Galindo aceptó la versión del taxista a pesar del cúmulo de indicios preocupantes alrededor de su testimonio. Protegido por los abogados de la ODHA y resguardado en Canadá, las posibilidades de investigarlo más a fondo se desvanecieron. "Quisimos que Méndez Perussina viniera al juicio, y la ODHA dijo que iba a hacer el contacto, pero ya no lo trajeron", comenta el auxiliar fiscal Mario Castañeda. "Explicaron que lo habían cambiado de lugar y que no lo habían podido ubicar."

No era cierto. Jorge Diego seguía viviendo en Regina, capital de la provincia de Saskatchewan. "Georgie", como le llama su compañero de apartamento, trabaja en un restaurante italiano y sobrelleva las bajas temperaturas. Durante los primeros meses, el gobierno canadiense le dio alojamiento y un estipendio de 620 dólares al mes. "Al principio lloraba todos los días. Ahora ya no. Yo digo que ya se me secaron las lágrimas." Habla con sus hijos de vez en cuando y trata de convencerlos para que se vengan con él.

Durante la charla, el antiguo taxista muestra una curiosa insistencia por vincularse con el mundo militar, con afirmaciones que su familia desmiente de forma categórica. Asegura, por ejemplo, que sus tres hermanos estudiaron en el colegio castrense Adolfo Hall ["de mis hijos, sólo

Ramón, el mayor, estuvo en el Hall, y no pasó de dos años", aclara su padre]. O rememora los "estrechos vínculos" con el general Perussina y, con un aplomo desarmante, transforma en una relación entrañable lo que su padre, sus hermanos y el propio general describen como "contactos de funeraria". O asegura que tiene un montón de parientes "chafas" ["esas son pajas", dice su primo]. Incluso culpa a un militar de su huida a Nueva York, en una versión que dejaría boquiabierto a su antiguo jefe, Hugo Medrano: ya no hay señoras estafadas ni *dealers* con cuentas pendientes, sino un capitán, dueño de una empresa competidora de Hidrogas, que le mandó a una decena de hombres armados para matarlo, porque él, trabajador esforzado, vendía "los tambos más baratos".

En medio de estos rasgos de mitomanía, ¿qué pudo haber de cierto en su relato sobre la noche del 26 de abril de 1998? Méndez Perussina se descuelga con detalles nuevos y sorprendentes. "En realidad, yo fui a comprar un cigarro al Gallito. Cuando salía, me preguntaron dos maricones, con perdón, si les podía llevar a un club de gays detrás de la Cruz Roja. Después empecé a hacerme el cigarro en la 2ª Calle, de la 7ª a la 6ª Avenida, que es un tramo tranquilo, un poco antes del colegio San Sebastián. Era entre las diez y media y las once menos cuarto. De repente, miro un corro de gente junto a un carro blanco. ¡Chingaos, la policía!, pensé. Arranqué de nuevo, y al pasar a la par vi las placas. Uno con tacuche estaba de pie, afuera, con la mano puesta en el hombro de uno que tenía una camisa llena de sangre." Pero, un momento: ¿no era un descamisado el que había visto? "Es que llevaba la camisa en la mano. Tenía un tatuaje de paracaidista, que son como dos pedazos de alas. El cliente estaba lleno de sangre. Para mí, que lo habían cachimbeado, con perdón. Pobrecito ese, pensé. La puerta del copiloto estaba abierta. Había dos entacuchados, el de la camisa ensangrentada, que estaba con el torso desnudo, y el piloto. Mis primos, mis tíos, mis sobrinos, todos son chafas. Así que cuando vi la placa 3201, pensé: ¡hijos de la chingada madre, son militares!"

¿En qué quedamos? A su amigo René Agvik le contó que eran policías capturando a un tipo ["era la policía vos, pobre ese, que salió con la camisa llena de palmitos"]. Hoy Méndez Perussina concluye que "eran chafas". "Y no pregunten más." El taxista elude hablar de la placa. ¿No la había visto antes? ¿No la usó nadie de su familia o algún conocido? "Ah, usted hace preguntas capciosas. Le digo una cosa: yo tengo muy buena memoria."

No tan buena, si tomamos en cuenta que se le olvidó decirle al juez que el descamisado iba golpeado y ensangrentado. Esta nueva descripción resulta todavía más incongruente con la versión del testigo estrella, el indigente Rubén Chanax, cuyo descamisado no llevaba ningún tatuaje ni presentaba rastros de pelea. Además, el descamisado de Chanax desapareció del parque poco después de las diez, abotonándose una camisa blanca. ¿Qué hacía de nuevo, media hora después, todo "cachimbeado" y con una camisa ensangrentada en la mano? Y si la llevaba en la mano, ¿cómo pudo ver el taxista que estaba llena de sangre?

❖ ❖ ❖

Méndez Perussina asegura que "le nació" hablar con un sacerdote por su condición de católico. Por eso fue a una iglesia. "A una de la zona 7, ya no me acuerdo cómo se llama." Tampoco supo decir el nombre en su declaración judicial. Se trata del templo Monte Carmelo, y "el cura de ahí" era Gabriel Vargas. Pero, ¿por qué no fue a la parroquia de su barrio? Después de todo, sus tres hijos eran acólitos y su esposa tenía amistad con el párroco y con otros religiosos, incluido un ex sacerdote español cercano a la ODHA. "Ya, usted hace una muy buena pregunta. Ellos eran más amigos de mi señora que de un servidor. Yo fui a mi iglesia, adonde iba todos mis domingos a misa."

¿Cómo es posible, entonces, que no recordara el nombre? "Ese señor no era feligrés de esta iglesia", asegura Vicente, que ha sido sacristán durante 15 años en Monte Carmelo. "Yo nunca lo había visto hasta el día que se presentó a hablar con el padre. Y no fue al día siguiente, sino como quince días después del asesinato". Quien sí era feligresa, por cierto, y amiga del padre Vargas, era la juez Yassmín Barrios, que condenaría a los militares a 30 años de cárcel.

Méndez Perussina, en suma, miente también sobre sus piadosas prácticas. En realidad, como dice su amigo René, el taxista tenía más devoción por el *grass* que por los santos. Pero la razón última por la que acude a la iglesia Monte Carmelo queda en el misterio. Tanto como el papel exacto que desempeña el párroco, un carmelita costarricense que se puso rápidamente al abrigo de la ODHA.

Los abogados del arzobispado presentaron al padre Vargas ante el juez, junto a René Agvik, para que sus testimonios apuntalaran el de Méndez Perussina. Ambos declararon el 18 de marzo de 1999. El sacerdote, un joven de barba cuidada y lentes de metal, aseguró que el taxista le había llegado a ver el martes 28 de abril de 1998, dos días después del asesinato de Gerardi. Le contó que había visto un descamisado subirse a un vehículo blanco en el parque de San Sebastián y le dio un papelito con el número de la placa, que él entregó a la ODHA. A finales de agosto o principios de septiembre, el hombre se presentó de nuevo: estaba angustiado, le dijo que necesitaba comunicarse con la ODHA y le dejó su teléfono.

Poco tiempo después, Gabriel Vargas saldría de Guatemala y se iría a vivir a Nueva York, porque también él había recibido amenazas (algo inquietante, dicho sea de paso, puesto que los únicos que sabían de sus contactos con Méndez Perussina eran el propio taxista y los investigadores del arzobispado). El sacerdote pidió permiso para abandonar temporalmente la orden religiosa y no quiere hablar del asunto. Incluso, reacciona con enojo a la entrega de un cuestionario y a una solicitud de entrevista, para aclarar ciertas contradicciones en las que incurrió cuando testificó en el juicio. "Gabriel ha elegido para él el camino más fácil, aunque no el mejor", lamenta uno de sus compañeros carmelitas. "Según me comentó él mismo, todo el asunto de monseñor Gerardi le supuso momentos duros, tensos, que él quisiera dejar atrás en su vida. Personalmente creo que no es la postura correcta, porque es importante encontrar la verdad de todo este caso, aunque ello suponga abrir heridas."

El sargento

Jorge Aguilar Martínez prestó "declaración anticipada" ante la juez Flor de María García el 24 de agosto de 1999. Habían transcurrido varios meses de negociaciones y su esposa y sus cinco hijos ya tenían las maletas listas: al igual que había sucedido con el taxista, la ODHA los iba a sacar de inmediato a Canadá debido al asedio de "hombres armados". Y en esta ocasión, también, la diligencia se realizó en el arzobispado.

Aguilar, un hombre de 36 años y ojos inquietos, se presentó como sargento del Estado mayor presidencial. Había entrado como "fregador de trastos", dijo, y había ascendido a "asistente presidencial", cargo que ocupaba hasta ese momento. El fin de semana en que mataron a Gerardi, él estaba de guardia: el viernes, en las cocinas; el sábado, en los salones, para atender al presidente Arzú; y el domingo 26 de abril de 1998, noche del asesinato, como "subjefe de servicio", controlando el acceso de vehículos y el teléfono. Fue así como presenció todos los movimientos anormales que ocurrieron en el EMP durante su turno, entre las seis de la tarde y la una de la madrugada.

Aguilar compartía la oficina de la jefatura de servicio con su superior, "el capitán Dubois". Los acontecimientos extraños comienzan a eso de las ocho de la noche: un Isuzu Trooper rojo, con "el mayor Blas y el especialista Galiano" a bordo, sale del EMP. Dubois ordena a Aguilar que a partir de ese momento no anote las entradas y salidas de vehículos y que se encargue de contestar el teléfono. Y entonces empieza a recibir llamadas "por la línea privada" de los jefes del EMP: la primera anuncia que hay "una bomba en una reposadera del Palacio nacional", las siguientes dicen que todo está "sin 18", o sea, sin novedad; luego otro aviso de bomba "frente a la droguería José Gil", otras tres llamadas "sin 18", seguidas de otra más que indica que hay un grupo de mareros en San Sebastián, otra que "sin 18"... Así hasta que, entre las 22:20 y 22:30 horas, llega otro Isuzu, esta vez negro, con vidrios polarizados y sin placas, con el capitán Lima, un joven llamado Hugo y tres sujetos "completamente de negro, con gorras que les cubrían las cejas y lentes oscuros". Del tal Hugo dio una descripción muy prolija: era un antiguo profesor de karate de la guardia presidencial que había sido expulsado tres años atrás por problemas de alcohol y drogas, que medía 1.78 metros, moreno, delgado, nariz aguileña, quijada prominente y un tatuaje con alas de paracaidista en el brazo derecho, si bien luego comentó que iba cubierto con una camisa blanca.

El capitán Lima, prosiguió Aguilar, va a buscar al coronel Rudy Pozuelos, jefe del EMP, que estaba en su despacho desde media tarde. El coronel se sube al vehículo y se van todos por la 4ª Calle. Diez minutos después entra otra llamada: "hay un 18". El capitán Dubois toca entonces el timbre y todo el personal se concentra en el patio. Así estuvieron más de una hora. Poco después de la una de la madrugada, cuando entregó su turno, Aguilar se enteró de que habían matado a Gerardi. A la mañana siguiente les prohibieron divulgar lo que habían visto la noche anterior. Fin del testimonio.

❖ ❖ ❖

"Desde el principio, en cuanto empezó a hablar, se notó claramente que no era un testigo idóneo." Obdulio Reyes es coordinador de la defensoría pública y asistió a la declaración de Aguilar a solicitud de la juez. "Yo no defendía a nadie en concreto, defendía a quien se culpara en el futuro. Mi trabajo era puramente técnico." Este distanciamiento y un olfato desarrollado en cientos de debates lo alertaron de que algo andaba mal. "El panorama que pintaba era tan peliculero que no era creíble: las bombas en los desagües, los movimientos absurdos y muchas incongruencias."

Aguilar pretendía abrumar a los presentes con detalles anecdóticos sobre los procedimientos en el EMP, pero no conocía los nombres de sus compañeros y no supo decir siquiera quién era el jefe de la seguridad del presidente Arzú, a pesar de que lo menciona en su relato: se trataba de Juan Francisco Escobar Blas, a quien llama "mayor Blas". "Y además incurrió en varias contradicciones: aseguraba, por ejemplo, que el escritorio del capitán Dubois estaba frente al suyo, pero cuando le pregunté cómo solucionó el capitán el asunto de las bombas, me dijo que llamó por teléfono pero no supo a quién, porque su mesa 'estaba lejos'. O dice que la jefatura de servicio no tiene visibilidad hacia la calle y sin embargo él ve todos los movimientos de los vehículos y la ruta que toman. Había muchos cabos sueltos."

El interrogatorio de Obdulio Reyes desató las iras de los abogados del arzobispado. "Mynor Melgar se molestó conmigo y objetaba mis preguntas con una actitud tan agresiva que la propia juez lo llamó al orden. Yo me asusté. Se notaba que no quería que yo preguntara, y el ambiente se puso muy tenso."

Al responsable de la defensoría pública le llamó la atención el "lenguaje corporal" de Aguilar: "estaba muy nervioso y miraba constantemente a los de la ODHA, buscando el contacto visual con la gente que lo protegía. Al ver que Melgar lo defendía, empezó a no querer responder, y se escabullía con un 'no le entendí'". Reyes tuvo la oportunidad de conversar con él durante el almuerzo. "Pude constatar que tenía problemas laborales y que su situación económica era difícil. Eso agudizó mis sospechas de que se estaba buscando una salida, y que el exilio era un trampolín. Me pareció obvio que la ODHA se había sacado a ese testigo de la manga."

❖ ❖ ❖

Obdulio Reyes no es un experto en temas militares ni tenía idea del funcionamiento del EMP, pero el sentido común le llevó a una conclusión certera: la declaración era, en efecto, una farsa descomunal.

En realidad, Aguilar nunca hizo una sola guardia con el equipo de seguridad del EMP, por la sencilla razón de que él era pasador, es decir, mesero y asistente de cocina. Pero, además, cuando mataron a Gerardi ni siquiera prestaba sus servicios en esa institución: un año antes había sido degradado y enviado como conserje al Palacio nacional, reconvertido ya entonces en museo, donde limpiaba los pasillos del segundo piso, tal y como consta en los archivos oficiales del ejército.

Aguilar fue castigado por robar en la cocina presidencial. Lo sorprendieron en uno de los registros aleatorios instalados por los mandos ante la constante desaparición de alimentos y combustible. En su mochila llevaba un pollo, varias libras de carne y otros artículos de la despensa. Quienes lo agarraron con las manos en la masa fueron, precisamente, el capitán Dubois y el sargento Galiano. Intentó justificarse diciendo que no tenía dinero, pero no era la primera vez que lo pillaban: su expediente acumulaba 22 sanciones por faltas diversas, entre ellas robo y evasión del servicio.

El general Marco Tulio Espinosa, en esas fechas jefe del EMP, lo mandó a limpiar el palacio. "Yo sugerí echarlo y procesarlo por robo, pero Espinosa sintió lástima: Aguilar estaba endeudado hasta el cuello con el Instituto de previsión militar y cobraba una parte mínima de su salario", explica el coronel Rudy Pozuelos, que ejercía entonces de segundo de a bordo. Y es que al mesero, cuentan sus compañeros, se le torció la suerte con la llegada de Álvaro Arzú. Su aliento alcohólico desagradaba tanto al nuevo (y abstemio) mandatario, que Aguilar fue relevado de su puesto. Toda una humillación para quien había sido el pasador favorito del ex presidente Jorge Serrano o, mejor dicho, de su hijo, con el que Aguilar solía soplarse las botellas mano a mano.

De servir a los presidentes, Aguilar pasó a trapear pasillos, se le redujo el salario y se quedó sin los trabajos extra de los pasadores, que solían ser contratados para las fiestas privadas de los oficiales. Perdió, además, los ingresos que obtenía con la venta de licores y otros artículos que hurtaba de la casa presidencial. "Él tenía contactos con los travestis que andaban ofreciendo sus servicios en el parque Central", comenta un suboficial, que no ha olvidado la madrugada en que Aguilar llegó como una exhalación por el callejón Manchén, perseguido por cuatro travestis. "Las locas se lo corretearon hasta la tranca y él entró por debajo. No sé en qué negocio se habría metido, pero ellas gritaban que las había estafado y les había robado el dinero. Ahí se quedó el asunto, porque nadie dio parte."

Quien sí pasó un reporte sobre la conducta del mesero fue un oficial que lo vio "ingiriendo alcohol con un grupo de homosexuales" en una cantina cercana al parque, en horas de trabajo.

❖ ❖ ❖

Aguilar comete perjurio, pues, al asegurar que el 26 de abril de 1998 él era asistente presidencial. No lo era. Y miente también al decir que esa noche hizo guardia en el EMP: la orden de jefatura y el cuadro de servicios, emitido con diez días de antelación, demuestran que ese domingo el conserje estaba de turno en el Palacio nacional, un edificio sin visibilidad ni comunicación con la sede de la seguridad presidencial, de la que dista una cuadra.

El especialista Osmel Olivares compartió aquella guardia con él. "Ese día, Aguilar Martínez y yo estuvimos juntos en la puerta principal del Palacio, de seis de la mañana a seis de la tarde. Todo estuvo tranquilo: los domingos llegan turistas y grupos guiados. Luego yo me quedé de seis de la tarde a una de la madrugada y él siguió de una a seis de la mañana del lunes. Es mentira que estuviera en el Estado mayor presidencial, nada que ver. Él trabajaba en el Palacio nacional. Y a las horas que él dice que ocurrió todo eso, era yo el que estaba de turno y él andaba en su periodo de descanso."

El dormitorio del personal de turno está ubicado en el sótano del Palacio. Ahí permaneció el conserje entre las seis de la tarde y la una de la mañana... O, por lo menos, allí debió haber estado. "La verdad es que Aguilar Martínez se escapó a la calle durante su descanso", revela otro de sus compañeros de esa noche, que pide el anonimato. "Lo hacía a menudo. Salió pasadas las seis de la tarde y regresó a la una de la mañana. El compañero Olivares estaba impaciente, porque quería retirarse. Cuando apareció, venía alterado, todo sudado y con la camisa desabotonada. Nos contó lo del asesinato, pero no le pusimos mucha atención. Se fue a cambiar y se incorporó a su turno en la puerta."

¿Dónde pudo haber estado Aguilar en esas horas? "No sabemos, pero él se mantenía por el parque de San Sebastián. Le gustaba el trago y por ahí había lugares donde iba a tomar. En el Estado mayor presidencial no estuvo, porque a él no lo dejaban entrar. A saber por dónde andaba."

La aparición de Aguilar a la una de la mañana, desabotonado y sin aliento, despierta dudas inquietantes. Sobre todo porque los domingos por la noche las cantinas cierran temprano. Pero, además, ¿cómo supo que habían asesinado a Gerardi, cuando a esa hora apenas estaba llegando la policía a la casa parroquial? El Chino Iván, testigo protegido que dormía en la puerta de la parroquia de San Sebastián, ha insistido en que esa noche había un individuo desconocido sentado con ellos en el atrio. Tenía pelo liso negro y bigote, y vestía un pantalón de tela azul, una camisa blanca y zapatos formales. "Era una persona normal, no un indigente", recuerda Iván. Y la descripción coincide con la del conserje.

❖ ❖ ❖

El hecho de que Aguilar haya mentido a los tribunales respecto de su trabajo y su ubicación, invalida de entrada su testimonio. Vale la pena, sin embargo, analizar su declaración para constatar la sarta de disparates que conforman su relato.

La muestra más evidente de que Aguilar nunca realizó tareas de seguridad en el EMP es que no conoce su funcionamiento básico. Para empezar, el puesto de "subjefe de servicio" que él se adjudica no existe, como lo prueban las órdenes de cuerpo de la institución en esos años. Sí hay una subjefatura, en cambio, en el Palacio nacional, pero el conserje Aguilar no cumplía los requisitos para ocuparla: esa noche del 26 de abril, el subjefe en el Palacio era Víctor Vargas.

Aguilar, además, confunde todas las funciones. El servicio de seguridad del EMP consta de dos unidades: la comandancia de guardia y la jefatura de servicio. La comandancia es un mostrador de control ubicado en la puerta. El suboficial ahí destinado está de pie, identifica los vehículos, anota los datos en una tablilla y luego los pasa al "libro de entradas y salidas", que está a su cargo. Y la jefatura de servicio es una oficina situada en el interior del edificio, donde están el oficial de turno, el telefonista y el encargado del "libro de novedades", en el que se registran los acontecimientos relevantes. Aguilar se regala el don de la ubicuidad y asume todas las funciones: debe supervisar los vehículos, anotar las novedades y contestar el teléfono.

Otros errores delatan al conserje multiusos. Difícilmente el capitán Dubois, que según Aguilar "en ningún momento abandonó la oficina", pudo haber tocado el timbre para reunir a la gente en el patio: el timbre, que se toca únicamente cuando va a salir el presidente, está ubicado en la sala de ayudantes, en el segundo piso del edificio. Por cierto que el capitán Albin Enrique Dubois, edecán del presidente, estaba franco de servicio ese domingo 26 de abril, al igual que sus compañeros del grupo B de seguridad. Y en lugar de andar dando órdenes a Aguilar, se encontraba en plena fiesta familiar, celebrando el cumpleaños de su madre.

Resulta también sintomático que el testigo, siempre tan atento a todos los detalles, no mencione en ningún momento la llegada de la mismísima comitiva presidencial que, procedente de la ciudad de Antigua, hizo su entrada en el EMP a las 22:07 horas, después de haber dejado a Arzú y su familia en su casa de la zona 14. El conserje desconocía el dato. Otra prueba de que no estaba ahí esa noche.

❖ ❖ ❖

"Es espeluznante cómo Aguilar es capaz de prestar todo ese testimonio sabiendo que era falso", comenta el coronel Pozuelos. "Pero lo que más me asusta es cómo el ministerio público lo da por bueno sin haber investigado ni una sola de sus afirmaciones. Ni siquiera entrevistaron a las personas que menciona, o a la gente que estaba con él esa noche. Yo no pido que me crean, sino que investiguen. Y eso los fiscales no lo hicieron en ningún momento."

"Aguilar Martínez tenía odio por Arzú y Pozuelos", comenta uno de sus compañeros en el Palacio nacional. Y también tenía cuentas pendientes con el capitán Dubois y el sargento Galiano. Pero, ¿por qué mete en su historia al capitán Lima y al mayor Escobar Blas, de los que ni siquiera conoce el nombre?

El propio director de la ODHA, Nery Rodenas, dio involuntariamente la respuesta. "Él involucra a los militares que aparecen en el documento apócrifo." Se refería Rodenas al anónimo aparecido en agosto de 1998, con un falso encabezado de Naciones unidas, que acusaba del asesinato del obispo al capitán Byron Lima y al EMP de Álvaro Arzú. El panfleto fue "providencial" para la ODHA, que en esos momentos trataba de neutralizar las investigaciones del fiscal Otto Ardón sobre el sacerdote Mario Orantes. Y ahora, el testimonio de Aguilar venía a sustentar un anónimo de origen más que sospechoso y que además no tenía ninguna validez judicial.

"Toda su declaración es un montaje que forma parte de una venganza política", dice el coronel Pozuelos. "Al tipo lo aleccionaron. Mal, pero lo aleccionaron." Eso mismo sospechan sus antiguos colegas. "Nosotros comentábamos que alguien le lavó la cabeza. Con todas las dificultades económicas que tenía…", señala uno de ellos. "A todos nos causó risa oír lo que contaba, y que además le tomaran en serio. Era un pícaro mentiroso. Siempre lo fue."

La ODHA se encargaría de solventar los problemas financieros del ex sargento. La víspera de su salida a Canadá, Mario Domingo, abogado del arzobispado, levantó un acta notarial en la que Aguilar otorgaba un mandato a su hermano para que lo representara en el pago de las deudas contraídas "en el Banco del Ejército y en el Instituto de previsión militar".

En este documento, por cierto, queda consignado que la profesión del testigo era la de mesero.

La sumas largamente adeudadas, que se acercaban a los nueve mil quetzales, fueron canceladas. Y los vecinos de Villaverde, una colonia del enorme suburbio popular de Ciudad Quetzal, vieron cómo la casa de Aguilar, una modesta vivienda de cemento, era ocupada de un día para otro por una asociación vinculada a la iglesia, que instalaría allí una clínica naturista.

El vagabundo

"Rubén empezó a cambiar su declaración cuando comenzó a ir al ministerio público. Al principio, siempre hablaba de lo mismo. Pero cuando los fiscales se lo llevan, empieza a decir cosillas raras." Iván Aguilar, alias el Chino Iván, rememora la metamorfosis de su amigo Rubén Chanax, con el que dormía junto al portón de la casa parroquial de San Sebastián y con el que convivió durante casi dos años en sórdidos hoteles, custodiados en calidad de "testigos protegidos".

Inmediatamente después del asesinato, y a lo largo de 20 meses, Chanax sólo había hablado del famoso descamisado. "Como en octubre o noviembre de 1999 los fiscales le dijeron que le tenían un trabajo, y casi a diario lo recogían a las nueve de la mañana y lo regresaban a las cuatro o cinco de la tarde. Rubén me decía que lo llevaban al ministerio público y que ahí se ponía a lavar carros, y que Leopoldo Zeissig y ese gordo, Mario Castañeda, se ponían a preguntarle y a preguntarle."

Por esas fechas, Chanax le reveló a su amigo un dato inusitado. "Un día me dice que el descamisado que vimos era un tal Hugo. Lo sentí raro porque en año y medio no me lo había dicho, a pesar de que teníamos una amistad y él me lo contaba todo."

Eran los primeros frutos del cursillo intensivo que estaba recibiendo Chanax, cuya nueva versión conduciría a la detención y condena de los tres militares y el sacerdote. "La preparación de Rubén comenzó unos tres o cuatro meses antes de la declaración anticipada", confirma un miembro de la unidad del ministerio público encargada de la protección de testigos. "Las reuniones se celebraban en la sede de la fiscalía especial, en la zona 2. En ellas participaban el fiscal Mario Leal y Edwin Barrios, asistente de nuestra unidad. Barrios explicaba cómo debían formularse el interrogatorio y el contrainterrogatorio, y ahí lo fueron entrenando."

Hasta que llegó el gran estreno: Rubén Chanax prestó su nueva declaración el 17 de enero de 2000, tres días después de que Alfonso Portillo asumiera la presidencia y prometiera en su discurso la inmediata resolución del asesinato del obispo.

Fue en esta diligencia donde contó que el día del crimen, por la mañana, el sargento Obdulio Villanueva le advirtió que no se acercara por la casa parroquial porque iba "a morir alguien a las diez de la noche", y que, aun así, él llegó justo para ver todo el trajín que no debía: el descamisado Hugo, del Estado mayor presidencial, saliendo; Villanueva y el capitán Lima entrando a filmar el cadáver y el sacerdote Orantes cerrando la puerta del garaje. Los señalados fueron detenidos de inmediato.

A partir de ese momento, el Chino Iván no vio más a Chanax. El ministerio público se lo llevó y lo tuvo en varios hoteles, entre ellos el Familiar y el Excel. "En el hotel Excel hubo unas ocho reuniones con Rubén. Le mostraron unas fotos de los Lima", recuerda el funcionario encargado de la protección de los testigos. Tenían sus razones: la descripción que Chanax hizo del coronel ("alto, delgado y pelo negro") no se correspondía ni por asomo con el aspecto real del militar.

El indigente ya estaba listo para una nueva prueba: la entrevista con el psiquiatra forense Jacobo Muñoz. El éxito fue rotundo. El relato es un prodigio de cohesión y precisión, y Chanax solventa con aplomo los contrasentidos detectados en su testimonio del 17 de enero. Las amenazas que le hicieron los militares en la casa parroquial, le explicó al psiquiatra, lo habían aterrorizado. No era esa la impresión de la policía y los fiscales, que la noche del crimen lo encontraron muy tranquilo y colaborador. "Me puse a hablar inconscientemente", se justificó el indigente. Aunque no se notara, el miedo lo había atenazado durante casi dos años. "Por eso fui armando una historia incompleta, no falsa, pero con mentiritas blancas. Ahora le estoy diciendo todo como fue."

Pero no, resultó que tampoco al psiquiatra le había contado todo. En el juicio oral, un año después, Chanax se descolgó con la versión de una añeja conspiración para matar a Gerardi, que bautizó como "operación Pájaro". El coronel que estaba en el banquillo lo había contratado años atrás para que vigilara al obispo. Desde entonces, cada sábado, él llamaba a un número de teléfono que, curiosamente, no recordaba, y pasaba su reporte. Ahora Chanax se implicaba de lleno en el asesinato. No sólo había espiado a Gerardi, sino que había ayudado al capitán Lima y a Villanueva a mover el cadáver y a alterar la escena del crimen. Siempre obligado, por supuesto, y "en pánico".

❖ ❖ ❖

Los fiscales y los abogados de la ODHA repetían a los cuatro vientos que, con su nueva versión, Chanax no había mentido, sino que había "ampliado su testimonio". No había, por tanto, contradicciones, sino simples "añadidos".

Este argumento se derrumba en cuanto se analizan las declaraciones del indigente. La lectura meticulosa de todos sus testimonios (doce en total, cuatro de ellos bajo juramento), es una tarea fascinante que permite entrever cómo la fiscalía va construyendo el relato, cómo va limando los contrasentidos que se ponían de manifiesto en las diligencias, cómo va enriqueciendo la narración con detalles asombrosos. Incluso después de la "gran confesión" del 17 de enero de 2000, en la que se libera de miedos y ataduras para "contar la verdad", Chanax continúa alterando su relato. En sus sucesivas intervenciones, el indigente no sólo "amplía" o "rellena vacíos", como pretende la ODHA, sino que modifica circunstancias, quita y pone testigos, cambia los horarios y cada vez apostilla: "ahora sí estoy diciendo la verdad".

¿Dijo la verdad en enero de 2000, cuando juró ante la juez que nunca había hablado con Hugo, el descamisado? ¿O la dijo un mes después, al contarle al psiquiatra las enjundiosas charlas que mantenía con Hugo, que incluso le había puesto al corriente de su vida criminal? ¿O fue quizás un año más tarde, cuando aseguró al tribunal que al descamisado sólo lo conocía porque le había lavado una vez el auto? ¿Y cuándo llegó el coronel Lima a la tienda de don Mike? ¿A las 21:00 horas, como dijo en enero? ¿A las 20:30, como dijo en febrero? ¿A las 19:30, como dijo en abril? ¿O a las 21:15, como dijo en el juicio?

Los expertos en criminología dicen que la exagerada concreción de los detalles, sobre todo en los horarios, es una señal clara de que el testigo está fabricando la historia. Chanax describe hasta el color de la suela de los zapatos del descamisado. Y registra las horas con la precisión de un cronómetro suizo, a pesar de que no tenía reloj: "tardó 26 segundos", "estuvo tres minutos", "salió a las 21:55", "se marcharon a las 22:10"... Además, su prodigiosa memoria se refresca con el tiempo, y si durante dos años aseguró que el día del asesinato "desayunó en la 1ª Avenida y se fue al cine Tikal", a partir de enero de 2000 se corrige y afirma que "desayunó en la 2ª Avenida y se fue al cine Capitol".

❖ ❖ ❖

Las mentiras de Chanax empiezan en su propia biografía. Ya desde la misma noche del crimen, el indigente habla de su servicio militar de 30 meses. En todas sus declaraciones posteriores saca a la luz el episodio, ofrece detalles de sus jefes e incluso, durante el juicio, alardea de cómo le escogen para realizar tareas de inteligencia durante un bimestre. Sin embargo, Chanax nunca estuvo en las Fuerzas armadas y no existe ni una sola mención de este personaje en los archivos del ejército.

Quizá por este motivo el indigente siempre evitó precisar las fechas de su supuesto servicio militar. Y quizá por ello, también, se equivoca en algunos de los nombres de sus supuestos mandos, que alguien le facilitó para que pudiera justificar su "familiaridad" con las labores de espionaje a las que se habría dedicado en los últimos años, dando seguimiento a Gerardi.

¿Era Chanax informante? "No lo era. Los informantes estaban registrados, porque se les pagaba cierta cantidad, y él no figura en ningún registro", asegura un veterano funcionario de los servicios secretos. "Los indigentes no son la clase de personas que nos interesan, porque no son confiables: se pasan el tiempo bolos o tirados por ahí. Realmente no sirven. Nuestros informantes son gente de más nivel: vecinos o comerciantes de la zona, con negocios estables, que conocen el entorno y están atentos a lo que pasa porque tienen buenos puntos de observación."

El rendimiento de Chanax como espía, desde luego, resultó lamentable. A pesar de haber estado "vigilando y vigilando al obispo durante años", como él dijo, fue incapaz de describir sus rutinas, o las visitas que recibía. Tampoco conocía a la cocinera Margarita López, que llevaba 20 años en la casa parroquial, y no sabía quién era Juanita Sanabria, la administradora de la iglesia. Cabe preguntarse de qué demonios informaría.

Los términos en los que Chanax narra su vinculación con la G-2 tampoco se ajustan a los procedimientos habituales. Ni el investigador más cargado de prejuicios puede imaginarse a todo un antiguo director de la inteligencia militar, como el coronel Lima, yendo a contratar mendigos por los parques. Por otro lado, los expertos se llevan las manos a la cabeza con los 300 quetzales semanales que el indigente decía percibir, muy por encima del salario mínimo: "jamás se les ha pagado esa cantidad", dicen.

❖ ❖ ❖

"Cuando supe todo lo que Rubén había declarado... De la noche a la mañana, hijoeputa, yo digo: ¿A ese qué le pasa? ¿Se ha vuelto loco? ¿De dónde le salió tanto cuento?" En Costa Rica, donde intenta rehacer su vida, el Chino Iván aún no comprende lo sucedido con su amigo. "El que realmente sabe lo que pasó fue Rubén, y la persona atrás de Rubén soy yo. El único que puede desmentir a Rubén soy yo. Él estuvo todo el tiempo que duró el problema, pero hay cosas que dijo que no son ciertas, y que yo tampoco conté. La puerta del garaje de la casa parroquial se quedó abierta. Esa puerta no la cerró ni el descamisado ni el padre Orantes ni nadie. Esa puerta la cerré yo."

Iván respira hondo antes de proseguir su relato. "Rubén estaba conmigo viendo la película, y como diez minutos antes de que terminara salió. Yo le pedí que se esperase, pero no quiso. Cuando yo regresé, vi en la puerta pequeña del garaje al muchacho sin camisa, que caminó hacia la 2ª Calle. Volví a la tienda, porque se me había olvidado un paquete de cigarrillos, y al regresar me topé al descamisado de frente, y es cuando le vendí dos cigarros. La puerta seguía abierta. Yo me senté, comí con Tulio, Pablo y los demás, y esperé que alguien saliera a cerrarla, y nadie llegó. Yo dormía exactamente ahí. Entonces vine yo y la cerré. Y Rubén me dijo: 'Si cerraste esa cosa y pusiste las manos, mejor límpiala, porque vos no sabés qué pasó ahí adentro'. O sea que él ya sabía. Entonces agarré un papel y un poco de saliva y lo pasé así, limpiándola. La peor estupidez que podía haber hecho, porque si hubieran revisado esa puerta, hubieran encontrado ADN mío y yo estaría preso. Ni siquiera fue por pánico, porque yo no sabía lo que estaba ocurriendo allá adentro. Rubén me contó que el descamisado había matado al padre ya después, cuando llegaron los bomberos."

Iván narró ese incidente a los fiscales. "Me vinieron a buscar y me dijeron que contara lo que no les había dicho, así como Rubén, y yo contesté: lo único que no les dije a ustedes fue lo de la puerta, que la puerta la cerré yo. Y les expliqué que lo que Rubén estaba diciendo era una gran mentira, que las cosas no habían ocurrido así. Se lo hice ver a Zeissig y ellos se pusieron en contra mía.

"Ni el padre Orantes cerró la puerta ni llegaron los militares. Orantes salió cuando ya habían llegado los bomberos, creo. Y a los otros no los vi en ningún momento. A las personas que están presas yo no las vi. Definitivamente no las vi. Yo le insistía a los del ministerio público. Jorge García, el jefe de apoyo logístico a los testigos protegidos, me decía: 'es que vos tal vez no viste, pero ellos estaban ahí'. Pero es mentira, no estaban.

"Es imposible que en esos diez minutos que pasaron desde que Rubén salió de la tienda, ocurriera todo lo que pone en su declaración. Cuando yo regresé, repartí cigarros y cené en unos quince minutos. Después estuve como otros quince minutos sentado y me fui durmiendo entre las 22:30 y las 22:45. En todo ese tiempo no hubo ningún carro estacionado ni movimiento de vehículos. Eso del taxista también es mentira. Esa noche estaba particularmente calma.

"Los fiscales querían que yo confirmara lo que contaba Rubén, pero no podía hacerlo. ¿De qué me sirve a mí decir cosas que no son ciertas y llevar en la conciencia que tres personas están purgando 30 años presos por mi culpa?" Ante el tribunal, Iván se mantuvo firme y relató lo mismo que había narrado desde el primer día. En el interrogatorio, explicó que el coronel Lima no estuvo en la tienda de Mike y que no vio a los otros procesados en la casa parroquial. Pero, ¿por qué no contó el episodio de la puerta, que echaba por tierra las patrañas de Chanax?

"¿Y qué hubiera pasado? Le apuesto que me voy preso por falso testimonio, cosa que no va a pasar con Rubén, acuérdese de esto. Yo pensé: yo soy aquí la persona que está diciendo la verdad, pero yo estaba solo. El ministerio público tenía todo amarrado con otros testigos. ¿Qué valor podía tener mi declaración? Ninguno. Cuando el juez me preguntó si tenía algo más que agregar, yo estaba con todas las ganas de decirlo. Volteé a Zeissig y me miró con cara de terror. Por eso no hablé. Sabía que estaba nadando contra la corriente y que esa corriente llevaba piedras que me podían lastimar."

Cuando se quiere ir más a fondo sobre lo ocurrido aquella noche, Iván se muestra esquivo. Insiste en que Chanax sí estuvo en la tienda de don Mike, a pesar del desmentido del propio dueño. Lo extraño es que ambos indigentes reconocieron que nunca antes habían visto televisión en la abarrotería, porque al propietario no le agradaba. ¿Cómo es que, justamente esa noche, se pasaron horas en el local? "No sé, esa vez don Mike no me hizo ninguna mala cara. Yo estaba con un amigo que vende *hotdogs*, que me invitó a un refresco y unas cosillas de comer. Luego llegó Rubén y seguimos viendo la película." Iván no resulta convincente. Da la impresión de que no quiere romper un pacto de silencio, como si Chanax le hubiera pedido que le ayudara con la coartada de su presencia en la tienda. Ahora Iván sabe que, si modifica su testimonio sobre este punto, corre el riesgo de que lo involucren en el crimen.

Hugo Godoy, el más veterano de los lavacarros de San Sebastián, contradice a Iván. "Es mentira que Chanax haya estado viendo la televisión en la tienda. Yo fui varias veces esa noche y allí no estaba. Mike no se lo permitía. A él no. De la gente del parque sólo nos dejaba a Jorge el Monstruo, que ya murió, y a mí. Chanax llegaba de vez en cuando a comprar algo y no se quedaba más de cinco minutos. Tampoco es cierto que el coronel Lima estuviera ahí esa noche. Yo lo hubiera visto. Y al hijo del coronel nadie lo vio por aquí."

Hugo tiene su propia interpretación: "si Chanax cambió versiones es que pudo haber participado en el crimen, quizá como encubridor". Iván comparte esas sospechas, pero insiste en que su amigo nunca habló con él de lo que había pasado dentro de la casa parroquial. "Puede ser que Rubén tuviera guardados sus secretos, ¿verdad?" Iván reconoce que se quedó preocupado cuando supo que la policía había encontrado un viejo sudadero azul cerca del cadáver del obispo. "Ese suéter que encontraron... yo me acuerdo de haberle visto a Rubén un suéter así. No le doy fe, pero... si Rubén dijo en el juicio que entró en el garaje, o sea, que participó en el hecho... y luego lo del ADN que lo involucra. Yo no me creo que le obligaran a entrar, como él dice, porque, ¿para qué iban a dejar testigos? Así como es esa gente de mala, lo hubieran matado a él también. Por eso, yo me pregunto si no será que Rubén mató a ese padre y le echa la culpa a esos tres... No sé, mire, todo es tan raro, y ha sido tan manipulado..." Entre sus dudas y silencios, Iván expresa también certezas. "Yo no sé lo que Rubén sabe, pero sí sé que se inventó una fantasía formidable, y que alguien lo ayudó."

Independientemente de que haya participado o no en el asesinato, Chanax tenía un motivo de fuerza mayor para prestarse al juego de la fiscalía y de la ODHA: los resultados de los análisis de ADN facilitados por el FBI. "Cuando en agosto de 1999 salió que había ADN de Rubén en el dormitorio de Orantes, él se puso muy nervioso, decía que cómo iba a ser posible. Estaba muy asustado", recuerda Iván. Los primeros resultados, en realidad, no eran concluyentes. La muestra genética encontrada en la alfombra del sacerdote estaba muy deteriorada y los expertos consideraban a Orantes como "posible contribuyente mayor", lo cual era lógico puesto que era su habitación, y a Chanax y a otro individuo, Eduardo Perdomo, alias el Chino Guayo, como "posibles contribuyentes menores".

Esos resultados, así presentados, no servirían por sí solos en un tribunal. Pero Zeissig y sus colaboradores les encontraron una utilidad muy poco ortodoxa: en sus manos, la ciencia forense se convirtió en un instrumento de chantaje contra ambos sospechosos. Fue justo después de recibir los informes del FBI cuando la fiscalía empezó a llevarse a Chanax, y el indigente comenzó a cambiar su testimonio. En los meses siguientes, Zeissig obtuvo del FBI dictámenes más precisos, como el análisis del ADN mitocondrial y la evaluación final de las pruebas. El fiscal nunca hizo públicos los resultados.

El indigente tenía todo que perder a no ser que colaborase. Astuto como era, a Chanax no le costó mucho adaptarse a los deseos de la fiscalía y de la propia ODHA, y fue acomodando su relato a las necesidades de unos y de otros. En apenas cuatro meses, el indigente pasó a convertirse en el sostén de la acusación: sin él, el caso se venía abajo. "Chanax fue el elemento clave que puso en marcha el engranaje", diría Zeissig. "Él aportó lo que necesitábamos, que encaja con los otros testimonios."

Lo más desolador es que el "salvador" del proceso podría ser parte del crimen. El 26 de abril de 1998, el indigente no estaba durmiendo en la puerta del garaje, como él dijo, ni tampoco se despertó a medianoche para recibir la comida de Eventos católicos: los piadosos voluntarios llegaron a San Sebastián alrededor de las once y nadie se levantó a cenar. Pero les llamó la atención que las luces de la casa parroquial estaban encendidas. ¿Dónde estaba Chanax?

En el garaje, muy probablemente. La alteración de la escena del crimen, que además fue lavada, según demostró la prueba de luminol, no se pudo llevar a cabo en diez minutos, como él pretende hacer creer. Y sólo alguien que estuvo allí podía haber descrito con tanta precisión algunos detalles, como lo hizo Chanax ante el tribunal: cómo entra a un cuarto aledaño a buscar periódicos, cómo esparce el papel junto al portón, cómo dan vuelta al cadáver, cómo colocan la piedra en el charco de sangre para fingir que ésa fue el arma asesina… Por cierto que este detalle daba finalmente la razón al forense español José Manuel Reverte, al dentista Eduardo Polanco y a los peritos del ministerio público, que descartaron que la piedra se hubiera utilizado en el crimen. La hipótesis de Reverte y sus colegas de que el religioso fue asesinado a patadas y pisotones la podía haber confirmado también Chanax, pero no lo hizo: eso era involucrarse demasiado.

Los fiscales, los abogados de la ODHA y el presidente del Tribunal 3°, el juez Cojulún, reconocen en privado que Chanax "sabe más" y "que hay cosas raras". "Creemos que Chanax está involucrado en el crimen", afirma el auxiliar fiscal Mario Castañeda. "Si él y Orantes hablaran, se sabría lo que pasó." La pregunta es por qué el propio ministerio público y los abogados del arzobispado se encargaron de que eso no sucediera.

El asaltante

Armado con su inseparable martillo, el juez Cojulún y sus dos colegas del Tribunal 3° de sentencia acudieron a la prisión de Antigua para contrastar las afirmaciones de Gilberto Gómez Limón, un delincuente de nutrido historial que dirigía, con sus hermanos, una banda de asaltantes. El preso aseguraba que Obdulio Villanueva anduvo saliendo de la cárcel el día del asesinato de Gerardi, y recordaba las horas con una precisión encomiable: el ex sargento se marchó a las siete de la mañana, regresó a las cinco de la tarde, para el conteo de presos de las cinco y media; volvió a salir una hora después y estuvo fuera toda la noche, hasta el conteo del día siguiente.

Gómez Limón "deducía" que Villanueva había salido de la cárcel: no lo vio, porque desde las celdas no había visibilidad a la calle. Pero sí lo había visto regresar a las cinco y media de la mañana. "Yo me estaba bañando cuando entró. Y si uno es alto, mira hacia la puerta de la cuadra, si es bajito no mira. Yo sí miraba". Sólo si se hubiera llevado una escalera. Uno de los presentes en la diligencia, que medía más de 1.80 metros, no alcanzó a ver por encima del muro del baño. Y Gómez Limón no pasa de 1.60. A Eduardo Cojulún, Yassmín Barrios y Amada Guzmán, sin embargo, todo les pareció muy convincente.

Más allá de si se veía o no desde la cuadra, el testimonio de Gómez Limón estaba lleno de dislates. Los tres jueces se podían haber preguntado por qué los cerebros de un asesinato supuestamente planificado con años de antelación no habían recurrido a gente disponible, sin trabas ni dificultades, en lugar de buscar a un preso que, además de ser famoso por su participación en el publicitado caso del lechero Sas Rompich, estaba rodeado de testigos. ¿O es que para mover un cadáver y filmarlo necesitaban precisamente a Obdulio Villanueva, que entendía de cámaras de video tanto como de ciencia aeroespacial? Y sobre todo, si el ex sargento era parte de una conspiración "fraguada al más alto nivel" y contaba con la connivencia de las autoridades del penal, ¿qué hacía el día del crimen yendo y viniendo de Antigua a la capital para no saltarse el conteo de presos?

Dejando a un lado la lógica, Villanueva presentó al tribunal los documentos oficiales del juzgado de ejecución y los registros del penal, que recogen la visita que recibió ese domingo de su esposa y de su padre. Además, otros presos desmintieron a Gómez Limón. Pero los juzgadores optaron por la palabra de un reincidente y con interés manifiesto.

No había más que escuchar la narración que el testigo hacía de su propia vida para tener la medida del personaje: él era una víctima y la policía se lo había inventado todo. El psiquiatra forense Jacobo Muñoz lo entrevistó y su evaluación fue contundente: Gómez Limón era un "delincuente", de conducta transgresora y comportamiento "frívolo". "Es una persona con características antisociales, y miente cuando se refiere a su condición de reo." De nuevo, los concienzudos miembros del Tribunal 3º limpiarían el retrato de Gómez Limón, tachando con tinta roja la mayoría de estas apreciaciones en los borradores de las actas, en especial la palabra "miente".

En el juicio, Gómez Limón reconoció que sentía "rencor" por Villanueva. El asaltante era el cabecilla del sector y el ex sargento no lo había respetado como jefe: nunca se plegó a su disciplina, nunca le pagó sus "cuotas" a cambio de no hacer limpieza. "Él mismo se limpiaba su lugar", declaraba, escocido. Tampoco le pedía permiso para llamar por teléfono. Villanueva, incluso, había presentado una queja contra él.

Gómez Limón obtuvo algo más que la simple venganza. Por su "acto de relevancia humanitaria y altruista", el asaltante redimió su condena de 13 años, de los que apenas había cumplido cuatro, y salió en libertad.

El estafador

A falta de una investigación seria, la cacería de testigos en los penales del país se convirtió en la principal actividad del fiscal Leopoldo Zeissig. Le quedaba por llenar un vacío: ¿cómo meter en un mismo saco al padre Orantes y a los tres militares, si no había una sola prueba de que se conocieran? Y hete aquí que apareció un sujeto llamado Hugo Izquierdo Banini, condenado por estafa, y contó que el capitán Byron Lima había enseñado al sacerdote a disparar. Eso era lo que le había confiado el propio militar, al que había conocido a su paso por el Centro preventivo. En apenas cinco semanas se hicieron "tan amigos" que Lima no tuvo ningún inconveniente en confiarle algunos secretos del asesinato de Gerardi, como que había videos del día del crimen o que la única persona que lo había visto salir de la casa parroquial había pasado a mejor vida, en pedacitos. Izquierdo Banini podía escuchar además las conversaciones telefónicas del capitán y dio una lista de las personas que lo iban a visitar, entre ellas "el administrador" del ex presidente Álvaro Arzú.

Otra vez Zeissig se maravilló: "Las piezas de esta versión encajan en nuestra teoría". La defensa de Lima calificó la declaración de Izquierdo de "payasada", lo cual no tiene nada de extraño, si se toma en cuenta que los propios auxiliares fiscales confesaban en privado que se trataba de un "testimonio dudoso". Y es que los antecedentes del testigo providencial invitaban, desde luego, a salir corriendo.

A sus 29 años, la carrera de Izquierdo era prometedora. En julio de 2000 había sido condenado a cinco años y medio inconmutables por haber estafado "con premeditación y alevosía" a 17 campesinos de escasos recursos, ante los que se hizo pasar por ejecutivo de una empresa de créditos inmobiliarios, para después esfumarse con sus ahorros. Esta sentencia se sumaba a varios procesos judiciales por estafa, apropiación indebida y deudas. Para impactar a sus víctimas, solía alquilar oficinas en edificios de lujo y luego desaparecía. Ni siquiera la cárcel le había quitado sus mañas: días antes de ofrecerse a Zeissig a cambio de protección, nueve internos de la granja penal Canadá lo habían denunciado al alcaide por estafarles dos mil quetzales, y las autoridades lo habían tenido que cambiar de sector para evitar que "le rompieran la madre".

Como no podía ser menos, Izquierdo pidió su libertad anticipada por el "acto heroico" que fue su declaración. Para agilizar el proceso, él mismo se encargó de alborotar el gallinero con unas inspiradas maniobras. Por ejemplo, ponía a amigos suyos a llamar a la prensa, haciéndose pasar por "miembros del Estado mayor presidencial" que anunciaban el inminente secuestro de su familia. O bien filtraba su propia muerte: Radio Sonora lo mató en un par de ocasiones y el infatigable director de la ODHA, Nery Rodenas, no dudó en poner gesto contrito para denunciar, en televisión, el segundo asesinato de Izquierdo, a pesar de que ya había sido desmentido.

Afortunadamente, el estafador gozaba de cabal salud. Es más, en esos momentos andaba muy ocupado enviando cartas a las embajadas con una historia que no tenía desperdicio. "Al ministerio público le dije una parte, nada más, de la muerte de monseñor Gerardi", aseguraba. "Durante 1996, 1997 y 1998 mi persona trabajó estrechamente con (...) los autores no sólo materiales, sino también intelectuales, en este caso de impacto en el mundo entero." Ya no era un embaucador, sino un elemento de "los órganos de represión del estado", que tenía importante información sobre "métodos de seguimiento y vigilancia y hasta de ejecución de personas no gratas". Y no era la defraudación a unos pobres campesinos lo que le tenía en la cárcel, sino su "participación en una mafia organizada por los entes de seguridad". Consciente de que su "amada" Guatemala necesitaba "un cambio", luego de un "sincero examen de conciencia" había colaborado con la fiscalía. Por ello solicitaba asilo político y, sobre todo, que los diplomáticos se interesasen por su proceso de "libertad anticipada".

Capítulo 10

La hija de monseñor

"Los meros meros fueron el Colombiano y la China, una pisada que es hija de un monseñor. Esos chafas que están en el bote, nada que ver."

—¿Cómo lo sabes?

—Me lo contaron Brandon y Jorge. Ellos estaban ahí esa noche. Se metieron en un gran clavo por culpa de la China. Ella les puso el trance de que había mucho pisto ahí dentro y se apuntaron al negocio. Y al final no agarraron nada y se echaron al padre. Pero ellos no entraron en la casa parroquial, porque su trabajo era vigilar fuera.

—¿En qué consistía la vigilancia?

—Daban vueltas alrededor del parque de San Sebastián con un Toyota Tercel que habíamos robado el día anterior. Había dos más en otro carro, no me acuerdo si era un Nissan Sentra o un Mazda 323. Ellos también rondaban el parque. Todos daban seguridad.

—¿Y quién entró en la casa parroquial?

—Ahí se metió Néstor, él se llama Zapata Santana, pero le dicen también Dani o el Colombiano, porque nació en Colombia y su familia es de allí. Su padre está detenido en Estados Unidos por narcotráfico.

—¿Qué buscaban?

—La China les metió en la cabeza que había billete, que se echaran ese tirito, que no había problema porque ella iba a conseguir las llaves. Decía que había llegado mucho pisto de una donación de Europa, en dólares, y que lo tenían guardado ahí dentro. Bueno, eso era lo que ella decía, y tenía buena información porque su familia trabaja con la iglesia. Por eso se confiaron. La China es bien sheca para conseguir negocios de enchantarse*. Por sus relaciones ella miraba en qué casas podían entrar y mandaba a sus cuates.

—¿Y qué pasó en San Sebastián?

—La China dijo que el domingo iba a ser un buen día. Los citó a todos como a las ocho de la noche en un apartamento que alquilaba con el Colombiano ahí a un costado del parque. De ahí van para la iglesia. No sé si la China tenía una llave o si alguien les abrió la puerta. Cuando estaban dentro, llegó un carro. La China había dicho que nadie iba a llegar, por-

---

* Sheca es lista, astuta; enchantarse es entrar a robar en casas.

que el padre andaba de viaje. Entonces, fue un gran problema. Me contaron que el monseñor empezó a alegar, a reclamarles qué hacían ahí y que iba a llamar a la policía. Néstor es muy violento y, con el crack se pone peor, y le dio un cuentazo para callarle la boca. El ruco se defendió, porque era alto y fuerte, pero lo tiraron al suelo. Es cuando Néstor se lastimó una mano y sangró bastante.

—¿Llegó Mario Orantes, el otro padre que vivía en la casa parroquial?

—Sí, llegó, y parece que hubo un problema con el perro de él, pero no supe qué pasó.

—Néstor no llevaba arma...

—No, porque la China había dicho que nadie iba a estar ahí, y él iba confiado. A Néstor le daba igual, porque no era la primera vez que mataba a golpes. Él mismo nos contó que había matado así a uno de sus amigos en Colombia, porque lo había traicionado. Pero Brandon y los otros se enojaron porque pensaron que la China los había engañado. Le preguntaron qué onda y ella contestó que no sabía que iba a llegar, que supuestamente él no iba a venir ese día. A partir de ahí, nuestro grupo tuvo sus diferencias con ella.

—¿Usaron la piedra que se encontró ahí?

—No escuché que la usaran, sólo que lo golpearon.

—Pero, ¿por qué lo mataron? Hubieran podido huir y no hubiera pasado nada.

—Es que el viejo reconoció a Ana Lucía, y también estaba ahí el otro padre. Ya no les quedaba de otra, porque el viejo los iba a denunciar.

—¿Quién era el tipo que salió sin camisa?

—El Néstor. Él contó que se había quedado trabado y que se le había desgajado la camisa. Por eso se la quitó y se va a su apartamento a buscar otra.

—¿Sabes a dónde exactamente?

—Ahí mismo, a media cuadra. El Néstor agarra otra camisa y se regresa al parque.

—¿Y por qué regresa?

—No sé.

—¿No hubo problemas con los indigentes que dormían junto a la casa parroquial?

—No se movieron casi. Todos andaban bolos y bien dormidos.

—¿Y Rubén Chanax?

—Es el que ha contado todas esas babosadas, ¿verdad? Ése también anda metido en el clavo.

—¿Darías tu testimonio en un nuevo juicio?

—¿Y qué gano yo con esto? Que me maten, como ya han matado a Brandon, a Jorge, al Charly...

—¿Quién los mató?

—Pues al Charly creo que lo mató Néstor, lo ametralló ahí frente a su casa, en la zona 5. Eso fue el 14 de febrero de 1999, el día del cariño.

—¿Y a los demás?

—En los periódicos salió la noticia en grande cuando mataron a Jorge Solís Mejicanos, a Julio René Iboy, a él le decíamos Brandon, a su hermano Willy y a otro más. Ellos iban en un Nissan en la Quinta Samayoa, por la zona 7. Eso fue en agosto de 2001. Tenían dos meses de haberse fugado de la cárcel y estaban haciendo secuestros. Un amigo los puso en flor* y no tuvieron tiempo ni de disparar. Los atacaron en pleno día, un trabajo de profesionales. Ahí sí fueron los meros matones, los chafas. Jorge y Brandon se habían vuelto demasiado peligrosos y sabían muchas cosas. Por eso los eliminaron. También a Luis Carlos.

—¿Luis Carlos García Pontaza?

—Ese.

—¿Él no estuvo en la casa parroquial?

—Estuvo por ahí, pero no entró. Él era novio de la China. Bueno, ya andaban medio peleados.

—¿Y a él quién lo mató?

—A Pontaza se lo quebraron en el Preventivo a finales de enero de 2001. Había caído por un asalto a un banco. Le pagaron a otro preso y le dieron una pistola. Ahí le das pisto a los guardias y puedes entrar armas, drogas, cualquier cosa. El que mató a Pontaza se llama Henry Lucha. Le pegó un tiro en la cabeza. La fiscalía dijo que se había suicidado, pero eso es mentira.

—¿Quién pagó para matar a Pontaza?

—Bueno, no me consta, pero unos dicen que fue Néstor y otros meten a la China. Para mí es igual, porque estos dos andan juntos, y si uno tiene que ver, el otro también. Miren, no se les vaya a ocurrir poner mi nombre, porque el siguiente que matan esos hijoeputas soy yo. A mí lo del Gerardi ese me viene del norte. Yo estoy hablando con ustedes porque esos pisados mataron a otro de mis cuates y quiero que ellos paguen.

—Pero ¿qué motivo tendría la China? Pontaza había sido su novio…

—Es que la relación con la China fue muy tormentosa. Cada vez que se peleaban, ella se iba con cualquiera, hasta con los amigos de él. Luego volvían juntos, pero para seguir peleando. La separación definitiva fue poco después del clavo de la muerte del monseñor. Pero ella no lo dejaba en paz. Le hacía brujerías para alejarlo de las otras mujeres. Hacía muñequitos con la cara de él y les clavaba alfileres y los enterraba en las macetas de la casa donde él vivía. Pontaza se desesperaba. En otra ocasión le hizo magia negra con el Estricto, un brujo que ella visitaba mucho. Pusieron una fotografía de él en un bote de cristal, con 21 limones partidos y un papelito en cada uno. Él acababa de cumplir 21 años. Un amigo se lo contó a Pontaza y él fue a ver al brujo y lo amenazó. El tipo se asustó, le entregó el frasco con la foto y los limones, y le ofreció un exorcismo por

---

* Los delató.

mil quetzales: le echó sangre, guaro, yerbas y no sé qué otras cosas. Yo pensé que era un estafa, pero después de aquello él se sintió bien. Su vida cambió. Conoció a Gladis, una nicaragüense, y tuvo una niña con ella. Se alejó de Ana Lucía. Él me decía: '¿cómo pude haber estado tan ciego para enamorarme de esa puta, si hasta es fea?' Pontaza estaba tan enojado con la China que le dijo que si ella seguía haciéndole daño, él también le iba a hacer daño y, para empezar, podía contar lo que había pasado en San Sebastián, para que no se olvidara que él lo sabía todo. La China estaba muy preocupada. Ella me contó que Pontaza incluso la amenazó con matar a *daddy*. Así le llama ella al cura del Calvario, monseñor Efraín Hernández. A él también le dicen Chino o Chinito. Ella dice que es su tío. ¡Qué su tío, si son igualitos! En realidad es su papá.

—Finalmente, ¿Pontaza habló con la fiscalía?

—No lo creo, sólo lo dijo para que la China lo dejara en paz. Pero ella sí se asustó y lo comentó con nosotros. Por eso creo que fue ella que lo mandó a matar, o pudo ser también Néstor, que era su novio desde que se separó de Pontaza. Es que con la China mejor no meterse, porque tiene mucho poder.

❖ ❖ ❖

Esa mujer que infunde tanto miedo se llama Ana Lucía Escobar y tenía apenas 24 años en el momento del asesinato de Gerardi. Es el fruto de una relación clandestina entre monseñor Efraín Hernández y su cocinera, Ismelda Escobar. El asombroso parecido físico entre el religioso y la muchacha había dado pie a toda clase de habladurías en el seno de la iglesia. El episodio, sin embargo, era un secreto bien guardado, y Hernández pudo ocupar sin contratiempos, durante quince años, el cargo de canciller de la curia metropolitana, que le daba derecho al título de monseñor y el control administrativo de la arquidiócesis. Era el número tres en la jerarquía, pero llegó a tener más poder que el propio arzobispo. Su astucia y sus relaciones le permitieron acaparar otros cargos, incluyendo el de promotor de justicia en el tribunal eclesiástico.

Monseñor Hernández contaba con el apoyo incondicional de Próspero Penados, que al llegar al arzobispado, en 1984, convocaría también a otro de sus amigos, Juan Gerardi, para que lo ayudara como obispo auxiliar. "Los tres mosqueteros", como les llamaba Juanita Sanabria, administradora de San Sebastián, se llevaban muy bien.

Bajito, redondo, de piel oscura y ojos achinados, Efraín Hernández era, físicamente, la antítesis de Gerardi. Se le veía siempre risueño, pero también desaliñado, a pesar de su austero traje negro y su cuello romano. Muchos católicos le tenían aprecio, pero otros experimentaban una sensación de repulsión, sin saber exactamente por qué. "Sólo le faltaba el olor a azufre", recuerda una feligresa.

Gerardi ocuparía el cargo en la curia hasta su trágica muerte, y Hernández tendría que renunciar a la cancillería nueve meses después, a raíz de las turbulencias provocadas por el crimen y la investigación. A partir del 1° de febrero de 1999, monseñor Efraín pasó a ocuparse únicamente de su parroquia del Calvario, una de las iglesias más importantes y rentables de la capital, pero también guarida de la banda de delincuentes que encabezaba su hija Ana Lucía.

Con el cambio de arzobispo, tres años más tarde, su perfil declinaría aún más. Las nuevas autoridades eclesiásticas lo sacaron del Calvario y lo enviaron de vuelta a Esquipulitas, la iglesia que él había atendido cuatro décadas antes. Fue en ese barrio de clase media acomodada donde conoció a la familia Orantes y también a la que sería la madre de Ana Lucía. El joven cura acababa de regresar de Roma con su diploma en derecho canónico. No había cumplido 30 años y parecía tener serios problemas para acatar el voto de castidad: pronto empezó a perseguirlo la fama de sátiro, cimentada en su manía de abalanzarse sobre cuanta muchachita rondaba por la sacristía. El malestar se agudizaría después de que unas jóvenes maestras que colaboraban en la parroquia abandonaran sus actividades, no sin antes comentar con gente de su confianza que el sacerdote había intentado abusar de tres de ellas. Con la llegada de Ismelda, contratada para encargarse del mantenimiento de la casa cural, el padre Efraín se tranquilizó y constituyó una familia, de la cual él era oficialmente el tío.

La discreción que había rodeado durante años los deslices de monseñor Hernández saltaría por los aires poco después del asesinato de Gerardi. Y fue su propia cuñada quien destapó la olla. Blanca Lidia Contreras, esposa de uno de los hermanos de Efraín, se enteró del crimen en Canadá, donde vivía desde hacía 15 años. La noticia la estremeció. Apenas cinco semanas antes le había escrito a Gerardi dos cartas para solicitar su intervención en un asunto muy delicado. En ellas, Blanca Lidia insinuaba que Ana Lucía era la hija de monseñor Hernández y que se aprovechaba del cargo de su padre para involucrarse en actividades "ilícitas e inmorales", entre ellas el robo de obras de arte religioso en las iglesias, la venta de droga y una red de prostitución juvenil. La joven y su madre, Ismelda, chantajeaban al canciller de la curia, y la situación era tan delicada que ella decidió recurrir a Gerardi, "el único obispo capaz de influir en forma autoritaria sobre Efraín para que, juntos, encontraran una solución". Sólo él podría convencer a su cuñado de que dejara de encubrir "los actos delictivos de Ana Lucía, su familia y sus amigos", entre los cuales incluía al padre Mario Orantes.

Blanca Lidia temía que sus cartas, que le habían sido entregadas al obispo "en manos propias", tuvieran algo que ver con el asesinato. Tardó dos meses y medio en compartir sus sospechas con las autoridades guatemaltecas. Luego de pensarlo bien, decidió que lo más seguro sería contactar directamente con el presidente de la república o con su esposa. Pero no sabía cómo llegar hasta ellos. Desde Montreal, donde reside, empezó a buscar el número de la casa presidencial. El 11 de julio de 1998, habló con la embajada de Guatemala en Ottawa. Allí le dieron el número del Instituto de turismo. Se enfadó, pero no logró nada más. El 20 de julio optó por llamar al servicio de información de Bell Canada. Le hicieron el enlace con la operadora guatemalteca. Llegó, por fin, a la casa presidencial, pero eran las 05:30 horas en Guatemala, demasiado temprano para hablar con Álvaro Arzú. Al día siguiente no pudo telefonear, pero el 22 de julio volvió al ataque. Habló con el oficial de turno. El presidente no estaba en ese momento. "Llame mañana, por favor". Ella no lo sabía, pero las órdenes de captura del sacerdote Mario Orantes y de la cocinera Margarita López ya estaban firmadas, y unas horas más tarde ambos serían detenidos.

El 23 de julio logró, por fin, conversar con un alto funcionario de la casa presidencial. "Usted me ubica a Álvaro Arzú", le exigió, "porque yo no pienso hablar una sola palabra si no es con él o con su esposa. Es para mi seguridad." "No se puede hablar tan fácilmente con el presidente. Usted tiene que darme su nombre y decirme de qué se trata", le contestaron. "Mi nombre no se lo puedo dar todavía, y no puedo tampoco explicarle los detalles del asunto. Las grandes líneas sí, pero llámeme usted, que ya tengo demasiados gastos."

A raíz del asesinato de Gerardi, mucha gente se había acercado al presidente "para ayudar" a resolver el caso. En general ofrecían información falsa o sin relevancia para la investigación. Sin embargo, el funcionario estaba intrigado por lo que pudiera aportar esa señora que llamaba desde Canadá. Marcó el número indicado y contestó ella, suspicaz, pero con un evidente deseo de hablar.

> He callado hasta el momento. No toda mi familia está de acuerdo con el paso que estoy dando. Duele lo que le voy a decir, pero los verdaderos culpables de este atroz crimen son personas de la misma iglesia. Tienen que investigar la parroquia del Calvario, en particular a la cocinera de allí, la señora Ismelda Escobar. Hay que investigar las cuentas bancarias de esta señora, cuántos carros tiene. Ella es del departamento de San Marcos, pero tiene 30 años de trabajar con monseñor Hernández. Llegó con unas sandalias amarradas con pita, cargando a sus tres muchachitos, y ahora tiene mucho dinero. No le doy más detalles por el momento, pero le cuento que nacieron dos niñas más, Ana Lucía y Flor de María. Dicen que estas dos aparecieron dentro de una canasta frente a las puertas de la catedral. ¡La Virgen de Guadalupe haciendo milagros en pleno siglo XX!

La presencia de Efraín Hernández y de Ana Lucía Escobar en la escena del crimen, antes de la llegada de las autoridades, había levantado sospechas desde el primer día. Las contradicciones entre sus testimonios y el de Mario Orantes convencieron al fiscal Otto Ardón de que había que indagar por ese lado, pero no sabía qué buscar exactamente. Ahora, esta llamada de Canadá proporcionaba una pista prometedora.

La presidencia trasladó la información a la fiscalía y la comunicación con Montreal se retomó al día siguiente, según lo convenido. La señora parecía dispuesta a dar más detalles, sin desistir de su exigencia de hablar con Arzú. Aceptó dar su nombre. "En este momento, mi vida queda en sus manos." Contó que se había casado en 1969 con un hermano de Efraín Hernández. "Se llama Irineo. Era salesiano, pero renunció al sacerdocio poco antes de ordenarse." Vivían en Pastores, un pequeño pueblo cerca de Antigua, de donde procede la familia Hernández. "Yo era comadrona, graduada en la escuela de enfermeras, y él era catedrático del instituto Olimpia Leal." En diciembre de 1985, después de recibir amenazas, abandonaron el país con sus dos hijos y obtuvieron el estatus de refugiados en Canadá, donde muchos guatemaltecos llegaban entonces para escapar de la violencia política. Cuatro años después se divorciaron. "Mantengo una buena relación con Irineo y sigo en contacto con los Hernández que viven en Pastores. Incluso, el año pasado mi hija Belkis y mi nieto pasaron la navidad en Guatemala con la familia de mi ex marido. A Belkis le contaron que Ana Lucía había amenazado a Efraín con decir públicamente que ella era su hija si él no intervenía para sacar de la cárcel a su novio, un muchacho que se llama Luis Carlos Pontaza."

Poco a poco, Blanca Lidia soltaba lo que sabía. Después de cinco largas sesiones telefónicas, el investigador pidió permiso a su jefe para viajar a Canadá. Quería verla y hablarle directamente para hacer una evaluación más concreta de su testimonio, antes de pasar a la fase de la declaración formal. El primer encuentro tuvo lugar en Montreal el 9 de agosto de 1998. Blanca Lidia estaba más tranquila. El investigador le caía bien y le transmitía confianza. Ahora estaba dispuesta a contar la historia truculenta de la familia de monseñor Efraín Hernández.

Todo comenzó con la llegada de Ismelda Escobar a la iglesia del Señor de Esquipulas, en la zona 11 de la capital, a finales de los años sesenta, cuando Efraín era el párroco. Ella empezó a abrir las alcancías y a dar mal uso a los fondos de la parroquia. Mandaba a sus hijos a buenos colegios y compraba ropa y objetos muy caros. Para nosotros, lo más desagradable fue cuando, en 1973, Ismelda nos dijo que estaba embarazada, haciéndonos broma y diciéndonos que seríamos tíos. Nos dio a entender que la criatura que ella esperaba era del padre Efraín. El 24 de febrero de 1974, nació Ana Lucía. Ismelda empezó a actuar con más desórdenes. Comprobamos que ella cometía grandes atropellos a la iglesia. Se apoderaba de objetos sagrados de oro para convertirlos en joyas. El hecho más relevante fue cuando se dio el robo en la iglesia de Pastores, en 1982. El alcalde, Domingo Valle, denunció a Ismelda en una conversación privada con Efraín. Luego, ella lo mandó a secuestrar y nunca reapareció. Cuando ella se dio cuenta de que, con mi marido, nos habíamos enterado de que llevaba cálices y coronas de oro a un joyero de Antigua, empezaron las amenazas contra nosotros. Le dije a Irineo: o agarramos a tu hermano y le ponemos en claro lo que está pasando, o nos largamos, porque yo no puedo sostener esta situación. En eso allanaron nuestra casa en nuestra ausencia y amarraron al guardián. Decidimos que era mejor salir del país y nos fuimos para Canadá.

Los vecinos de Pastores se acuerdan con pesar de la desaparición del alcalde. "Llegaron tres hombres que no eran de aquí y me pidieron tres aguas", cuenta la dueña de la tiendita que queda en frente de la casa donde sigue viviendo la familia de Domingo Valle. "Cuando él regresó de la misa, dos de ellos le fueron a tocar a la puerta y el otro se quedó aquí. Le dijeron que habían tenido un accidente de carro. Él no tenía que ir a ver accidentes, eso era cosa del juez de paz, pero como era tan gentil, los acompañó. Hasta sonriente iba. Sin desayuno se fue, el pobrecito. Y ya nunca lo volvimos a ver. ¡Cómo nos dolió! Él era muy buena gente, no andaba metido en partidos ni tenía enemigos políticos." Veinte años después, el misterio continúa y nadie se atreve a vincular el secuestro de Domingo Valle con el robo de la Virgen de la Concepción, que ha sido recuperada y ocupa de nuevo su lugar en la iglesia de San Dionisio Areopagita, el patrón de Pastores.

A Blanca Lidia no le constaba nada del asesinato de Gerardi, pero aportaba datos de contexto muy valiosos para la investigación. Su testimonio contradecía a Mario Orantes, que aseguraba haber visto a Ana Lucía "por primera vez en su vida" la noche del crimen, cuando ella acompañó a su "tío" a San Sebastián. El sacerdote mentía, como constataron los fiscales al registrar su dormitorio y descubrir, en su agenda, el nombre de la joven. Ahora, Blanca Lidia les proporcionaba nuevos indicios, al situar con bastantes detalles a Orantes en las actividades de esparcimiento de la pandilla de la hija de monseñor Hernández. ¿Por qué el sacerdote negaba la existencia de una relación previa con Ana Lucía? ¿Podría estar protegiendo a su joven amiga, once años menor que él?

Mientras el investigador recogía el testimonio de Blanca Lidia en Montreal, Efraín Hernández pasaba por un momento difícil en Guatemala. El religioso aún no sabía que su ex cuñada estaba exhibiendo la ropa sucia de la familia, pero la detención de Orantes le preocupaba sobremanera y temía que él y Ana Lucía fueran los siguientes en la lista. Un periódico, incluso, había publicado el 15 de agosto que existía una orden de captura contra dos religiosos, y el arzobispo había confirmado que Efraín era uno de ellos. Era un rumor sin fundamento, pues el juez del caso no había solicitado ninguna detención, pero bastó para que el canciller de la curia se escondiera durante varios días, mientras le encargaba a su hermano Irineo que le consiguiera el apoyo del episcopado canadiense para tramitar su asilo político. Irineo entregó al arzobispado de Montreal varios artículos de la prensa guatemalteca que, según él, confirmaban la persecución de la cual eran víctimas su hermano y la iglesia. Efraín no pidió finalmente la protección de Canadá, pero intentó mandar a Ana Lucía. Una fuga de información puso en alerta a las autoridades canadienses y monseñor Hernández modificó los planes. Días después, su hija abandonaría discretamente el país rumbo a España, donde se esfumaría durante seis semanas.

Cuando abordaba el vuelo 6110 con destino a Madrid, el 26 de agosto de 1998, Ana Lucía ignoraba que, cinco días antes, le había sido asignado un flamante progenitor. Sin consultarla siquiera, Efraín Hernández había tomado una drástica medida para intentar acallar los persistentes rumores sobre su paternidad. Su sobrino Emigdio, uno de los nueve hijos de su difunta hermana Berta, aceptó sacarlo del apuro. Fue así como este pequeño empresario, concesionario de una línea de transporte público en Antigua, se convirtió en el padre legal de su prima Ana Lucía. El 21 de agosto, un notario modificó el certificado de nacimiento de la joven e hizo constar que había sido "reconocida por su padre Emigdio Reyes Hernández para que pueda usar su apellido paterno".

Los cuatro verdaderos hijos de Emigdio estaban indignados. ¿Cómo se le había ocurrido a su padre, que además acababa de enviudar, prestarse a semejante pantomima? Más virulenta aún fue la reacción de Ana Lucía a su regreso de España. Dijo que iba a seguir llamándose Ana Lucía Escobar, y nada de Reyes Escobar. Punto.

Mientras la joven se hacía olvidar en España, Blanca Lidia Contreras, su tía política, había volado desde Montreal para prestar una declaración formal ante el ministerio público. Fue un viaje accidentado. De entrada, exigió que no se le sellara su pasaporte en Guatemala: para que su familia no sospechara nada, había hecho creer a sus hijos que se iba a Costa Rica y El Salvador. También solicitó que se le cambiara el nombre en el momento de dar su testimonio. Tenía miedo. "La alojamos en un hotel de la zona 9", recuerda el funcionario que se encargó de la logística. "Habíamos arreglado todo para que estuviera tres días, pero acabó quedándose diez. Nos habíamos comprometido a que el presidente Arzú la iba a recibir, pero al final él no quiso y eso retrasó todo. La señora necesitaba ropa, porque vino con equipaje para tres días, y no podíamos dejarla salir del hotel por su seguridad. Así que mandamos a una muchacha a que le comprara algunas cosas en una paca* y ella, que es una mujer refinada, hizo mala cara. Era ropa usada, sí, pero de una paca de primera, y se la mandamos a lavar. ¡No había dinero, pues!"

En su declaración de más de cinco horas ante el fiscal Otto Ardón, Blanca Lidia habló de nuevo de la falta de carácter de su cuñado para poner coto a los "atropellos" cometidos por su hija y por Ismelda, y de su

---

* Almacenes de ropa de segunda mano, generalmente traída de Estados Unidos.

"sentimiento de culpa" por haber mandado las cartas. "A mí me entró cargo de conciencia porque creo que monseñor Gerardi habló a Efraín y que éste le comentó a Ismelda lo que estaba pasando. Ella pudo haberse asustado, porque se iban a descubrir todos los robos y quizás iban a suspender a Efraín. Conociendo sus principios morales y sus nexos con esas bandas, pensé que ella pudo haber organizado el asesinato de monseñor." Más adelante, desde Montreal, Blanca Lidia no dudaría en afirmar que "toda la familia tiene la certeza de que fue el grupo de Ana Lucía el que mató a Gerardi". Hasta su ex marido, Irineo, que no había querido involucrarse en el asunto, estuvo a punto de aportar su testimonio a la fiscalía cuando le llegó el rumor, en enero de 1999, de que los amigos de Ana Lucía querían eliminar a monseñor Hernández para evitar que los delatara. Pero en ese preciso momento la investigación dio un giro radical. Presionado por la ODHA y persuadido de que se trataba de un montaje de inteligencia militar, Celvin Galindo, el nuevo fiscal, descartó la pista de Ana Lucía para concentrarse en la hipótesis del crimen político. La jerarquía eclesial, que no había escatimado esfuerzos para conjurar el peligro de un nuevo escándalo, respiró aliviada.

La China fue mi agarre antes de que se juntara con Luis Carlos Pontaza. Salíamos a discotecas y hacíamos negocios. En su círculo se mantiene gente conocida, de mucho dinero. Entonces, para ella es fácil vender las cosas caras que su banda roba. Por ejemplo, en una casa de la zona 14, por la Cañada, se robaron dos cuadros de un pintor guatemalteco que es bien famoso. Cada cuadro valía 25 mil dólares. Ella no entraba, ella iba supervisando que todo saliera bien y transaba después. Un comprador de antigüedades nos ofreció otro negocio en la iglesia de Santo Domingo. Unos gringos nos iban a dar 200 mil dólares por sacar un cuadro de San Simón, algo grande, más o menos de 1.75 metros de ancho, que está colgado en la tercera columna del lado derecho. Teníamos que cortar la tela exactamente a la altura del marco, porque si no, no iba a valer lo mismo. Era muy especial, pero nadie quiso entrarle, porque ahí todo el día se mantiene gente y los feligreses más bien te linchan si te llegan a agarrar.* También me invitaron a un secuestro que querían hacer en Antigua. No me metí, pero les salió bien, porque al ratito Pontaza cargaba un buen carro y todos ellos andaban tomando whisky etiqueta azul, Chivas etiqueta verde y todo eso. Es que la China está metida en todo. Yo sé que ella ha participado en por lo menos ocho asaltos, en robos de carros, de joyas, de arte religioso, en secuestros, y también ha negociado varios kilos de droga.

---

* Se trata, en efecto, de un lienzo del siglo XVII pintado por el español Francisco de Zurbarán. El cuadro, muy deteriorado, sigue en su lugar.

Cuando dio esa declaración a la fiscalía, en noviembre de 1998, Omar Aguilar tenía 22 años y estaba detenido por robo de vehículo y homicidio. A raíz del testimonio de Blanca Lidia Contreras, los investigadores habían activado sus fuentes en el entorno de Ana Lucía. Omar no sabía nada del asesinato de Gerardi, pero sí aportaba datos de primera mano sobre los vínculos de la joven con el crimen organizado, y también sobre la complicidad del canciller de la curia, monseñor Hernández.

"Siempre que tenían problemas con la policía, el tío de Ana Lucía ayudaba mucho a sacarlos, pagando cinco mil o diez mil quetzales. Cuando agarraron a Pontaza con una pistola Smith and Wesson que habíamos encontrado en un Volvo robado, todo se arregló y Pontaza salió libre unas horas después. El tío era el mero mero del Calvario, pues, un bajito achinado, algo gordito, cachetón. Él nos atendía bien, nos daba de cenar. La China vive con él, ahí en la iglesia de la 18 Calle." Al igual que otros miembros de la pandilla, Omar no estaba al corriente de la filiación de la joven.

La fascinación que ejercía Ana Lucía sobre sus compañeros de fechorías, algunos de ellos de clase media alta y expulsados de buenos colegios, se debía a su capacidad para conseguir fondos cuando las finanzas de la banda andaban de capa caída. "Ella te daba el dinero cuando lo necesitabas, aunque después te lo cobraba en trabajo. Te mandaba carros, te mandaba armas y te daba una buena protección", recordaba Omar. La China demostró su poder en varias ocasiones, en particular cuando fue detenida por robo de vehículo, en 1994, y por secuestro, en 1997. La primera vez se quedó menos de dos días en prisión, tras alegar que todo se debía a una confusión, a pesar de que el Chrysler Le Baron convertible que ella manejaba había sido, efectivamente, robado en México. Tres años más tarde volvió a la cárcel por un asunto más delicado. Después de una prolongada balacera, la joven había sido interceptada en las inmediaciones de una casa allanada por la policía para liberar a un secuestrado. Varios miembros de su pandilla, incluido Luis Carlos Pontaza, cayeron también en esa operación y fueron acusados de haber participado en el secuestro y en seis homicidios ocurridos en varios asaltos bancarios. Según la policía, todos pertenecían a la misma banda, que bautizó con el nombre de la colonia metropolitana donde tuvieron lugar las capturas: Valle del Sol. Dos meses después, Ana Lucía recobraría su libertad por falta de pruebas, a pesar de las fuertes presunciones en su contra. El largo brazo del canciller de la curia la rescató a ella y a los tres amigos que la acompañaban en el vehículo. El honor de la familia quedaría a salvo: los antecedentes de Ana Lucía fueron milagrosamente borrados del sistema informático de la policía. Algo que es imposible obtener por la vía legal.

Omar tenía sus diferencias con la China. "A ella le gustaba jugar a lo que llamaba la ruleta. En la noche, manejaba a alta velocidad y agarraba todos los semáforos en rojo de la 4ª Avenida de la zona 1. Al primer carro que encontraba, le disparaba con la pistola. Yo digo que sí ha de estar algo loca. Anduve unas veces con ella en esas carreras, pero después ya no, porque la verdad me gusta hacer dinero, pero no matar por gusto." Meses después de prestar este testimonio, Omar fue secuestrado en el hospital al que los guardias penitenciarios lo habían llevado para una cirugía. Encontraron su cuerpo dos días después, en el baúl de un vehículo estacionado, con varios balazos en la cabeza.

❖ ❖ ❖

Ana Lucía empezó su carrera delictiva robando hostias y vino de consagrar en la catedral y en San Sebastián, donde ya oficiaba Gerardi, a finales de los ochenta. "Tenía 13 o 14 años y ya era alcohólica. Ahora no chupa, pero antes tomaba de todo, menos cerveza porque era demasiado corriente, decía ella. Eso sí, no fumaba. Fuimos compañeras de clase en el colegio de las Hijas de la caridad de San Vicente de Paúl", cuenta una de sus amigas de infancia que prefiere, por motivos obvios, mantenerse en el anonimato.

> Un requisito para entrar en ese colegio era que los padres estuvieran casados por la iglesia, y a ella la dejaron entrar a pesar de que sólo tenía el apellido materno. Las monjas eran muy estrictas y rezábamos a diario el rosario. Ana Lucía era muy inteligente, pero nada estudiosa y, además, muy descarada. Recuerdo que le gustaba provocar a un seminarista, el único maestro que teníamos: le enseñaba la pierna o lo invitaba a que se fueran a tomar unos tragos. Lo singular de ella es que siempre cargaba plata. Quinientos, seiscientos quetzales. Todas las niñas íbamos con ella porque nos compraba helados, comida... Nos contaba que su madre mantenía cantidades gruesas de dinero debajo de un colchón y ella agarraba lo que quería. Era dinero de las limosnas. Es que esa parroquia del Calvario es una mina de oro, con imágenes muy veneradas, como el Señor Sepultado. Hasta los 15 años, Ana Lucía tenía una apariencia insignificante: iba con trenzas y pantalón corto y jamás usaba maquillaje. Pero hacía cosas raras. Se ponía a tomar y se sentaba a media calle. Nosotras, muy asustadas, le decíamos: "Quítate de ahí, que te van a matar". "No, ya verás que se van a parar. Soy Superman y no me va a pasar nada." Y los carros frenaban y ella se ponía de pie como si nada. Era una gran actriz y siempre ganaba en las obras de teatro. Tenía una facilidad impresionante para llorar.

Sus dotes histriónicas le serían de gran utilidad más adelante, para salir airosa de los interrogatorios. Durante la reconstrucción del crimen y el juicio del caso Gerardi, la joven se empleó a fondo. Esa combinación perfecta de ingenuidad, simpatía, aplomo y miradas provocativas desarmaba a fiscales y abogados.

Era una persona muy obsesiva y muy vengativa, con tendencia a humillar a la gente. Pero también tenía sus debilidades. Recuerdo que, en un retiro, se puso a llorar por su situación. Le ofendía tener un solo apellido. Fue la única vez que la vi humana. Yo no sabía quién era su padre. No existía. Los comentarios de que era hija de monseñor Efraín me llegaron mucho después. A él lo llamaba "monse", y a su madre nunca le decía mamá: hablaba siempre de "la Ismelda". No había una relación familiar normal en esa casa. En el Calvario vivía un montón de gente. Estaban los cinco hijos de Ismelda, incluyendo a Ana Lucía y a Rafael, que tampoco tiene segundo apellido; también estaba Flor de María, que no se sabía de quién era; y la hermana de Ismelda, varios sobrinos y un hijo adoptivo de monseñor. Había un cuarto grande para los hombres, otro para las mujeres y el dormitorio de monseñor, que estaba en el piso de arriba. En el comedor mantenían un altar con velas de colores y ahí doña Ismelda hacía brujería y exorcismos. Era una mujer siniestra. En las ceremonias fumaba puros y echaba a cada rato azúcar morena en las velas. También colocaba limones en botes de agua detrás de la puerta y te pasaba huevos y gallinas por el cuerpo para sacarte al demonio.

A Ana Lucía la expulsaron del colegio por conductas irregulares. Se fue al Suger Montano, un colegio para gente de plata. Es que su familia movía pisto. A pesar de su origen muy humilde, Ismelda compró una casa en Amatitlán y otras dos en Villanueva. Cuando entró al Suger, Ana Lucía cambió totalmente de aspecto. Ya se maquillaba e, incluso, un tiempo iba rubia. Se metía en cosas inaccesibles para nosotros: parrandas, drogas. Empezó a juntarse con gente problemática, muchachos que robaban carros finos y traficaban con ellos.

Fue entonces cuando la policía comenzó a recibir denuncias sobre automóviles robados que Ana Lucía tenía estacionados en el Calvario. Y obviamente, ninguna autoridad iba a atreverse a profanar una parroquia. Poco a poco la joven fue diversificando las actividades, recuerda su antigua compañera de colegio. "Un amigo común me habló de trasiego de armas para su pandilla, de secuestros, de asaltos bancarios y de robo de imágenes religiosas. Eso era lo más fácil para ella, porque tenía libre acceso a casi todas las iglesias del país. Tengo la impresión de que ella delinque por placer y por emoción, porque nunca necesitó nada. No sé si participa directamente en los crímenes, pero no me cabe duda de que es una psicópata. Lo último que supe es que está estudiando derecho en la Universidad Mariano Gálvez. Supongo que quiere conocer las leyes para evadirlas mejor."

❖ ❖ ❖

Varios de los informantes entrevistados por la policía comentaban que la China estaba metida en "ese clavo del obispo", pero nadie aportaba datos concretos. Uno de sus amigos, sin embargo, aseguró que Luis Carlos

Pontaza, el novio de Ana Lucía, había llegado a la casa parroquial de San Sebastián como una hora antes del asesinato, tras recibir una llamada de la joven en su teléfono celular.

Con su elevada estatura, el pelo corto rizado y la barba "de candado", Pontaza coincidía con la descripción y el retrato robot del "descamisado" que había proporcionado Rubén Chanax. El indigente y su amigo el Chino Iván habían informado también de la presencia de una pareja sentada en una banca del parque, que "salió corriendo cuando llegó la policía". Los investigadores pensaban que se trataba de Ana Lucía y su novio. Por ello, Pontaza tuvo que someterse a un análisis de ADN. "El resultado salió negativo y Luis Carlos estaba tan aliviado que fue a una iglesia a dar gracias", recuerda uno de sus amigos.

En los meses siguientes Pontaza sería capturado en dos ocasiones por sendos asaltos bancarios en la capital y en Jutiapa, en el oriente del país. "Todo es una confusión", declaró. "El atracador es una persona que se parece mucho a mí." Cuando se le preguntó por su romance con Ana Lucía, respondió: "afortunadamente hace meses que no me relaciono con ella. Tuvimos varios problemas juntos". En realidad, los problemas seguían, no tanto con Ana Lucía como con su nuevo novio, Néstor Daniel Zapata Santana, alias el Colombiano, que se había convertido en uno de los cabecillas más sanguinarios de la banda Valle del Sol. El reguero de muertos que se le adjudicaba incluía a varios guardias de bancos, algunos rivales y también al padre de su ex novia, Héctor Felipe Villegas, quien tuvo la desgracia "de caerle mal". La policía tenía varios testigos directos de este crimen, pero Zapata contaba con la protección de elementos de los cuerpos de seguridad.

Un atraco bancario llevó finalmente a la detención del Colombiano en noviembre de 1998. A pesar de los procesos pendientes por varios asesinatos, robos y secuestros, quedó en libertad provisional y se esfumó tranquilamente. Zapata siempre salía bien librado. Quizá por eso reía abiertamente en la foto de su ficha policial. Pontaza se preguntaba si no sería el Colombiano el que le habría "puesto el dedo". La rivalidad entre los dos hombres, estimulada por Ana Lucía, había llegado al punto de que el Colombiano, aprovechando el parecido físico, se había hecho pasar por Pontaza en algunas de sus acciones delictivas.

La similitud entre ambos se fue incrementando después de que Zapata empezó a salir con Ana Lucía. Tanto, que al principio sus amigos lo confundían con Pontaza. Se había dejado la barba de candado, llevaba el pelo corto, como él, una chumpa larga y unos lentes de sol amarillos. Era obvio que Ana Lucía, cuatro años mayor que sus dos novios, quería convertirlo en un clon de Luis Carlos y le compraba ropa y zapatos idénticos. "El Colombiano estaba engreído, andaba amenazando de muerte a medio mundo y alardeaba de los tiros que se echaba. Incluso, una vez llegó a la casa de un amigo común y, con los tragos ahí en la mesa, contó cómo habían matado al obispo Gerardi", recuerda un miembro de la banda que ha tenido sus diferencias con Zapata y la China.

El retrato robot del descamisado descrito por Chanax correspondía tal vez a Zapata y no a Pontaza, pero en las fechas en que la policía empezó a indagar la hipótesis de la Valle del Sol, apenas sabía de la existencia del Colombiano.

❖ ❖ ❖

En agosto de 1998, varios agentes encubiertos del Servicio de investigación criminal empezaron a vigilar a Ana Lucía. El dispositivo fue un fracaso. "Es que son brutos, no pasan de sexto de primaria. Ni ocultarse saben", alardeaba la joven en el transcurso de una conversación en una salita lúgubre y mugrienta del Calvario, en presencia de monseñor Efraín Hernández, embelesado por tanta picardía. "Yo veía que tenían la parroquia del Calvario vigilada. Un Tercel rosa ahí y, en esa esquina, un carro azul. Y parejas en motos. Así estuvieron durante más de un mes. Sabía que me seguían, pero yo me zafaba."

Pese a tanta torpeza, los investigadores lograron descubrir que las limosnas del Calvario servían, en manos de Ana Lucía, para pagar a los abogados de algunos miembros de la banda de la Valle del Sol y para sobornar a los policías y a los jueces. El dinero de la parroquia cubría también los gastos de celulares y vehículos. Esos hallazgos revelaban una relación insólita entre una respetable parroquia y el crimen organizado, pero no probaban la participación de los moradores del Calvario en el asesinato de Gerardi. Los investigadores tenían en su poder las grabaciones de varias conversaciones que parecían involucrar a Ana Lucía y al padre Orantes en el crimen. Sólo que había un problema: en Guatemala, las escuchas telefónicas son ilegales y las cintas no tenían ningún valor judicial.

El indicio más contundente de que la familia de Efraín Hernández estaba involucrada en los sucesos de San Sebastián lo constituían, sin embargo, sus propias declaraciones. El canciller de la curia había incurrido en unas contradicciones flagrantes. En su primer testimonio, contó que Mario Orantes le llamó la noche del 26 de abril de 1998 y le dijo: "véngase porque pasó algo muy terrible, mataron a monseñor". Este extremo coincidía con lo declarado por el sacerdote ("le llamé y le dije: Chinito, véngase, mataron a monseñor"). Sin embargo, en la reconstrucción de los hechos Efraín Hernández indicó que no sabía exactamente qué había pasado en la casa parroquial: "Mario me llamó y me dijo que había ocurrido algo grave, que monseñor está golpeado en la cara y tirado en el garaje". En el juicio volvió a cambiar su relato y juró que no había hablado con Orantes por teléfono. "Me despertaron alarmados, que había llamado el padre Mario diciendo que habían matado a monseñor Gerardi."

Esta afirmación fue desmentida por su sobrino Eddie, que ar bunal aseguró que él mismo avisó a su tío de la llamada y que "m salió y habló con el padre Mario". Los desacuerdos entre los tres miembros de la familia no terminaron ahí. Efraín contó que, nada más recibir el aviso, partió de inmediato del Calvario a San Sebastián a bordo del Mazda 323 de la parroquia, acompañado por Eddie y Ana Lucía, puesto que él no podía conducir de noche. Pero mientras Ana Lucía aseguró que en ningún momento supo "a qué iban" a San Sebastián y que se enteró del asesinato al llegar a la casa parroquial, monseñor Hernández afirmó que él les había puesto al corriente durante el trayecto, lo que ratificó Eddie.

Tampoco los horarios coincidían ni por asomo. En su primer relato, Efraín Hernández dice que Orantes le llamó a las 23:30 horas. Pero el sacerdote le había dicho a la policía que una luz lo había despertado a las 0:30 horas, es decir, una hora después del supuesto telefonazo al Calvario. Para solventar esta contradicción, en las sucesivas declaraciones Orantes iría adelantando la hora de su despertar (a las 0:15 horas, a las 0:00, luego a las 23:45) mientras Efraín iría retrasando la llamada del sacerdote hasta la medianoche.

El jerarca mintió también en el juicio cuando dijo que ellos llegaron a San Sebastián apenas "ocho o diez minutos" antes que los bomberos. Los bomberos arribaron un poco antes de la una de la madrugada. Casi 50 minutos antes, a las 0:10 horas, Orantes había llamado a Juanita Sanabria, la administradora de la parroquia, y le había comentado que "monseñor Efraín ya le había dado los auxilios espirituales" a Gerardi. Es decir, que monseñor Hernández y sus sobrinos estaban en la escena del crimen por lo menos una hora antes que las autoridades. De hecho, cuando Axel Romero, sobrino de Gerardi, llamó a Orantes a las 0:15 horas, escuchó "otras voces de fondo" en la casa parroquial.

Un lápiz y un papel son suficientes para echar los cálculos. Orantes se despierta y hace todo su periplo absurdo (descubre el cadáver, observa la escena, revisa los cuartos anexos al garaje, habla con los indigentes, alumbra el cuerpo con una linterna, porque no lo reconocía, y luego despierta a la cocinera). Después llama a Efraín, que tarda, dice, unos 25 minutos en llegar. El canciller le da los sacramentos a Gerardi, ora con Orantes y se ponen a hacer llamadas, momento que el sacerdote aprovecha para ir a su cuarto y telefonear a Juanita Sanabria. Siendo generosos y suponiendo que lo hicieron todo a velocidad supersónica, entre el momento en que Orantes se despierta y el momento en que llama a la administradora transcurre, como mínimo, una hora. Puesto que Juanita Sanabria recibe la llamada a las 0:10, quiere decirse que Orantes ya estaba en danza a las once de la noche.

El tribunal de sentencia no tuvo otro remedio que desestimar las declaraciones del trío del Calvario, porque eran "contradictorias entre sí" y "no creíbles". Sin embargo, no se atrevió a ordenar que se investigara al jerarca de la iglesia y a su familia.

Monseñor Hernández y los dos jóvenes no logran presentar una secuencia cronológica coherente porque no vivieron lo que cuentan. Las discrepancias entre los relatos ponen en evidencia que no estaban juntos en el Calvario en el momento del telefonazo, y refuerza las sospechas de que Ana Lucía y Eddie estaban en San Sebastián con Orantes cuando se hizo la supuesta llamada, y monseñor Efraín les proporcionó una coartada.

Rubén Chanax, el testigo estrella de la acusación, había descrito con bastante detalle el ajetreo inusual frente a la casa parroquial, pero no había señalado en ningún momento el arribo de un Mazda 323 rojo con la familia Hernández Escobar. Según Chanax, la única persona que llegó antes que las autoridades fue un joven de unos 30 años, vestido con un conjunto de deporte azul y blanco, a bordo de un Toyota Tercel corinto. Más adelante, el indigente modificaría su versión y diría que del Tercel, que ya no era corinto, sino rojo, se bajó una pareja. "Ella tenía el pelo negro liso y una cola de caballo". La descripción correspondía a Ana Lucía. Chanax trataba así de acomodar su versión a la de los moradores del Calvario, pero seguía faltando un detalle: ¿En qué momento había aterrizado monseñor Efraín? ¿Estaba ya en San Sebastián antes del crimen, como creen algunos investigadores?

Al entrar con su camilla, poco antes de la una de la mañana, los dos bomberos no vieron a monseñor Efraín y tampoco a Ana Lucía, pero algo les llamó la atención. "Cuando llegamos había tres personas: el padre de la iglesia, una mujer bajita, colocha, y un joven de complexión delgada, como de 1.60 metros, y tenía puesta una gorra". Los dos primeros eran Orantes y Margarita, la cocinera. El tercero, que obviamente se cubría para ocultar su rostro, corresponde a la descripción de Eddie, pero podría también tratarse de otra persona: según un allegado de la familia Hernández, este joven era Rafael, uno de los hermanos de Ana Lucía, y era, de hecho, la persona que había ido a recoger a monseñor Efraín para trasladarlo a San Sebastián. De acuerdo con esta versión, el canciller de la curia se encontraba efectivamente en el Calvario cuando recibió una llamada de auxilio desde San Sebastián, donde estaban ya Ana Lucía y Eddie. Necesitado de alguien que lo llevara para allá, se le ocurrió avisar a Rafael, que vivía en la zona 6 de la capital y solía servirle de chofer.

❖ ❖ ❖

¿Dónde estaban Efraín y Ana Lucía cuando ingresaron los bomberos? Es probable que estuvieran todavía en la oficina de la casa parroquial llamando por teléfono a los sacerdotes clave para informarles de la tragedia. El primero que habían contactado había sido monseñor Marco Aurelio González, el párroco de la Candelaria, que vivía a unas 12 cuadras de San Sebastián. Maco, como lo llaman sus allegados, no era obispo pero tenía derecho al título de monseñor por los múltiples cargos que ostentaba en el arzobispado. Era miembro del cabildo eclesiástico metropolitano y del consejo presbiteral, donde estaba también su amigo Efraín Hernández.

Ambos pertenecían a la línea conservadora de la iglesia, pero, a diferencia de Efraín, que tenía una vieja relación de amistad con Gerardi, Maco no congeniaba con el obispo. Los dos habían coincidido en la curia 25 años antes, durante el arzobispado de Mario Casariego. Maco, contaría después Gerardi, le registraba sus papeles e incluso le robó una carta de renuncia que había escrito en un momento de irritación y se la entregó al arzobispo.

"¿Qué carajos hacía Marco Aurelio en la casa parroquial la noche del crimen? Mi tío se llevaba muy mal con él", diría más adelante Axel Romero, sorprendido porque el párroco de la Candelaria hubiera llegado a San Sebastián antes que él y que las propias autoridades. Axel estaba disgustado, y eso que no se imaginaba el nivel de animadversión que existía entre los dos hombres, como lo revelarían unos comentarios de Maco poco después del asesinato. En el transcurso de una reunión privada en la casa parroquial de la Candelaria, a la cual asistían un catedrático vinculado a los jesuitas y un alto funcionario del gobierno de Arzú, Maco habló sin rodeos. "No fue el ejército que mató a Gerardi, porque si el ejército hubiera querido matar a ese hijo de puta, lo habría hecho hace rato." Dijo que no sabía quién había asesinado al obispo y no quiso explayarse sobre las diferencias que había tenido con él. Sus interlocutores se quedaron muy desconcertados por la franqueza brutal del religioso. "Esta conversación nos abrió los ojos sobre el tamaño de las divisiones dentro de la iglesia", confesaría el catedrático.

❖ ❖ ❖

"Debo decir que para mí fue un shock", recuerda Rodolfo Mendoza, el ministro de Gobernación que supervisó la investigación del caso Gerardi durante el gobierno de Álvaro Arzú. "Yo era amigo personal de Efraín Hernández, participé con él en retiros espirituales, incluso estuvimos juntos en un grupo de trabajo pastoral. Teníamos mucha intimidad. En ese grupo trabajó un sacerdote español, gran amigo. Él se preocupó tanto que me organizó una reunión con Efraín. Aquí en esta sala nos vimos los tres para analizar los datos que arrojaba la investigación sobre Ana Lucía Escobar y su entorno. Yo fui muy franco, hablé de una manera abierta, a partir de la confianza que nos teníamos. Efraín no dijo una palabra. Estaba asustado. El otro sacerdote se disculpó. 'Él ha venido a ver lo que podía sacarte. Perdóname'. A partir de ahí nuestra relación se daña. Yo le pierdo confianza."

Rodolfo Mendoza y varios de sus ex colegas en el gobierno de Arzú comparten la convicción de que la clave del asesinato del obispo se encuentra en el Calvario y en la banda Valle del Sol. De la información fidedigna que les llegó, dicen, es posible concluir que "Gerardi accionó algo que afectaba a la red de podredumbre eclesial y al crimen organizado, y que eso generó la decisión de enfrentarlo".

Según un investigador que siguió esta pista, a Gerardi lo [...]
para acallar el problema del robo de obras de arte religioso y par[...]
salieran a relucir los nombres de personajes poderosos, entre ellos [...]
quero y varios empresarios conocidos, que integraban la red de compra-
dores de piezas coloniales muy cotizadas. "Es que era un gran negocio. Si
a Omar Aguilar le ofrecieron 200 mil dólares por robar un cuadro en la
iglesia Santo Domingo, y le pareció poco para el riesgo que era... Estamos
hablando de millones de dólares. Era un negocio que no querían perder.
Tal vez Ana Lucía y su grupo quisieron darle una paliza para asustarle,
pero se les fue de las manos. Algo sucedió esa noche que posiblemente no
estaba previsto. No creo que el padre Orantes participara activamente.
No sabía realmente lo que iba a pasar, pero sí dejó entrar a los agresores
y quizá le amenazaron. Debió de salir con su perro, y Balou le dio dos
mordiscos al obispo cuando estaba en el suelo. Lo que está claro es que
Orantes tenía un rencor enorme contra monseñor, porque en ningún momento sintió remordimientos."

❖ ❖ ❖

"No se extrañe, ministro, de que haya gente de la iglesia involucrada en
esto." La reunión estaba por terminarse y el alto funcionario no daba crédito a lo que acababa de oír. El delegado del Papa bajó la voz y agregó: "quizá participó algún militar, pero en contubernio con personas de adentro".

El encuentro de los dos hombres se había programado al margen de
los circuitos oficiales habituales. El enviado de Roma había llegado discretamente a Guatemala con la misión de recopilar datos de primera mano
sobre el caso Gerardi. El Vaticano desconfiaba de los informes que recibía de la iglesia local, pero tampoco pretendía contradecir al nuncio, el
español Ramiro Moliner, que movía sus influencias dentro del gobierno
para obtener la liberación del padre Orantes. El cometido de Moliner era
defender la imagen de la iglesia, mientras el Vaticano quería tener el panorama completo para afrontar cualquier contingencia.

"A partir de esta visita se ve un cambio de actitud por parte de Roma",
cuenta el ministro que había recibido al enviado papal. "Él traslada a sus
superiores que la iglesia de aquí no está manejando el caso con transparencia. Entre las señales de desacuerdo que manda el Vaticano están la
salida de Efraín Hernández de su cargo de canciller de la curia y, también,
el hecho de que se anunciara anticipadamente el retiro del arzobispo Próspero Penados. Son señales, pero además son medidas preventivas para
proteger a la iglesia en caso de que se probara un comportamiento inadecuado de Efraín o de Próspero."

Roma se informa, pero no entrega a nadie. Le toca al ministerio público comprobar sus hipótesis. Eso sí, la iglesia local no le facilita el trabajo.
Con el respaldo de la jerarquía eclesiástica, la ODHA descalifica sistemá-
ticamente las pruebas que afectan a miembros del clero.

La ODHA reconoce en privado la implicación de Mario Orantes pero, al mismo tiempo, lo protege. La misma estrategia siguieron con Ana Lucía Escobar. "Lo de Efraín Hernández, Ana Lucía y Orantes es una triangulación bien rara. Hay algo muy oscuro. Ella miente al decir que estaba en su casa la noche del crimen", aseguraba Ronalth Ochaeta, director de la ODHA, en conversaciones informales. Sin embargo, los abogados del arzobispado torpedearon las investigaciones en torno a la banda Valle del Sol, como en su momento hicieron con las pesquisas sobre Orantes, y acusaron al gobierno de encabezar un "plan satánico" para desprestigiar a la iglesia.

"Creemos que Ana Lucía sí está implicada en el asesinato", aseguraba Mynor Melgar, estratega jurídico del arzobispado, unas semanas antes del comienzo del juicio. "Ella y su primo Eddie tienen amistad con criminales. Y puede haber una conexión con los militares en este caso: muchos oficiales de línea dura tienen vínculos con el crimen organizado." En los meses previos, el mismo Melgar se había encargado de defender a la joven y a su familia frente a las actuaciones del ministerio público. Y, sin el menor pudor, volvería a encubrirla en la sala de vistas. "Mynor Melgar nos ayudó", aseguraba Ana Lucía poco después del juicio, muy agradecida, entre otras cosas, por el manejo sutil que el abogado de la ODHA hizo de su interrogatorio.

Melgar y sus colegas sabían que si Ana Lucía llegaba a ser acusada, se debilitaría la hipótesis del crimen político y el descrédito recaería sobre ellos y la iglesia. Por tanto, había que sacarla del expediente.

❖ ❖ ❖

"El ejército pudo haber acabado militarmente con la guerrilla. Yo, desde luego, no hubiera firmado los acuerdos de paz", aseguraba Ana Lucía, taxativa, en una de esas conversaciones surrealistas en el Calvario. Monseñor Efraín soltaba risitas nerviosas mientras ella explicaba, sin el menor recato, que "la ODHA y los ex guerrilleros tenían más motivo que los militares para matar a Gerardi. A ambos les convenía darle publicidad al Remhi para que se vendiera el libro y tuviera repercusión".

"Además", prosigue la joven, "la situación empeoró después de los acuerdos de paz. Se firma la paz, y se multiplican los secuestros. ¿Quiénes tenían experiencia en secuestros? La guerrilla. ¿Qué armas se utilizan? AK-47, los fusiles de la guerrilla. Nunca hay M-16, los del ejército." Tiene razón. Ella fue detenida por un secuestro en el que los delincuentes usaron AK-47 y todo tipo de armas de guerra. Ana Lucía insiste en que todo fue una confusión y se regodea en su papel de víctima: "a los que se relacionan conmigo les busca problemas la policía". Sin embargo, los hechos sugieren exactamente lo contrario. Sus estrechas relaciones con lo que suele llamarse los "poderes paralelos" le garantizan la impunidad a ella y a sus amigos. Por eso puede convivir tranquilamente con un prófugo de la justicia. Pese a una orden de captura vigente por varios homicidios y asaltos bancarios, Néstor Daniel Zapata, el Colombiano, se pasea por las calles de la capital y, durante la semana santa de 2003, se dio el lujo de visitar a su suegro, monseñor Efraín, en su lecho de enfermo en el hospital Bella Aurora.

Sonriente, el ex canciller interrumpe las divagaciones de Ana Lucía con un gesto untuoso. Sugiere que "la investigación del caso Gerardi forma parte de la conspiración y es muy posible que se tratara de encubrir a alguien". No tiene hipótesis sobre los autores del crimen, pero, eso sí, está convencido de la inocencia de Mario Orantes. Esta certeza, "a cien por cien", podría tener algo que ver con las amenazas que le hizo el sacerdote, en términos soeces, pocos días después de su primera detención: "¡ni mierda, Chino!, si me dejan solo, me canto en todos ustedes. Me las pagan". Monseñor Efraín le había contestado: "no tenga pena, que no le vamos a abandonar". Cinco años después de ese edificante intercambio entre los dos religiosos, el pacto de silencio seguía vigente, pese a la condena de Orantes a 20 años de prisión. "El padre Mario era el hombre de confianza de monseñor Gerardi. Yo no puedo pensar que él haya tenido algo que ver. Cuando lo detuvieron lo visité en la cárcel. Y le pregunté: '¿Oíste algo?' 'Si hubiera oído algo, me levanto y le defiendo', me contestó. Y yo me lo creo. Gerardi era como su papá. Y él era buen hijo, lo admiraba y lo cuidaba. Se preocupaba por sus horas, a qué horas entraba y salía." Si hubiera sido así, no se explica por qué Orantes no oyó el tremendo ruido que siempre hacía el portón del garaje y tampoco se percató de la pelea que terminó con la vida del hombre que era "como su papá". La otra interpretación, menos favorable para el sacerdote, es que Orantes sabía exactamente a qué hora llegaría Gerardi esa noche y lo estaba esperando con otra gente. En cualquier caso, la descripción que Efraín hace de la relación entre el obispo y su vicepárroco no se corresponde con la que hacen los familiares y amigos de Gerardi, que hablan de una convivencia más bien pragmática, sin llegar a la confianza y menos a la amistad.

"Toda la investigación ha estado llena de cortinas de humo", prosigue Efraín, impertérrito. "Primero fue la hipótesis del robo. Luego el crimen doméstico: que el padre Orantes era homosexual y fue sorprendido, Gerardi lo regañó y lo mataron. Esto está descartado, porque el crimen fue en el garaje, no en su cuarto. Y luego se dijo que Gerardi había descubierto una red de traficantes de imágenes, y que yo era el jefe y lo mandé matar. No tengo nada que ocultar. Mi vida ha sido pública durante 40 años. Si alguien me quiere inculpar de algo, que lo demuestre. Son hipótesis absurdas. Quieren quitar la atención del verdadero móvil del crimen."

¿Se sabrá la verdad alguna vez?

"Estoy seguro de que sí, pero en el cielo. No en la tierra. Aquí va a ser muy difícil. Hay crímenes que se han resuelto al cabo de 20 o 30 años. No soy optimista. Este crimen no lo hizo ninguna pandilla. Está bien hecho."

Monseñor Efraín deja así claramente establecido que no está dispuesto a colaborar con la justicia humana, y su decisión no parece haberse debilitado después de que los médicos le detectaran, en abril de 2003, una hepatitis incurable que lo tiene postrado en la cama a sus 69 años. El prelado quiere llevarse a la tumba los secretos de una vida paralela que la grey católica nunca imaginó. Quizás el más terrible de esos secretos esté relacionado con el asesinato de su amigo Juan Gerardi.

Capítulo 11

La conspiración

En su amplio y cómodo despacho de la Secretaría de análisis estratégico (SAE), Edgar Gutiérrez se sentía en su elemento, dirigiendo una institución que había denostado en el pasado por sus funciones represivas y sus investigaciones ilegales. Su justificación era inmejorable: él culminaría el proceso de desmilitarización de la SAE, iniciado tras los acuerdos de paz. El "heredero" del obispo Gerardi y cerebro del Remhi acabaría sucumbiendo, sin embargo, a las viejas prácticas. Despidió a los 200 empleados para contratar gente de su confianza y convirtió a la SAE en una red a su medida. De repente tenía la sartén por el mango y no dudaría en usar los instrumentos a su alcance para el espionaje político y las campañas negras contra los opositores. Apuntalar el entramado del caso Gerardi sería una de sus primeras preocupaciones.

Nada más tomar posesión, el flamante secretario convocó a Celvin Galindo, que se había autoexiliado en Europa. Los Lima, Villanueva y Orantes acababan de ser detenidos y la reincorporación del ex fiscal sería otro golpe publicitario para el recién estrenado gobierno. Galindo aterrizó de incógnito en Guatemala la primera semana de febrero de 2000. Un vehículo blindado, escoltado por 10 patrullas y 40 policías, lo trasladó a un "hotelito muy privado", donde se alojó un par de días. Allí recibió la visita del propio presidente Alfonso Portillo, que le propuso retomar el caso.

Galindo recuerda el episodio con angustia: "Lo que querían Portillo y Edgar Gutiérrez era que yo les ayudara a sustentar la acusación contra esa gente. No sabían qué hacer después de las capturas, porque sólo tenían el testimonio de ese Chanax, que siempre me pareció sospechoso. Era todo un montaje y no me quise prestar. Al final, estaba tan estresado que adelanté mi regreso a Europa".

La SAE se volcó entonces con el fiscal Leopoldo Zeissig, al que ayudaron sigilosamente a perfilar las estrategias. No resultó difícil convencerlo de que aceptara nuevos testigos providenciales, encontrados en los sótanos del mismísimo Estado mayor presidencial. La institución había quedado en manos de dos militares muy cercanos a Portillo: el coronel Jacobo Salán y el mayor Napoleón Rojas, ambos depurados por el gobierno anterior. El momento era propicio para la pesca, recuerda un funcionario de la SAE. "Empezó a correr el rumor de que iban a desmantelar el EMP de inmediato y por el temor a perder el trabajo, muchos subalternos se aproximaban a sus superiores con toda clase de informaciones, a cambio de conseguir otro puesto". Y los jefes eran todo oídos para cualquier dato que implicara en el crimen al equipo de oficiales de Álvaro Arzú.

Uno de esos nuevos "testigos" era un veterano chofer que había estado asignado a Diego, hijo del ex presidente. Zeissig, obediente, le tomó declaración, pero no la incorporó al expediente: sería una de las cartas que la SAE, la fiscalía y la ODHA mantendrían en secreto en previsión de otro juicio. Como pago anticipado por sus servicios, el chofer y, por lo menos, otros dos "informantes" conseguirían empleo en la Secretaría de asuntos administrativos y de seguridad (SAAS), el nuevo cuerpo de seguridad de la presidencia, y en la cancillería.

Junto a Gutiérrez, otro personaje participaba activamente en el "amarre" del caso. Se llamaba Edgar Giovanni Estrada Portillo y era un ex teniente despedido del ejército en 1987 por "alcoholismo y serios problemas personales". Con los años el militar se había recuperado y ahora era el encargado de contrainteligencia en la SAE, uno de los puestos de mayor confianza, ya que seleccionaba y vigilaba al personal de los servicios secretos de la presidencia de la república. "Yo lo eché del ejército", recuerda el ministro de Defensa de la época, el general Héctor Gramajo. "Era un loco pisado, un nihilista militante. Le puse así porque para él nada estaba bueno. Tenía afición por lo secreto, lo escondido y toda clase de babosadas con la cara tapada. Era oficial de inteligencia, teniente de la G-2". Ya fuera del ejército, Estrada participó en el intento de golpe del 11 de mayo de 1988 en el cual se había involucrado también el coronel Byron Lima. Entonces, el joven teniente explicó que había querido tumbar al gobierno democristiano de Vinicio Cerezo porque estaba infiltrado por los comunistas y era la avanzada del expansionismo soviético en Centroamérica. Después de un par de semanas en la cárcel, se reincorporó a la Universidad Francisco Marroquín, el bastión del liberalismo en Guatemala, donde había empezado a estudiar ciencia política poco antes de la intentona golpista. Se graduó seis años después. "Luego fui a la Universidad del Valle para estudiar literatura", cuenta el ahora funcionario de la SAE. "Ahí conocí a Edgar Gutiérrez, en un taller de poesía".

El flechazo literario entre el anticomunista furibundo y el militante de izquierda daría frutos inesperados. Gutiérrez llevó a Estrada a la Fundación Myrna Mack para que asesorase a esta organización en su búsqueda de información sobre las estructuras y el *modus operandi* de la dirección de inteligencia del ejército. El objetivo de la fundación era el esclarecimiento del asesinato de la antropóloga Myrna Mack, ocurrido en septiembre de 1990. Se sospechaba que las Fuerzas armadas habían dado la orden de matar a la joven porque se había vuelto "un peligro para la seguridad nacional" a raíz de sus trabajos académicos sobre los campesinos desplazados en las zonas de conflicto. Estrada podía aportar elementos para ayudar a resolver el caso y llevar a los responsables a los tribunales. Además, el ex teniente era una mina de información sobre el ejército: pronto se convirtió en una de las fuentes favoritas de la fundación y también de Edgar Gutiérrez, que recurrió a él para el Remhi, en su afán de conseguir datos sobre las operaciones encubiertas contra la guerrilla en los años ochenta.

"El propio Estrada iba tocando todos los grupos de la sociedad civil. Para ellos, él tenía credibilidad, era 'el experto', a pesar de que contaba la guerra como si fuera *Miami vice* y hablaba muchas pajas", dice un compañero. Fue así como conoció también a Arlena Cifuentes, sobrina del coronel Lima, que por ese entonces dirigía otra fundación dedicada a organizar debates sobre los acuerdos de paz. Arlena y el ex teniente eran, además, vecinos en la colonia Lourdes.

Su cercanía con los activistas humanitarios no le ha impedido, sin embargo, seguir cultivando la amistad de sus viejos compañeros de promoción, incluso los más cuestionados, como Napoleón Rojas, jefe de la seguridad de Portillo. "Napo es un masacres, un tipo sin escrúpulos", asegura un ex oficial de inteligencia. "Por eso Jacobo Salán se lo lleva a la G-2 a mediados de los ochenta. Él cumplía cualquier orden y a veces se adelantaba sin consultar a sus superiores, porque así funcionaban las cosas en la época de la guerra. Rojas dirigía un equipo de eliminación de los colaboradores de la guerrilla, y no tenía miramientos."

La relación con sus compañeros de promoción le permite a Edgar Estrada estar al tanto de los acontecimientos dentro del ejército. Para los oficiales que se han cruzado con él, no hay ninguna duda: el ex teniente es un agente doble, que se aproxima a las organizaciones de izquierda y les proporciona información sobre las Fuerzas armadas, pero también traslada a sus camaradas los datos que consigue sobre los grupos de derechos humanos. A veces le sale el tiro por la culata. A finales de 1995, Estrada filtró a la Fundación Mack una lista de oficiales supuestamente involucrados en la compra de vehículos robados en Estados Unidos. Luego se presentó en la residencia de uno de ellos, el coronel Macloni Morán, para advertirle que la fundación tenía documentos comprometedores para él y se disponía a hacerlos públicos. Morán, que llegaría a ser ministro de Defensa en el gobierno de Alfonso Portillo, no se amedrentó, porque podía probar que su vehículo no era robado. La oportuna mediación de una tercera persona paró el asunto, pero el ex teniente quedó mal con las dos partes.

"Edgar Giovanni es un tipo muy hábil y muy inteligente, con una capacidad de crear los escenarios más inverosímiles", según uno de sus compañeros del ejército, que estudió luego con él en la Marroquín. "En general sus informaciones tienen una base, pero las adorna en función de las inspiraciones de su mente conspirativa. Es un tipo fantasioso y maquiavélico. Se las lleva de analista, pero lo suyo es hacer complots. Y el complot de Gerardi puede ser uno de ellos."

El oficial de inteligencia encargado de investigar el anónimo de agosto de 1998, que acusaba del asesinato del obispo a miembros del EMP de Arzú, está seguro de que los autores del panfleto fueron Edgar Giovanni Estrada y Napoleón Rojas. "Los nombres de los militares que aparecen en el apócrifo les fueron proporcionados por el sargento Abner Corado y el entonces mayor Abraham Valenzuela, que estaban de alta en el EMP. Corado tenía problemas de disciplina y acababa de ser castigado porque fue sorprendido haciendo brujería. Y el *Chucho* Valenzuela pertenece a la misma promoción que Estrada y Rojas, y esto crea lazos muy fuertes dentro del ejército. Con el FRG en el poder, todos fueron premiados con puestos de confianza. Napo es el responsable de la seguridad del presidente Portillo y al otro le dieron un buen cargo en la SAE".

Entre los múltiples indicios que parecen implicar a Estrada en la redacción del anónimo que desencadenaría todo el proceso contra los Lima, figura el hecho insólito de que ese texto de cuatro páginas estaba dirigido a uno de sus enemigos personales, el mayor Otto Spiegeler, pero llegó primero a la Fundación Mack, que se encargó de repartirlo a las embajadas, a las organizaciones internacionales y a varios ministros. El supuesto destinatario, Spiegeler, nunca lo recibió.

"Por el estilo, yo también sospecho que el apócrifo pudo haber sido redactado por Edgar Giovanni", comenta el coronel retirado Mario Mérida, que fue director de inteligencia en 1993-94 y es una autoridad en materia de anónimos, esas octavillas calumniosas que los clanes en pugna dentro del ejército guatemalteco tienen la costumbre de redactar para desprestigiar a sus adversarios internos. "Cuando fue detenido el coronel Lima, lo escuché comentar: 'Vaya que ya pisaron a ese viejo, loco cerote'. No sé qué tipo de problema hubo entre ellos, quizá Lima tuvo algo que ver con su expulsión del ejército."

Según su expediente militar, Estrada fue sancionado con "15 días de arresto (...) por embriagarse (...) el 10 de septiembre de 1984", lo que le impidió cumplir una misión que le había sido asignada ese día. El teniente trabajaba entonces en la dirección de inteligencia y su jefe era el coronel Lima. Ese arresto contribuiría a "postergar su ascenso al grado inmediato superior por el plazo de 12 meses". Estrada nunca lograría ascender y terminó su carrera militar tres años después, durante los cuales acumuló varias sanciones "por su marcada falta de responsabilidad [y por] ser reincidente en ingerir bebidas alcohólicas en horas de labores". Su hoja de servicio señala además su "tratamiento psiquiátrico (...) por presentar síndrome depresivo [y] por encontrarse en estado de enajenación mental". Esa era la mano derecha de Edgar Gutiérrez en la SAE y su fuente privilegiada.

"Para hablar con Estrada lo más fácil es buscarlo en la librería So̱ Ahí se mantiene siempre. Es calvo, moreno, cara larga, entre 40 y 45 aṉ̃ Se sienta a tomar café con Tito Bassi, el italiano que vendió las armas israelíes a Guatemala. Estrada compra mis libros y reproduce mis artículos en el boletín de la SAE", cuenta el *Bolo* Flores, un ex guerrillero autor de varias novelas sobre las traiciones de sus antiguos compañeros de lucha. El dato era bueno: ahí estaba sentado el ex golpista, en la mesa pegada a la puerta de entrada, el mejor puesto de observación. Tito Bassi no tardaría en llegar.

"Yo estuve en contrainteligencia bajo las órdenes del coronel Lima en 1984, cuando él era director de la G-2. Sólo fueron once meses y no tuve ningún problema con él", asegura Estrada sin inmutarse. "Después ya no lo vi hasta 1988, cuando participamos los dos en un intento de golpe. Supe que él estaba involucrado en la madrugada del 11 de mayo, cuando ya habíamos fracasado. A él lo mandaron de agregado militar a Perú y le perdí la pista. Yo me fui a vivir un tiempo a Suecia, donde tengo un hermano. Años después, vi al coronel una vez, barriendo la banqueta de su casa a las seis de la mañana. Yo iba corriendo con mis perros. '¡Qué tal, usted!', me dijo."

Estrada modifica su discurso en función de los interlocutores. Ahora dice que el coronel Lima es un personaje "folclórico" y que no tuvo nada que ver con el crimen de Gerardi. Insinúa, en voz baja, que Lima pudo haber sido víctima de una venganza de los oficiales castigados por el gobierno anterior y sustituidos por un grupo de militares liderados por el general Marco Tulio Espinosa. "Es que el coronel era asesor de Espinosa, y su hijo, el capitán Lima, estaba de alta en el Estado mayor presidencial de Arzú". En realidad el coronel Lima llevaba años fuera de la jugada y nunca fue asesor de Espinosa. Sin embargo, el simple rumor de que lo era y el aprecio que Arzú le tenía a su hijo, por haber "salvado la vida a la primera dama" en el incidente con el lechero, habrían bastado para que sus nombres aparecieran en el anónimo como los asesinos del obispo. Estrada lo ve como una consecuencia lógica de la polarización entre ambos bandos, pero niega haber participado en la redacción del apócrifo. Incluso se hace el loco cuando el tema sale en la conversación. "¿Qué documento?" "¿En qué fecha salió?" "¿Qué decía?"

El caso Gerardi pudo haber ofrecido a Estrada un oportunidad para poner a prueba su capacidad conspirativa, vengarse del coronel Lima y quedar bien con los dos sectores con los cuales se relaciona: los oficiales depurados y el grupo de Edgar Gutiérrez. Al involucrar en el asesinato a los militares leales al presidente Arzú, el anónimo se convierte en un instrumento de revancha política para los oficiales desplazados, pero también le da municiones a la ODHA y a Edgar Gutiérrez para insistir en su tesis de la ejecución extrajudicial, es decir, de un crimen cometido por el estado en represalia por la publicación del Remhi.

stapamos la red Moreno, pensé: hoy nos quiebran el culo."

rras, ex guerrillero y ex secretario privado del presidente Arzú, recuerda el momento en que decidieron lanzarse a desmantelar esa poderosa organización con ramificaciones políticas y militares. El personaje que dio su nombre a la red, Alfredo Moreno, "el capo del contrabando", era un agente de aduanas que había trabajado para la G-2. Con los años se había convertido en el factótum de varios militares de alto rango, empezando por el general Francisco Ortega Menaldo, uno de los oficiales de inteligencia más destacados en la época de la guerra interna. Durante casi dos décadas, Moreno y sus cómplices desviaron una parte sustancial de la recaudación fiscal de los puestos fronterizos para alimentar la *caja chica* del ejército. Estos fondos estaban destinados supuestamente al financiamiento de la contrainsurgencia, pero contribuyeron también al enriquecimiento de los miembros de la organización.

"El grupo de Moreno era una red de delincuencia organizada, con fines económicos, pero también políticos", explica un oficial de inteligencia que estuvo a cargo de la investigación. "Contaban con un aparato civil, el grupo Salvavidas, integrado por funcionarios, abogados, fiscales y jueces, que les servía para influir en las esferas del poder y les garantizaba la impunidad en sus actividades, que incluían el contrabando, el robo internacional de vehículos, el narcotráfico y el blanqueo de dinero." La organización tenía sus aliados políticos y financió la campaña electoral de Alfonso Portillo, candidato a la presidencia bajo el paraguas del general Efraín Ríos Montt y de su partido, el Frente republicano guatemalteco. En 1995 Portillo perdió con una diferencia mínima a favor de Álvaro Arzú, pero ganaría cuatro años después.

"Era muy peligroso entrarle a ese asunto", cuenta Porras. "El nuevo jefe de la G-2, el capitán de navío Yon Rivera, le dijo a Arzú: 'es un gran pulpo. Podemos darle en los tentáculos, poco a poco, o golpearle de lleno en la cabeza'. El presidente le contestó: 'vamos a la cabeza'. Fue una operación de inteligencia de máxima calidad. En la computadora de Moreno estaba todo: los seudónimos, los asesinatos cometidos, los pagos... Después, por formalismos pendejos, los tribunales no admitieron las pruebas, porque la información no estaba firmada."

El oficial que se zambulló en el caso introduce algunos matices. "La red es, sin duda, una gran mafia vinculada al FRG, pero había 220 oficiales en la lista de Moreno, y algunos de ellos estaban relacionados con el gobierno de Arzú. El problema es que se persiguió únicamente a los que apoyaban al FRG. Se volvió un caso político y por eso los perjudicados nos cobraron la factura con creces cuando se les presentó la oportunidad."

El gobierno cometió otro error grave al poner en situación de disponibilidad a una docena de oficiales, sin asegurarse previamente de que la fiscalía tuviera suficientes pruebas para ejercer una persecución penal contra ellos. "Eso fue en septiembre de 1996 y durante dos años no pasa nada, hasta que el ejército les da la baja porque así lo estipula el reglamento", cuenta un general retirado. "En esos dos años, están en sus casas y reciben sus sueldos, menos el general Ortega, porque él había pedido su retiro anticipado y se dedicaba a sus fincas. ¿Qué hacen esos militares para pasar el tiempo? Pues se reúnen y se acercan aún más al FRG y a Portillo. Están muy resentidos contra Arzú y contra la nueva cúpula del ejército. Hablan de que se las van a cobrar. Y es cuando ocurre el asesinato de Gerardi. A mí no me sorprendería que uno de esos oficiales haya dicho el lunes 27 de abril de 1998, pocas horas después del crimen: 'van a echar el muerto al ejército, muchá, ¿por qué no se lo echamos a Arzú?' Y así empezó todo el montaje."

Es entonces cuando surge una extraña alianza coyuntural entre, por un lado, ese sector de la vieja inteligencia militar, y por el otro la inteligencia eclesial, representada por el enigmático Edgar Gutiérrez, que brincó en apenas 15 años del partido comunista a la iglesia y de la iglesia a la dirección de los servicios secretos de la presidencia de la república.

"No creo que haya sido una alianza entre Ortega y Gutiérrez, porque esos dos se odian", asegura un oficial que los conoce a ambos. "Ortega es un líder apreciado dentro del ejército, querido por la tropa. Era un buen oficial, muy cercano a Estados Unidos, y colaboraba con la CIA, pero los gringos acaban de quitarle la visa por supuestos vínculos con el narcotráfico. Es lo que siempre hacen: primero te usan y luego te cambian la jugada. Ahora, el hombre de Washington es Edgar Gutiérrez. Siempre lo ha sido, pero ha logrado desplazar a Ortega porque los tiempos son otros. Yo creo que algunos antiguos colaboradores de Ortega, como el coronel Jacobo Salán y el mayor Napoleón Rojas, han usado a Edgar Gutiérrez para golpear a Arzú y a su gente en un tema sensible, como es el caso Gerardi. Ellos han hecho toda su carrera en la lucha contra la subversión, siguen manejando las estructuras clandestinas y son expertos en la desinformación. Para ellos es muy fácil tirarle a la ODHA placas y testigos falsos."

La desconfianza hacia Edgar Gutiérrez se había disparado entre los colaboradores de Arzú en las semanas que siguieron al asesinato de Gerardi. "Se nos hizo evidente que Edgar tenía acceso a información privilegiada y a conversaciones internas nuestras", afirma el ex canciller Eduardo Stein. "En los primeros encuentros que sostuvimos con los representantes de la ODHA para evaluar la información sobre el crimen, Edgar nos sorprendió varias veces con cosas que nos llevaban a preguntarnos '¿cómo diablos…?' Eran detalles que habíamos discutido en las reuniones del gabinete político con Álvaro [Arzú]. Obviamente, nos grababan, y eso nos molestaba. La G-2 pasaba información a otras agencias, incluso a la CIA, y así se informaba él."

Gutiérrez era algo más que el brazo derecho de Gerardi y el verdadero autor del Remhi. "Edgar siempre me dio mala espina, ya desde cuando militaba en el PGT-6 de enero [grupo disidente del Partido comunista] en los años ochenta, pero yo no sabía dónde ubicarlo", dice el *Sholón* Porras. "Veía que tenía vínculos con el mundo militar. Conforme el tiempo pasa, me queda más claro: siempre fue un infiltrado. Y estoy seguro de que actuó en contubernio con algunos oficiales para manipular la investigación del caso Gerardi. Edgar y los de la red Moreno, por motivos diferentes, querían atacar al gobierno de Arzú. Con la muerte de Gerardi lo lograron porque se dañó el proceso de paz, que era nuestra principal fortaleza. A mí me parece una operación al estilo del peruano Vladimiro Montesinos. Y la ODHA, feliz."

Unas semanas antes de la segunda vuelta electoral, cuando ya estaba claro el triunfo del FRG, el coronel Jacobo Salán y los militares más cercanos a Portillo comentaban a sus allegados que tenían "la lista de los que iban a salir bien fregados en el caso Gerardi", recuerda un general jubilado. "Y ahí estaban Marco Tulio Espinosa, Rudy Pozuelos y varios de los mandos de confianza de Arzú." Salán tenía una razón muy personal para querer vengarse: le había llegado el rumor de que unos oficiales vinculados a Espinosa tenían planeado "eliminarlo" para cortar de raíz la amenaza de la red Moreno.

❖ ❖ ❖

La llegada de Portillo a la presidencia permitió que el montaje del caso Gerardi fructificara, gracias a la connivencia del ministerio público y la red de jueces afines al nuevo gobierno. Los oficiales destituidos regresaron a los primeros círculos del poder, mientras Alfredo Moreno, detenido en octubre de 1996, obtenía su libertad bajo fianza en 2002, sin que su caso hubiera prosperado en los tribunales. Los estrategas de la ODHA tampoco salieron mal parados. Edgar Gutiérrez se convertiría en una figura clave del nuevo gobierno, Ronalth Ochaeta se vería catapultado a la carrera diplomática y Mynor Melgar pasaría a ser el fiscal estrella del ministerio público.

La jerarquía católica y el nuncio ya podían dormir tranquilos. La ODHA y la fiscalía tendrían ahora el apoyo oficial para desechar la hipótesis de la banda Valle del Sol y sacar del expediente de manera definitiva a monseñor Efraín Hernández y su familia. Además, los abogados del arzobispado aseguraban a la Conferencia episcopal que el sacerdote Mario Orantes saldría absuelto o, en el peor de los casos, condenado a una pena ligera por encubrimiento.

Los laicos del arzobispado actuaban de manera autónoma dentro de la iglesia y tenían una agenda propia. "Los responsables de la ODHA son profesionales jóvenes con ambiciones y poca experiencia, que no están bien formados desde el punto de vista moral, ético y teológico", asegura el salesiano Félix Serrano, rector de la Universidad Mesoamericana. "Ellos buscan 'casos estrella' para su proyección personal y para mantener la gran financiación que reciben. Al final, han convertido a la ODHA en una oficina política y han llevado a la Conferencia episcopal por unos derroteros que no quería."

Con el Remhi, la ODHA se había transformado en un aparato sumamente poderoso, gracias a los ingentes recursos económicos procedentes de la cooperación internacional. "En 1994 yo negocié la primera entrada para el Remhi, que fueron 100 mil dólares de la Unión Europea. Eso no fue nada en comparación con lo que llegó después: millones de dólares", recuerda Carlos Aldana, ex director laico de la pastoral social del arzobispado y colaborador cercano de Gerardi durante nueve años. "Esto era solamente para el Remhi, pero la ODHA tenía varios proyectos, por los cuales recibíamos financiación de muchos organismos, tanto religiosos como oficiales: Misereor de Alemania, Diakonia de Suecia, los noruegos fuertemente, los canadienses y también ayudas oficiales de la Unión Europea y de fundaciones de Estados Unidos como la Ford. Llegó un momento en que hubo tal *boom*, que te ofrecían plata directamente sin analizar los proyectos."

El director de la ODHA, Ronalth Ochaeta, y el coordinador del Remhi, Edgar Gutiérrez, administraban un presupuesto que rebasaba ampliamente la capacidad económica de todas las diócesis del país y del propio arzobispado metropolitano, y que se guardaban de hacer público. Por ello, la policía barajó un tiempo la hipótesis de que Gerardi había sido asesinado por motivos financieros. Esta pista fue rápidamente desechada, pero dejó al descubierto los malos manejos del director de la institución. "Ronalth tenía una maña: de cada proyecto sacaba una parte para él", señala un antiguo colega. "Esto, quizás, explica cómo pudo comprarse varias casas. Se hizo una en un terreno que pertenecía a sus padres, pero la que más me llamó la atención es la mansión que se construyó en San Lucas Sacatepéquez. Me comentaron que está valorada en más de dos millones de quetzales." Situada en la parte alta de una lotificación en el kilómetro 25.5 de la carretera panamericana, la casa es, en efecto, lujosa. La construcción, inspirada en la arquitectura centroeuropea, es un pastiche pretencioso de 800 metros cuadrados, que destaca en medio de las residencias más modestas de familias de clase acomodada. "El señor de los derechos humanos ha pagado su palacete al contado", comentan los vecinos, entre los cuales figuran Ana Lucía Escobar y el Colombiano. Menos de 500 metros separan al "achichincle" de monseñor Gerardi y dos sospechosos del crimen.

Los rumores sobre las malas artes del director de la ODHA podrían haberle costado un cotizado puesto en el Vaticano. "Ronalth Ochaeta estaba designado como embajador ante la Santa Sede", recuerda José Mauricio Rodríguez, que había ocupado ese cargo anteriormente. "Almorzó conmigo para que le contara cómo era la vida en Roma, los precios, la vivienda, las escuelas para sus hijos. No sé por qué, pero finalmente no fue. Quizá Roma retrasara el plácet, como hace cuando no quiere un nombramiento."

A Carlos Aldana no le preocupaban tanto los problemas de corrupción en la ODHA como los vínculos de Ronalth Ochaeta y Edgar Gutiérrez con el ejército. "Había una agenda oculta, que nunca se llegó a ver. Ronalth era muy amigo de los militares y no sólo porque había estudiado con ellos en el Hall de Cobán. Tenía siempre nombres a mano para resolver asuntos: 'tenemos a tal capitán...', 'hablemos con tal teniente...' De Edgar siempre se supo que tenía información privilegiada del ejército y que sus análisis sobre temas militares sólo podían ser fruto de estrechas relaciones con ellos."

Dentro de la iglesia nadie sabía, sin embargo, que el propio director de la ODHA había sido "reclutado" por el teniente coronel Luis Fernández Ligorría, un cuadro importante de la vieja inteligencia contrainsurgente que sería dado de baja por el caso Moreno. "Ligorría es de Cobán, como Ochaeta, y ambos mantienen una estrecha relación", asegura un general que lo tuvo bajo sus órdenes. "Ochaeta estaba bien protegido."

"Es que la ODHA funcionaba como un servicio de inteligencia de la iglesia, pero al mismo tiempo estaba infiltrada hasta el tuétano", recuerda un allegado del ex arzobispo Próspero Penados. "El pobre Próspero no pegaba una y dejaba que se incorporase a su diócesis gente muy rara. Incluso, yo no descartaría que haya sido penetrada por el grupo de inteligencia militar que fue depurado por Arzú, y este sector podría haber montado el asesinato de Gerardi para dirimir sus broncas con el gobierno y con los oficiales que los habían investigado. Si se confirmara esta hipótesis, podríamos decir que el obispo habría sido víctima de ese choque entre dos estructuras de inteligencia."

❖ ❖ ❖

La vieja inteligencia militar, ¿se limitó a manipular la investigación del caso Gerardi? ¿O participó en el crimen? La mayoría de los funcionarios del gobierno de Arzú y el primer fiscal del caso, Otto Ardón, van más por la primera hipótesis. Ellos creen que el asesinato del obispo está vinculado a la red criminal que actuaba al amparo de algunos sacerdotes, que posiblemente no fue planificado, y que fue aprovechado después por la mafia militar para sembrar pistas falsas e involucrar a sus enemigos políticos.

Si es así, la magnífica novela *El Señor Presidente*, publicada por Miguel Ángel Asturias en 1946, podría haber inspirado el guión. Desde el asesinato del coronel José Parrales Sonriente a manos de un mendigo, el Pelele, cerca del Palacio nacional, hasta la manipulación de la investigación por los esbirros del dictador de la época para echar el muerto a dos opositores, las similitudes con el caso Gerardi son espeluznantes.

(...) el Pelele se le fue encima y, sin darle tiempo a que hiciera uso de sus armas, le enterró los dedos en los ojos, le hizo pedazos la nariz a dentelladas y le golpeó las partes con las rodillas hasta dejarlo inerte. (...) Una fuerza ciega acababa de quitar la vida al coronel José Parrales Sonriente, alias el hombre de la mulita. Estaba amaneciendo.

(...) La respuesta inesperada de los mendigos hizo saltar de su asiento al Auditor General de Guerra, el mismo que les interrogaba.

—¡Me van a decir la verdad!— gritó.

(...) Uno por uno repitieron aquellos que el autor del asesinato del Portal era el Pelele, refiriendo con voz de ánimas en pena los detalles del crimen que ellos mismos habían visto con sus propios ojos.

A una seña del Auditor, los policías que esperaban a la puerta pelando la oreja se lanzaron a golpear a los pordioseros, empujándolos hacia una sala desmantelada. De la viga madre, apenas visible, pendía una larga cuerda.

—¡Fue el idiota! (...)

—¡Mentira...! —afirma el Auditor— (...) Yo le voy a decir, a ver si se atreve a negarlo, quiénes asesinaron al coronel José Parrales Sonriente; yo se lo voy a decir... ¡El general Eusebio Canales y el licenciado Abel Carvajal!*

El coronel y el obispo fueron asesinados casi en el mismo lugar y de la misma manera, si bien con 70 años de diferencia. En ambos casos, los presidentes de turno —Estrada Cabrera y Portillo Cabrera— utilizan el crimen para aniquilar a sus adversarios políticos. Los mendigos del Portal y los indigentes de la iglesia de San Sebastián son obligados a modificar sus testimonios ante los tribunales para lograr la condena de chivos expiatorios. La policía secreta del dictador Estrada liquida al Pelele, mientras los sicarios de la banda Valle del Sol eliminan a los delatores potenciales. A diferencia de lo que sucede en la novela, los vagabundos no han matado a Gerardi, aunque es probable que uno de ellos, Rubén Chanax, participara en el crimen.

Pero frente a la manipulación de un crimen espontáneo que describe Asturias, en el caso Gerardi hay circunstancias que sugieren que hubo planificación y, por tanto, participación de la vieja inteligencia militar: el momento del asesinato, justo dos días después de la presentación del Remhi, y la inmediata aparición de "testigos" y "placas".

"Lo que me pareció más raro fue la llamada a la cabina pública del Hall de San Marcos desde la parroquia de San Sebastián un poco después de la 1:30 de la mañana", señala uno de los investigadores. "No fue un error de cifras, como se ha comentado, pero no logramos establecer quién

---

* *El Señor Presidente*, Miguel Ángel Asturias, pp. 119-124, Cátedra, Madrid.

había marcado el número de ese colegio militar, ni por qué. Es probable que fuera para avisar de la situación una vez perpetrado el crimen. Tanto Ana Lucía Escobar como el padre Orantes tenían vínculos con el ejército, y ambos estaban en la casa parroquial a esa hora."

Saber quién contestó en San Marcos aportaría una de las claves del crimen. Los investigadores no pudieron vincular a Jaime Echeverría Merlo, un mayor de inteligencia afín al grupo de Salán y Rojas, que era usuario asiduo de esa cabina telefónica y estaba en la mira por sus vínculos con el narcotráfico. En cualquier caso, la policía y la contrainteligencia militar habían detectado, desde tiempo atrás, que algunos oficiales recurrían regularmente a los "servicios" de los delincuentes de la banda Valle del Sol, ya fuera para robar vehículos de lujo o para "trabajitos" de sicarios. Además, algunos antiguos miembros de la G-2 habían engrosado las filas de la banda, a la que estaba vinculada, también, una hija del coronel Salán.

En cuanto a Mario Orantes, no se pudo determinar con precisión qué tipo de relación mantenía con los militares, pero su hermano mayor, Sergio, había sido capellán del Hall Central, donde hacía prácticas de tiro. "Ahí le dieron una asimilación de capitán y tenía permiso para portar armas", confirma monseñor Efraín Hernández. Y Sergio no sólo las portaba, sino que las coleccionaba. Poco después de dejar la dirección del colegio Infantes, el mayor de los Orantes denunció la desaparición de 18 pistolas, todas registradas a su nombre. A los atónitos fiscales, el sacerdote les dijo que se trataba "de una herencia".

El hallazgo de una Walther calibre 0.380 cargada en la mesilla de noche de Mario Orantes reveló que los dos sacerdotes compartían la misma debilidad. "Yo conocí a los hermanos Orantes en una fiesta hace varios años", contaba una abogada. "Habían llegado con dos muchachas e iban armados, tanto así que los tomé por militares." El propio sobrino del arzobispo, Fernando Penados, que se sumergió en los sótanos de la iglesia para investigar el caso Gerardi, descubrió con estupor las actividades de Sergio Orantes: "Las fiestas en casas privadas eran puntos de encuentro donde Sergio llevaba a sus traídas". A pesar de su vida disipada, los dos sacerdotes fueron a parar a los mejores templos de la capital gracias a su poderoso padrino de ordenación, Efraín Hernández, que los protegía como si fueran sus hijos. "A Sergio lo colocó en catedral y a Mario en San Sebastián", recuerda Penados, "y es cuando se les pega Ana Lucía, por 1991 o 1992, cuando ella tenía 17 o 18 años."

La investigación del caso Gerardi destapó la olla. "Ahí empecé a atar cabos", cuenta un ex jesuita cercano a la curia. "Me llamó la atención que los dos Orantes hubieran sido expulsados de una orden religiosa, los salesianos, y siguieran de curas, lo que no es algo común. Luego aparece la compra de armas y ese recorrido extraño de Sergio, que se va al Yoro, una diócesis de Honduras administrada desde hace años por la Compañía de Jesús. Después de la detención de Mario, un amigo jesuita me preguntó muy preocupado: '¿Existe algún motivo de alarma si admitimos a Sergio Orantes? No queremos ser injustos y hacerle pagar a él la situación de su hermano'. Sergio había solicitado la admisión en la Compañía y la tenía prácticamente concedida. De hecho se iba a ir a Panamá para su noviciado. 'Sí los hay', contesté. Le hablé de su expulsión de los salesianos, de las armas y del desvío de fondos en el Infantes, que en un contexto más amplio podrían ser indicios de algún vínculo con inteligencia militar. Para el ejército siempre fue fundamental penetrar la estructura eclesiástica, más aún en el caso de los jesuitas, que fue la orden más implicada socialmente y la más vinculada a grupos insurgentes. Resultaba verosímil que Sergio fuera un *topo*. Finalmente, su ingreso a la Compañía quedó en suspenso."

Sin tener tampoco los pelos de la burra en la mano, Gustavo Porras no duda que los Orantes son agentes de inteligencia. "Imagínate, ese par de curas energúmenos e infames... Yo mando fusilar a quien no los reclute", espeta el ex guerrillero. "Son vástagos de una familia ultrarreaccionaria, anticomunistas furibundos. El nene este, Mario, era confesor de las familias más ricas de este país. Además, tienes a Sergio, ladronote, pervertido, vendedor de armas... ¡Reúnen todas las condiciones! ¿Cómo se te ocurre que inteligencia militar iba a dejar de lado semejantes joyas?"

Pero, ¿para quién trabajaban los Orantes? Nadie lo sabe a ciencia cierta.

❖ ❖ ❖

Con la muerte del obispo, los conspiradores querían golpear a Arzú, pero también desprestigiar a la iglesia. Las supuestas revelaciones del Remhi no les preocupaban lo más mínimo: gracias a sus infiltrados en la ODHA conocían los pormenores del documento mucho antes de su publicación y si hubieran querido impedirla habrían actuado con anticipación. Sin embargo, escogieron la fecha del crimen con una precisión perversa. El asesinato del responsable del Remhi dos días después de que el informe fuera presentado a bombo y platillo se leería, inevitablemente, como un mensaje de represalia del ejército. Luego, mediante las llamadas anónimas realizadas por una sobrina vengativa, documentos apócrifos y falsos testigos, se encargarían de dirigir las investigaciones hacia el Estado mayor presidencial para desestabilizar al gobierno y debilitar al partido en el poder en plena época preelectoral.

De manera simultánea, los autores de esta jugada magistral no desperdiciaron la oportunidad de saldar viejas cuentas con la iglesia por el apoyo que un sector del clero prestó a la guerrilla en los años ochenta. Por ello, escogen a delincuentes vinculados al clero y montan un sofisticado escenario para enlodar a Gerardi. La hija de monseñor Efraín Hernández, Ana Lucía, convoca a sus amigos de la banda Valle del Sol y les invita a "echarse un tirito" en la parroquia de San Sebastián, que guarda "mucho dinero de una ayuda europea". Es una trampa para provocar un altercado con el obispo y matarlo. Se sospecha que el padre Mario Orantes les abre la puerta. Una vez dentro de la casa parroquial, esperan a Gerardi. Cuando el obispo abre el portón del garaje, el sacerdote se va a su cuarto y entra en internet. Según el despliegue de llamadas telefónicas, Orantes empieza a navegar a las 21:49, es decir, a la hora en que la fiscalía cree que llegó Gerardi. Más que una coincidencia, ese gesto huele a coartada. ¿Qué pasó después? Algunos investigadores están convencidos de que Gerardi llegó hasta la habitación de Orantes en un intento de escapar de sus agresores. Ahí fue atacado por el perro Balou, algo que no estaba previsto en el guión y que termina involucrando al sacerdote.

La escenografía creada alrededor del crimen para insinuar que había sido una pelea entre homosexuales, "un lío de huecos", según la fórmula despectiva que empezó a circular muy rápidamente, sólo puede haber surgido en la mente siniestra de quienes se han pasado la vida maquinando en los sótanos de los servicios secretos en el tiempo de la guerra sucia. ¿Por qué un asesino saldría sin camisa de la casa parroquial en plena noche, cuando la temperatura es más bien fresca? Era parte del plan, para que los indigentes del parque lo vieran y lo contaran a las autoridades. El hombre no se queda satisfecho con su primer paseo: vuelve abotonándose una camisa, que había ido a buscar en una casa vecina, y se acerca al Chino Iván para comprarle dos cigarrillos. Se pensó que el descamisado era una invención de los vagabundos para despistar a la policía, pero es uno de los pocos detalles que Chanax y el Chino Iván sostienen sin cambios desde la primera declaración, aunque las descripciones que dieron del individuo difieren mucho.

Sin embargo, hay algo aún más sórdido en la escena descrita por los dos indigentes. Nadie pareció fijarse en una similitud aterradora con las llamativas fotografías que ilustran las portadas del Remhi. Cada uno de los cuatro tomos lleva la foto de un hombre con el torso desnudo y alas de ángel. En los tres primeros libros, el hombre hace ademanes para decir que no ve, no habla y no oye, mientras en el último grita "para que todos sepan" la verdad sobre la violencia que dejó tantas víctimas durante el conflicto interno. ¿A quién se le habrá ocurrido aprovechar esa misma imagen para mandar una respuesta despiadada a los autores del Remhi? Como si el ángel se hubiera deslizado de las portadas para enviar un último mensaje horripilante. ¿Se trata otra vez de una simple coincidencia? Cuesta creerlo, a menos que se acepte que también es una casualidad que Gerardi haya sido asesinado apenas dos días después de presentar su polémico informe y el padre Orantes haya entrado en internet exactamente en el momento en que el obispo llegaba a la casa parroquial.

¿Fue también una casualidad que monseñor Sebastiano Crestani, capellán del ejército, sufriera un atentado a los tres meses del crimen, justo el día en que aterrizaba en Guatemala el secretario general de la ONU,

Kofi Annan? Obviamente, no. Pero dejemos que sea el propio Crestani, que salvó la vida de milagro, quien nos dé su interpretación: "Los mismos que mataron a Gerardi fueron los que vinieron por mí. Querían reactivar el caso y provocar bulla ante la visita de Annan. No fue el ejército, ni tampoco la ex guerrilla. Son desestabilizadores, que pretendían atacar al gobierno. El crimen de Gerardi fue premeditado. Prepararon su muerte y los testigos, que son todos falsos. Uno mata y el daño político va a otro. Busquen en el entorno del FRG y en los militares contrarios a los oficiales nombrados por Arzú. Y alguna gente de la ODHA está en el ajo".

La conspiración no podía estar completa sin la oportuna intoxicación de la prensa, en la que participaron varios informantes, en particular un tal Gavilán, que filtró datos falsos a unos periodistas escogidos.

En suma, los indicios recopilados apuntan a que el magnicidio fue ideado por una estructura de la vieja inteligencia militar mafiosa, que reclutó a delincuentes y les dio apoyo logístico para montar una escena del crimen confusa y, por lo tanto, fácil de manipular *a posteriori*. "Es obvio que alguien *craneó* todo", dice un oficial de inteligencia. "Esta planificación sólo la pueden hacer militares vinculados con el crimen organizado. Y los únicos que tienen esa capacidad son algunos de la red Moreno. Ahí hay gente resentida que tiene malas entrañas." Estos oficiales nunca perdieron el control del aparato de inteligencia durante los cuatro años del gobierno de Arzú, gracias a la complicidad de sus antiguos subalternos, los llamados especialistas, que seguían en sus puestos y recibían gratificaciones a cambio de su lealtad. Al nombrar a marinos y pilotos en el alto mando, Arzú quería enviar una señal de ruptura con el pasado violento, pero los nuevos jefes no se enteraban de lo que pasaba en los sótanos del aparato, donde pululaban los militares formados en la lucha contrainsurgente.

A Gerardi no lo mataron por las denuncias del Remhi, sino porque se había convertido en un "blanco de oportunidad" en el contexto de la guerra a muerte entre el gobierno de Arzú y la mafia de la red Moreno en alianza con el FRG. Lo irónico es que Edgar Gutiérrez y la ODHA hayan achacado el crimen, contra toda lógica, a los oficiales más involucrados en el proceso de paz y, por lo tanto, menos interesados en participar en la muerte de un obispo dedicado a la defensa de los derechos humanos. La historia universal está llena de este tipo de tragedias manipuladas políticamente, desde el asesinato en 1914 del archiduque Francisco Fernando, heredero al trono de Austria-Hungría, para provocar un conflicto entre las potencias europeas, hasta el incendio del Reichstag en 1933 por los nazis, que no dudaron en responsabilizar a la izquierda, allanando así el camino para la victoria electoral de Hitler. En ambos casos, los verdaderos ejecutores lograron sus objetivos, de la misma manera que los militares desplazados por el gobierno de Arzú y sus aliados políticos retomarían sus espacios de poder después de propinarle un golpe certero con la muerte de Gerardi. Por ello, este asesinato político no fue un crimen de estado, pero sí un crimen contra el estado, un atentado para debilitar el estado de derecho y las instituciones democráticas.

❖ ❖ ❖

Mientras la ODHA celebraba la condena de los tres militares como una victoria sobre el ejército, la jerarquía católica intentaba minimizar la implicación del padre Orantes, insistiendo que el sacerdote fue víctima de las circunstancias y que, a lo sumo, se le podría acusar de encubrimiento. El hecho de que la iglesia no haya abierto un juicio eclesiástico a Orantes, o no le haya suspendido el ejercicio en tanto se resuelve el caso, ha extrañado a algunos prelados. Gracias a un acuerdo secreto con el presidente Portillo, el sacerdote tuvo el privilegio inaudito de cumplir casi cuatro años de su condena en el hospital de una congregación religiosa, donde estuvo recluido desde febrero de 2000. Ahí tenía su cuarto privado, se paseaba por los jardines y recibía todas las visitas que se le antojaba, incluyendo, por supuesto, la de su madre, doña Marta, que vivía a cinco cuadras y se pasaba la vida en el sanatorio, increpando a las enfermeras y exigiéndoles más atención para las dolencias psicosomáticas de su retoño. A mediados de agosto de 2003, el padre Orantes fue trasladado repentinamente a la cárcel, pero la inmediata intervención del nuncio permitió que el sacerdote fuera alojado en el hospital del penal.

La suerte de los tres militares encerrados en el Centro preventivo ha sido muy distinta. El 12 de febrero de 2003, Obdulio Villanueva, el ex sargento del EMP agregado de último minuto en el paquete de los "culpables", fue asesinado y decapitado por una turba de pandilleros durante un motín. Según la versión oficial, se trató de un arreglo de cuentas entre dos grupos de poder, uno de ellos liderado por el capitán Byron Lima, que se disputaban el control de los negocios y del tráfico de drogas en la prisión.

Lo que la versión oficial omitió, sin embargo, es que los cabecillas de la revuelta eran Edgar Rolando Muñoz, alias Topacio, y José Rolando Mendoza, conocido como el Chino Karateca, jefes del sector 1, de alta peligrosidad, y miembros de la banda Valle del Sol. Tampoco dijeron las autoridades que el propio director del Preventivo, Herver Aguilar, tenía vínculos con esa organización delictiva. Según consta en un documento de la Unidad contra el crimen organizado, Aguilar estaba bajo investigación por su presunta participación en un asalto bancario, en enero de 1999, en el que fueron asesinados dos guardias. En el organigrama de la banda que confeccionó la policía, el responsable del Preventivo aparece, justamente, en la misma célula que Topacio y el Chino Karateka. Cómo este personaje, que trabajó durante 16 años en el Organismo judicial, había llegado a ocupar uno de los puestos de más confianza en el sistema penitenciario, es algo que nadie aclaró tampoco.

Con la connivencia de Aguilar, los jefes del sector 1 introdujeron los machetes y los cuchillos que serían utilizados el día del motín. Todo estaba bien organizado. Enardecidos por las drogas y debidamente dirigidos, los pandilleros atacaron el sector 7, donde se encontraban los militares, e intentaron romper, sin éxito, los candados de la puerta. Al cabo de dos horas abrieron varios boquetes en una de las paredes. Para entonces, los presos asediados habían logrado hacer un pequeño agujero en el lado opuesto del pabellón, por donde iban escapando de aquella jauría enloquecida. No hubo tiempo para Obdulio Villanueva y el pequeño grupo que se quedó cubriendo la retirada de sus compañeros. Los agresores asesinaron a machetazos a seis de ellos. Luego, pasearon sus cabezas frente a las cámaras de televisión. Durante las horas que duró el motín, la policía permaneció fuera del penal, sin intervenir en ningún momento.

En el transcurso de la última conversación que tuvimos con él en la cárcel, poco antes de su muerte atroz, el ex sargento había hecho este comentario premonitorio: "yo no debo nada en este problema que me han involucrado. Es una pesadilla. Es asqueroso cómo preparan testigos para hundir a un inocente. Es porque yo salí bien del caso del lechero, y entonces los de la ODHA no quedaron conformes y buscaron una forma de vengarse. Por eso me han destrozado la vida. Esto es enterrarnos en vida. Es como estar en una tumba".

Ni lenta ni perezosa, la ODHA se rasgó las vestiduras con una interpretación interesada de la tragedia. Temían, dijeron, que Villanueva hubiera sido ejecutado porque podía convertirse "en un testigo de cargo" contra oficiales de alto rango supuestamente implicados en el asesinato de Gerardi. Villanueva no podía ser testigo de nada porque nada sabía. En cambio, los verdaderos autores del crimen y los colaboradores del presidente Portillo tenían, ellos sí, una motivación poderosa para eliminar a los tres militares presos, sobre todo después de que una corte de apelación hubiera anulado el primer veredicto. La celebración de un nuevo juicio podría poner al descubierto la maquinación, lo que tendría un tremendo coste político para el gobierno y para la propia ODHA. ¿Qué mejor final para el caso Gerardi, que dar carpetazo al expediente con la muerte de los tres "culpables"?

Epílogo a dos voces

—Creo que le debemos una explicación al lector curioso que ha llegado hasta aquí. Al principio, cuando nos sentamos en la sala de vistas, estábamos convencidos de que teníamos enfrente a los asesinos de Gerardi, que los Lima, Villanueva, Orantes y la cocinera eran los villanos de la historia. El fiscal y los abogados de la ODHA anunciaban "sorpresas" y "revelaciones" que probarían su culpabilidad, y nuestro libro, pensábamos, narraría un crimen impactante resuelto con una encomiable eficacia.

—Y ya ves lo que pasó. Las únicas sorpresas del juicio fueron el cúmulo de irregularidades, desde los falsos testimonios a la manipulación de las actas. A falta de pruebas, los testigos brotaban por arte de magia e iban llenando los huecos del rompecabezas, como siguiendo un macabro guión. Nada importaba que fueran tipos venales, marginales sin credibilidad o delincuentes: se les tomaba declaración y se les enviaba al extranjero, sin más trámite ni comprobación. De hecho, el pilar de la acusación es un personaje que miente, que cambia sin cesar sus declaraciones.

—Ante ese panorama, nuestro proyecto cambió por completo. Nos tuvimos que zambullir en el expediente, buscar las piezas que la fiscalía había ocultado y hablar con todos los protagonistas. De repente nos encontramos en medio de un siniestro juego de espejos en el que nada ni nadie es lo que parece. Ya no se trataba sólo de un crimen atroz, sino de un montaje político-judicial de gran calado.

—Recuerda que incluso llegamos a discrepar cuando nos dimos cuenta de que los propios ex colaboradores de Gerardi formaban parte de la manipulación. A mí me costaba muchísimo creerlo, pero al final tuve que rendirme a la evidencia. Sobre todo cuando los acontecimientos políticos dejaron al descubierto la confluencia de intereses entre la ODHA y el nuevo gobierno de Alfonso Portillo.

—Lo bueno es que esto nos obligó a "desconstruir" toda la investigación, para empezar desde cero. Sólo así fue posible encontrar los indicios de que se trató de un crimen cometido y manipulado por los adversarios del presidente Arzú.

—Lo más desolador es que los asesinos de Gerardi andan libres y que los cerebros de la conspiración retomaron sus posiciones de poder con el gobierno de Portillo.

—Hay algo más desolador aún, y es el triste papel de los representantes de la comunidad internacional y de las organizaciones de derechos humanos, porque todo este maldito embrollo se desarrolla ante sus ojos y con su complicidad. Para mí no es creíble que Estados Unidos no tenga toda la información sobre el caso, y a pesar de eso, su embajador protestó cuando la sala de apelaciones anuló el primer fallo y ordenó un nuevo juicio.

—Es la prueba de que Washington no ha perdido sus hábitos intervencionistas: en los años cincuenta, el embajador gringo ayudaba a la CIA a seleccionar a los opositores "asesinables", y hoy su sucesor decide quiénes son culpables en el caso Gerardi, en el caso Myrna Mack o en cualquiera de los procesos que se presenten más adelante.

—Es una manera muy cómoda de lavar su imagen y hacer olvidar que durante la guerra fueron los mejores aliados del ejército. Ahora se presentan como abanderados de los derechos humanos.

—En cambio, a mí me parece que algunos diplomáticos fueron engañados, sobre todo los canadienses, que confiaron en la ODHA y otorgaron asilo político a dos falsos testigos, el taxista Méndez Perussina y el ex sargento Aguilar Martínez.

—Los que no tienen nada de ingenuos son los funcionarios de la ONU. Ellos dieron un seguimiento milimétrico a la investigación desde el primer día y no se perdieron una sola sesión del juicio. A pesar de todo, obviaron las inconsistencias manifiestas, los testimonios fabricados y las incontables aberraciones de la sentencia. Y cuando el fallo fue anulado, todavía se permitieron señalar que los magistrados de apelación se habían extralimitado en sus funciones y que su resolución —aquí está escrito— "en gran medida hace más complejo el proceso de esclarecimiento de este brutal crimen"*. ¿Cómo pueden decir semejante barbaridad?

—Es que algunos de ellos participaron de lleno en la construcción del caso y tienen una responsabilidad mayúscula en los yerros de los fiscales y de los jueces.

—Pues estupendo. Tanto llenarse la boca con el estado de derecho y al final avalan un proceso viciado.

—Lo que pasa es que la versión de la ODHA resultaba creíble. En una primera lectura, era lógico pensar que el ejército hubiese decidido vengarse de Gerardi por la publicación del Remhi. La iglesia era la víctima y todos los ojos se dirigieron al malo de la película.

—Bueno, la tesis era creíble, pero falsa. El problema es que cuando aparecieron las primeras pruebas de la participación de Mario Orantes ya era tarde, y fue muy fácil para la ODHA hacer creer que se trataba de una maniobra de Otto Ardón para exculpar al ejército.

---

* 13° informe sobre derechos humanos de Minugua, suplemento "Casos de violaciones", p. 59.

—No es casual que Ardón saliera escaldado: de los tres fiscales del caso, él fue el que se acercó más a la verdad. Pero no tuvo los medios para indagar a fondo los vínculos de algunos sacerdotes con el crimen organizado y sus socios militares de la red Moreno.

—Es que Ardón no creía que hubiera una conspiración para matar a Gerardi. Él se inclinaba, como el FBI, por la hipótesis del crimen "improvisado": que el asesinato fue el desenlace de una fuerte discusión con la hija de monseñor Hernández y su banda. No es una teoría muy convincente, sobre todo porque la inmediatez con la que brotan las "pruebas" contra el coronel Lima y el Estado mayor presidencial de Arzú hace sospechar que había un plan previo, y que los mismos instigadores del crimen son los que desvían la investigación desde el primer día.

—Ardón nos confesó que llegó a sentirse solo, sin respaldo oficial. Es cierto que más adelante se notó un cambio de actitud en el presidente Arzú, y sus ímpetus de llegar "hasta las últimas consecuencias" para castigar a los responsables del crimen se enfriaron al cabo de los meses.

—Ahí yo tengo mi propia teoría: algo lo convenció de callarse, y creo que fue el rumor que implicaba a su hijo Diego en el crimen. El chantaje surtió efecto y Arzú se distanció del asunto, ante el temor de ser acusado de encubrir a su hijo, que no tenía nada que ver con el asesinato.

—¿Sabes lo que me resulta más increíble? Tantos fiscales, tanto quebradero de cabeza, y sólo con que el padre Orantes dijera la verdad se desenmarañaba la madeja.

—El panorama cambiaría drásticamente si la fiscalía le acusara de ser parte activa en el crimen. Y eso sería fácil, porque las mordeduras de su perro Balou están documentadas científicamente.

—Pero la responsabilidad exacta de Orantes sigue siendo una incógnita.

—De acuerdo, pero hay indicios que sugieren su participación. Está probado que mintió sobre lo ocurrido la noche del 26 de abril de 1998. Además, la prueba de luminol demostró que se había limpiado la escena antes de llamar a la policía. Y está su inusitada conexión de más de dos horas a internet, que comienza justo a la hora en la que llega Gerardi. También se supo que, después de su detención, Orantes mandó a una persona de su confianza a sacar documentos escondidos en su cuarto de la parroquia. Es lógico pensar que era algo que lo incriminaba.

—Pero también es cierto que Orantes ha sido condenado a 20 años de cárcel no a partir de estas pruebas, sino por lo que contó un testigo falso, el famoso Chanax.

—No debería de ser muy complicado reconstruir aquella noche trágica en San Sebastián, pero va a ser más difícil probar que los instigadores del crimen fueron un grupo de oficiales de la red Moreno, para cobrarle una cuenta política a Arzú. Hay testimonios e indicios, pero nada concreto para acusarlos judicialmente. Una indagación a fondo de los falsos testigos podría dar muchas pistas sobre quiénes han movido los hilos de la trama.

—Así es. Y la nueva investigación debería empezar por averiguar quién fue a ver a Arlena Cifuentes, la sobrina vengativa del coronel Lima, con el cuento de la reunión en casa de su tío para planificar el asesinato de Gerardi. ¿Fue su vecino, Edgar Giovanni Estrada, el mismo a quien se adjudica la redacción del anónimo que acusa al coronel y a su hijo? Y si él fue, ¿lo hizo bajo instrucciones o actuó por su cuenta para vengarse de las humillaciones que le hizo pasar el coronel Lima quince años antes?

—Lo cierto es que la víspera del crimen hubo una tertulia de militares jubilados en la tienda de los Lima, como ocurría a menudo. Ahí criticaron el Remhi, que se había publicado el día anterior, pero sobre todo hablaron de la comparecencia del coronel ante la Comisión de la verdad de la ONU. Había sido una reunión muy tensa y Lima había contado a sus amigos cómo regañó a los comisionados, pero ahí no se planificó ningún crimen.

—En cualquier caso, sólo un nuevo gobierno, con un partido diferente, podría enmendar los errores y retomar la investigación ahí donde quedó truncada.

—El problema es que hay demasiados intereses en juego. La ODHA y sus aliados harán todo lo posible para impedir un nuevo juicio que echaría por tierra el montaje.

—La gran paradoja es que los mismos que traman la muerte de Gerardi, se sirven de los colaboradores del obispo para lograr sus objetivos. Edgar Gutiérrez y Ronalth Ochaeta fueron, con Mynor Melgar, los principales artífices de la confabulación que llevó a tres inocentes a la cárcel.

—Ahí tienes a los supuestos defensores de los derechos humanos, asociándose con los sectores militares más cuestionados. Los mismos que calificaban al general Ríos Montt de genocida en el Remhi, acabaron prestando sus servicios en un gobierno dominado por él.

—Supongo que es la ambición y la falta de escrúpulos lo que les mueve: mira dónde están hoy, uno ministro, otro embajador. Ellos sí se beneficiaron del crimen.

—Todo este proceso me recuerda el caso de Alfred Dreyfus, el capitán francés que fue condenado a cadena perpetua por un asunto de espionaje a finales del siglo XIX. La vida política francesa estaba envenenada por el antisemitismo y Dreyfus era judío. Como no había pruebas, fabricaron documentos falsos y recurrieron a testigos dudosos. Es exactamente lo que hicieron con el capitán Lima y los otros acusados. Ellos debían pagar por ser militares. Así se mostraría al mundo los avances en la "lucha contra la impunidad" y en la consolidación de la democracia en Guatemala. Y a cambio el gobierno de Portillo recibiría los aplausos y el apoyo económico de los países ricos.

—Bueno, espero que los Lima no tengan que aguardar doce años, como Dreyfus. Para Obdulio Villanueva ya no hay resarcimiento posible.

—Es cierto, pero si hay voluntad política por parte del próximo gobierno y si la comunidad internacional recapacita, las cosas podrían ir más rápido. En cualquier caso, más vale tarde que nunca.

Índice